国家“十二五”重点图书

当代经济学系列丛书
Contemporary Economics Series
主编 陈昕

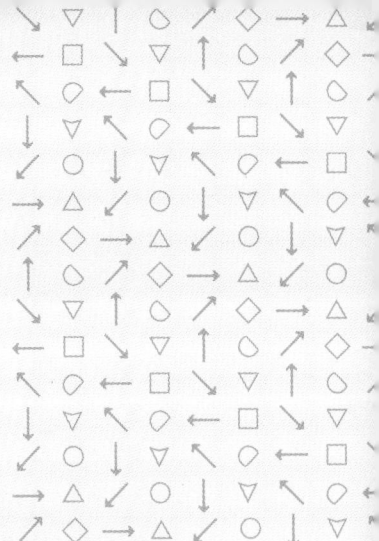

博弈论
经济管理互动策略

[以] 阿维亚德·海菲兹 著
刘勇 译

当代经济学教学参考书系

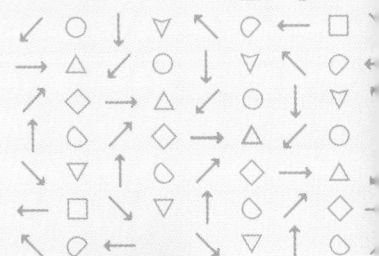

格致出版社
上海三联书店
上海人民出版社

主编的话

上世纪80年代，为了全面地、系统地反映当代经济学的全貌及其进程，总结与挖掘当代经济学已有的和潜在的成果，展示当代经济学新的发展方向，我们决定出版“当代经济学系列丛书”。

“当代经济学系列丛书”是大型的、高层次的、综合性的经济学术理论丛书。它包括三个子系列：(1)当代经济学文库；(2)当代经济学译库；(3)当代经济学教学参考书系。本丛书在学科领域方面，不仅着眼于各传统经济学科的新成果，更注重经济学前沿学科、边缘学科和综合学科的新成就；在选题的采择上，广泛联系海内外学者，努力开掘学术功力深厚、思想新颖独到、作品水平拔尖的著作。“文库”力求达到中国经济学界当前的最高水平；“译库”翻译当代经济学的名人名著；“教学参考书系”主要出版国内外著名高等院校最新的经济学通用教材。

20多年过去了，本丛书先后出版了200多种著作，在很大程度上推动了中国经济学的现代化和国际标准化。这主要体现在两个方面：一是从研究范围、研究内容、研究方法、分析技术等方面完成了中国经济学从传统向现代的转轨；二是培养了整整一代青年经济学人，如今他们大都成长为中国第一线的经济学家，活跃在国内外的学术舞台上。

为了进一步推动中国经济学的发展，我们将继续引进翻译出版国际上经济学的最新研究成果，加强中国经济学家与世界各国经济学家之间的交流；同时，我们更鼓励中国经济学家创建自己的理论体系，在自主的理论框架内消化和吸收世界上最优秀的理论成果，并把它放到中国经济改革发展的实践中进行筛选和检验，进而寻找属于中国的又面向未来世界的经济制度和经济理论，使中国经济学真正立足于世界经济学之林。

我们渴望经济学家支持我们的追求；我们和经济学家一起瞻望中国经济学的未来。

陈昕

2014年1月1日

前　言

博弈论是关于数位决策者相互之间策略互动的理论。当出现这种策略互动时，每个参与的人都会意识到，她的行动会影响其他参与人的福利，就像他们的行动也会影响她的福利一样。博弈论分析这种相互关系如何影响参与人的决策方式，并会导致何种结果。自从20世纪中叶奠定了博弈论基本理论基础以来，博弈论在经济和管理中得到了大量应用，除此之外，在政治科学、人类学、社会学、生物学和计算机科学中也有很多应用。

就预测一个身处复杂现实环境的参与人的行为而言，博弈论工具并没有提供一个现成的答案。认识到这一点非常重要。在社会科学中，包括博弈论在内，在描述某个既定情景中的纷繁芜杂的影响因素时，任何模型都是仅仅从中提取一小部分关键因素加以分析。而且毫无例外，在分析当时情况时，所依据的都是这些模型所涉及的因素，而把其他大量的影响因素用一些高度模式化的假设来概括。模型的目的只不过在于提供分析复杂环境的一种系统性思维模式。从分析模型中获得的结论有助于我们对真正现实情况做出更明智和更透彻的分析，因此，博弈论模型可以帮助我们更好地理解经济和政治机制方面的很多运行方式；而且从这些模型中获得的结论已经为在诸如企业工人的激励安排、各类金融市场制度和各种资产拍卖方式、消除空气污染政策、投票和选举制度，以及大量其他类型的机制、制度和组织等领域中设计更为睿智的机制提供了大量的有益的贡献。

正是由于博弈论的重要性和突出贡献，1994年诺贝尔经济学奖颁给了三位博弈论的奠基人：约翰·纳什、约翰·哈萨尼，以及莱茵哈德·泽尔腾，而且在2005年又颁发给了另两位奠基人：罗伯特·奥曼（以色列）和托马斯·谢林。在2007年，诺贝尔经济学奖转向以信息经济学和博弈论为工具的机制设计领域，奖项颁给了莱昂尼德·赫维茨、罗杰·迈尔森和埃里克·马斯金。

这本教科书介绍了非合作博弈中的主要概念，重点考察了博弈论在分析和设计经济制度中的应用。本书特别强调现实案例和实验室实验的结果；近些年来，这些领域取得了大量的进展。特别有趣的是，这些案例的实验结果和博弈论的预测并非完全一致。这些案例的实验结果也许为推动和改进模型提供了一些新的研究方向。我也对这些博弈论新的研究方向尽量进行了分析。

除 MBA 学生之外，本教科书也适合于一学期的经济学和管理学本科生课程。本书假设读者拥有较少的数学预备知识，所需的主要是概率论的基本概念和求解函数最大值的技术。事实上，在使用这些数学知识时，本书会详细讨论这些必需的数学工具。本书的编排方式非常适合自学，对书中提到的大量例题和习题给出了详细的解答。

本书绝大多数章节介绍了非合作博弈中的经典主题：标准式博弈、占优和劣势策略、纳什均衡、纯策略和混合策略、最小最大定理、扩展式博弈、子博弈精炼均衡和重复博弈等。

本书用较少的章节介绍了大量的高深的主题，这些主题可以开阔知识，也可以作为学期论文的基础。第 14 章分析了可理性化策略。第 15 章介绍了均衡的稳定性，这是一个在分析真实生活时特别重要的主题。该章还给出了离散动态系统的定义；并在最优动态框架下分析了一些博弈的稳定性。该章还是第 16 章博弈和进化的准备。第 16 章开始先讨论了离散时间的复制者动态系统，对一些最优类型参与人适者生存的自然选择过程进行了直接建模。第 16 章后半部分给出了进化稳定策略(ESS)的静态概念，分析了 ESS 和复制者动态系统下稳定概念之间的联系。

第 17 章介绍了全局博弈的相关内容，重点讨论了外汇汇率攻击的例子。开始先分析了投资者类型有限的情况，然后推广到了连续的情况。两类投资者之间的博弈事实上可以用占优分析的框架求解。这样，本书的工具就可以分析这种非对称信息博弈。第 19 章也给出了一个非对称信息博弈的例子，介绍了一位信息不完全的卖主在甄选不同类型的买主时所遇到的问题。这个例子用到了信息经济学分析的基本概念，但更一般的非对称信息博弈的处理以及对相应解概念的分析却超出了本书的范围。

本书最初是由以色列开放大学(the Open University)出版的希伯来文版。自从 2008 年初版以来，已经有数百位学生采用该书作教科书。感谢 Chen Cohen 在开放大学课程协调方面所作的积极工作。感谢以色列其他大学的同事，很高兴他们在使用本书中提出的评价。特别感谢 Zvika Neeman，Shmuel Nitzan，Motty Perry 和 Ella Segev，他们评阅了本书的样稿，提供了很多有价值的建议。

对 Judith Yalon Fortus 翻译英文版时的清晰和严谨，我深表谢意。和 Judith 一起工作的经历非常开心。在准备英文版期间，我正好在凯洛格商学院管理经济学和决策科学系进行为期两年的访问。非常感谢那里的同事，他们亲善友好、热情洋溢，使我这次访问成为一次享受之旅。特别感谢来自戴维斯加州大学的 Burkhard Schipper，他评阅了英文版终稿，并提供了更多的有益建议。

感谢剑桥大学出版社整个团队给我的杰出支持。特别感谢社会科学出版部主任 Chris Harrison，从一开始他的工作就极为令人满意。如果没有他真诚的付出，一贯的鼓励和关照，本书很可能不会付诸出版。同样感谢资深出版编辑 Daniel Dunlavey，他极为熟练地帮助解决了最后的格式问题，才最终完成此书。

非常高兴 Noa Dar 允许我们使用她的编舞《孩子们的游戏》中的照片作为本书的封

面。这要归功于 Pieter Breughel 画作的启发。希望这本书可以作为礼物奉献给 Noa Dar 的那些激动人心的创作，奉献给整个以色列生机勃勃的舞蹈场面。

当然，我想热情拥抱一下那些我有幸与之共享生活的女士们：我的妻子 Dana、我们的女儿 Inbal 和 Maayan。在写作本书的长途跋涉中，她们始终支持，使生活像本来那样充满了博弈（游戏）的乐趣。

阿维亚德·海菲兹（Aviad Heifetz）
以色列开放大学

译者序

博弈论是关于数位决策者相互之间策略互动的理论。当出现策略互动时，每位参与人都会意识到他的行动会影响其他参与人的福利，就像他们的行动也会影响他的福利一样。博弈论分析这种相互关系如何影响参与人的决策方式，及会导致何种结果。自从20世纪中叶奠定理论基础以来，博弈论在经济管理中得到了大量应用，此外，其在政治科学、人类学、社会学、生物学和计算机科学中也有很多应用。

阿维亚德·海菲兹的《博弈论：经济管理互动策略》是一部高质量的博弈论导论教材。本书主要介绍了非合作博弈在经济管理领域中的应用，还介绍了在政治科学、法律和生物学领域中的应用。本书具有如下特点：第一，着重强调了博弈论的基本概念，并通过案例的方式来导入概念，使得概念更加容易理解。第二，本书体系鲜明，结构严谨。从案例引入博弈的形式，到基本解概念，再到各种博弈类型的推广，层层深入。第三，本书在讲解上深入浅出，通过大量案例、例题和答案的方式来强化理解。同时，本书数学要求较少，所需的主要是概率论的基本概念和求解函数最大值的技术。第四，为了撰写学期论文或选择研究主题，本书补充了一些高级博弈论主题，包括可理性化、(离散动态系统的)稳定均衡、博弈和进化、均衡选择和全局博弈等。因此，本书适合 MBA 学生和一学期的经济学和管理学本科生课程。

值得注意的是，正如本书作者所讲得，“就预测一个身处复杂现实环境的参与人的行为而言，博弈论工具并没有提供一个现成的答案。认识到这一点非常重要，在社会科学中，包括博弈论在内，在描述某个既定情景中的纷繁芜杂的影响因素时，任何模型都是仅仅从中提取一小部分关键因素加以分析。”“模型的目的只不过在于提供分析复杂环境的一种系统性思维模式。”因此，在阅读并学习本教科书时，除了掌握所讲授的博弈理论之外，学习如何描述现实，简化分析，使之可以应用于博弈论的工具和方法，同样也是重要的。

感谢上海世纪出版集团格致出版社钱敏和彭琳编辑的辛勤付出,她们的热忱和专业是本书能得以高质量出版的保证。本书初译由陈琳、徐强、周荷芳、陆兴妍、余耀凯、刘敏、丁志永、葛盼科、李胜男、陈日轮完成,在此对他们的辛勤工作表示感谢!本人负责通读全文校稿审定,所有错误和不当之处概由本人负责,也欢迎读者批评指正。

目　录

第Ⅰ部分　博弈：策略互动

第Ⅱ部分　策略式博弈的基本解概念

第Ⅲ部分 策略式博弈的主要类型

第Ⅳ部分 不确定性和混合策略

第Ⅴ部分　策略式博弈中的高级主题

第Ⅵ部分 动态博弈

第Ⅶ部分 重复博弈

第Ⅰ部分　博弈:策略互动

引言

人类生活的本质在于其社会互动性。当人们相遇时,他们是如何采取行动的呢?进一步,组织、企业或国家之间是如何互动的呢?博弈论就是一套旨在表述和分析这类策略互动行为的模型工具。

本书第Ⅰ部分介绍博弈论模型的基本构造模块。互动的各方被称为*参与人*(players),可采取的行动路线称为*策略*(strategies),每位参与人从(所有参与人的)各种不同策略组合中所获得的*收益*(payoffs)表示在该参与人看来,她对各种可能互动结果的排序。

第1章介绍这些概念的定义,并通过一个基本例子加以解释。第2章通过一些真实的现实世界的具体案例来对这些模型进行推广并解释。第一个例子就是历史上发生在中东的军事冲突。其他的例子包括晋职竞争,以及团队激励等。对这些建模过程的详细考虑将有助于分析和预测此后各章中相关策略的结果。

▶1

策略式博弈

人类是一种社会动物。在幼儿园、学校和工作中，当我们和家人朋友们在一起的时候，我们会经历一些共同体验，并形成各种看法。无疑，我们关于世界和自身的观点与上述体验及看法形成的方式都是相关的。当我们为自己谋求某些利益，或者改善我们的处境时，我们需要和其他人进行社会交往。当我们为了努力完成某项共同目标时，我们需要和其他人进行基本的合作，这也是社会交往。但无论怎样，所有的社会交往都有一个基本且重要的特征：即每一位参与者在交往中所选择的行动都会影响其他参与者。这就是博弈论(game theory)所研究的内容。

博弈论研究的是社会环境中个体的行为，同时每个个体的行为又会影响其他人。博弈论分析的是理性参与者在决定行动时所采取的思考方式，以及这种思考方式是如何影响他们的行动选择的。

博弈中的参与者可以是工作中的单个雇员、经济市场上的商业企业，或者也可以是国际关系内的某些国家。考虑到研究背景的一般性，一开始我们在习惯上就将这类个体称为“参与人”，将他们之间的互动称为“博弈”。

在日常用法上，“game”(博弈)这个词通常指的是孩子们之间的游戏，运动项目，或者是某些社会上的游戏项目，譬如足球、国际象棋，或垄断。我们从游戏中可以获得某些直接的享受和娱乐价值，有时也会获得某些其他价值。在博弈论中，术语“博弈”具有更广泛的含义，它可以用来描述数位参与者之间的互动行为。

就上述意义而言，这里借用博弈这个概念基于如下事实，即每个游戏都有其既定的规则，而这些规则界定了一种长期的内在的因果联系。在对社会情境建模时，博弈论通常会从这些过去事件的大量细枝末节中选择某些内在联系进行分析。就像日常生活中常见的游戏的含义一样，在博弈中，动力来自参与者可以采用的行动或策略，结果则是每位参与人的行为对每一位参与者的影响。

在现实中，这种影响当然是多方面的，且是高度分散的：它的形式可能是参与者所支配的物质资源、她的情感反应、她的社会地位、她所期望的、甚至是其他人对她的期望，诸如此类。

尽管非常复杂，我们仍然假设每个参与者有能力可以对互动结果（这取决于所有参与者的行为）进行排序，且这种排序和她自己的优选顺序是一致的。我们会借助于数字对这种偏好排序进行刻画，即称为*收益*（payoffs）或*效用*（utility）水平。因此，最高的收益就代表着个体所最偏爱的结果，而最低的收益则表示最差的结果。

考虑如下一个例子。

1.1 商业合作谈判

一家生产商和一家营销企业正在就某种商业合作进行谈判。他们估计合作的总利润为 100 万美元。如果企业首席执行官直接自己谈判，他们就会同意均分上述联合利润，即每家 50 万美元。但现在，一家企业的 CEO 雇用了一位律师来帮她谈判，这会使该企业多获得利润 10 万美元，而对方会减少 10 万美元（可能是通过在合同条款中使用某些眼花缭乱且令人费解的术语来实现的）。雇用这位律师的成本是 5 万美元。如果两家企业的 CEO 都雇用律师，联合利润仍然会在两家企业之间平均分配。

在这个例子中，参与人就是两家企业的 CEO。

每位 CEO 有两个可能的谈判策略：雇用律师，或者自己直接谈判。下面的矩阵（表 1.1）表述了 CEO 选择不同谈判策略下每家企业的财务利润（单位为千美元）。

表 1.1

		营销企业 CEO	
		直接自己谈判	雇用律师
生产商 CEO	直接自己谈判	500 500	400 550
	雇用律师	550 400	450 450

表 1.1 中每个方格表明了在相应策略组合下每家企业的财务利润（如果有律师费用，则扣除）。左边的数据是生产商的利润，右边的数据是营销企业的利润。不妨假设生产企业的 CEO 选择雇用律师（她的策略显示在第二行），然而营销企业 CEO 选择自己谈判（她的策略表示在左边一列内）。这种合约的结果表明，生产商会获得 60 万美元的利润，扣除法律费用后，净利润为 55 万美元。相应的，营销企业的利润为 40 万美元（方格中的右边数据）。

我们注意到，博弈矩阵中的数据就是企业的利润，然而我们博弈中的参与人却不是企业本身，而是企业的 CEO。CEO 当然不会把他们为企业赚的钱占为己有，因此矩阵中是数字并没有反应参与人所获得的货币收益。但是数据确实描述了参与人的偏好，因为每位 CEO 都偏爱那些让企业赚得更高利润的策略组合，而不是那些让企业赚得更低利润的策略组合。

这种偏好可能来自 CEO 对其角色的身份认同，也可能来自她成功提高企业盈利能力的货币奖金激励，还可能来自她从企业股东或同事那里获得的个人价值，等等。相应地，我们将矩阵中的数字称为“收益”，因为它们的排序忠实反映了 CEO 的偏好：如果和另一个不同的策略组合相比，参与人更偏爱某个特定的策略组合所产生的结果，那么，博弈矩阵中该参与人从后者中所获得的收益一定要高于从前者中获得的收益。

1.2 策略式博弈的定义

定义

如果满足下面三个要素,则可以定义一个**策略式博弈**:

1. 参与博弈的参与人(players)。
2. 每位参与人所拥有的策略(strategies)集。
3. 每位参与人从所有参与人任意可能的策略组合中获得的收益(payoff)。

令 N 为博弈参与人的数量,令 I 为参与人集合。就参与人集合 I 中的参与人 k 而言,用 X_k 表示参与人 k 可能的策略集。参与人 k 的策略 x_k 就是策略集 X_k 中的一个元素。

在上面第 1.1 节的例子中,参与人集由两位 CEO 组成,即

$$I = \{生产企业\ CEO, 营销企业\ CEO\}$$

生产企业 CEO 的策略集为:

$$X_{生产企业CEO} = \{自己谈判, 雇法律代表\}$$

类似的,营销企业 CEO 的策略集为:

$$X_{营销企业CEO} = \{自己谈判, 雇法律代表\}$$

参与人策略组合形式为:

$$x = (x_1, \cdots, x_k, \cdots, x_N)$$

即对每一位参与人 k, $k \in I$,策略组合界定了参与人 k 的策略 x_k。

我们用 X 表示参与人所有的策略组合:①

$$X = \Pi_{k \in I} X_k$$

类似的,我们用 $X_{-i} = \Pi_{j \neq i} X_j$ 表示除了参与者 i 之外其余所有参与人的策略组合集。因此不包括参与人 i 的一个策略组合为:

$$x_{-i} = (x_1, \cdots, x_{i-1}, x_{i+1}, \cdots, x_N) \in X_{-i} = \Pi_{j \neq i} X_j$$

且所有参与人的一个策略组合的形式为:

$$x = (x_1, \cdots, x_{i-1}, x_i, x_{i+1}, \cdots, x_N) = (x_i, x_{-i}) \in X_i \times X_{-i} = \Pi_{k \in I} X_k = X$$

按照此类记法,可以用两种不同的方式来表示策略组合 x。首先,可以直接将策略 x_k 表示为 $(\cdots x_k, \cdots)_{k \in I}$,其含义为在参与人集合中参与人 k 所选择的策略;其次,可以将其表示为 (x_i, x_{-i}),其中,x_i 为参与人 i 选择的策略,而其他参与人所选择的策略组合为

① 符号 Π,即"笛卡儿积"(Cartesian product,来自法国哲学家和数学家笛卡尔),表示"集合中元素所有可能组合构成的集合"。

x_{-i}，后者独立于参与人 i 的意愿。如果博弈中只有 i 和 j 两位参与人，那么，$X_{-i}=X_j$，即除了 i 之外的所有参与人的策略集就是第二位参与人的策略集。这两种表示方法是相同的。

现在来定义参与人的收益。前面提到，博弈的一个关键特征就是每位参与人的收益取决于所有参与人选择的策略。因此，每位参与人的收益就是一个函数，它为所有参与人的每个策略组合进行了赋值。我们将这个函数称为参与人的收益函数，或效用函数。形式上，参与人 i 的收益函数 u_i 为：$u_i: X \to \mathbb{R}$，策略组合 x 所对应的实数值为 $u_i(x)$。其中，字母 $\mathbb{R}$ 表示实数集。

收益函数 u_i 表示参与人的偏好，即 $u_i(x) > u_i(x')$。
当且仅当 i 对策略组合 x 下结果的偏好甚于对策略组合 x' 下结果的偏好。

在某些特殊情况下，只有两位参与人，$I=\{1, 2\}$，且每位参与人的策略集都是有限的，就像第 1.1 节中的例子那样，收益函数才可以表示为博弈矩阵的形式。在该矩阵中，每一行都对应着参与人 1 的某个策略，每一列都对应着参与人 2 的某个策略。在矩阵的每个方格中会有两个收益：参与人 1 的收益（左边数字）和参与人 2 的收益（右边数字）。矩阵第 m 行 n 列方格中的收益为：$u_1(m, n)$，$u_2(m, n)$。这是当参与人 1 选择第 m 行对应的策略，且参与人 2 选择第 n 列所对应的策略时，两位参与人的收益情况。

作为一个司空见惯的术语，“游戏”并非仅仅为博弈论这门学科所使用。哲学家路德维希·维特根斯坦（Ludwig Wittgenstein）在其著作《哲学考察》（*Philosophical Investigations*）（1953）中提出了“语言博弈”的观点。他对每一种语言中的词汇都必须表示或代表真实世界中的某些事物，且理解词汇的含义就是理解该词汇所代表的对象这一观点持反对态度。维特根斯坦认为，“对语言的想象就是对某种生活的想象”。据此，某个词汇的含义来自它在语言中的使用方式，以及清晰指向的客体名称的含义。因此，正是社会“博弈”确立了它自身的含义。这样，维特根斯坦也采用了“博弈”这一术语来描述人类社会中的基本和根本的现象。

▶2

用博弈表达的策略互动

在本章中，我们会用博弈论的工具来分析几个例子。这些例子有助于理解用策略式博弈(strategic form games)来分析社会互动或交往行为时的思维方式。我们还会看到，哪些情况是不能用策略式博弈分析的，而且还会注意到，为了更准确地表述现象，我们需要通过什么样的方式来对博弈的概念进行推广。

2.1 六日战争的背景

六日战争(the Six Day War)是在1967年6月5日至10日，以色列和其临近的阿拉伯国家埃及、约旦和叙利亚之间发生的一场战争。它是中东冲突进程中的一个关键事件。交战各方所面临的种种策略困局是进行博弈理论分析的基础性案例。

根据1947年11月联合国的决议，以色列在1948年5月14日宣布独立后，直到一场持续到1949年3月的战争才确定了它同埃及、约旦、叙利亚和黎巴嫩的国界。1956年为了应对来自西奈半岛恐怖分子的侵袭，以色列从埃及手中占据了西奈半岛，但后来迫于国际压力，并在得到保证拥有红海的艾拉特(Eilat)港到蒂朗海峡(Tiran Strait)的航运权后，才撤军。

2.1.1 战争前夕的环境

在六日战争之前一年，以色列和叙利亚之间的紧张关系一直在升温，主要原因有三个。第一，叙利亚宣称对约旦河的水资源拥有额外的权利，然而却计划将亚尔木克河(Yarmuk River)的河水引流，这样流到以色列领土的水量就会减少。其次，对以色列独立战争结束后两国军队缓冲区的农地耕种问题，以色列和叙利亚之间一致存在争议。第三个因素是巴勒斯坦恐怖组织(主要是法塔赫)发起了多次恐怖袭击，多数是在叙利亚支持下从叙利亚领土袭击以色列的。

一些小规模的军事冲突使得这种紧张关系迅速恶化，譬如在1966年7月，以色列动用战机和大炮对亚尔木克河河水引流项目进行了军事打击。1967年4月，以色列和叙利亚之间发生的一次事件演变成了一次持续一天的战争。当时，叙利亚对进入军事缓冲区的以色列拖拉机开火，以色列拒绝撤出拖拉机，并升级为两军之间的炮战和空战，最终叙利亚停火。这次事件中，以色列击落了6架叙利亚的米格战机，其中2架被击中的飞机坠落在大马士革城郊外，正在参加复兴党年度庆典的叙利亚居民亲眼目睹了战机的坠落。

当时，从叙利亚领土袭击以色列的活动频率不断升级。在1967年5月份的上半个月，以色列对大马士革进行了数次严厉的警告。以色列总理列维·埃斯科尔（Levi Eshkol）公开发言声明，以色列接下来所采取的举措强度不低于1967年4月时的情况。新闻机构引用以色列高层来源的信息，宣称如果继续有来自叙利亚领土的袭击，以色列可能采取有限的军事行动，以打击大马士革地区的军事力量。

叙利亚的反应是寻求埃及的支持，因为这两个国家在1966年11月4日签署了一份双边防御协议。此外，埃及从苏联得到的（错误的）情报表明，以色列正在和叙利亚接壤的边境上进行大规模的军队动员。当时的埃及总统加麦尔·阿卜杜勒·纳赛尔（Gamal Abdel Nasser）热衷于获得阿拉伯世界的领导权，因此决定采取行动。5月15日，大批埃及军队耀武扬威，从开罗开往西奈半岛。次日，埃及司令通知在西奈的联合国军司令（联合国军在1957年之后就一直驻扎在西奈，以隔离以色列和埃及军队），他们必须撤离退出。5月18日，埃及军队占据了联合国驻军位于沙姆沙伊赫（Sharm el Sheikh）的驻地，控制了蒂朗海峡。5月22日，纳赛尔指控以色列威胁发动战争，宣布蒂朗海峡对以色列船只关闭，后者需自行取道前往艾拉特（Eilat）港。5月26日，在一次公开演讲中，纳赛尔断言问题不仅仅出在以色列，而且还出在支持以色列的美国和其他西方国家。他认为如果以色列攻击叙利亚和埃及，冲突将不仅仅局限在前线地区，还会招致一场全面的战争，这样埃及就会摧毁以色列。之后，开罗之声广播电台开始发送广播，号召将以色列从地球上抹去。

在1956年的西奈战役中，蒂朗海峡在联合国的监督下对以色列船只开放是当时以色列取得的最重要的成果，而且以色列的一贯立场就是埃及关闭蒂朗海峡会导致战争。但埃及却认定以色列不敢同时对两个国家开战。

2.1.2 交战环境作为一种博弈的表示

随着蒂朗海峡关闭，双方开始同时决策如何应对。

因此，以色列面临两个基本选择：

一是实现承诺，一旦蒂朗海峡关闭，就开战。

二是威胁开战，但不主动采取敌对行动。

埃及有三个基本选择：

一是主动挑起战争。

二是静待事态发展。

三是在国际调停活动下，主动从西奈撤出军队，恢复之前状态。①

① 1960年，埃及曾在西奈驻军，当时没有命令联合国军队撤出。一段时期后，埃及自行撤走军队。

[例题 2.1]

用博弈描述当时的历史情境。参与人是谁?他们可以支配的策略有哪些?博弈的收益如何?

答案:

根据描述,参与人是以色列和埃及,每位参与人可以采取的策略如上所述。

参与人的收益是什么?收益表示从每一位参与人角度来看,上述六种可能的选择组合下会产生的后果的排序。现在我们会给出某些影响排序的确定性因素。

但是,我们必须注意到如下事实:这种唯一的排序未必和当时双方的历史地位完全一致。用博弈论分析历史事件可以深化那些解释历史事件的讨论。上面就提供了一个例子。

为了分析,在描述各方偏好时,主要考虑的因素包括:

以色列的偏好:

➤ 如果埃及确实想发动一场全面的战争,则以色列会宁愿由它自己来首先发起,因为这样以色列就可以获得战争的主动权。在导致战争的所有策略组合中,这是以色列最好的一种策略,以色列发动战争的正当性是最强烈的,军事效果也最优。一旦以色列等待埃及发动战争,在以色列看来,这是最糟糕的情况。

➤ 如果埃及希望事态维持现状,特别是,保持蒂朗海峡对以色列船只的封锁,而不是发动一场全面的战争,以色列仍然会偏向发动一场战争。如果以色列不这样做,无限期关闭蒂朗海峡就会损害以色列的遏制力,因为以色列之前宣布过关闭蒂朗海峡就会导致战争。对这种威胁发布一下声明虽然可以避免战争,但对以色列的果断形象是一种损害,且可能会导致埃及或叙利亚采取进一步咄咄逼人的不利行动。

➤ 如果在短期展示其武力之后,埃及不再封锁蒂朗海峡,以色列会更偏向避免战争及其不利影响。此时,以色列威胁发动战争就会产生效果,且以色列的遏制力也没有受到损害。在所有策略组合中,这种策略组合对以色列是最优的,此时外交取得了有效成果,且避免了流血冲突。

➤"持续战争"组合。此时,以色列为了保护其利益,选择发动战争,这对以色列最不利。类似的,当以色列仅仅威胁战争(实际上不发动),然而埃及封锁蒂朗海峡,对以色列也不利。

埃及的偏好:

➤ 一开始,埃及进驻西奈半岛,封锁蒂朗海峡,对以色列采取攻击措施的原因在于,叙利亚感到自己受到了来自以色列的威胁,且埃及认为根据双边防御协议,有必要采取行动。但是当时埃及的军队并没有针对以色列进行备战。因此,在埃及看来,所有可能导致敌对状态全面破裂的策略组合,与那些避免战争的策略组合相比,都更为不利。

➤ 只有当两个国家都选择不继续相互敌对时,战争才可避免。假设情况如此,埃及如果选择继续展示其武力,并封锁以色列船只通过蒂朗海峡就是最优的。因此,在国际调停下,在一段时期后重新开放蒂朗海峡,对埃及来说,其好处并非十分明显。

➤ 在所有导致战争的策略组合中,如果以色列选择等待,而埃及主动发起战争,对埃及而言是最优的。如果以色列也同时决定进行战争,埃及在这种情况下就会更不利。如果埃及本身不想发动战争，然而以色列却主动选择开火，这时埃及最不利。

上述分析可以用下述博弈收益矩阵(表 2.1)来表示：

表 2.1

		埃及		
		发起敌对行动	封锁蒂朗海峡	在国际调停努力下撤军
以色列	发动战争	4，2	3，1	2，1
	威胁战争	1，3	2，5	5，4

大家可以考虑一下，为什么上述收益矩阵反映了我们前面所做的分析。[①]

2.2 升职竞争

在一家大型企业中，有两个部门经理都是在年末晋升某个分部总经理职位的候选人。假设目前为止，两位候选人都拥有较高的支持率，他们在当年取得的成就在很大程度上会决定哪位会获得升职，而两位候选人对升职都非常渴望。

Ann 管理着北方地区的销售部，而 Beth 管理南方地区的销售部。在财年开始时，每位经理都要决定在今年她会销售企业的哪些产品、将向客户提供哪些品种、向零售商提供哪些激励、投资多少资金购置货架，以便将产品摆放在醒目的地方，等等。

在这个例子中，参与人是谁？其策略是什么？收益函数为何？

2.2.1 博弈分析

在这个例子中，参与人集由两位经理组成。为了表述方便，记 Ann 为“参与人 1”，Beth 为“参与人 2”。

每位经理的策略集是什么？每个策略都是对她在该年所采取的上述行动的详细描述，包括经理决定的重点产品、营销策略，等等。同时，我们不再坚持对这些策略进行详尽的描述，相反，我们选择聚焦两位经理之间的竞争情况，这正是我们所希望分析的策略。

处理经理策略复杂性的一种方法是假设任何营销和销售手段都用经理选择的促销行动所花费的金钱数量来概括。这样假设是合理的，因为经理们技能全面，经验丰富，因此对于既定的年度营销费用，每位经理的使用都是有效率的(也就是说，在将这笔钱用于营销时，找不到更好的替代方案，即对于可能实现的某一利润水平 P 而言，采取其他的营销手段，获得至少为 P 的利润会导致更高的支出)。这样，每位经理的策略集就可以表示为区间$[0, M]$，区间中的任意一个数字表示经理可选择的用于营销的支出数额(譬如，以美元计)。M 是经理可以动用的最大营销费用数量。因此，经理 $i(i=1, 2)$ 选择的支出水平

① 注意到，为了在特定国家看来，它更偏爱某种结果，至少需要 5 个不同的数字来表示上述偏好排序。数字绝对值及其差异的大小在反映偏好上是无关的。

x_i 满足 $0 \leqslant x_i \leqslant M$。

按照这种方式，每位参与人可以选择的策略集都是连续的，因此，这种情况就不能用博弈矩阵来表示。当然，现实中的策略数量仍然是有限的，因为经理可以决定的预算必须用美元的整数倍来表示（或者至少用美分的整数倍衡量）。基本如此，我们将会看到，通过将策略集表示为一个连续的集合，收益函数定义上会更容易。

那么，参与人的收益如何呢？在刻画收益函数上，相关数据并不是非常详细的。在后面的章节中，我们还会碰到类似的问题，届时将会考虑这里所忽略的一些细节。然而现在我们可以描述收益函数的某些定性特征。

每位经理都会意识到，某种相对温和的销售策略更可能会带来一种不错的成绩。销售策略越雄心勃勃，销售收益显著增加的可能性会越大；但难以收回巨额营销投入的可能性也越大。这一年对两位经理最关键的是，其净利润要高于竞争对手。

因此，我们认为每位经理的晋升前景不但取决于自己选择的销售策略，还取决于另一位经理选择的策略。无论 Ann 选择何种策略，如果 Beth 选择某种更激进的策略，她的晋升前景就会有些不妙，即

（1）和竞争对手相比，某种非常低调的销售策略几乎肯定会让 Beth 得到一个非常低的销售额，因此利润也更低。

（2）另一方面，一个极富进攻性的策略可能会提高 Beth 的销售额，也极有可能超过 Ann，但同时该部门最终的净利润额也很可能会更低，因为营销支出非常高。

因此，在极温和的“低端”营销策略区间内，Beth 获得晋升的可能性会随着促销投资额的增加而增加。但是，在极为进攻性的“高端”销售策略区间内，Beth 发现随着促销额的增加，她获得晋升的可能性反而会降低。

因此，使 Beth 晋升前景最大化的销售策略应该位于区间的中间部分，而不是两个极端部分。但是，这种最优策略也取决于 Ann 选择的策略。

Ann 显然也面临同样的问题。从她自己的角度而言，能使其晋升前景最大化的最优销售策略也取决于 Beth 的选择。例如，收益函数形式 $u_1(x_1, x_2) = \left(x_1 - \frac{M}{2}\right)(x_2 - x_1)$ 和 $u_2(x_1, x_2) = \left(x_2 - \frac{M}{2}\right)(x_1 - x_2)$ 就具有上述性质。

2.3 团队激励

某家新创企业雇用了 5 位工程师从事某项非常具有挑战性的技术创新开发工作。企业在纽约股票交易所上市，每股股价为 10 美元。工程师货币收入的一项关键条款是以期权形式规定的，即他们可以在 2 年后以每股 15 美元的价格购买 1 万股股票。因此，如果 2 年后企业的股票价值 S 低于或等于 15 美元，这份期权合约对工程师而言就不会有任何价值。但是，如果 2 年后企业股票价值 S 超过 15 美元，那么，每位工程师就会获得红利 $10\,000 \times (S - 15)$ 美元。设计这种补偿机制的目的是鼓励工程师在开发新技术中投入更多的努力，这样 2 年后企业的市场价值至少会比当前价值高 50%。

工程师的投资可以用每周工作的小时数，以及每工作小时内投入的专注程度和集中

程度等表示。

> **测验**
>
> 该例中的参与人集是什么?(是否只由企业的工程师组成,或者还可以包括股票交易的投资者,评估企业股票或相关行业企业股票的分析师?或许还包括国家领导人,其决策可能会影响全球货币市场?如果我们想关注工程师团队情况,应该如何选择参与人集合呢?)
>
> 每位参与人的策略集是什么?每位参与人的收益函数仅仅反映了他的货币收益吗?或者还涉及其他方面?为了回答这个问题,不妨考虑下面一些情况:
>
> (1) 假设每位工程师在2年里更偏爱高货币报酬,而不是低货币报酬,这合理吗?
>
> (2) 假设每位工程师更愿意每周工作10个小时,而不是30个小时,这合理吗?更愿意60个而不是80个工作小时呢?(考虑诸如疲倦、生命损耗、工作兴趣和挑战、获取熟练技能以及实现个人潜能、对团队成员的责任感和家庭在一起以及照顾孩子的闲暇时光,等等。)

2.4 讨论

在上述第一个和第二个例子中,所有参与人都同时行动。①他们必须决定在没有其他参与人决策信息的情况下如何行动。这类博弈被称为策略式博弈(strategic form games)。本书第Ⅰ—Ⅴ部分主要讨论这一类博弈。

然而,在第三个例子中,每位工程师可以每天重新决定在企业开发活动中花费多少工作小时。这类决策可能取决于当前他自己及其同事已经做出的努力,还可能取决于企业股票的交易价值、全球经济形势,等等。在这类博弈中,参与人未必同时决策,或者按照某种一致的基础决策,因此将这类博弈称为扩展式博弈(extensive form games)。本书第Ⅵ至Ⅶ部分会介绍这些内容。描述扩展式博弈还有一个额外的指标,这就是参与人参与博弈的顺序(order)。在每一步参与人必须行动时的身份认定,以及每一步博弈中可以采取的行动集,都取决于博弈中其他先前步骤上所有参与人的行动。这种依赖性使得对博弈整体的描述更为复杂。

本书主要涉及完全信息博弈(games with complete information)。在这类博弈中,参与人的收益(刻画了每位参与人对博弈结果的排序)是公开信息:所有的参与人都了解其他人的收益;此外,所有参与人也了解所有参与人都知道这些收益信息;每一个人都了解其他所有人都知晓每个人的收益;诸如此类。在这种情况下,我们说所有参与人拥有关于收益的共同知识(common knowledge)。

参与人拥有关于收益的共同知识这一假设确实很难满足。毕竟参与人的收益反映了参与人的个体偏好,而且很难完全洞悉人的心灵。因此,很难想象这样一种情况,其中每

① 在第2.2节的例子中,我们假设两位经理在年度开始时必须制定当年的营销政策。

一位参与人都非常了解其他参与人的偏好,更不用说对所有偏好都拥有共同知识了。

当不同参与人存在文化差异时,这种情况就更有可能发生。譬如,在第 2.1 节的阐述中,对于以色列是否正确了解埃及人到底是如何考虑的,或者埃及人对以色列人利益所在的评估是否准确,都很难确认。

为了刻画非完全信息博弈,即不存在有关收益的共同知识,我们不仅需要分析每位参与人的真实收益(即现实的偏好情况),还要分析每位参与人对其他参与人收益的认识情况,诸如此类。这个主题超出了本书讨论的范围。

尽管存在诸多限制性条件,但确实也存在很多情况,用完全信息博弈来描述非常合理。譬如,在第 2.2 节的案例中,完全有可能两位经理拥有关于彼此的共同信息,因为她们两位都非常渴望晋升到部门经理的职位。两位经理在其工作岗位上拥有多年的工作经验,因此对不同促销手段的经济效果的评估也都非常接近。这也是非常可能的。她们也了解到彼此采用的模型和数据都是相同的,因此,每位都会知道彼此的晋升前景是她们所选择的策略的函数。因此,在这个例子中,假设参与人拥有关于收益的共同知识,作为分析两者之间竞争的一种假设,是非常合理的。

此外,在完全信息假设的合理性方面,还有一个重要的方法论理由,即博弈论的研究是从完全信息开始发展的。此后,我们会遇到各种更一般性的博弈情况,也不再局限于强调个体的决策问题。因此,在处理更为复杂的非完全信息博弈之前,先来分析这种简单的博弈形式是非常重要的。这样我们就可以区分哪些现象来自策略互动的典型事实,而哪些更为复杂的现象是由于参与各方缺乏对称信息而导致的。

第Ⅱ部分
策略式博弈的基本解概念

引言

在第Ⅱ部分，我们将分析策略式博弈的一些基本解概念。其中，第 3 章将会介绍最强解概念，也就是严格占优策略。一个严格占优策略就是无论其他参与人如何选择，该参与人所严格偏爱的策略。

尽管我们注意到，即便所有参与人都有严格占优策略，策略互动的结果也可能是无效率的。这时，所有参与人都希望可以相互协调，选择一种不同的策略组合。这多少有些让人惊讶！分析这类现象的一个基本例子就是两位参与人的囚徒困境博弈，也称为“社会困境”博弈。

第 3 章还给出了一个稍弱解概念，也就是所谓的弱占优策略。一个策略是弱占优的，如果无论其他参与人选择为何，所选策略不会比该参与人所选择的任何其他策略更差，而且就其他参与人选择的某些策略组合而言，该策略要比所有其他可取的策略严格更好。当每位参与人都有一个弱占优策略时，我们称博弈是弱占优可解的。

与 eBay 和其他在线拍卖所采取的拍卖形式非常类似(尽管不完全相同)，在**次优价格拍卖**中，每个竞标者都有一个弱占优策略，即给出她心目中拍卖品的最大心理价位。一旦获胜，她只需要收益次高的拍卖价，因此任何其他报价策略都**弱劣势的**：报价高于最大收益意愿可能会赢得拍卖，但却会付出大于收益的价格，而报价低于最大收益意愿可能会导致失去在拍卖中以获利价格报价获胜的机会。

另一个弱占优策略的基本例子是两个政治候选人之间的竞争。这时，每个选民都会投票选举和自己观点最近接近的候选人。中位选民定理认为，为了使选举获胜的概率最大，每位候选人的弱占优策略就是让自己的观点和中位选民的观点完全相同。就中位选民的观点而言，其右翼观点选民数量和左翼观点选民数量一样多。在两党政治中，这个定理很好地分析了政治竞争对手更愿意持有相对较为温和的观点这一现象。

尽管参与人很自然会选择严格占优或弱占优策略，但并非所有的博弈都有严格占优或弱占优策略解。即便如此，某些博弈中的策略却是参与人都不愿意选择的，这表明这些策略被某些其他策略所严格占优的。如果不管其他参与人如何选择，某一个策略总比另一个策略带来的收益严格更低，就称该策略相对于另一个策略是严格劣势策略。

这并不一定意味着实际上会选择第二个策略，因为很可能会出现下述情况，即一旦其他参与人的严格劣势策略剔除后，第二个策略相对于第三个策略而言就可能成了一个严格劣势策略。如果上述重复剔除严格劣势策略最终会使得每位参与人都剩下唯一一个策略，我们就称这个博弈通过重复剔除严格劣势策略是可解的。在第 4 章将会讨论这一解概念。

可以用重复剔除严格劣势策略来求解的一个博弈就是两位竞争者在一条街道上对报摊位置的选择。此时，假设居民仅仅会选择距离他们最近的报摊购买报纸。重复剔除严格劣势策略会使得两位竞争者把报摊选定在街道中点。

一个相应的解概念是重复剔除弱劣势策略，也称为重复可允许（iterated admissibility）。我们将在第5章给出并分析这个解概念。一个策略相对于另外一个策略是弱劣势的，如果无论其他参与人选择何种策略，第一个策略都不会好于第二个策略，而且对其他参与人选择的某些策略组合而言，第一个策略比第二个策略会更严格劣势。如果相对于任何策略而言，某个策略都不是弱劣势的，就称这个策略是可允许的。

一旦对手的弱劣势策略被剔除后，第二个策略本身也可能相对第三个策略成为弱劣势的。给定竞争对手在前一轮剔除中生存下来的策略下，这种重复剔除弱劣势策略的过程最终会得到一个重复可允许的策略集。如果每位参与人在该过程都会剩下唯一的一个策略，就称这个博弈是重复可允许可解的。

利用上述方法可以求解几个有趣的博弈。其中一个博弈涉及两个销售同样产品的企业之间的价格竞争。另一个博弈是"选美竞赛（beauty contest）"，其中要求班级的每个学生都给出一个介于0到100之间的数字，数字最接近于猜测平均值2/3且不会大于该数值的那个人会获胜。在这个博弈中，唯一的重复可允许的策略就是提供的数值为0。

另外一个例子是"旅行者困境"，其中两个旅行者对在某个航班上丢失的同一件物品必须同时且独立提出货币赔偿额。但是，如果两个索赔额不一致，给出较低索赔额的旅行者就会获得一个红利补贴，而资金来自另一个旅行者。这个博弈解背后的逻辑和选美竞赛博弈非常类似，在这两个博弈的实验室实验中，参与者的行为和博弈理论的预测都不一致，我们会讨论上述偏离背后的原因。

投票悖论是另外一个可以适用于重复可允许解概念的博弈。一个三人委员会要从三个不同的方案中进行选择，可以证明，一旦所有方案都没有获得多数支持，委员会主席将有权力选择一个方案，这会保证他最喜欢的方案得以入选。

最后我们分析了第2章讨论的六日战争的例子，并用重复剔除弱劣势策略进行了求解。历史事件和博弈理论的预测并不一致，我们讨论了这种情况背后可能的原因。

在我们定义的剔除过程中，需要在每一轮同时剔除每位参与人的劣势策略。在严格占优的情况下，如果在每一轮只有某位参与人的严格劣势策略被剔除，然后参与人轮流进行，那么结果是相同的。相比之下，就弱占优而言，如果剔除顺序是任意的，在某些博弈中得到的结果可能会有所不同，我们将通过一个例子来说明这种结果对剔除顺序依赖的可能性。

但某些博弈却没有弱劣势策略。如何求解这类博弈呢？约翰·纳什在概念上的突出贡献在于其均衡的观点，这是第6章介绍的主题。一个纳什均衡就是一个策略组合，其中每位参与人的策略都是竞争对手策略组合的一个**最优反应**。我们对这个均衡概念提供了几种不同的概念上的解释，包括自我实现、稳定协议、对预测的多方一致，或者是一种选择和预测的均衡。

某些博弈的纳什均衡不止一个。一个例子就是两性之争，其中一对恋人在晚上观看哪种演出方面，两个人的口味是不同的，但每一个人都愿意晚上在一起，而不是独自一个人去观赏自己喜欢的演出。在这个博弈中，共同观看任何一种演出都是一个纳什均衡。

除了一维连续策略博弈之外，我们还给出了求解有限策略博弈纳什均衡的一般方法。求解前一类博弈时，涉及一个重要的概念，这就是最优反应曲线，它描述了对竞争对手的每一个策略组合，参与人所能够获得最高收益的策略或策略集。参与人最优反应曲线的每一个交点都组成了一个纳什均衡。

在某些多纳什均衡的博弈中，有一些自然的程序可以对这些均衡进行甄选。例如，在有的博弈的一些纳什均衡中，某些或所有参与人都采取了弱劣势策略，因此这种均衡在预测博弈结果方面就更不具有可信性。某些博弈也可能拥有一个焦点均衡，由于其对称性而尤其值得注意。我们在“分金游戏(Divvying up the Jackpot)”中介绍了上述两种思想。

▶3

占优策略

最易于分析的博弈是每一位参与人都存在一个严格占优策略(strongly dominant strategy)的博弈。一个严格占优策略指的是就其他参与人可采取的任意可能的策略组合而言,和参与人可支配的其他任何策略相比,该参与人更偏爱的策略。

3.1 严格占优策略

定义

称参与人 i 的一个策略 $x_i(x_i \in X_i)$ 为严格占优策略,如果对该参与人 i 的任一个其他策略 $x_i'(x_i' \neq x_i)$,以及其他参与人的任一个策略组合 $x_{-i}(x_{-i} \in X_{-i})$ 而言,都满足 $u_i(x_i, x_{-i}) > u_i(x_i', x_{-i})$。

如果 x_i 是参与人 i 的一个严格占优策略,这位参与人也许会考虑到:虽然我确实不知道其他参与人会采取何种策略 x_{-i},因而我也不能确定我的收益 $u_i(x_i, x_{-i})$ 为何。但我注意到,对其他参与人可以选择的任何策略组合 x_{-i} 而言,选择策略 x_i 都要严格优于我可以选择的任何其他策略 x_i'。

我们来看下面这个博弈(表 3.1):

表 3.1

		参与人 2 L	参与人 2 R
参与人 1	T	3, 3	1, 2
参与人 1	B	2, 0	0, 0

在该博弈中,参与人 1 的策略 T 是一个严格占优策略,即无论参与人 2 选择策略 L 还是策略 R,对于参与人 1 而言,策略 T 都要优于策略 B。

下面我们来证明：

- 如果参与人 2 选择 L，参与人 1 选择 T 可以获得收益 3，高于选择 B 时的收益 2。
- 如果参与人 2 选择 R，参与人 1 选择 T 可以获得收益 1，高于选择 B 时的收益 0。

［例题 3.1］

参与人 2 的策略 L 是一个严格占优策略吗？

答案

不是。虽然选择策略 L，参与人 2 可以获得的收益总是不少于策略 R 的收益，但是如果参与人 1 选择策略 B，参与人 2 从策略 L 得到的收益将等于从策略 R 得到的收益——即收益都是 0，因此策略 L 不是严格占优的。（注：策略 T 是参与人 1 的一个严格占优策略，因此如果参与人 1 是理性的，她就不可能选择策略 B。尽管如此，但在判断策略 L 是否严格占优时，这并不重要。因为在考虑一个策略是否严格占优时，参与人将不会考虑任何常识因素，也不会困惑不清，或者受其他参与人的任何影响，而仅仅考虑自己是否严格偏好该策略。对参与人 2 的策略 L 而言，这种强烈的无条件的偏好特征并不满足，因此策略 L 就不是参与人 2 的一个严格占优策略。）

实际上，当用矩阵形式表示博弈收益时，很容易就可以判断某个特定的策略是否是一个严格占优策略。在上面的例 3.1 中，（当单独比较每一列时，）参与人 1 第一行的收益 $\begin{array}{cc} L & R \\ 3 & 1 \end{array}$ 要高于他在第二行的收益 $\begin{array}{cc} L & R \\ 2 & 0 \end{array}$。因为在这个例子中，参与人 1 只有两个策略，所以可以得出结论认为，策略 T，即选择第一行的策略，是一个严格占优策略。

一般来说，如果可以用矩阵形式来表示博弈的收益情况，且（在单独比较每一列时）参与人 1 在某行中的收益高于他在其他任何一行中的收益，那么该行所对应的策略就是参与人 1 的一个严格占优策略。

类似地（在单独比较每一列的情况下），如果参与人 2 在某一列的收益高于他在其他任何一列中的收益，那么，该列所对应的策略就是参与人 2 的一个严格占优策略。

测验

证明一位参与人不可能有两个不同的严格占优策略。

3.2 博弈严格占优策略解

定义

如果博弈中的每一位参与人都存在一个严格占优策略，那么，称上述严格占优策略组合为**博弈严格占优策略解**(the solution of the game with strongly dominant strategies)。

在博弈论的解概念中,严格占优策略解是最强的,这是因为获得该解的假设是最弱的。事实上,这里需要对参与人行为做出的唯一假设就是每一位参与人都是从自己的角度出发选择其最优行为。为此,每一位参与人不必评价或猜测其他参与人如何行动。不管所有或部分其他参与人的行为是否理性,无论他们是否糊涂,也不管他们对博弈中其他参与人可能行为的信念是否正确,从每位参与人的角度来看,所有这些都不会对他们所采取的最优策略产生任何影响。这种最优策略就是严格占优策略。

但实际上,参与人总会选择这样的策略吗?

3.2.1 社会困境

我们来看下面这个博弈(表 3.2):

表 3.2

		参与者 2 C	参与者 2 D
参与者 1	C	2, 2	0, 3
参与者 1	D	3, 0	1, 1

这个博弈可以描述很多不同的社会情景。每位参与人的策略 C 表示“社会的”行为,策略 D 表示“自私的”行为。例如,我们假设两户邻居共用一个庭院。每户家庭的策略 C 可以表示“在假期中清洁庭院”,而策略 D 表示“不清洁庭院”。对博弈收益的描述表明,和肮脏的庭院相比(此时两户家庭都不进行清洁工作,每户家庭的收益为 1),每户家庭都更偏爱整洁的庭院(此时每户家庭的收益为 2)。尽管如此,由于清洁庭院需要付出辛苦劳动,因此策略 D(不进行清洁工作)是一个严格占优策略:即无论另一户家庭是否选择进行清洁工作,不进行清洁总可以让自己的家庭获得一个更高的收益(如果另一户家庭清洁,收益 3 高于收益 2;如果另一户家庭不清洁,收益 1 高于收益 0)。

相应地,可以用严格占优策略对这个博弈求解:两户家庭都选择策略 D。但是,尽管从各自家庭来看,对另一户家庭所可能的选择而言,每户家庭选择的行动都是最优的,但从社会角度来看,最后结果却不是最优的:行动组合(C, C)下每户家庭的收益是 2;而在博弈解(D, D)下,每户家庭获得的收益为 1,因此两户家庭都更偏爱前者。

换言之,个人理性,即每位参与人都追求自身利益最大化,产生的结果却可能并非是社会想要的。

从表面上看,上述结论可能为道德提供了某种理性基础。也许应该提出下面的观点:

当所有人的行为都以自私为目的时,结果对所有人都可能是坏的。因此,为了共同利益,每个人都应该贡献自己的努力,这是符合逻辑和理性的。因为如果每个人都这样做的话,所有人都可以更好。

遗憾的是,这个观点并不是有效的(valid)。在“社会困境”博弈中,如果某位参与人因为对社会负责而采取行动(也就是说,选择策略 C),那么,另一位参与人仿效,也选择策略 C 就是不可取的;反而,他会偏好自私的行为(即选择策略 D)。这是因为和策略 C 相比,策略 D 是一个严格占优策略,因而参与人总是偏好该策略。

因此,参与人就陷入了一个困境:从一开始,参与人都清楚知道如果他们的行为都是理性的(即如果每位参与人都追求对自己最好的结果),那么,他们的行动组合得到的结果对双方都是不利的。因此,只要双方都是理性的,他们自己就不可能合作并达成一个成功的行动组合。

康德的绝对命令(categorical imperative)

德国哲学家伊曼努尔·康德(1724—1804)在其著作《道德形而上学的基本原理》中提出了下面的"绝对命令":"无论做什么,只能按照你能做到的,同时也能成为一条普遍规律的准则去行动。"

康德主张他的绝对命令源于理性,这意味着绝对命令是由于人们拥有推理能力而强加于我们自身的。但康德却从来没有对理性的概念给出过完整的定义。康德认为,理性是一个非常宽泛的概念,但就根据狭义的"收益最大化"而区分人与兽而言,合理(reason)比理性(rationality)的作用更大。

理性概念是博弈论的基础,可以认为这一概念和康德理性概念是完全一样的。但是,"社会困境"博弈分析告诉我们,康德的绝对命令不可能源于我们在博弈论中所涉及的合理或理性。在"社会困境"博弈中,每位参与人希望采取的可以成为普遍法则的行动是采取行动C:如果两位参与人做出相同的选择("遵循普遍法则"),那么,普遍法则"选择C"对双方来说要优于普遍法则"选择D"。不过,一个理性参与人——总是从自己角度出发选择最优行动的参与人——会选择D,他本来不希望这个选择成为普遍法则。

1. 囚徒困境

现在怀疑一家会计师事务所的两位合伙人对不同客户开取不同的账单。警察已经有充足的归罪证据判处他们一年期徒刑。为了进一步查清事实真相,警察正在试图使他们坦白。警察承诺每个嫌疑人如果坦白认罪,他就会成为事件的证人而获得自由,而合伙人将因为抗拒而获取最高惩罚,即期限为5年的有期徒刑。如果双方坦白并认罪,每人都判处3年有期徒刑——因犯罪而获刑5年,减去因认罪而获得的2年减刑。

[例题 3.2]

在你看来,每位合伙人将如何选择?

答案

显然,每位合伙人都偏好更短的而不是更长的刑期。因此,在下面收益矩阵(表3.3)中,每位参与人的收益都是其刑期的负数,这忠实反映了参与人的偏好。

表 3.3

		参与人 2 不坦白	参与人 2 坦白
参与人 1	不坦白	−1, −1	−5, 0
参与人 1	坦白	0, −5	−3, −3

这样,在参与人1看来,"坦白"策略就是严格占优的。如果参与人2坦白,同时他也坦白,他会得到−3(也就是3年刑期);但如果他不坦白,他会得到−5(即5年刑期)。如果参

与人2不坦白而他坦白,他将得到0(自由),但如果他不坦白,他会得到−1(1年刑期)。因此,参与人1一定会选择坦白。基于同样的考虑,参与人2也会选择坦白,这样该博弈最终结果就是两人都坦白,两人都判刑3年。但如果他们可以提前交流并就采取何种策略达成一致意见,他们就不会选择坦白,这样每人只会判刑一年。

[例题 3.3]

在第3.1节,第3.2.1节以及第3.2.1节所给出的博弈案例之间,存在什么联系呢?

答案

表 3.4

		社会行为	自私行为
参与人1	社会行为	b, b	d, a
	自私行为	a, d	c, c

所有上述博弈在收益结构方面都存在某种关系,即数字a, b, c, d满足$a>b>c>d$。换言之,在第3.1节、第3.2.1节等处给出的不同博弈中,虽然参与人可选策略的名称不同,但它们与“自私行为”策略或“社会行为”策略都有某种联系,且在这种联系下,参与人在所有这些博弈中的偏好都是相同的。(提示:和策略组合B相比,当且仅当参与人从策略A得到的收益大于从策略组合B得到的收益时,参与人更偏好策略组合A。收益及其差额的绝对大小,或收益代表的含义为正为负,都不重要。)通常,我们称上述博弈为“社会困境”博弈或囚徒困境式博弈,因为囚徒困境是最早提出的具备上述偏好特征的博弈之一。(颇具讽刺意味的是,该例中的理性参与人正好是犯罪分子,且任何罪犯的“社会行为”却都是试图破坏社会秩序力量治下的行为。)

尽管如此,但实际上我们知道,在符合“社会困境”博弈的现实情景中,人们并不总会选择严格占优策略D,即自私策略。用博弈论术语来讲,选择社会策略C,而不是自私策略D,可以被认为是某个更复杂博弈的一部分。下面给出了之所以这样选择的三种情况:

其一,“社会困境”博弈中的收益可能没有充分表达参与人的偏好情况。例如,如果选择策略D的参与人在博弈后会被罚款,或者会遭到社会的排斥,从而会导致他财物的损失,这种罚款或损失应该提前表现在博弈本身的收益函数中。因此,博弈就会发生变化,策略D也可能不再是严格占优的。

其二,即便“社会困境”博弈中的收益可以完全表达参与人在博弈中获得的物质利益情况,但也许仍然没有完全正确反映参与人的偏好。譬如,如果参与人选择了对其合作者有利的社会行动C时,她会心情大好;或者如果选择D,尽管不会带来财物损失,但却会带来社会排斥感,进而成了她痛苦的根源。那么在最初博弈的收益函数中,就应该考虑这些情感因素。注意上述收益数值未必仅仅会反映财物收益,它反映的是参与人对不同选择进行全面比较的结果。

其三,即使“社会困境”博弈中的收益真实反映了参与人的偏好情况,参与人也可能会认识到他们会重复进行该博弈,且事先并不知道这种博弈将会重复多少次。在这种情况下,用一个完整的重复博弈,而不是一个某既定时刻的单独博弈,来分析这种社会互动行为,才会更准确。这样,对重复博弈和参与人策略的分析就必须考虑参与人的行动是如何随着时间推移而变化的,以及某一期的一种特定行为是如何受前面各期行为影响的。在第 2 章和第 3 章中,实际上我们将会看到,在这种重复博弈中,不断选择策略 C 也许和理性概念是背道而驰的。

3.3 弱占优策略

现在,我们来讨论一个比严格占优概念弱一些的概念。

定义

称参与人 i 的一个策略 $x_i(x_i \in X_i)$ 为弱占优策略,如果对参与人 i 的其他任一个策略 $x'_i(x'_i \neq x_i)$,以及其他参与人的任一个策略组合 $x_{-i}(x_{-i} \in X_{-i})$ 而言,都有

$$u_i(x_i, x_{-i}) \geqslant u_i(x'_i, x_{-i}),$$

且其他参与人至少存在一个策略组合 $\hat{x}_{-i} \in X_{-i}$,使得下述不等式严格成立,即

$$u_i(x_i, \hat{x}_{-i}) > u_i(x'_i, \hat{x}_{-i})。$$

当 x_i 是一个弱占优策略时,参与人 i 将永远不会后悔曾经选择该策略。但如果参与人 i 存在一个策略 x_i,且其他参与人存在一个策略组合 x_{-i},有等式成立:

$$u_i(x_i, x_{-i}) = u_i(x'_i, x_{-i}),$$

那么当其他参与人选择 x_{-i}时,参与人 i 选择 x'_i却不会变得更糟。

[例题 3.4]

在第 3.1 节的例子中,参与人 2 的策略 L 是一个弱占优策略吗?

答案

是的。参与人 2 从策略 L 中得到的收益$\begin{pmatrix}3\\0\end{pmatrix}$要大于等于其从策略 R 中得到收益$\begin{pmatrix}2\\0\end{pmatrix}$。此外,如果参与人 1 选择策略 T,那么,参与人 2 选择 L(收益为 3)就会严格优于其选择 R(收益为 2)。因此,对参与人 2 而言,策略 L 就是弱占优的。

[例题 3.5]

参与人 i 有两个不同的策略 x_i 和 $\tilde{x}_i$,两者是否可以同时是弱占优策略?

答案

不可以。如果 x_i 是参与人 i 的弱占优策略,则存在其他参与人的一个策略组合 $\hat{x}_{-i} \in X_{-i}$,满足 $u_i(x_i, \hat{x}_{-i}) > u_i(\tilde{x}_i, \hat{x}_{-i})$。故 $\tilde{x}_i$ 不可能是参与人 i 的弱占优策略。

[例题 3.6]

在下面博弈中,参与人 1 的策略 T 是一个弱占优策略吗?

表 3.5

		参与人 2 L	参与人 2 R
	T	1, 1	1, 1
参与人 1	M	1, 0	0, 1
	B	0, 1	1, 0

答案

是的。显然,对参与人 1 而言,当参与人 2 选择 R 时,策略 T 严格优于 M;当参与人 2 选择 L 时,策略 T 严格优于 B。但值得注意的是,弱占优定义不要求其他参与人存在某个特定的(在这个例子中是参与人 2)策略组合 $\hat{x}_{-i} \in X_{-i}$,使得此时严格偏好该弱占优策略。满足定义中的要求可以采取一种相反的顺序,即对参与人 i 的每一个不同于弱占优策略 x_i 的策略 x_i' 而言,其他参与人一定存在某个策略组合 $\hat{x}_{-i}$,满足 $u_i(x_i, \hat{x}_{-i}) > u_i(x'_i, \hat{x}_{-i})$。但所对应的策略组合 $\hat{x}_{-i}$ 可能因策略 x_i' 的不同而不同。

测验

证明如下论断:如果参与人的某项策略是严格占优的,那么它也是弱占优的。

定义

如果博弈中的每位参与人都有一个弱占优策略,那么称该策略组合为该博弈的弱占优策略解。

3.3.1 次优价格拍卖

一个独立的物品正通过招标方式进行拍卖。参与竞标的人数为 n,$n > 1$。每位参与人会给出一个(且只能给一个)报价。报价放在密封的信封里(也就是说,没有参与人知道其竞争对手的报价情况)。对参与人 i 而言,拍品价值是 v_i,即该参与人愿意为拍品付出的价格要低于或等于 v_i。

拍卖规则如下:赢得拍品的竞标者是出价最高的竞标者;但他支付的价格却是第二高的报价。例如,如果参与人 1 报价最高,为 1 000,且第二高的报价为 900,则竞标获胜者是参与人 1,他只需付出 900。

如果出现两个相同的最高报价,则通过抽签决定获胜方,每个人机会均等,此时获胜方支付的数额是自己的报价(这也是第二高的报价)。

如果竞标者没有赢得拍品,其利润为 0;如果赢得拍品,且为此支付的数额为 r,则参与人的利润为 $v_i - r$:该参与人获得拍品的价值为 v_i,但她为此付出了 r。

参与人 i 的报价 b_i 会是多少呢？我们会证明，报价 $b_i=v_i$ 是参与人 i 的一个弱占优策略。由于报价数额等于其对拍品的估值，所以参与人在报价中并没有“瞒报”拍品价值，就此而言，这种报价是“真实的”。

为了表明报价 $b_i=v_i$ 是弱占优的，我们用 r 表示其他参与人的最高报价。我们将对参与人 i 的其他各种可能的策略和策略 $b_i=v_i$ 进行比较。

(1) 我们首先讨论参与人 i 报价高于拍品估值 v_i 的策略，即：$b_i>v_i$。

下面来分析各种可能的情况：

a. 如果 $r<v_i$，则参与人赢得拍品，其获益为 v_i-r。如果她报价 $b_i=v_i$，则结果一样，她也会赢得拍品且获益相同。

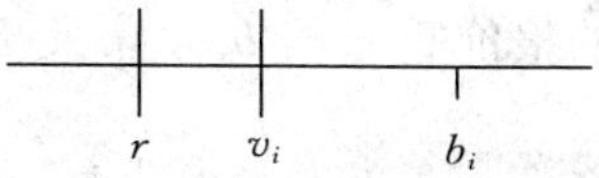

b. 如果 $r=v_i$，则她赢得拍品时的利润为零：$v_i-r=0$。如果她报价 $b_i=v_i$，则通过抽签在她和任何与她出价相同，即 $r=v_i$ 的竞标者之间决定赢家。无论她是否赢得拍品，其获益都是零。

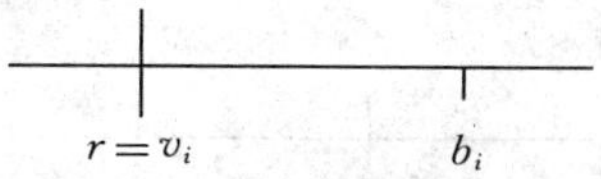

c. 如果 $r>v_i$，则有下列三种可能的结果：

(a) 她以高于自己估值的价格赢得拍品(即报价高于 r：$v_i<r<b_i$)。

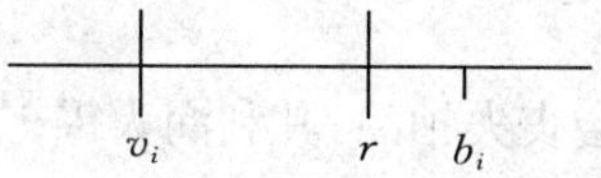

这时她的利润是负的：$v_i-r<0$。

(b) 她没有赢得商品(即报价小于 r：$v_i<b_i<r$)，她的利润为零。

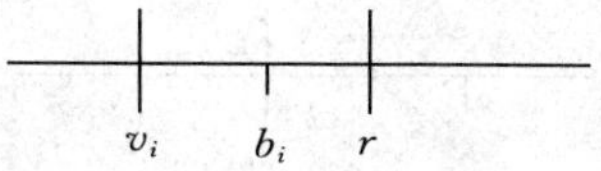

(c) 赢家通过在她和报价 r 的参与人之间抽签决定(即他们的报价都等于 r)。

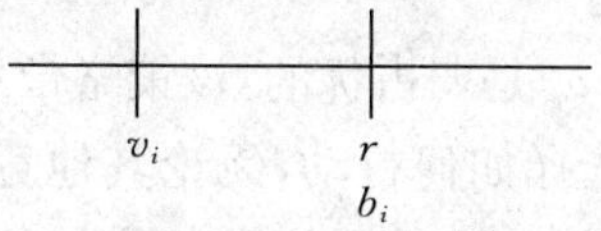

此时，如果她赢得商品，其利润为负；否则，利润为零。

因此，只要 $v_i<r$，报价 $b_i=v_i$ 时参与人 i 本来就会获得零利润，因为此时参与人的报价不会中标。

概言之,策略 $b_i=v_i$ 就会弱占优于任何策略 $b_i>v_i$,在任何情况下,后一策略带来的利润都会小于或等于(有时候严格小于)策略 $b_i=v_i$ 下的利润。

(2) 现在,我们继续分析参与人 i 报价小于其估值的策略,即 $b_i<v_i$。

我们将考察下面各种不同的可能情况。

a. 如果 $r<v_i$,可能出现下列三种情况:

(a) 她赢得拍品(即她的报价高于 r: $r<b_i<v_i$),此时她的利润为正: v_i-r。

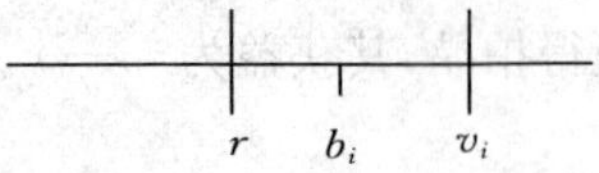

(b) 她没有赢得拍品(即她的报价低于 r: $b_i<r<v_i$),此时她的利润为零。

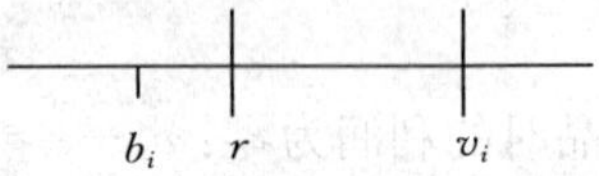

(c) 在她和出价为 r 的参与人之间进行抽签。如果她赢得拍品,则利润为 v_i-r,否则,利润为零。

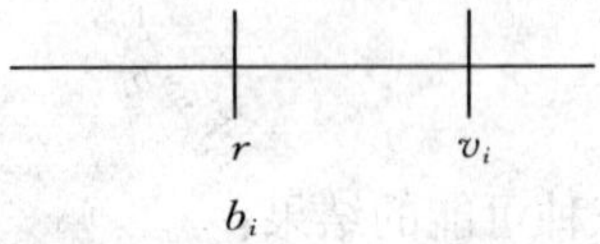

但如果她报价 $b_i=v_i$,她可以确保赢得拍品,获得利润 v_i-r,且此时不必承担失利的风险。

b. 如果 $r=v_i$,则参与人 i 会丧失拍品,其利润为零。如果她报价为 $b_i=v_i$,她会与出价为 r 的参与人进行抽签。无论哪一种情况,(无论她是否赢得拍品)她的利润都是零。

c. 如果 $v_i<r$,她不会赢得拍品,相应地她的获利也为零。即使她出价为 $b_i=v_i$,她也不会赢得拍品,其获益始终为零。

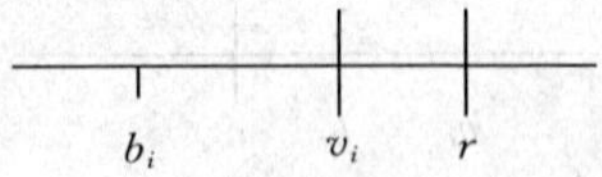

这样,我们可以看到,只要报价 $b_i<v_i$,参与人得到的利润总是小于或等于(有时候严格小于)报价 $b_i=v_i$ 下的利润。

因此,我们证明了策略 $b_i=v_i$ 是弱占优的:该策略带来的利润总是大于或等于其他策略下的利润。无论其他竞标者选择如何行动,无论其他竞标者的报价是否和其对拍品的估值相匹配,上述结论都是成立的。这是因为参与人仅仅受其他参与人报价数额的影响(特别是受到其中最高报价,即 r 的影响),而不会受到其他参与人对拍品估值的影响。

1. 易贝网(eBay)

现实中上述拍卖存在吗?确实存在。有一些网站就采用这种方法进行公开拍卖。一个很好的例子就是易贝网(www.eBay.com)。它的拍品无所不包(从手提包、家具、书籍,到飞镖,甚至汽车等)。某些供应方是个人,他们出售自己所有的物品,另一些供应方是真实的商店,它们用这个网站做零售店。2010 年易贝网的注册用户为 9 440 万,总交易额(GMV)超过了 1 150 亿美元。

每个拍卖都有一个精确的截止日期和时间,而且拍卖通常会始于数天前。如果你想在该网站购买商品,你就需要提交一个报价——你愿意支付的最高价格。然后系统会收集并处理大家的出价。譬如,假设你想买一本书,而且你愿意支付的最高价格为 40 美元。如果之前的最高报价是 25 美元,那么系统会将你的报价记为 26 美元。(这表明系统会按照由商品价值决定的预设区间来提高价格——本例中的预设额是 1 美元。)①

如果后来有人报价 27 美元,系统就会更新并把你的出价记为 28 美元,以此类推。只有当次高出价为 39 美元时,系统才会记录你的真实报价 40 美元。如果在拍卖截止之前,有报价高于 40 美元,你就不会赢得这本书。

这种拍卖和前面我们已经分析的拍卖有何相似之处呢?如果你赢得这本书,你所支付的是次高报价(还有一个小小的一美元增额),且并不需要付出你所报价的数额。相应地,我们的分析表明,竞标者的报价等于拍品估值的策略是一个弱占优策略。一些人可能一开始报价较低,然后发现报价没有领先时,就慢慢提高其报价。如果易贝网的规则与次优价格拍卖相同,那么一开始报价就等于拍品估值的做法就是可取的。②

另一种与次优价格拍卖有众多共同点的是谷歌搜索引擎所运营的高达数十亿在线拍卖。当谷歌搜索包含某些特定关键词时,为了出现在赞助链接列表的第一个位置,广告商会相互竞争。例如,如果搜索中含有关键字"宾馆"和某个城市名,为了获得关注继而吸引相关客户,该城市的宾馆可能会通过竞标的方式以出现在赞助链接列表的最上边。③

3.3.2 政治竞赛和中位选民定理

现在,我们给出一个政治竞赛博弈,其中两位候选人争夺总理一职。在分析之前,我

① 对于估价低于 1 美元的廉价商品,报价增额是 0.05 美元,而对估价 5 000 美元或更昂贵的物品,出价增额可能会高达 100 美元。

② 实际上,易贝的拍卖方法和次优价格拍卖的规则并非完全相同,而且这种方法上的不同也导致了参与人行为有所不同。易贝的每一个拍卖都有一个固定的截止时间。因此,网上竞标者在拍卖报价期最后数秒给出的报价(即现实中的"秒杀")很可能不会进入系统。这样,在易贝拍卖的参与人就会利用该规则来达成隐性合谋:在整个拍卖期间,他们的报价一直很低;只有在拍卖截止时,才给出"真正的"报价,这些报价通常低于他们对拍品的估值。因此成功的竞标者未必是愿意为拍品出价最高的那个人(因为系统可能没有记录到他的报价);但如果所有参与人(特别是那些意愿支付价格是次高的竞标者)出价等于各自估值,那么就大量拍卖的平均情况而言,赢家实际支付的价格要低于他们愿意支付的价格。相比较之下,还有另外一些互联网拍卖网站,拍卖也会在某个特定的截止时间结束,但如果在最后的十分钟内提交了新的报价,那么,截止时间就会从最后报价提交时间向后推迟十分钟。这种规则会防止上面提到的隐性合谋,也极大消除了秒杀行为。关于此话题更多的信息详见 Roth, A.E and A.Ockenfels(2002),"Last-Minute Bidding and the Rules for Ending Second-Price Auctions: Evidence from eBay and Amazon Auctions on the Internet", *American Economic Review*, 92(4), 1093—1103。

③ 谷歌拍卖和次优价格拍卖的异同点详见 Edelman, B., and M.Schwartz(2007), "Internet Advertising and the Generalized Second-Price Auction: Selling Billions of Dollars Worth of Keywords", *American Economic Review*, 97(1), 242—259。

们必须强调下面这个博弈的情节非常简单。

首先,模型中的候选人都是极端的机会主义者,其目的除了赢得选举之外别无所求。因此,两位候选人采取的立场都是为了增加自己获胜的机会。其次,在这个博弈中,假定可能的政治立场是一维的,这表明所讨论的议题只有唯一一项内容,而且这项议题可以用单个变量来表示。我们把代表不同立场的直线称为政治立场线。最后,我们假设代表不同立场的数值是有限的。

在现实中,情况显然要更为复杂得多:候选人在很多广泛的议题上都要有自己的立场,这通常要用多个变量来表示。例如,一个候选人可能在经济事务中秉持左翼立场,而在安全事务中秉持右翼立场。

例如,我们首先假设所讨论的议题存在下述三种观点:左翼、右翼和中间。

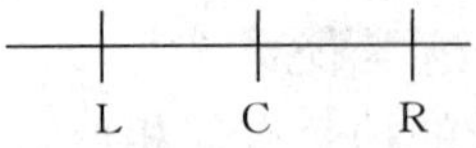

每个候选人都会选择一个立场作为自己的竞选舞台,然后选民们据此进行投票。我们假设每位选民都会把票投给和自己立场最接近的候选人。如果两位候选人离选民的立场同样近(譬如,如果某位选民持中间立场,而两位候选人分别是左翼和右翼),则该选民会通过抛硬币的方式来决定投票对象。获得票数较高的候选人会赢得选举。如果候选人票数一样多,则获胜者通过抽签决定。

在我们的第一个例子中,假设 400 万名选民中左翼立场者有 100 万,右翼立场者有 100 万,中间分子有 200 万。候选人将会如何选择他们的立场呢?

可以证明,选择中间立场是一个严格占优策略。譬如,如果一位候选人选择右翼立场,而另一位候选人选择中间立场,则第一位候选人将会获得右翼选民的 100 万选票,而第二位候选人则会获得左翼选民和中间选民的 300 万选票,因此会成为赢家出线。此外,如果一位候选人选择持右翼立场而对手选择左翼立场,则第一位候选人从右翼选民中获得 100 万选票,从中间选民中平均获得 100 万选票(每位中间选民都掷硬币),也就是第一位候选人得到 200 万选票。而第二位候选人同样获得 200 万选票。在这种情况下,两位候选人获得总理职位的机会相同。

下面的矩阵(表 3.6)说明了在不同情况下选举将如何进行(表中的数字代表平均选票数量,以百万计,即为候选人 1 和 2 的得票数)。

表 3.6

		候选人 2		
		左翼	中间	右翼
	左翼	2, 2	1, 3	2, 2
候选人 1	中间	3, 1	2, 2	3, 1
	右翼	2, 2	1, 3	2, 2

我们可以把上表转换成收益表。如果某位候选人获胜,其收益为 1;如果败选,收益为 0;如果和对手选票数量一样多,收益为 0.5(代表赢得选举的机会)。相应地,收益矩阵如

下所示(表 3.7)：

表 3.7

		候选人 2		
		左翼	中间	右翼
候选人 1	左翼	0.5，0.5	0，1	0.5，0.5
	中间	1，0	0.5，0.5	1，0
	右翼	0.5，0.5	0，1	0.5，0.5

因此,我们发现选择中间立场是一个严格占优策略(把第一位候选人中间行的收益和第一行与第三行的收益进行比较)。如果两位候选人都选择中间立场,选举结果将取决于抽签。

这个例子尽管非常简单,但也许解释了为什么我们常常观察到候选人在选举过程中喜欢模糊自己的真实立场,并想方设法争取中间派选民的现象。

如果选民在中间位置两边的分布不是对称的,结果会如何呢？在第二个例子中,现在我们假设左翼选民为 100 万,中间分子为 50 万,右翼选民为 250 万。现在,中位选民(median voter)不再处于中间位置了。

定义

- **中位立场**(median position)——在政治立场线上的一个点,至少一半选民位于该点右边或与其重合,同时至少一半选民位于其左边或与其重合。
- **中位选民**(median voter)——持中位立场的选民。

在第二个例子中,中位立场位于何处呢？这时中位立场是右翼立场,因为它满足中位立场的定义——在政治立场线上,250 万选民位于其右边或与其重合,400 万选民位于其左边或与其重合。(可以计算,其他任何位置都不满足中位立场的定义。)

在这种情况中,候选人会选择何种立场呢？不同情况下的选举表如下所示(表 3.8)：

表 3.8

		候选人 2		
		左翼	中间	右翼
候选人 1	左翼	2，2	1，3	1.25，2.75
	中间	3，1	2，2	1.5，2.5
	右翼	2.75，1.75	2.5，1.5	2，2

例如,如果候选人 1 选择左翼立场而候选人 2 选择右翼立场,则参与人 2 会得到所有右翼选民的选票和一半中间选民的选票,即 275 万选票,参与人 1 会得到左翼选民的全部选票和中间选民的一半选票,即 125 选票。对应的收益矩阵如下(表 3.9)：

表 3.9

		候选人 2		
		左翼	中间	右翼
候选人 1	左翼	0.5, 0.5	0, 1	0, 1
	中间	1, 0	0.5, 0.5	0, 1
	右翼	1, 0	1, 0	0.5, 0.5

我们发现,现在选择右翼立场策略是弱占优的。因此,两位候选人都会选择秉持右翼立场,且获胜者由抽签决定。

因此,这两个例子说明了在两位候选人的选举中,每位候选人都更偏好选择中位立场——无论是中间派还是激进派。这是中位选民定理的一个应用。

现在,我们对上述定理给出一个精确的正式表述方式。

定理 3.1:中位选民定理

假设两位候选人正在准备一场选举,获得多数选票的候选人将会获胜。在这场选举中,他们的议题只有一个选项,且各种不同的立场可以用政治立场线上不同的点来表示。每位选民的立场也可以用线上的一个点表示,且选民会把票投给和自己立场最接近的候选人。如果两位候选人的立场与选民的立场距离相同,选民将掷硬币来决定如何投票。可能的立场数量是有限的,并且每位选民都持有一个立场。如果只存在一个中位立场,那么对每位候选人而言,选择中位立场策略是一项弱占优策略。

证明

我们用 M 表示中位立场,记在 M 左边和 M 最接近的立场为 L,记在 M 右边和 M 最接近的立场为 R。

L 右边或与 L 重合的票数至少占总票数的一半(因为位于 M 右边或和 M 重合的票数至少是总票数的一半)。因此,既然 L 不在中位立场(M 是唯一的中位立场)处,则在 L 左边或与 L 重合的票数就不到总票数的一半。因此,选票的补集,即位于 M 右边或与 M 重合的票数,要大于总票数的一半。

按照对称性论点,位于 M 左边或与 M 重合的选票集合大于总票数的一半。

因此,如果一位候选人选择中位立场,除非其对手也选择 M——此时,他们要通过抽签决定胜负,否则,他就会赢得选举。

现在,我们来讨论 M 的其他替代策略:

● 假设某位候选人决定选择位于 M 右边的某个立场 r 作为他的竞选舞台。如果竞争对手选择位于 r 更右边的立场(如果在政治立场线上存在这样的立场),那么,任何立场,r 或 M 都可以保证他赢得选举。(注:在我们使用的模型中,尽管事实上立场 r 会比立场 M 带来更多的选票并赢得选举,但这并不重要,因为只要选举获胜就可以了。)但是,如果对手选择立场 r,那么选择立场 M 就会确保该候选人赢得选举,然而选择立场 r 需要抽签定输赢;如果对手选择 r 左边的一个立场,则该候选人选择 r 会输掉选举,然而(如果对手选择了除M之外的其他立场)选择M可以赢得选举,或(如果对手正好选择了M)至少可以抽签决定。因此,选择M的结果至少与选择r的结果一样好,甚至有时严格更好。

● 按照对称性论点,选择立场M的结果至少与选择位于M左边的立场l的结果一样好,甚至有时结果会严格更好。

因此,选择立场M对每位候选人都是一个弱占优策略。

证毕

▶4

严格劣势策略

4.1 严格劣势策略的定义

在上一章，我们分析了每位参与人都存在占优策略的博弈。在这种博弈中，（正如我们看到的，即便当参与人的选择未必是他们所认为的最有效的策略组合时，）很容易预测每位参与人的行为。但实际上却存在很多博弈，其中每位参与人都不存在某个占优策略。在这类博弈中，每位参与人的最优策略都取决于其他参与人的选择：如果其他参与人的策略组合改变了，那么该参与人的最优策略很可能也会发生改变。这时，我们如何确定每位参与人将如何行动呢？

这个问题看上去是一个循环：参与人 A 的最优策略取决于参与人 B 的选择，而同时参与人 B 的最优策略又取决于参与人 A 的选择。但是，当参与人需要同时选择并行动时，他们会怎样预测对手的行为呢？

当直接解决问题无效时，我们可以尝试一些间接的方法。在目前情况下，我们提出的问题不再是“每位参与人的最优策略是什么？”而是“对每位参与人而言，不好的策略是什么？”

定义

参与人 i 的策略 x_i 被称为严格劣势策略，如果存在另一个策略 x'_i，该策略总是优于策略 x_i；即对其他参与人的任意策略组合 x_{-i} 而言，总有：$u_i(x_i, x_{-i}) < u_i(x'_i, x_{-i})$。

如果参与人 i 是理性的，她将永远不会选择严格劣势策略 x_i。当考虑选择 x_i 是否值得时，她会试图考虑对其他参与人的哪些策略组合而言，她的最优选择才是策略 x_i。在这个过程中，她会发现对策略 x'_i 而言，策略 x_i 总是更糟糕的。也就是说，对其他参与人的任一个行动组合 x_{-i} 而言，选择策略 x'_i 总可以得到一个更好的结果。因此参与人 i 会得出结论认为，如果策略 x_i 在某种情况下是可取的（譬如可能因为在其他参与人的某个行动组合 x_{-i} 下，策略 x_i 可以带来一个较高的收益，同时参与人 i 认为这非常合理），那么策略

x_i'一定是更加可取的。但这并不意味着结束时参与人 i 就会选择策略 x_i'（而不是另外第三个策略 x_i''）；而是意味着，策略 x_i 并非是参与人 i 的最优选择。因此，一旦假设参与人 i 是理性的，我们就有结论认为她不会选择策略 x_i。

[例题 4.1]

表 4.1

		参与人 2		
		L	M	R
参与人 1	T	0，0	0，2	2，1
	B	1，2	1，1	0，0

在上述博弈中，参与人都不存在强占优或弱占优策略。证明上述结论。

答案

(1) 策略 T 对参与人 1 而言不占优——如果参与人 2 选择 L 或 M，则策略 B 更优。

(2) 策略 B 对参与人 1 而言不占优——如果参与人 2 选择 R，则策略 T 更优。

(3) 策略 L 对参与人 2 而言不占优——如果参与人 1 选择 T，则策略 M 和 R 更优。

(4) 策略 M 对参与人 2 而言不占优——如果参与人 1 选择 B，则策略 L 更优。

(5) 策略 R 对参与人 2 而言不占优——如果参与人 1 选择 T，则策略 M 更优。

注：尽管如此，参与人 2 的策略 R 和策略 M 相比，是严格劣势的，即无论参与人 1 选择策略 T 还是 B，策略 M 带给参与人 2 的收益都要高于策略 R 带来的收益（如果参与人 1 选择 T，参与人 2 获得收益 2，而不是 1；如果参与人 1 选择 B，参与人 2 获得收益 1，而不是 0）。

[例题 4.2]

现在讨论下面这个博弈。在该博弈中，参与人 2 的策略 R 是严格劣势策略吗？

表 4.2

		参与人 2		
		L	M	R
参与人 1	T	0，0	0，3	2，2
	B	1，3	1，0	0，2

答案

不是。如果参与人 1 选择 T，则参与人 2 的策略 M 要优于策略 R；但是如果参与人 1 选择 B，则参与人 2 的策略 L 优于策略 R。但参与人 2 并不存在某个总是优于 R 的特定策略。因此，策略 R 不是严格劣势的。（强调一下，存在一个总是优于 x_i 的策略 x_i'时，参与人的策略 x_i 才是严格劣势的。）在这个例子中，如果参与人 2 不确定参与人 1 会如何行动，并且认为参与人 1 选择两个策略的可能性相同，则选择 R 是一种"保险措施"，这可以确保参与人 1 获得相对较高的收益 2，而不是冒险获得任一其他选择所可能带来的收益 0（当然也有机会获得更高的收益 3）。因此，参与人 2 选择策略 R 并非是"不理智"的。

测验

如果参与人存在一个强占优策略,她是否也存在某个严格劣势策略呢?

4.2 重复剔除严格劣势策略

我们假设理性的参与人不会选择严格劣势策略。这一规则可以把某些参与人的某些策略排除在外(例如在上述例题 4.1 中,参与人 2 的策略 R 可以被排除)。这一方法可以推广并排除其他策略吗?

我们假设参与人认为其对手也是理性的。在这种假设下,她认为其他人绝不会选择严格劣势策略。因此,如果所有的参与人:本身都是理性的,并且认为所有的参与人都是理性的,则严格劣势策略就可以从博弈中剔除,因为没有参与人会选择这样的策略,并且其他参与人也相信没有参与人会选择这样的策略。在剔除之后,剩余需要分析的博弈就会小一些,此时某些参与人选择的策略会更少。此后,我们可以继续分析在简化的博弈中参与人是否还存在严格劣势策略。因为参与人是理性的,他们不会选择这种策略。

例如,在例题 4.1 中,剔除严格劣势策略 R,即

表 4.3

		参与人 2		
		L	M	R
参与人 1	T	0, 0	0, 2	2, 1
	B	1, 2	1, 1	0, 0

剩余博弈为:

表 4.4

		参与人 2	
		L	M
参与人 1	T	0, 0	0, 2
	B	1, 2	1, 1

在简化的博弈中,参与人 1 的策略 T 相对于策略 B 而言,是一个严格劣势策略(同时 B 是一个严格占优策略)。因此,我们可以假设参与人 1 不会选择策略 T。下面再来具体分析一下有关选择的影响因素:

(1) 参与人 2 的策略 R 是一个严格劣势策略。如果参与人 2 是理性的,他就不会选择这一策略。

(2) 参与人 1 认为参与人 2 是理性的。因此,参与人 1 认为参与人 2 不会选择 R,且只会在 L 和 M 中进行选择;因此实际上,需要分析的博弈将会如上所示。

(3) 在剩余博弈中,T 是参与人 1 的一个严格劣势策略,因此他不会选择该策略。

在博弈中,剔除策略 T,即

表 4.5

参与人 1 \ 参与人 2		L	M
	~~T~~	~~0, 0~~	~~0, 2~~
	B	1, 2	1, 1

剩余的博弈为：

表 4.6

参与人 1 \ 参与人 2		L	M
	B	1, 2	1, 1

在所剩博弈中，参与人 2 的策略 M 相对策略 L 而言是严格劣势的。一旦我们剔除策略 M，

表 4.7

参与人 1 \ 参与人 2		L	~~M~~
	B	1, 2	~~1, 1~~

剩余博弈如下所示：

表 4.8

参与人 1 \ 参与人 2		L
	B	1, 2

在剩余博弈中，每位参与人只有一个策略，因此不能继续进行剔除。这样我们有：$Y_1=\{B\}$，$Y_2=\{L\}$。相应地，在这个例子中，剔除过程对参与人行为给出了一个明确的预测结果。如上所述，这个预测结果与我们假设两位参与人拥有双方都是理性的这一共同知识是相容的。

4.2.1 重复剔除法：一般性的例子

如上例所示，我们可以通过类似的方法一次次重复进行剔除。相应地，我们记在第一轮中参与人 i 的严格劣势策略为 D_i^1。同样，我们记此后参与人 i 剩余的策略为 Y_i^1 ——这是那些没有处于严格劣势的策略。即 $X_i=D_i^1\cup Y_i^1$。像往常一样，我们把参与人的那些没有处于严格劣势的策略组合标记为：$Y^1=\Pi_{j\in I}Y_j^1$。

这些策略组合和它们对应收益描述的是一个剔除了严格劣势策略之后剩余的博弈。同样地，我们标记除参与人 i 之外其他所有参与人剩余的策略组合为：$Y_{-i}^1=\Pi_{j\neq i}Y_j^1$。

在由策略组合 Y^1 构成的剩余博弈中，如果 $x_i\in Y_i^1$ 是一个严格劣势策略，我们则称该策略是参与人 i 在第二轮的一个严格劣势策略，也就是说，如果参与人 i 存在策略 $x'_i\in Y_i^1$，且

使得对任一个策略组合 $x_{-i} \in Y^1_{-i}$ 而言,都有 $u_i(x_i, x_{-i}) < u_i(x'_i, x_{-i})$ 成立。现在我们用 D^2_i 表示参与人 i 截至第二轮的所有严格劣势策略,即包括在第一轮中的严格劣势策略(D^1_I)和第二轮中的严格劣势策略。同样,我们用 Y^2_i 表示参与人 i 的剩余策略,也就是那些直到第二轮以及在第二轮中都没有被剔除的策略。类似地,我们把第二轮之后仍未被排除的所有参与人的策略组合记为:$Y^2 = \Pi_{j \in I} Y^2_j$,把第二轮之后除参与人 i 之外其他所有参与人剩余策略的组合记为:$Y^2_{-i} = \Pi_{j \neq i} Y^2_j$。

根据这种方法,我们可以通过引入剔除轮次 n 来推广上述定义。也就是说,如果 D^n_i 表示参与人 i 在前 n 轮中被剔除的策略,Y^n_i 表示她所剩余的策略,也就是说那些在前 n 轮剔除中剩下的策略,并且把所有参与人在前 n 轮剔除中剩余的策略组合记为:$Y^n = \Pi_{j \in I} Y^n_j$,把除参与人 i 之外的其他所有参与人在前 n 轮剔除中剩余的策略组合记为:$Y^n_{-i} = \Pi_{j \neq i} Y^n_j$。

如果 $x_i \in Y^n_i$ 在由策略组合 Y^n 构成的剩余博弈中是一个严格劣势策略,我们现在就称其为参与人 i 在第$n+1$ 轮的一个严格劣势策略,即如果参与人 i 存在一个策略 $x'_i \in Y^n_i$,使得对每一个策略组合 $x_{-i} \in Y^n_{-i}$ 而言,都有 $u_i(x_i, x_{-i}) < u_i(x'_i, x_{-i})$ 成立。

定义

称参与人 i 的策略 $\hat{x}_i$ 为**重复剔除严格劣势策略后剩余的策略**,如果该策略存在于每一个策略组合 Y^n_i, $n=1, 2, \cdots$ 中,即 $\hat{x}_i \in Y_i = \bigcap_{n=1}^{\infty} Y^n_i$。

归纳法:根据19世纪数学家利奥波德·克罗内克(L.Kronecker)众所周知的一句名言,人类关于自然数1, 2, 3, …的知识是上帝给予的;剩余的数学知识则是人类自己创造的;即"上帝创造了整数,而其余数学知识都是人类的杰作。"然而事实上,自然数集也需要有系统的定义,即

(1) 1是一个自然数;

(2) 每一个自然数后面都存在一个连续的自然数。

则自然数集是包含上述两条规则所定义的所有数字的最小的集合。根据该定义,自然数集合也被称为皮亚诺系统(Peano system)。

因此,如果我们要定义一系列对象 X_k, $k=1, 2, \cdots$,我们必须首先定义对象 X_1,然后定义一个规则,根据这个规则,我们可以借助前面所定义的 $X_1, \cdots, X_n$ 来定义 X_{n+1}。这就是利用归纳法进行定义(definition by induction)。

类似地,如果我们要证明在某个序列中的所有对象 $X_1, X_2, \cdots$ 都满足某一性质,我们必须证明:

(1) X_1 满足该性质;

(2) 如果 $X_1, \cdots, X_n$ 满足该性质,则 X_{n+1} 同样也满足该性质。

这种证明方法就是一种归纳证明法。

根据上述讨论，每位参与人只会选择在严格劣势策略重复剔除过程中剩余的策略，这和每位参与人都享有关于理性共同知识的前提是相容的。关于理性共同知识的定义如下。

定义

以下情况可称参与人享有**关于理性的共同知识**(common knowledge of rationality)，如果：

1. 所有参与人是理性的；
2. 所有参与人认为所有参与人都是理性的；
3. 所有参与人认为所有参与人认为所有参与人都是理性的，依此类推。

但我们注意到，并非在每个博弈中，通过剔除严格劣势策略，我们都会对参与人行为得到一个明确的预测。譬如，在第2.1节的博弈(六日战争前夕的以色列和埃及)中，每位参与人都不存在严格劣势策略，因此在预测这个博弈的参与人行为方面，上述分析方法并不能提供帮助。在这类博弈中，我们需要不同的求解方法，这是以后章节中我们需要解决的问题。

测验

给出一个博弈例子，其中，虽然重复剔除严格劣势策略可以剔除每一位参与人的某些策略，但最后某些(或全部)参与人所剩余的策略仍然不止一个。

根据严格劣势策略剔除法的定义，在每一轮中，我们会从上一轮所剩余的博弈①中同时剔除所有参与人的严格劣势策略。上述剔除过程的结果取决于剔除顺序吗？例如，我们把每一轮剔除过程按照参与人分为若干小步骤(属于参与人1的一小步，属于参与人2的一小步，诸如此类)，并且在每一小步中，我们只剔除和该小步相关的参与人的严格劣势策略，这样最终结果会不同吗？

答案是剔除的顺序不会改变最终的结果。这是因为如果参与人 i 的策略 x_i 相对于策略 x'_i 而言处于严格劣势，这就是说，如果在(剩余的)既定博弈中，对其他参与人的每一个策略组合 x_{-i} 而言，都有：$u_i(x_i, x_{-i}) < u_i(x'_i, x_{-i})$，那么，即便策略组合 x_{-i} 中的某些策略组合因为剔除顺序不同而被剔除了，上述严格不等式仍然成立。因此，无论每位参与人“面临的”剔除顺序如何，剩余的策略组合都是相同的(也就是说，对任一剔除步骤 n 和每一参与人 i 而言，在其后都存在某个步骤 m，$m > n$，且参与人 i 的严格劣势策略会在第 m 步时的剩余博弈中被剔除)。

① 这并不意味着，在每一轮中，每位参与人确实都存在某些可以被剔除的严格劣势策略。例如，在我们上面分析的例A中，在每一轮剔除过程中，只有一位参与人存在一个严格劣势策略。

测验

假设两家报摊在一条长街上确定自己的位置。长街上坐落有9幢建筑物,每幢建筑物门口都可以设摊;这些建筑物,编号为1到9,均匀分布在长街上。

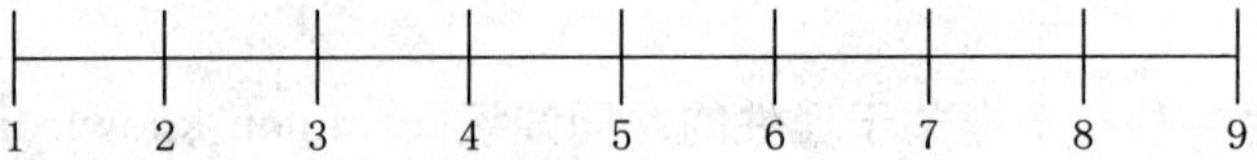

每幢建筑物里有100位报纸读者。报摊老板明白长街上的读者将从离自己最近的报摊购买报纸。如果两家报摊离自己一样近,他会轮流光顾这两家报摊。

譬如,如果第一家报纸供应商将摊位选在4号建筑物的入口处,第二家供应商选在8号处,则1—5号建筑物里的所有读者和6号建筑物里一半读者会从第一家供应商处购买报纸,即有550位读者;所有其余的读者将从第二家供应商处购买报纸,即有350位读者。

报纸供应商将选择何处设置摊位呢?用重复剔除严格劣势策略法求解。

▶5

弱劣势策略

定义

称策略 x_i 为参与人 i 的一项弱劣势策略，如果参与人 i 存在另一项策略 x_i'，它至少和 x_i 一样好，并且有时严格优于 x_i，即对其他参与人的任一个策略组合 x_{-i} 而言，都有 $u_i(x_i, x_{-i}) \leqslant u_i(x'_i, x_{-i})$ 成立，且至少存在某个策略组合 $\hat{x}_{-i}$，有 $u_i(x_i, \hat{x}_{-i}) < u_i(x'_i, \hat{x}_{-i})$ 成立。

如果策略 x_i 相对于策略 x_i' 是弱劣势的，那么参与人 i 忽略策略 x_i，并从剩余的其他策略中选择，就不会带来任何损失。这是因为在其他策略中还存在某个策略 x_i'，可以保证参与人获得的收益和选择策略 x_i 获得的收益至少一样高，有时甚至（严格）高于选择策略 x_i 的收益。

但这并不能意味着理性参与人永远不会选择一项处于弱劣势的策略，这是因为如果策略 x_i 相对于 x_i' 而言是弱劣势的，但却有：$u_i(x_i, x_{-i}) = u_i(x_i', x_{-i})$，且此外参与人 i 相信其他参与人会选择策略组合 x_{-i}（例如，x_{-i} 是他们的严格占优策略），那么，选择策略 x_i 从她的角度来看可能是最优的。

假设参与人对其他参与人的行为预期总是不确定的，即使只有轻微的不确定，剔除弱劣势策略也是适用的。如果一位参与人为其他参与人的所有策略组合指定某个正的概率，无论该概率值多低，她都不会选择其弱劣势策略。

测验

1. 如果参与人 i 的策略 x_i 相对于她的策略 x_i' 是严格劣势的，那么，策略 x_i 相对于策略 x_i' 也是弱劣势的吗？

2. 如果参与人 i 的策略 x_i 相对于她的策略 x_i' 是弱劣势的，那么，策略 x_i 相对于 x_i' 也是严格劣势的吗？

3. 如果参与人存在一个弱占优策略，她是否也存在一个弱劣势策略呢？

5.1 重复剔除弱劣势策略

在很多应用中,参与人并不存在严格劣势策略,但他们却有弱劣势策略。因此和我们定义的重复剔除严格劣势策略的方法完全一样,考虑重复剔除弱劣势策略也是非常理所当然的。我们通过下面的例子来分析上述剔除过程的结果。

5.1.1 价格竞争

两个生产商生产相同的产品,并且通过在市场上制定价格的方式相互竞争。假设市场对该产品的需求曲线为:$Q=130-P$,其中 P 表示单位产品的价格,Q 表示对应价格下市场对该产品的总需求量。注意到需求曲线是递减的:价格越高,该价格对应的需求量就越低。

如果企业 1 的产品销售单价为 p_1,每单位产品的成本是 c,则每销售一单位,企业可以获得的加成为:p_1-c。

当然,在价格 p_1 下,企业 1 的销售量还取决于竞争对手企业所制定的价格 p_2。我们记企业 1 的销售量为 $x_1(p_1, p_2)$。

因此,在价格组合(p_1, p_2)下,企业 1 的利润为:$u_1(p)=(p_1-c)x_1(p_1, p_2)$,类似的情况(且变换一下相应的下标),企业 2 的利润为:$u_2(p)=(p_2-c)x_2(p_1, p_2)$。注意,这里我们假设两家企业的单位生产成本 c 相同。

此后,在该例中我们都假设 $c=25$。如何确定第一家的企业产品需求 $x_1(p_1, p_2)$呢?

企业 1 的销售量取决于自己设定的价格和竞争对手设定的价格。我们假设每家企业可以设定的价格为 20 美元,40 美元,50 美元或 70 美元中的任一个价格。如果企业 1 设定的价格较低,即 $p_1<p_2$,则它将拥有整个市场(因为没有消费者愿意以较高的价格购买产品);相应地,此时有:$x_1(p_1, p_2)=130-p_1$,$x_2(p_1, p_2)=0$。

如果企业 2 设定的价格较低,即 $p_2<p_1$,则企业 2 将获得整个市场而企业 1 的销售量为零,即 $x_1(p_1, p_2)=0$,$x_2(p_1, p_2)=130-p_2$。

最后,如果两家企业设定的价格相同,则它们平分市场。这种情况下,有:

$$x_1(p_1, p_2)=x_2(p_1, p_2)=\frac{(130-p_1)}{2}。$$

现在我们可以给出两家企业的收益矩阵(如表 5.1 所示。每个方格里的第一个数字是企业 1 的利润,第二个数字是企业 2 的利润)。

表 5.1

		企业 2			
		$P_2=20$	$P_2=40$	$P_2=50$	$P_2=70$
企业 1	$P_1=20$	−275, −275	−550, 0	−550, 0	−550, 0
	$P_1=40$	0, −550	675, 675	1 350, 0	1 350, 0
	$P_1=50$	0, −550	0, 1 350	1 000, 1 000	2 000, 0
	$P_1=70$	0, −550	0, 1 350	0, 2 000	1 350, 1 350

譬如，如果两家企业设定的价格为 $p_1=p_2=50$，则每家企业的产量为：

$$x_1(50,\ 50)=x_2(50,\ 50)=\frac{(130-50)}{2}=40。$$

相应地，每家企业的利润为：

$$u_1(p)=u_2(p)=(50-25)\times 40=1\,000。$$

验证一下，确保自己也明白如何计算其他情况下的利润。

企业将设定什么价格呢？注意，对企业 1 而言，策略 $p_1=20$ 和 $p_1=70$ 相对于 $p_1=50$ 而言，都是弱劣势的(对企业 2 所选择的每一个可能的价格而言，第三行所对应的收益都要大于或等于第一行或第四行的收益，并且企业 2 选择某些价格时，第三行的收益要严格大于第一行或第四行的收益)。因此，可以剔除策略 $p_1=20$ 和 $p_1=70$。实际上，策略 $p_1=20$ 相对于策略 $p_1=50$ 而言，是严格劣势的。

类似地，对企业 2 而言，策略 $p_2=20$ 和 $p_2=70$ 相对于策略 $p_2=50$ 而言，也是弱劣势的；因此也可以被剔除(自己可以证明哪个策略是弱劣势的，哪个策略是严格劣势的)。剔除之后，就得到下面的剩余博弈(表 5.2)。

表 5.2

		企业 2	
		$P_2=40$	$P_2=50$
企业 1	$P_1=40$	675，675	1 350，0
	$P_1=50$	0，1 350	1 000，1 000

在这个博弈中，我们看到，对企业 1 而言，策略 $p_1=50$ 相对于策略 $p_1=40$ 而言，是严格劣势的(无论企业 2 作何选择，第二行的收益要严格低于第一行的收益)，因此，可以剔除策略 $p_1=50$。类似地，对企业 2 而言，策略 $p_2=50$ 相对于策略 $p_2=40$ 而言，也是严格劣势的，因此策略 $p_2=50$ 也被剔除。

注意，在原始博弈中，策略 $p_1=50$ 相对于策略 $p_1=40$ 而言，既不是严格劣势的，也不是弱劣势的(如果企业 2 选择策略 $p_2=70$，则策略 $p_1=50$ 下的利润要高于策略 $p_1=40$ 下的利润)。因此，当时不可以剔除策略 $p_1=50$，而只能在处理的第二阶段剔除。

相应地，通过重复剔除弱劣势策略得到的博弈解是 $(p_1,\ p_2)=(40,\ 40)$。

定义

如果在重复剔除弱劣势策略后每位参与人只剩下一个策略，我们就称该博弈通过重复可允许(iterated admissibility)是可解的。

5.1.2 “选美竞赛”

假设班里有 20 个学生。每个学生需要从 0 到 100 之间选择一个整数，记在纸上并折叠。当打开所有纸后，猜测数值最接近但不超过所有猜测数平均值 2/3 的学生将获得 50 美元的奖励。如果猜测准确的学生不止一个，那么这些猜对数字的学生会通过抽签的方式来决出胜者，此时每位学生赢得奖金的概率都相同。

例如，如果猜测表为(表 5.3)：

表 5.3

猜测数值	1	5	10	14	17	25	30
学生数量	1	2	4	2	3	5	3

那么，猜测数值为 10 的四个学生将通过抽签方式来决定奖励归属(证明这一结论)。

经济学家约翰·梅纳德·凯恩斯曾经把股票市场比喻为选美竞赛(the beauty contest)，其中，每一位投资者甚至未必能准确理解客观的经济数据，但却都要猜测其他投资者将会选择何种投资组合，这对投注者来说非常重要。①如果一位投资者今天可以准确预测到明天大量的投资者将会购买某只特定股票，这会导致其价格上升，则他就可以在适当时间低价购入该股票并获利。这未必和发行该股票的企业的实际经营情况相关。我们刚刚描述的博弈也有相似的特点——能否赢得奖金仅仅取决于对其他参与人行为的猜测；参与人的猜测数值仅仅和其他参与人的选择相关；除此之外，不存在其他任何客观价值。因此，文献中称这类博弈为“选美竞赛”。

下面我们将证明，重复剔除弱劣势策略之后幸存的唯一策略是“猜测值为 0”。首先，大于 66 的任何猜测数值都不会获胜。即使在极端情况下，其他参与人猜测都是 100，而一旦你猜测的数值高于 66，那么所有猜测的平均值的 2/3 也会小于你的猜测值。因此，此时你不会获胜，进而在任何其他情况下(这时，存在部分或全部猜测值低于 100)，你也不会获胜。因此我们可以得出结论认为，高于 66 的猜测相对于某些策略，譬如猜测数为 1 的策略(这时在某些情况下，比如如果所有其他人都猜 2，该策略会获胜)而言，是弱劣势策略。

在我们得到的剩余博弈中，每位参与人将会在 0 和 66 之间选择一个数值进行猜测。分析过程是类似的，在剩余博弈中，任何高于 44 的猜测值都不会获胜。即使其他参与人都猜测 66 而你猜测值高于 44，由于你的猜测值高于所有猜测值平均值的 2/3，所以你也不会获胜；进一步，在任何其他情况下，你也不可能获胜(这时，存在部分或全部猜测值低于 66)。因此，在剩余博弈中，这些策略就是弱劣势策略(譬如相对于猜测值为 1 的策略而言)，因此可以剔除——不仅你这样做，其他参与人也都这样做。这样，在剩余博弈中，每位参与人将会在 0 到 44 的区间中进行选择。

类似地，通过不断剔除弱劣势策略，直至最终只剩下猜测值为 0 的那些策略。

测验

证明：只要班里学生人数至少有三个，上述博弈的结果就与奖励金额或学生数量无关。

---

① Keynes, J.M.(1936), *The General Theory of Interest, Employment and Money*, London: Macmillan.

实验室实验中的“选美竞赛”

现实中，人们在面对这类博弈时会如何选择呢？绝大多数人确实会猜测 0 吗？只有当一个人相信大部分参与人会猜测“0”或“1”，且认为猜测稍稍更高数字的人数微不足道的情况下，她猜测“0”才是可取的。换言之，如果某参与人认为每个人或几乎每个人心中都实施了重复剔除弱劣势策略这一过程，她的猜测值才可能是一个很小的数值。

但是，相当一部分参与人在算计时仅仅实施了部分策略剔除过程，这也许是一种更自然的假设。如果某位参与人认为这和现实更相符，即使她自己在心中实施了全部的剔除程序，她仍然会选择一个高于“0”的猜测值。这样，即使大部分参与者在心中都可以实施全部剔除程序，但也会有相当比例的参与者仍然会选择大于“0”很多的那些猜测值。这一事实甚至会进一步强化下面的结论，即猜测“0”不可能获胜。

不仅一些实验室实验①，而且一些主题很广的实验，这些实验邀请了那些发行量很大的报纸的读者作为参与者②，都对上述博弈进行了检验。检验结果发现，尽管某些参与人确实会猜测“0”，但大多数参与者都不会猜“0”。绝大多数参与者猜测的数值，和实施剔除弱劣势策略一轮、二轮，或最多三轮的结果相一致：对进行一轮剔除的参与者而言，她会认为其他参与者的猜测值将会服从 0 到 100 之间均匀分布，分布的平均值是 50，该参与人将会选择猜 33；对进行了两轮剔除的参与者而言，她会认为其他人会进行一轮剔除（这样他们就会猜 33），则她自己会猜 22；以此类推。实际上，在这些实验中，获胜的猜测值一般在 25 左右。那些明白选择“0”的理性参与人实际所猜测的数值会较高，这是因为在他们看来，绝大多数参与者不会实施全部的剔除过程。

5.1.3 旅行者困境

两个朋友假期里一起出国旅游。在度假期间，每个人都购买了一套滑雪装备。每套装备的价格为 250 美元。当他们回国下飞机后，他们发现航空公司丢失了这两套装备。不幸的是，两个人都没有收据来证明这些丢失装备的价值。由于没有收据，据理，航空公司将至少赔偿每人 80 美元，但无论如何也不会超过 200 美元。

由于两套丢失的装备完全相同，其中一个人向航空公司的代表提议，让两个人在不同的房间中写下自己装备的价格。如果两个价格相同，则航空公司代表应该相信他们报告的价格确实是他们每个人为购置装备所付的数额。航空公司代表认可这种方法，并承诺如果两个数额相同，且在 80 到 200 美元之间，就会按该价格赔偿。但是，航空公司代表同时警告说，如果两个人的价格不同，航空公司将会按照较低的价格进行赔偿。此外，一旦如此，航空公司还会从报价较高的人的赔偿中“罚扣”10 美元，同时把这 10 美元“罚金”付给报价较低者。索赔的报价金额必须是整美元。③

---

① Nagel, R.(1995), “Unraveling in Guessing Games: An Experimental Study”, *American Economic Review*, 85(5), 1313—1326.

② Bosch-Domenech, A., J.G.Montalvo, R.Nagel, and A.Satorra(2002), “One, Two, (Three) Infinity, ... Newspaper and Lab Beauty-Contest Experiments”, *American Economic Review*, 92(5), 1687—1701.

③ 本例中的博弈见 Basu, K.(1994), “The Traveler's Dilemma: Paradoxes of Rationality in Game Theory”, *The American Economic Review*, 84(2), 391—395。

测验

这两个朋友将怎么做呢?每个人决定索赔的金额为多少呢?

为了回答这些问题,首先来考虑如下几个要点:

(1) 证明在该博弈中,"索赔 200 美元"是一个弱劣势策略。

(2) 在重复剔除弱劣势策略过程中,生存下来的策略是哪些策略呢?

(3) 如果对索赔额较高的人的"罚金"(这也是给予索赔额较低的人的补偿)低于 5 美元,答案会有所不同吗?如果会,如何不同?如果"罚金"增加到 50 美元,答案会如何变化?80 美元呢?

(4) 曾经有某个实验①对这个博弈进行过验证(其中,对参与人的实际赔付额是按照美分,而不是美元来计算)。结果发现,当罚金较低时,譬如为 5 或 10 美元,实验中绝大部分参与者提交的索赔额非常接近 200 美元。但当罚金数额较高时,譬如为 50 或 80 美元,绝大部分参与者给出的索赔额非常接近 80 美元。当罚金处于中等规模时,譬如为 20 或 25 美元,绝大部分索赔额会处于 100 到 160 美元这样的一个中等区间中。因此,罚金越高,绝大部分索赔额会越低。

上述实验的结果,与采用重复剔除弱劣势策略方法得到的预测一致吗?如果不一致,如何解释这种不同呢?②

5.1.4 投票悖论

某委员会有 3 名成员,每位成员必须在项目 A、B 和 C 之间选择一个。得到多数选票的项目将会实施,否则委员会主席(即参与人 1)会选择将要实施的项目。假设委员会成员偏好如下所示:

参与人 1——最偏好项目 A,其次为 B,最后为 C。

参与人 2——最偏好项目 C,其次为 A,最后为 B。

参与人 3——最偏好项目 B,其次为 C,最后为 A。

可以用从项目中得到的效用来表示上述偏好:

参与人 1——项目 A 带来的效用为 3,项目 B 带来的效用为 2,项目 C 带来的效用为 1。

参与人 2——项目 A 带来的效用为 2,项目 B 带来的效用为 1,项目 C 带来的效用为 3。

参与人 3——项目 A 带来的效用为 1,项目 B 带来的效用为 3,项目 C 带来的效用为 2。

三名委员会成员必须同时选择一个项目(即他们每个人必须选择把自己的一票投给

---

① Capra, C.M., J.K.Goeree, and C.A.Holt(1999), "Anomalous Behavior in a Traveler's Dilemma?" *American Economic Review*, 89(3), 678—690.

② 当"罚金"数额较低时实验的结果见 Rubinstein, A.(2006), "Dilemmas of an Economic Theorist", *Econometrica*, 74(4), 865—883。

项目 A，B,还是 C)。投票结果会如何呢？

我们给出该博弈的收益矩阵。首先，如果参与人 1 投票给项目 A，结合参与人 2 和 3 的投票结果，参与人 1 的收益矩阵如下表 5.4 所示：

表 5.4

		参与人 3 A	参与人 3 B	参与人 3 C
参与人 2	A	3, 2, 1 A	3, 2, 1 A	3, 2, 1 A
	B	3, 2, 1 A	2, 1, 3 B	3, 2, 1 A
	C	3, 2, 1 A	3, 2, 1 A	1, 3, 2 C

注：在每个方格中，左边数值表示参与人 1 的收益，中间数值是参与人 2 的收益，右边数值是参与人 3 的收益。最后入选项目见每个方格中的第二行。

如果参与人 1 投票给项目 B，结合参与人 2 和 3 的投票，参与人的收益以及最终入选项目如下表所示：

表 5.5

		参与人 3 A	参与人 3 B	参与人 3 C
参与人 2	A	3, 2, 1 A	2, 1, 3 B	2, 1, 3 B
	B	2, 1, 3 B	2, 1, 3 B	2, 1, 3 B
	C	2, 1, 3 B	2, 1, 3 B	1, 3, 2 C

如果参与人 1 投票给项目 C，结合参与人 2 和 3 的投票，参与人的收益以及最终入选项目如下表 5.6 所示：

表 5.6

		参与人 3 A	参与人 3 B	参与人 3 C
参与人 2	A	3, 2, 1 A	1, 3, 2 C	1, 3, 2 C
	B	1, 3, 2 C	2, 1, 3 B	1, 3, 2 C
	C	1, 3, 2 C	1, 3, 2 C	1, 3, 2 C

现在可以看出,对参与人 1 而言,选择 B 的策略相对于选择 A 的策略而言,是弱劣势的(在给定参与人 2 和 3 的任意选择组合下,对比第一张和第二张表格中的第一个数值,就会发现第一张表格中的数值总是大于或等于第二张表格中的数值,而且在某些情况下会严格大于)。类似地,选择 C 的策略相对于选择 A 的策略而言,是弱劣势的(这时可以把第一张表格和第三张表格进行类似对比)。因此,参与人 1 会剔除这些弱劣势策略。

此外注意到,对参与人 2 而言,选择 B 的策略相对于选择 C 的策略而言,是弱劣势的(在每一个矩阵中,比较上述两个策略带给参与人 2 的收益即可,即比较第二行和第三行中间的数值),因此,选择 B 的策略可以被剔除。

最后,对参与人 3 而言,选择 A 的策略相对于选择 B 的策略而言,是弱劣势的,因此,选择 A 的策略也可以被剔除。(注:本例中,我们不需要在一个阶段就把所有参与人的所有劣势策略剔除。我们可以先剔除参与人 1 的劣势策略,然后在剩余的简化博弈中继续剔除,也可以得到相同的结果。)

完成上述剔除过程后,在剩余的博弈中,参与人会投票给项目 A,参与人得到的收益矩阵如下表 5.7 所示:

表 5.7

		参与人 3	
		B	**C**
参与人 2	**B**	3, 2, 1	3, 2, 1
	C	3, 2, 1	1, 3, 2

现在,参与人 1 只剩下一个策略,因此不可以继续剔除弱劣势策略。对参与人 2 而言,选择 A 的策略相对于选择 C 的策略而言是弱劣势的(比较第一行和第二行的中间数字)。同样地,参与人 3 选择 B 的策略相对于选择 C 的策略而言是弱劣势的,因此,选择 B 的策略也可以被剔除。

重复剔除弱劣势策略得到的结果就是:参与人 1 投票给 A,参与人 2 投票给 C,参与人 3 投票给 C。因此最终选择的结果是项目 C。

注意,最终结果对委员会主席,即参与人 1 而言,是最糟糕的。委员会主席宁愿自己不是主席,而宁愿其他参与人成为主席并拥有决定票。在这个例子中,决定票不是优势,而是劣势。

[例题 5.1]

用重复剔除弱劣势策略方法求解第 2.1.2 节中的博弈。

答案

该博弈的收益表如下表 5.8 所示:

表 5.8

		埃及		
		发动战争	封锁蒂朗海峡	不久后从西奈撤军
以色列	发动战争	4，2	3，1	2，1
	战争威胁	1，3	2，5	5，4

因此，就埃及而言，策略"不久后从西奈撤军"相对于策略"封锁蒂朗海峡"而言，是弱劣势的。

剔除弱劣势策略后，剩余博弈如下表 5.9 所示：

表 5.9

		埃及	
		发动战争	封锁蒂朗海峡
以色列	发动战争	4，2	3，1
	战争威胁	1，3	2，5

在该剩余博弈中，就以色列而言，策略"战争威胁"相对于策略"发动战争"而言，是严格劣势的(即在剩余博弈中，策略"发动战争"是以色列的一种严格优势策略)。

又一轮剔除后，剩余博弈如下表 5.10 所示：

表 5.10

		埃及	
		发动战争	封锁蒂朗海峡
以色列	发动战争	4，2	3，1

现在，就埃及而言，策略"封锁蒂朗海峡"相对于策略"发动战争"而言，是严格劣势的。因此，在这个博弈中，重复剔除弱劣势策略得到的结论就是双方将发动战争。

实际情况如何呢？以色列于 1967 年 6 月 5 日发动了战争，这使得对战争本来没有准备，最初也不想交战的埃及武装力量大吃一惊。埃及方面的选择和我们用重复剔除弱劣势策略方法得到的预测是不一致的，这应该如何来解释呢？下面给出几种可能的原因：

(1) 我们注意到，如果要得到埃及发动战争是可取的这种结论，我们需要进行三轮(严格的，或弱的)劣势策略剔除。为了说明三轮剔除的合理性，埃及必须要相信：

首先，以色列相信埃及的行为是理性的，且短期内不会从西奈撤军。

其次，因此，以色列明显会有结论认为，它首先发动战争是值得的。

由于两国领导人不存在任何可靠的沟通渠道，因此很可能埃及没有相信以色列的想法会如此复杂。

(2) 以色列在该博弈中的优先次序反映在它的收益上，埃及在评估时可能出现了错误。特别是纳赛尔可能认为，即使埃及对以色列船只封锁蒂朗海峡，以色列也不愿意同时进行两场战争。实际上，直到战争发动前几小时，纳赛尔还是按此上述思路在阐述。同样地，在战争过去 1 个月之后，纳赛尔发表的一场演讲中，他声称当他决定封锁蒂朗海峡时，他评估发生战争的可能性只有50%。[①]实际上,如果在蒂朗海峡封锁的情况下,以色列从发动战争中获得的收益是2,而不是3,这就和纳赛尔认为发生战争可能性只有50%的假设是一致的。

进一步,如果以色列的收益是1,那么,这会意味着一旦埃及封锁蒂朗海峡,以色列宁愿选择避免战争。这种利益组合与埃及在战争前夕的评估,即以色列不会主动发动战争,才是一致的。

因此,如果某位参与人对其他参与人的收益预期判断错误,或存在不确定性,我们应该如何对这种情形建模呢?这个问题属于不完全信息博弈(games of incomplete information)的范畴。因为这类博弈的定义和分析是一种高级主题,超出了我们现阶段讨论的范围,因此本书不会讨论这类博弈。关于不完全信息博弈的分析是现代博弈论研究的前沿。

5.2 重复剔除弱劣势策略的顺序问题

和严格劣势策略的剔除过程相比,剔除弱劣势策略的顺序不同可能会导致最终幸存的策略集也有所不同。这是因为,如果策略 x_i 相对于策略 x'_i 是弱劣势的,那么,早先所剔除的其他参与人策略组合 x_{-i} 中的某些策略,就有可能使参与人 i 的策略 x_i 和 x'_i 一样好,这样就不能再剔除策略 x_i。通过下面的例子可以证明这一结论。

考虑如下博弈(表5.11):

表5.11

		参与人2 L	参与人2 R
参与人1	T	0, 0	1, 0
参与人1	B	0, 1	0, 0

在该博弈中,参与人1的策略B相对于策略T而言,是弱劣势的,且参与人2的策略R相对于策略L而言也是弱劣势的。因此,重复剔除弱劣势策略过程(此时,在每一轮中,我们都同时剔除在该轮开始剩余博弈中所有参与人的劣势策略)只进行一轮就会结束,且得到结果(T, L)。但是,如果我们先剔除参与人1的弱劣势策略B,则还有下面的博弈(表5.12):

表5.12

		参与人2 L	参与人2 R
参与人1	T	0, 0	1, 0

① 譬如,见Cohen, R.(1990), *Culture and Conflict in Egyptian-Israeli Relations*, Indiana University Press, p.108。

在这个博弈中，策略 R 相对于策略 L，不再是弱劣势的（因为在两个策略下，参与人 2 的收益相同）。因此，在剩余博弈中，对博弈结果，我们不能获得一个明确的预测。

类似的，如果我们先剔除参与人 2 的弱劣势策略 R，得到的剩余博弈如下（表 5.13）：

表 5.13

		参与人 2
		L
参与人 1	T	0，0
	B	0，1

其中，策略 B 相对于策略 T 而言，也不是弱劣势的。因此，按这样的剔除顺序，我们会得到另一个简化策略集，这和前面的两个集合不同。

因此，我们已经证明了，在预测策略博弈者的结果方面，我们不能把重复剔除弱劣势策略作为一个一般的方法，因为最终结果对剔除顺序可能是敏感的。但在很多应用中，正如本章所分析的很多例子所表明的，弱劣势策略剔除所得到的结果实际上未必和剔除次序有关。对这类博弈而言，重复剔除弱劣势策略也不失为一种有效的求解方法。

▶6

纳什均衡

在前面几章中,我们对博弈解概念的分析要取决于理性或有关理性的共同知识。但利用上述概念,所有的博弈并非都可以求得唯一的解。譬如,来看下面的一个博弈。

6.1 两性之争

Iris 和 Ben 想在晚上一起出去消遣。Iris 愿意看电影,而 Ben 愿意去剧院。但无论如何,两个人都不愿意一个人呆着,都愿意和对方在一起。因此,他们的偏好可以用下面博弈的收益来表示(表 6.1):

表 6.1

		Ben	
		电影院	剧院
Iris	电影院	2, 1	0, 0
	剧院	0, 0	1, 2

Iris 和 Ben 在不同的地方工作,且他们通常会从工作单位直接到一起消遣的地方去。

在这个两性之争(battle of the sexes)博弈中,每位参与人都只有两个策略选择。此外,任何一位参与人都没有一个(严格的或弱的)优势策略。同样,任何一位参与人也没有一个(严格的或弱的)劣势策略。特别是在重复剔除劣势策略过程中,任何策略都不会被剔除。因此,我们不能用这种方法预测参与人的行为选择。

即便如此,我们注意到,如果 Iris 和 Ben 事先都同意一起去剧院,那么 Iris 在工作结束后可能会告诉自己:“事实上,我宁愿和 Ben 一起看电影,而不是和他去剧院看演出。但如果 Ben 确实如我们商定的那样去剧院看演出,那么,我也会愿意和他去剧院,而不是单独一个人去电影院看电影。”

同样,Ben 也会这样考虑:“事实上,Iris 宁愿我们在一起去看电影,但既然我们同意今晚一起看演出,我们就一起去剧院吧。如果 Iris 确实和我们商定的那样去剧院看演出,我也会选择去剧院而不是去电影院。”

因此,在这个博弈中,我们称协议"一起去剧院"是一种自我实施的协议(self-enforcing agreement)。如果每一位参与人都相信其他参与人会遵守约定的协议,那么他们也都愿意遵守协议。

为了更正式地描述这一思想,首先我们定义最优反应这一概念。

定义

$x_{-i}=(\cdots, x_j, \cdots)_{j\neq i}$ 是除参与人 i 之外所有参与人的一个既定策略组合,我们称策略 x_i^* 为参与人 i 对 x_{-i} 的一个最优反应(best reply),如果参与人 i 选择其他策略所获得的收益都不会更高,即对参与人 i 的每一个策略 x_i' 而言,都有:$u_i(x_i^*, x_{-i})\geqslant u_i(x'_i, x_{-i})$ 成立。

6.2 纳什均衡的定义

现在我们给出纳什均衡(Nash equilibrium)的定义。这个解概念是由约翰·纳什(John F.Nash)所定义的,他因为在奠定博弈论基础方面的重大贡献,获得了 1994 年的诺贝尔经济学奖。①

定义

策略组合 $x^*=(\cdots, x_i^*, \cdots)$ 是一个纳什均衡,如果对每一位参与人 $i\in I$ 而言,策略 x_i^* 都是其他参与人的策略组合 $x_{-i}^*=(\cdots, x_j^*, \cdots)_{j\neq i}$ 的一个最优反应。

换言之,$x^*=(\cdots, x_i^*, \cdots)$ 是一个纳什均衡,如果当其他参与人都采取其均衡策略时,对每一位参与人 i 而言,策略 x_i^* 给他带来的收益至少和其他策略一样高,即对参与人 i 的每一个策略 x_i' 而言,都有 $u_i(x_i^*, x_{-i}^*)\geqslant u_i(x'_i, x_{-i}^*)$ 成立。

在这种情况下,如果每一位参与人都相信其他参与人会采取他们的均衡策略,那么,每一位参与人都不会有理由偏离他们的均衡策略。

在两性之争博弈中,策略组合"剧院,剧院"是一个纳什均衡(根据上述讨论自己进行论证)。同样,策略组合"影院,影院"也是一个纳什均衡:如果 Iris 和 Ben 事先同意在影院碰面,那么当他们开始准备晚上外出活动时,事实上,只要假设另一个人也遵守约定去影院,那么,每一个人都会根据约定到达影院。

在两性之争博弈中,我们得到的纳什均衡是一个稳定的协议(stable agreement)。如果在每一位参与人必须决定其行动选择的时候,只要假设另一位参与人会遵守协议,那

① 在患有精神分裂症(*schizophrenia*)30 多年之后,纳什获得了诺贝尔奖。但他的学术生涯却因此而受到很大影响。娜莎(S.Nasar)在传记《美丽的心灵》(Simon & Schuter, 1998)中,永远地传诵纳什传奇的生活故事,就像 2001 年的同名电影那样。值得一提的是,电影中虚构的场景并非和纳什的生活完全吻合。

么,她也遵守协议就是可取的。此时,我们称这项协议是稳定的。对均衡概念做上述解释,需要假设事先要存在这类协议,这类协议或者是参与人自己通过某种方式达成的,或者是通过第三方提议而达成的。

如果不就参与人会如何行动事先达成协议进行假设,还可以用另一种方式来解释纳什均衡的概念。这种解释取决于参与人的预测。譬如,在两性之争博弈中,Iris 可能会问自己:“今天,我们商量了晚上是去电影院还是剧院,但最后我们却忘记定下来去哪里碰面了。我已经下班了,也没有办法联系 Ben。当我们商量的时候,Ben 今天很愿意看演出。如果他对某件东西感兴趣,他会一直念念不忘,最好其他所有人都和他想法一样。因此我认为他会去剧院。”

同样,Ben 也可能在考虑:“当然,我们没有明确约定今天晚上去哪里,但我认为 Iris 很愿意去看演出,因此我认为她将会去剧院。”

在这样解释纳什均衡时,参与人的预测彼此一致,且可以相互验证。对每一位参与人 i 来说,其他参与人预料到她选择的策略就是参与人 i 所预计的其他人所选择策略的最优反应。

最后,我们也可以把这两种解释结合起来,将纳什均衡视为一种选择和预测的均衡。每一位参与人都需要选择一种策略,且为了支撑其选择,就需要对其他参与人所选择的策略进行预测。在纳什均衡时,有:

(1) 在给定自己预测下,每位参与人都选择了她最优的策略。

(2) 事实上,每位参与人的预测都和其他参与人选择的策略是吻合的。

[例题 6.1]

假设在某个博弈中,每位参与人 $i \in I$ 都有一个弱优势策略 x_i^*。证明策略组合 $x^* = (\cdots, x_i^*, \cdots)$ 是一个纳什均衡。

答案

由于 x_i^* 是参与人 i 的一个弱优势策略,因此,对参与人 i 的每一个策略 x_i',且对其他参与人的每一个策略组合 x_{-i} 而言,都有 $u_i(x_i^*, x_{-i}) \geqslant u_i(x_i', x_{-i})$。

特别是,当其他参与人选择其弱优势策略,即选择策略 $x_{-i} = x_{-i}^*$ 时,上式仍然成立。这就是说,对参与人集合中的任一位参与人 i 的任一个策略 x_i' 而言,都有:$u_i(x_i^*, x_{-i}^*) \geqslant u_i(x_i', x_{-i}^*)$ 成立,即 $(\cdots, x_i^*, \cdots)$ 是一个纳什均衡。

[例题 6.2]

假设在某个博弈中,在经过重复剔除弱劣势策略后,每一位参与人 i 都剩下唯一一个策略 x_i^*。证明 $(\cdots, x_i^*, \cdots)$ 是一个纳什均衡。

答案

令 x_i' 是参与人 i 的一个策略,且该策略不同于策略 x_i^*。根据假设,存在某个重复剔除步骤 n,在经过 n 轮剔除后,对每一个策略组合 x_{-i},都有:

$$u_i(x_i^*, x_{-i}) \geqslant u_i(x_i', x_{-i})。$$

根据假设，在所有重复剔除程序完成后，x_{-i}^* 中的策略仍然会存在，故在 n 轮剔除后也会存在。因此，对参与人集合中的每一位参与人 i 的每一个策略 x_i' 而言，都有 $u_i(x_i^*, x_{-i}^*) \geqslant u_i(x'_i, x_{-i}^*)$ 成立。因此，$(\cdots, x_i^*, \cdots)$ 是一个纳什均衡。

6.3 焦点均衡

在两性之争的例子中，我们看到纳什均衡未必是唯一的。因此，纳什均衡概念并不总是可以决定并确切地预测参与人的行动选择。此外，在后面我们碰到的很多博弈中，在某些不同意义上，纳什均衡或者是“不可能的”，或者是“不确定的”。

因此，当某个特定策略 x^* 是一个纳什均衡时，这并不意味着，作为博弈的“解”，采纳 x^* 就是合理的。这个概念的重要性来自如下事实，即如果任何可能的选择要成为博弈的“解”，必须要满足上述必要条件。换言之，如果某个特定的策略组合不是一个纳什均衡，那么，当理性和智慧的参与人在进行博弈时，我们就不能认为它是一个合适的且唯一的预测。

在两性之争博弈中，有两个完全对称的均衡：“剧院，剧院”和“电影院，电影院”。但在另一个博弈中，可能不存在纳什均衡，或者某个均衡非常特殊。这种特殊性也许会使参与人对该均衡给予特别的关注，从而在均衡解的集合中选择该均衡策略。此时，我们将这种均衡称为“焦点(focal point)”。我们将在下面的例子中阐述这一思想。

6.3.1 分金游戏

某个放现金的盒子落到了一个部落首领手中，里面有 4 枚金币。部落中有 2 户家庭宣称拥有这个现金盒子。为了解决争端，部落首领宣布，每户家庭必须同时且分别告诉他，在他们声称拥有所有权的盒子里面有多少枚金币。如果索求的金币总数不超过 4 枚，则每户家庭获得其索求的金币数，部落首领拥有剩下的金币。但如果索求的金币总数大于 4 枚，部落首领就会拥有所有的金币。

在我们描述的情况中，每个家庭有 5 个策略，可以索求的金币枚数为从 0 到 4 的任何一个整数。下面的博弈矩阵(表 6.2)给出了，当不同家庭给出不同索求数目时，每户所能获得的金币枚数。

表 6.2

		家庭 B				
		0	1	2	3	4
家庭 A	0	0，0	0，1	0，2	0，3	0，4
	1	1，0	1，1	1，2	1，3	0，0
	2	2，0	2，1	2，2	0，0	0，0
	3	3，0	3，1	0，0	0，0	0，0
	4	4，0	0，0	0，0	0，0	0，0

我们如何求解此博弈的纳什均衡呢?根据定义,如果每户家庭在均衡时所采取的策略都是另一户家庭所采取策略的最优反应,那么,这两户家庭所采取的一对策略就是一个纳什均衡。因此,为了求解纳什均衡,需要采取下述程序:

(1) 对家庭 B 所采取的每一个策略 x_b,即矩阵中的每一列,我们需要求解家庭 A 针对策略 x_b 所采取的最优策略(可能是多个策略)。我们在这些最优策略所对应的家庭 A 收益下划线标示,即在策略 x_b 列及其最优策略所对应的方格中左边数字下划线。

(2) 对家庭 A 所采取的每一项策略 x_a,即矩阵中的每一行,我们需要求解家庭 B 针对策略 x_a 所采取的最优策略(可能是多个策略)。我们在这些最优策略所对应的家庭 B 的收益下划线标示,即在策略 x_a 行及其最优策略所对应的方格中右边数字下划线。

(3) 在最后,如果在某个方格中两个收益数字下面都有划线,那么所有这些方格所对应的策略就是一个纳什均衡:在每一个策略组合中,家庭 A 的策略相对家庭 B 所采取的策略而言都是最优的,家庭 B 的策略对家庭 A 所采取的策略而言也是最优的。

在这个博弈中,上述程序处理的结果如下(表 6.3):

表 6.3

		家庭 B				
		0	1	2	3	4
家庭 A	0	0, 0	0, 1	0, 2	0, 3	$\underline{0}$, $\underline{4}$
	1	1, 0	1, 1	1, 2	$\underline{1}$, $\underline{3}$	$\underline{0}$, 0
	2	2, 0	2, 1	$\underline{2}$, $\underline{2}$	0, 0	$\underline{0}$, 0
	3	3, 0	$\underline{3}$, $\underline{1}$	0, 0	0, 0	$\underline{0}$, 0
	4	$\underline{4}$, $\underline{0}$	0, $\underline{0}$	0, $\underline{0}$	0, $\underline{0}$	$\underline{0}$, $\underline{0}$

因此,在这个博弈中我们一共求得了 6 个纳什均衡。在其中 5 个均衡中,一户家庭需要并获得 x 枚金币,而另一户家庭需要并获得剩余的金币,即 $4-x$ 枚。在第 6 个均衡中,每户家庭声称拥有所有的 4 枚金币,但结果都一无所获。

我们如何对这个博弈的预测集进行简化呢?首先,我们注意到,对每一户家庭而言,策略"索求 0 枚金币"都是一个弱劣势策略(证明这一结论)。我们从下表 6.4 中剔除这些策略。

表 6.4

		家庭 B				
		~~0~~	1	2	3	4
家庭 A	~~0~~	~~0, 0~~	~~0, 1~~	~~0, 2~~	~~0, 3~~	~~$\underline{0}$, $\underline{4}$~~
	1	~~1, 0~~	1, 1	1, 2	$\underline{1}$, $\underline{3}$	$\underline{0}$, 0
	2	~~2, 0~~	2, 1	$\underline{2}$, $\underline{2}$	0, 0	$\underline{0}$, 0
	3	~~3, 0~~	$\underline{3}$, $\underline{1}$	0, 0	0, 0	$\underline{0}$, 0
	4	~~$\underline{4}$, $\underline{0}$~~	0, $\underline{0}$	0, $\underline{0}$	0, $\underline{0}$	$\underline{0}$, $\underline{0}$

我们就得到了一个简化的博弈(表 6.5)。

表 6.5

		家庭 B 1	2	3	4
家庭 A	1	1, 1	1, 2	$\underline{1}$, $\underline{3}$	$\underline{0}$, 0
	2	2, 1	$\underline{2}$, $\underline{2}$	0, 0	$\underline{0}$, 0
	3	$\underline{3}$, $\underline{1}$	0, 0	0, 0	$\underline{0}$, 0
	4	0, $\underline{0}$	0, $\underline{0}$	0, $\underline{0}$	$\underline{0}$, $\underline{0}$

此时,“索求 4 枚金币”又成了两户家庭的一个弱劣势策略(解释原因)。将它们从下表 6.6 中剔除。

表 6.6

		家庭 B 1	2	3	4
家庭 A	1	1, 1	1, 2	$\underline{1}$, $\underline{3}$	$\underline{0}$, 0
	2	2, 1	$\underline{2}$, $\underline{2}$	0, 0	$\underline{0}$, 0
	3	$\underline{3}$, $\underline{1}$	0, 0	0, 0	$\underline{0}$, 0
	4	0, $\underline{0}$	0, $\underline{0}$	0, $\underline{0}$	$\underline{0}$, $\underline{0}$

此时我们获得的博弈为(表 6.7),该博弈存在三个均衡。

表 6.7

		家庭 B 1	2	3
家庭 A	1	1, 1	1, 2	$\underline{1}$, $\underline{3}$
	2	2, 1	$\underline{2}$, $\underline{2}$	0, 0
	3	$\underline{3}$, $\underline{1}$	0, 0	0, 0

现在,如果两户家庭在部落中的地位差不多,且这是共同知识,那么,平分均衡就是一个“很自然”的解决方案,即这变成了一个焦点。此时,每户家庭会要求并获得一半金币。当然,在这里,理性原则并没有排除其他两个剩余的均衡,只不过比较之下,对称的平分均衡更为突出。此时,我们称平分均衡为一个焦点(focal point)。因此,即使这两户家庭彼此之间没有沟通交流,他们也不能在行动过程中合作协商,历史上也不存在任何先例供他们借鉴并预测对方家庭的行为,但即便如此,每户家庭也很可能会假设对称均衡是一个焦点,且这在另一户家庭看来也是如此。这样,每户家庭预计另一户家庭会选择“索求 2 枚金币”的策略,本身就变成了某种自我实现的预期,即便该策略既没有基于事先的协议,也没有参考这些家庭的历史行为,也会如此。

6.4　纳什均衡求解

在上一个例子中,我们说明了在一个由两位参与人组成,且每位参与人的策略都有限的博弈中,求解纳什均衡的一个常用方法。

(1) 参与人 1 必须在收益矩阵的行中进行选择,因此在每一列中,我们必须找到一个或一些方格,在这些方格中,她的收益是最高的,并在其下划线。这就是当参与人 2 选择该列时,参与人 1 所能获得的最高收益。

(2) 类似地,参与人 2 必须在收益矩阵的列中进行选择,因此在每一行中,我们必须找到一个或一些方格,在这些方格中,她的收益是最高的,并在其下划线。这就是当参与人 1 选择该行时,参与人 2 所能获得的最高收益。

(3) 如果其中某个方格的两个收益数字都有下划线,则该方格对应的策略组合就是一个纳什均衡。

为什么这种方法可以找到所有的纳什均衡呢?

在上面第一步中,我们对参与人 2 任何可能的策略都求解得到了参与人 1 的最优反应:矩阵的某一列都对应着参与人 2 可以选择的一个策略 x_2,且对给定的任意一列,我们都求得了某行或某些行 x_1,它们都是参与人 1 对策略 x_2 的最优反应。我们用 $BR_1(x_2)$表示包括所有最优反应 x_1 的集合。

类似地,在第二步中,我们对参与人 1 任何可能的策略都求解得到了参与人 2 的最优反应:矩阵的某一行都对应着参与人 1 可以选择的一个策略 x_1,且对给定的任意一行,我们都求得了某列或某些列 x_2,它们都是参与人 2 对策略 x_1 的最优反应。我们用 $BR_2(x_1)$表示包括所有最优反应 x_2 的集合。

因此,如果在策略组合(x_1, x_2)(可以用矩阵中的某个方格来表示)中,两位参与人的收益都有下划线,那么,这个策略组合就同时满足 $x_1 \in BR_1(x_2)$, $x_2 \in BR_2(x_1)$。这意味着在这个组合中,每位参与人的策略都是另一位参与人策略的最优反应,因此它就是一个纳什均衡。

但在很多例子中,参与人的策略集并不是一个有界集。这时,我们应该如何求解纳什均衡呢? 在这类博弈中,我们必须找到策略组合(x_1, x_2),且满足 $x_1 \in BR_1(x_2)$和 $x_2 \in BR_2(x_1)$。为此,对参与人 2 无限多策略中的每一个策略,我们必须找到参与人 1 的最优反应函数 $BR_1(x_2)$,且对参与人 1 无限多策略中的每一个策略,我们也必须找到参与人 2 的最优反应函数 $BR_2(x_1)$。

在求解时,这是一个非常复杂的任务。但我们立刻会看到,在很多情况下,这个任务实际上是相当简单的。

6.4.1　合伙博弈

两个人合伙经营一家企业。在每季度开始时,他们会就公司未来 3 个月内的运营项目以及运营成果分配进行协商。分配情况会影响每个人对项目投入的努力水平。努力水平中的某些因素可以用参数表示,譬如工作时间,这个参数是可观察的,然而还存在其他不可直接观察的努力因素,譬如投入集中情况、投入强度,以及工作激励水平等。我们将合伙人的努力水平记为 x_1, x_2。我们假设企业利润(单位为千美元)为:

$$P(x_1,\ x_2)=4x_1+4x_2+x_1x_2。$$

利润是投入努力水平的增函数,两个人投入的努力程度越高,利润也越高。此外,两个合伙人的才能是互补的,这由乘积项 x_1x_2 表示。如果第一个合伙人投入更多的努力,即 x_1 增加,这样第二个合伙人的努力就会变得更有效:如果合伙人 2 增加一单位努力程度,企业利润就会增加 $4+x_1$ 千美元。因此,第一个合伙人投入的努力水平 x_1 越高,第二个合伙人提高努力水平对企业生产效益的影响就越大。

但是,工作投入是需要付出代价的。代价的形式有疲劳、精神或身体紧张,以及和家庭、朋友相处的时间更少。这里假设和前面投入的努力水平相比,多投入一单位努力的“成本”会上升。这看起来是合理的。譬如,在某天中,当开始第一小时工作的时候,其他家庭成员也可能在工作,或在学习。因此,在这个小时中,放弃家人陪伴而工作,和放弃工作中的第 10 个小时相比,合伙人所承受的痛苦更少;这是因为在第 10 个小时的时候,至少一些家庭成员都呆在家中,同时合伙人的疲劳程度也更高,等等。

在这个例子中,我们假设每一个合伙人 $i=1,\ 2$ 的努力水平“x_i”的“成本”是一个给定的函数,$C(x_i)=x_i^2$。因此,第一单位努力的“成本”是 1,但第二单位努力带来的“成本”是 3[因为两单位努力的总成本是 $C(2)=2^2=4$],第三单位努力的“成本”是 5,依此类推;因此,每一单位额外努力的“成本”都要比前一单位努力的“成本”要高。

在这种情况下,假设合伙人平均分享利润,参与人 i 的收益是她投入的努力水平 x_i 和另一个合伙人投入的努力水平 x_j 的函数,即 $u_i(x_i,\ x_j)=\frac{1}{2}P(x_i,\ x_j)-C(x_i)=\frac{1}{2}(4x_j+4x_j+x_ix_j)-x_i^2=2x_i+2x_j+\frac{1}{2}x_ix_j-x_i^2$。

特别是,收益函数非常精确地考虑了努力“价格”$C(x_i)$的影响。给定另一个合伙人的努力水平 x_j,参与人 i 会将其努力从 x_i 提高到 x_i',当且仅当:$u_i(x_i',\ x_j)>u_i(x_i,\ x_j)$ 成立。也就是说,当且仅当增加努力水平给她带来分享利润的增加 $\frac{1}{2}P(x_i',\ x_j)-\frac{1}{2}P(x_i,\ x_j)$ 大于其额外努力的“成本”$C(x'_i)-C(x_i)$。因此,努力的“成本”是用来衡量努力水平货币等价物的一个客观指数。

当另一个合伙人选择努力水平 x_j 时,参与人 i 的最优努力水平是多少呢?换言之,最优反应 $x_i\in BR_i(x_j)$ 为何呢?为了求解答案,我们必须找到一个 x_i,它可以最大化利润函数:$u_i(x_i,\ x_j)=2x_i+2x_j+\frac{1}{2}x_ix_j-x_i^2$。

这里,上述利润函数仅仅是 x_i 的一个函数。此时,努力水平 x_j 是既定的,也是固定不变的。这是一个关于 x_i 的二次函数,其图形是抛物线形。例如,如果 $x_j=1$,那么函数

$u_i(x_i, 1)=2x_i+2+\frac{1}{2}x_i-x_i^2$ 的形状如图 6.1 所示。

如果 j 增加其努力水平到 $x_j=2$，函数图形将会移动，见图 6.2 中的灰色曲线。

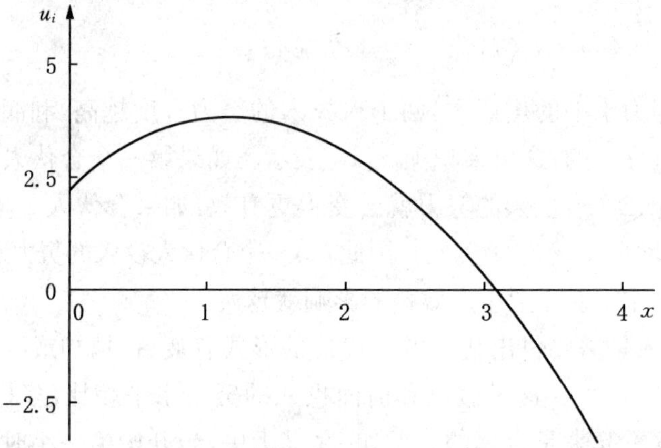

图 6.1

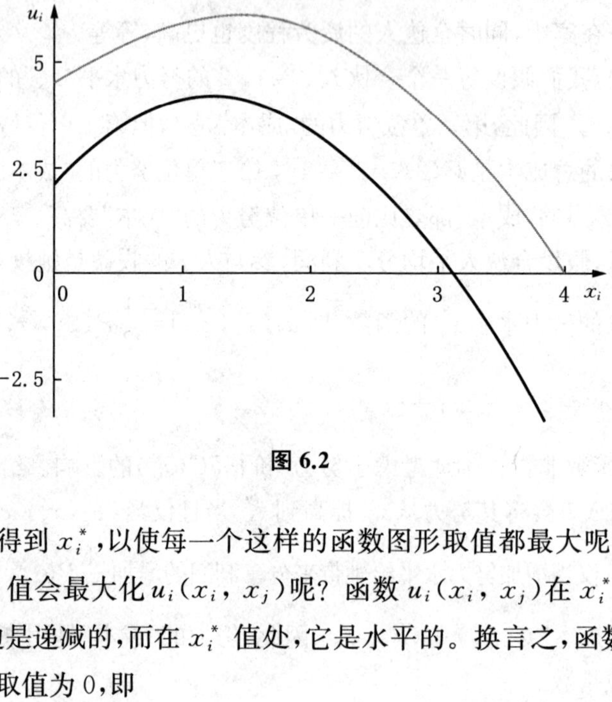

图 6.2

我们如何求解得到 x_i^*，以使每一个这样的函数图形取值都最大呢？即在给定 x_j 的情况下，哪一个 x_i^* 值会最大化 $u_i(x_i, x_j)$ 呢？函数 $u_i(x_i, x_j)$ 在 x_i^* 值的左边是递增的，在 x_i^* 值的右边是递减的，而在 x_i^* 值处，它是水平的。换言之，函数 u_i 对变量 x_i 的导数在 $x_i=x_i^*$ 处取值为 0，即

$$\frac{\partial u_i(x_i^*, x_j)}{\partial x_i}=0$$

或者，利用显性表达式，我们有：

$$0=\frac{\partial u_i(x_i^*, x_j)}{\partial x_i}=2+\frac{1}{2}x_j-2x_i^*$$

求解就可以得到：$x_i^* = BR_i(x_j) = 1 + \frac{1}{4}x_j$。

这就是当合伙人 i 估计 j 选择努力水平为 x_j 时，她的最优反应。最优反应函数图形见图 6.3。也称此为反应曲线(reaction curve)。在这个特例中，该曲线是一条直线。

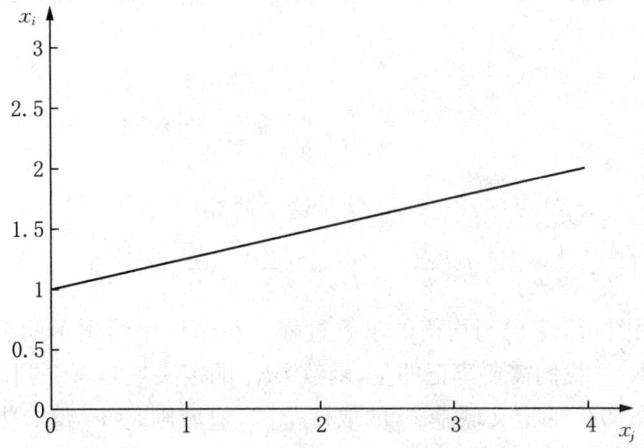

图 6.3

因此，我们发现，如果合伙人 j 增加其投入的努力水平 x_j，合伙人 i 的最优投入水平 $x_i^* = BR_i(x_j)$ 也会同样缓慢增加：函数 $x_i^* = BR_i(x_j)$ 的斜率是 1/4，即合伙人 j 额外增加投入水平一单位，会使合伙人 i 的努力水平仅仅增加 1/4 个单位。

例如，如果 $x_j = 1$，合伙人 i 的最优反应曲线为：$BR_i(1) = 1.25$(即努力水平 $x_i = 1.25$ 会最大化合伙人 i 的效用函数，见图 6.4 中的黑色曲线)。如果 j 将其努力水平提高到 $x_j = 2$(此时合伙人 i 的效用函数为图 6.4 中的灰色曲线)，那么参与人 i 的最优反应将会增加到 $BR_i(2) = 1.5$。在图 6.4 中，可以明确看到这一点。

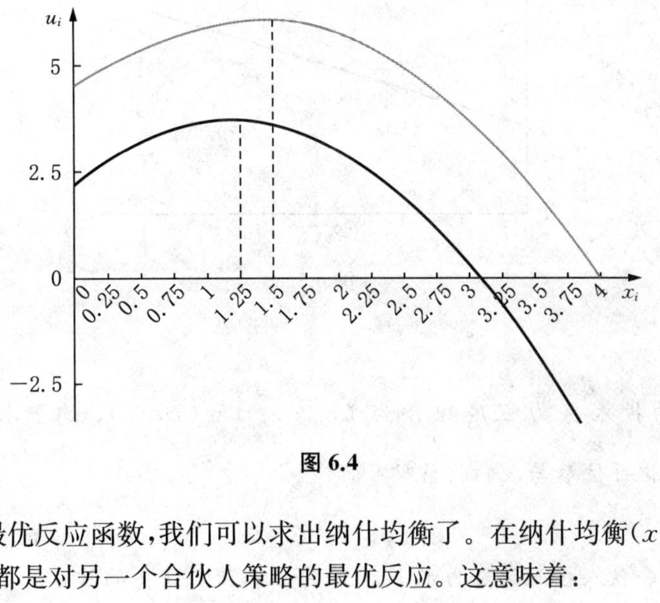

图 6.4

现在，利用最优反应函数，我们可以求出纳什均衡了。在纳什均衡(x_i^*，x_j^*)下，每一个合伙人的策略都是对另一个合伙人策略的最优反应。这意味着：

$$x_i^* = BR_i(x_j^*) = 1 + \frac{1}{4}x_j^*;$$

$$x_j^* = BR_j(x_i^*) = 1 + \frac{1}{4}x_i^*。$$

在这个系统中,有两个方程,也有两个未知数,x_i^*,x_j^*,唯一的解是:

$$x_i^* = \frac{4}{3}$$

$$x_j^* = \frac{4}{3}。$$

因此,策略 $(x_i^*, x_j^*) = (4/3, 4/3)$ 就是这个博弈中的唯一纳什均衡。此时,每个合伙人的收益为:$u_i\left(\frac{4}{3}, \frac{4}{3}\right) = \frac{1}{2}P\left(\frac{4}{3}, \frac{4}{3}\right) - C\left(\frac{4}{3}\right) = \frac{40}{9}$。

我们可以利用图 6.5 来说明均衡的求解过程。在图形中给出了两个合伙人的最优反应函数,BR_i 和 BR_j。我们需要牢记的是,函数 BR_i 的定义域是 x_j 的取值范围,而其值域则是 x_i 值;而函数 BR_j 的定义域是 x_i 的取值范围,值域则是 x_j 值。为了分析上面的最优反应 BR_i,我们令 x_j 在横轴上取值,x_i 在纵轴上取值;如果现在我们希望再画上 BR_j 的图形,那么,相比之下,BR_j 的定义域就位于纵轴,而其值域位于横轴。如图 6.5 所示。

两条反应曲线的交点就是唯一的纳什均衡,即 $(x_i^*, x_j^*) = \left(\frac{4}{3}, \frac{4}{3}\right)$。均衡是对称的,因为合伙人的收益函数也是对称的。

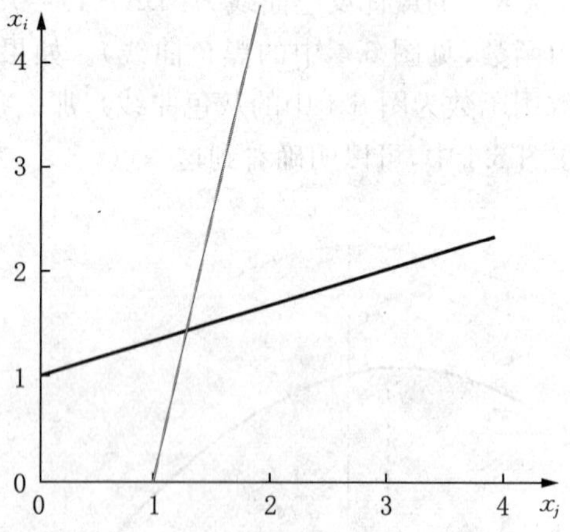

图 6.5

[例题 6.3]

所有对称的投入努力程度组合为 $(x_i, x_j) = (x, x)$,均衡投入的努力水平 $\left(\frac{4}{3}, \frac{4}{3}\right)$ 会最大化每位参与人的收益吗?

答案

如果每一位合伙人投入的努力水平为 x,每位合伙人获得的收益为:

$$u_i(x, x)=\frac{1}{2}P(x, x)-C(x)=\frac{1}{2}(4x+4x+x^2)-x^2=4x-\frac{1}{2}x^2。$$

此时,每位合伙人的最优努力水平为 $x=4$(证明这一结论),这要远远高于纳什均衡下的努力水平 4/3。最优努力水平下每位合伙人的收益为 $u_i(4, 4)=8$,这要比纳什均衡时的收益 40/9 高出很多。

出现上述问题的原因何在呢?为什么在纳什均衡时合伙人选择的策略没有最大化两者的收益呢?为什么如果其中某位合伙人,譬如 j,选择投入努力水平 4 时,另一位合伙人 i 却宁愿选择努力水平 $BR_i(4)=2$,而不是也选择努力水平 4 呢?

当考虑是否增加其投入的努力水平时,参与人 i 明白,是她自己承担了额外努力投入所带来的"成本",但她却只能获得努力所带来利润的一半。第二位合伙人从上述利润增加中获得的效应并没有进入合伙人 i 的收益函数。如果每位合伙人都希望最大化合伙的总收益,或者合伙的平均收益,那么每位合伙人都会选择努力水平 4。但如果每位合伙人仅仅考虑她自己的狭小利益,而不是将她自己的努力对另一位合伙人影响的这种外部效应"内部化",她选择的努力水平就会较低。

既然两位合伙人都按照这种方式进行决策,那么在纳什均衡时,他们的行动就是对称的,但这却不是使他们收益最高的对称的努力水平。

这种状况很容易让人回忆起囚徒困境,尽管其极端程度更弱一些。在这个问题中,每个合伙人拥有的策略不仅仅是两个,而是非常之多。因此,在纳什均衡时,合伙人所选择的并不是极端的零投入,而是一个正的投入。但是,如同在囚徒困境中一样,能够为两位合伙人带来最高收益的投入水平,是一个完全不同的对称策略组合,而不是我们求出的纳什均衡策略。

6.4.2 策略连续下博弈纳什均衡的求解

在合伙博弈的求解过程中,我们给出了一个求解由两位参与人组成,且每位参与人的策略是一个连续变量时的博弈的纳什均衡的一般方法。按照该方法,我们必须求解最优反应函数和两个方程的方程组。

(1) 求解最优反应函数。

BR_1 表示对参与人 2 的任何策略 $x_2 \in X_2$ 而言,参与人 1 的最优反应为 $x_1^*=BR_1(x_2)$。类似地,BR_2 表示对参与人 1 的任何策略 $x_1 \in X_1$ 而言,参与人 1 的最优反应为 $x_2^*=BR_2(x_1)$。

(2) 求解下面两方程的方程组。

$$x_1^*=BR_1(x_2^*)$$
$$x_2^*=BR_2(x_1^*)$$

这里,x_1^*, x_2^* 为两个未知变量。方程组的每个解(x_1^*, x_2^*)都是博弈的一个纳什均衡。

为了求解参与人 i 的最优反应函数 BR_i,对另一位参与人 j 任意给定的一个策略,$x_j \in X_j$ 而言,我们必须在参与人 i 的所有策略 $x_i \in X_i$ 中,确定可以使参与人 i 收益函数 $u_i(x_i, x_j)$ 最大的那项策略 x_i^*。如果函数 u_i 在点(x_i, x_j)对第一个变量是可微的,那么我们寻求的最大值可以通过对函数 $u_i(x_i, x_j)$ 的第一个变量 x_i 求导,令导函数 $\frac{\partial u_i(x_i, x_j)}{\partial x_i}$ 等于 0 求得;此外,我们所求的最大值也可能位于策略集 X_i 的边界点上。①

注意:X_i 的边界点,以及策略集 X_i 中那些使导数 $\frac{\partial u_i(x_i, x_j)}{\partial x_i}$ 为 0 的策略都只不过是我们所寻找的最大值点 $x_i^* = BR_i(x_j)$ 的候选点而已。为什么会这样呢?因为除了在函数 $u_i(x_i, x_j)$的拐点之外,在函数 $u_i(x_i, x_j)$的最小值点,或者在局部最小值点 x_i 处,导数 $\frac{\partial u_i(x_i, x_j)}{\partial x_i}$ 取值也是 0。同样,当参与人 j 选择策略 x_j 时,收益函数 u_i 在策略区间 X_i 中的边界点 x_i 处取值也未必是最大的。因此,我们必须逐个对比分析上述点的取值情况,并找到可以取最大值的那个点。

如果收益函数不止在一个点处取得最大值,BR_i 就不再是一个函数,而是一个映射(correspondence);它在参与人 j 的策略 x_j 和参与人 i 的所有最优反应之间建立了对应关系,此时,我们就不会得到一个两方程的方程组,并据此求解得到纳什均衡。但是,我们仍然可以继续采取我们在第 6.4.1 节的例子中给出的几何方法,找到类似上述图形中的两位参与人的反应曲线。

在策略组合空间 $X_i \times X_j$ 中,我们将用一种特殊的颜色,比如黑色,来画出参与人 2 的反应曲线:对参与人 1 的每一个策略 x_1,我们用黑色表示所有的点(x_1, x_2),这里 x_2 是参与人 2 对 x_1 的最优反应。(如果参与人 2 对策略 x_1 有多个最优反应,我们会画出所有的这些点!)如果可能,我们把这些画出的点连接起来,就可以得到一条曲线。②然后,我们对参与人 1 重复上述过程:对参与人 2 的每一个策略 x_2,我们用另一种颜色,譬如灰色,表示所有的点(x_1, x_2),这里 x_1 是参与人 1 对 x_2 的最优反应。如果可能,我们把这些画出的点连接起来,也可以得到一条曲线。最后,所有都标记了黑色和灰色的点,即所有两条反应曲线交叉的点,都是纳什均衡。

[例题 6.4]

假设在第 6.4.1 节的合伙博弈中,每位合伙人可能的努力水平位于区间[0, 4]。证明可以用重复剔除严格劣势策略的方法求解。

答案

考虑图 6.3 中的反应曲线。当努力水平位于区间[0, 4]时,最优反应位于区间

① 策略 x_i 是策略集 X_i 的边界点,如果在该策略的右边或左边,我们不能发现 X_i 的其他某个策略和 x_i 如我们希望的那样接近。

② 有时,如果参与人 1 的策略是连续的,参与人 2 的最优反应也是连续的。譬如,在退化博弈(degenerate game)中,参与人 2 在可能的博弈结果之间是无差异的,那么她的"反应曲线"就是所有的策略组合 $X_1 \times X_2$。

[1, 2]。换言之,当 $x_j \in [0, 4]$ 时,抛物线 $u_i(x_i, x_j)$ 的最大值位于 1 和 2 之间。因此对任意的 $x_j \in [0, 4]$,收益函数 $u_i(x_i, x_j)$ 在区间 $x_i < 1$ 上是递增的,而在区间 $x_i > 2$ 上是递减的。这就是说,参与人 i 的任何满足 $x_i < 1$ 的策略对策略 $x_i = 1$ 而言,都是一个严格劣势策略,即对任意的 $x_i < 1$,且对任意的 $x_j \in [0, 4]$,都有 $u_i(1, x_j) > u_i(x_i, x_j)$。

同样,参与人 i 所有满足 $x_i > 2$ 的任意策略对策略 $x_i = 2$ 而言,都是一个严格劣势策略,即对任意的 $x_i > 2$,且对任意的 $x_j \in [0, 4]$,都有 $u_i(2, x_j) > u_i(x_i, x_j)$。

因此,在第一轮剔除严格劣势策略时,所有满足 $x_i < 1$ 或 $x_i > 2$ 的策略都可以被剔除。相比之下,参与人 $i = 1, 2$ 的所有 $x_i \in [1, 2]$ 的策略在第一轮剔除中都可以留下来,因为每一个 $x_i \in [1, 2]$ 的策略相对于另一位参与人的某个策略 $x_j \in [0, 4]$ 而言,都是最优的。

现在,对在第一轮留存下来的努力水平[1, 2],重复上述过程。对这些努力水平来说,最优反应位于区间[5/4, 6/4]。换言之,当 $x_j \in [1, 2]$ 时,抛物线 $u_i(x_i, x_j)$ 的最大值位于 5/4 和 6/4 之间。因此,对任意的 $x_j \in [1, 2]$,收益函数 $u_i(x_i, x_j)$ 在区间 $x_i < 5/4$ 上是递增的,而在区间 $x_i > 6/4$ 上是递减的。这就是说,在第二轮中,参与人 i 的任何满足 $x_i < 5/4$ 的策略对策略 $x_i = 5/4$ 而言,都是一个严格劣势策略;同样,参与人 i 的任何满足 $x_i > 6/4$ 的策略对策略 $x_i = 6/4$ 而言,也都是一个严格劣势策略。因此,所有满足的 $x_i < 5/4$ 或 $x_i > 6/4$ 策略都会在第二轮剔除严格劣势策略时剔除。

参与人 $i = 1, 2$ 的所有 $x_i \in [5/4, 6/4]$ 的策略在第二轮剔除中都可以留下来,因为每一个 $x_i \in [5/4, 6/4]$ 的策略相对于另一位参与人在第一轮剔除中留下来的某个策略 $x_j \in [1, 2]$ 而言,都是最优的。续行此法,在每一轮剔除后,留存策略的区间长度会逐渐减小。在第一轮剔除后留存下来的策略是:

$$BR_i([0, 4]) = [1, 2]。$$

在第二轮剔除后留存下来的策略是:

$$BR_i(BR_j([0, 4])) = BR_i([1, 2]) = \left[1 + \frac{1}{4} \times 1, 1 + \frac{1}{4} \times 2\right] = \left[\frac{5}{4}, \frac{6}{4}\right]$$

在第三轮剔除后留存下来的策略是:

$$\begin{aligned} BR_i\Big(BR_j\big(BR_i([0, 4])\big)\Big) &= BR_i\big(BR_j([1, 2])\big) \\ &= BR_i\left(\left[1 + \frac{1}{4} \times 1, 1 + \frac{1}{4} \times 2\right]\right) \\ &= \left[1 + \frac{1}{4} \times \left(1 + \frac{1}{4} \times 1\right), 1 + \frac{1}{4} \times \left(1 + \frac{1}{4} \times 2\right)\right] \\ &= \left[1 + \frac{1}{4} + \frac{1}{16}, 1 + \frac{1}{4} + \frac{2}{16}\right] = \left[\frac{21}{16}, \frac{22}{16}\right] \end{aligned}$$

以此类推,根据归纳法,在第 n 轮后留存下的策略将位于区间:

$$\left[1+\frac{1}{4}+\frac{1}{16}+\cdots+\frac{1}{4^{n-1}},\left(1+\frac{1}{4}+\frac{1}{16}+\cdots+\frac{1}{4^{n-1}}\right)+\frac{1}{4^{n-1}}\right]$$

因此,任何低于 $1+\frac{1}{4}+\frac{1}{16}+\cdots+\frac{1}{4^{n-1}}$ 的努力水平会在第 n 轮之前被剔除掉,同样,任何高于 $\left(1+\frac{1}{4}+\frac{1}{16}+\cdots+\frac{1}{4^{n-1}}\right)+\frac{1}{4^{n-1}}$ 的努力水平也会在第 n 轮之前被剔除掉。

这样,我们就得到了一个几何级数:①$1+\frac{1}{4}+\frac{1}{16}+\cdots+\frac{1}{4^{n-1}}+\cdots$。上述求和值为 $\frac{1}{1-\frac{1}{4}}=\frac{4}{3}$。因此,任何低于 4/3 的努力水平迟早会被剔除。同样,级数 $\left(1+\frac{1}{4}+\frac{1}{16}+\cdots+\frac{1}{4^{n-1}}\right)+\frac{1}{4^{n-1}}$ 也趋近于 4/3,因此所有高于 4/3 的努力水平也迟早会被剔除。所以策略 4/3 就是每位参与人在纳什均衡所采取的策略,也是我们这个例子中在重复剔除严格劣势策略后留存下来的唯一策略。

---

① 回忆一下,几何级数 a, ak, ak^2, …的前 n 项求和公式是:$a+ak+ak^2+\cdots+ak^{n-1}=\frac{a(1-k^n)}{1-k}$。如果 $0<k<1$,当 $n\to\infty$ 时,上述求和趋近于 $\frac{a}{1-k}$。我们这里无穷几何级数的求和公式是:$a+ak+ak^2+\cdots=\frac{a}{1-k}$。

第Ⅲ部分
策略式博弈的主要类型

引言

在前面几章中，我们定义了策略式博弈的基本解概念——从依靠占优思维方式的解到取决于稳定概念的纳什均衡解。接下来，我们将考查一类重要的策略式博弈并分析其性质。

第7章介绍了两种类型的博弈：合作式博弈和非合作式博弈，以及互补策略博弈和替代策略博弈。第一种分类在于每位参与人是希望对手提高行动强度（合作式博弈），还是希望对手降低行动强度（非合作式博弈）。第二种分类在于，一旦竞争对手行动强度上升，参与人自己是希望提高自身的行动强度（互补式策略），还是希望降低自身的行动强度（替代式策略）；或者换言之，参与人的反应函数是递增的（替代式策略），还是递减的（互补式策略）。

多少有些令人吃惊的是，这两种分类的维度彼此之间是相互独立的，合作/非合作和策略互补/策略替代之间四种组合中的任一种都可能会出现。第6章给出的合伙博弈（partnership game），就是一个策略互补的合作博弈。第1章中的第一个例子，公共品博弈（public good game），就是一个策略替代的合作博弈。对这个博弈的详细分析会发现，首先它的纳什均衡是无效的——即在所有参与人都更偏爱选择的策略组合中，每个人的投资额都要超过纳什均衡下的投资额。但不幸的是，这种一致偏好的投资组合并不是一个纳什均衡，因此也无法构成一份稳定的、自我维持的协议。此外，我们还发现，参与人数量越多，纳什均衡也会变得越无效。

一个相关的博弈是公地悲剧，在该博弈中同样存在类似的无效率现象，这次的形式是过度拥挤。在这两个博弈中，每位参与人的策略都对其同伴施加了一个外部性，且无效率来自如下事实，即每位参与人在对其他参与人的选择做出最优反应时，并没有将这些外部影响考虑在内。在公共品投资博弈中，这是一个正的外部性，因此这个博弈是策略互补的；而在公地悲剧博弈中，外部性是负的，因此该博弈是策略替代的。

上述两个博弈之间的一个根本差别在于，尽管享受公共品的好处（如一条安全、绿色且清洁的街道）并不会妨碍其他人从公共品中获得好处的程度，然而，一块公共牧地或者一条高速公路却是一个有限的资源，一些人对这些资源的使用会造成拥堵，这会减少给其他人带来的好处。因此，为了解决或部分解决这种外部性所带来的无效率，我们会讨论社区或政府可以采用的各种方式。这些方式包括限制拥挤资源的使用、对使用权征税、将这些资源私有化，以及为这些资源收益创建一个市场，比如最近不断发展的污染许可权的市场。

另一个有趣的例子是用博弈对专利竞赛进行建模。在这个例子中，竞争者的反应函数是对手投资水平的函数，该函数先递增，然后递减；同时在每一种投资水平上，这个博弈都是一个非合作式博弈。有趣的是，纳什均衡下的投资水平恰好位于最优反应函数向上的部分，因此就从策略互补机制转换成了某种策略替代机制。

第7章最后一个例子是一个在罪犯和官方之间的执法博弈。这个博弈无疑是某种非合作型博弈——政府希望罪犯减少非法活动,罪犯则希望政府削弱执法力度。尽管如此,由于罪犯的反应函数是递减的——当犯罪强度上升时,政府会提高执法力度,而为了应对执法力度的上升,罪犯会减少犯罪活动。

在第8章中,我们转而分析博弈论在寡头垄断行为研究中的一个重要应用。在这种非极端情况下,少数相互竞争的生产商生产相同,或非常相近的产品。因此,没有一家生产商拥有绝对市场势力从而成为设定价格或产量的垄断者,但每家生产商也并非都小到几乎可以忽略它们的供给或定价行为对消费者的影响。换言之,每个竞争者都拥有有限的,但却是不可忽略的市场势力。我们应该如何预测它们的行为呢?

第8章研究了一些基本的寡头模型——最初由古诺(Cournot)提出的数量竞争模型,以及由伯川德(Bertrand)提出的价格竞争模型。两个模型一开始的研究都假设不同的企业生产相同的产品,然后再研究它们产品相互之间有所差异的情形。特别是,我们要证明竞争企业数量的增加是如何削弱了每个竞争者的市场势力,并趋向于古典的完全竞争模型的。寡头模型中企业的极限行为是博弈论的一个重要贡献,它为经济学中的完全竞争均衡提供了一个理论基础。在第8章的最后,我们表明卖方的那些看上去是竞争性的定价策略,事实上背后却隐藏着某种反竞争的合谋动机,而这正是来自它们之间博弈的某种纳什均衡。

第9章讨论了一类重要的合作式博弈,该博弈的原型来自让-雅各布·卢梭(Jean-Jacques Rousseau)在其关于人类不平等的起源文章中所描绘的猎鹿博弈。所谓协调博弈,指的是在该博弈中,存在数位参与人可以一致排序——从最没有效率到最有效率——的纳什均衡。在猎鹿博弈中,很难把注意力放到有效均衡上来,因为有效均衡事实上具有很大的策略不确定性(strategic uncertainty)——如果其他参与人的策略偏离了有效均衡,那些坚持有效均衡策略的参与人将会比选择无效均衡策略损失更多。

在分析猎鹿博弈之后,我们给出了这种博弈在真实世界中的例子,即发生在印度尼西亚猎鲸人之间的一个博弈,还给出一些其他协调博弈的例子,包括QWERTY键盘的起源、录像带标准等博弈。我们还讨论了在实验室中协调博弈实验的一些结果,分析了实验室结果和理论预测中有时可能出现的分歧的一些潜在原因。

在本章中,我们将进一步详细分析两个非常重要的例子。第一个是关于网络外部性的,即每个网络用户的效用会随着用户总量的增加而上升(就像通讯网络或社会在线网络中那样);第二个例子是关于找工作和失业的,在这个例子中,如果工人拥有更多的购买手段,那些可以创造就业机会的企业家活动就可以获得更高的激励。

7

合作和非合作、策略替代和策略互补

在前面几章中，我们介绍了很多属性各不相同的博弈，但这些博弈在某些不同方面彼此之间非常相似。在第1章和第2章中，我们分析了三个不同的“社会困境”博弈，且指出这三个博弈在某种意义上是等价的。更一般地，从这些不同博弈中找出共同的属性有助于我们将这些博弈进行分类，并进而有助于我们在特定类型博弈中发现那些均衡的影响因素和其中隐藏的冲突。

在本章中，我们首先通过界定两种不同的博弈性质来对博弈进行分类。划分博弈的第一种性质非常自然且简单。该属性回答了下列问题，即参与人之间的策略关系是合作的还是非合作的。如果每位参与人都希望其他参与人**强化**其行为，则称这种策略互动为**合作的**。如果每位参与人希望其他参与人**弱化**其行为强度，则称这种策略关系为**非合作**的。当按照强度或力度对每位参与人的策略从最弱到最强能够完全排序时，就可以据此来区分合作博弈和非合作博弈。实际上，截至目前，我们之前所碰到的每个例子都可以根据这种排序关系进行定义。

为了区分两种博弈类型，我们在这里介绍的第二个性质要更复杂一些。这种性质同样也只能在每位参与人的策略可以按照强度排序时才适用。该属性回答了下面的问题，即当其他参与人强化其活动力度时，参与人本身是否也会加强其行为强度呢？如果随着其他参与人或至少部分参与人提高其行为强度，每位参与人也都希望加强自身的行为强度，那么我们将该博弈称为策略互补博弈。如果随着其他参与人或至少部分参与人提高其行为强度，每位参与人都希望降低自身行为强度，那么我们将该博弈称为策略替代博弈。换言之，如果每位参与人的最优反应函数是递增的，则该博弈为策略互补；如果每位参与人的最优反应函数是递减的，则该博弈为策略替代。①

博弈属于合作博弈还是非合作博弈，与博弈属性之间是否存在某种联系呢？例如，如

---

① “策略互补”与“策略替代”的概念首见于 Bulow，J.I.，J.D.Geanakoplos and P.D.Klemperer(1985)，“Multimarket Oligopoly：Strategic Substitutes and Complements”，*Journal of Political Economy*，93，488—511。该文在决策策略是企业所生产的产品数量的背景下进行了分析，并把上述概念与经济学中经典的替代品和互补品的概念进行了对比。如今，“策略替代”和“策略互补”概念的应用背景也更为普遍，而决策策略也不仅仅局限于产品产量。

果在合作博弈中,当其他参与人加强其行为强度时,每位参与人也都愿意加强其自身的行为强度;难道这不是很正常的吗?

在第 6.4.1 节的合伙博弈(partnership game)中,情况确实如此:当博弈中的另一位合伙人付出更多努力时,每个合伙人都会从中获益(博弈属于某种合作式博弈);且同时合伙人似乎也希望"犒赏"自己因而选择自己也付出更多的努力(这个博弈是一种策略互补型博弈)。

尽管如此,事实上,如果每位合伙人的最优反应函数是递增的,上述"犒赏"因素就不会存在了;当其他合伙人增强行为强度时,每位合伙人之所以也选择增强自身行为的强度,是因为她这么做是值得的。当合伙人 B 提高其行为强度时,合伙人 A 付出的努力所带来的效果会更大。有效性提高了,这使参与人 A 也愿意提升自己的努力程度,因为通过这种方式,她所拥有的利润份额就会上升,且会高于她不得不为此额外付出努力所带来的"成本"。

因此,上述讨论意味着在某些情况下,可能存在某些合作式博弈,但它们是策略互补型,而非策略替代型。下面我们就来分析一个这样的例子。

7.1 公共品投资

一些参与人需要决定对某件公共品的投资数量,任何参与人都能从这件公共品中获利。例如,污染环境的工厂需要决定对减少污染设备的投资额,即便所有当地居民都能从空气质量改善中获益时,整个地区也会在居住、商业和旅游方面具有更大的吸引力;商店老板需要决定对橱窗展示设施的投资额,即便潜在客户被这些更为愉悦的环境所吸引而光顾时,周边的商店也会从中获益。

这里假设有 n 位参与人。每位参与人 $i(i=1, 2, \cdots, n)$ 可用于投资的货币总额为 e_i。每位参与人需要决定自己对公共品的投资额。我们将参与人 i 的投资额记为 g_i,$0 \leqslant g_i \leqslant e_i$,参与人 i 的收益函数为:

$$u_i(g_i, g_{-i})=(e_i-g_i)+(e_i-g_i)\sum_{k=1}^{n} g_k$$

首先,参与人会从投资后剩余的货币 e_i-g_i 中直接获益,因为她可以根据自身利益花费这些货币,独享它们带来的好处。收益函数的第二项表示当所有参与人对公共品投资总额为 $\sum_{k=1}^{n} g_k$ 时,参与人 i 可以从按照其个人利益进行投资的数量 e_i-g_i 中所获得的效用增量。

此时,在纳什均衡时,每位参与人对公共品的投资额是多少呢?

我们首先考虑有两位参与人时的情况。两位参与人的收益函数为:

$$u_1(g_1, g_2)=e_1-g_1+(e_1-g_1)(g_1+g_2)$$
$$u_2(g_1, g_2)=e_2-g_2+(e_2-g_2)(g_1+g_2)$$

譬如,假设 $e_1=8$, $e_2=10$。如果参与人 2 选择投资 $g_2=3$,那么参与人 1 的效用就是其投资额 g_1 的函数,如图 7.1 所示。也就是说,当她选择投资水平 $g_1=2$ 时,她的效用水平将达到最大,最大的效用水平值为 36。

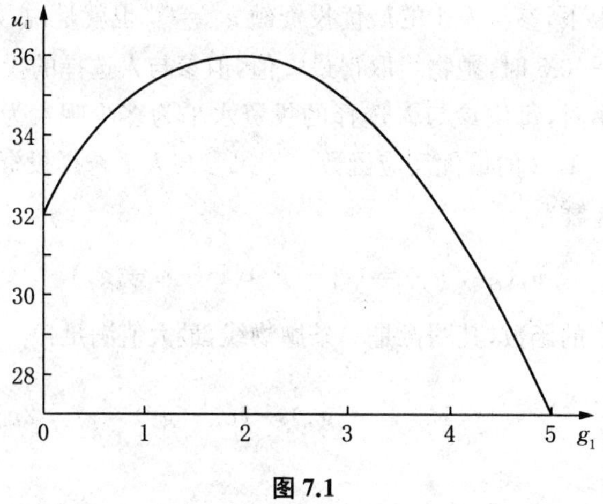

图 7.1

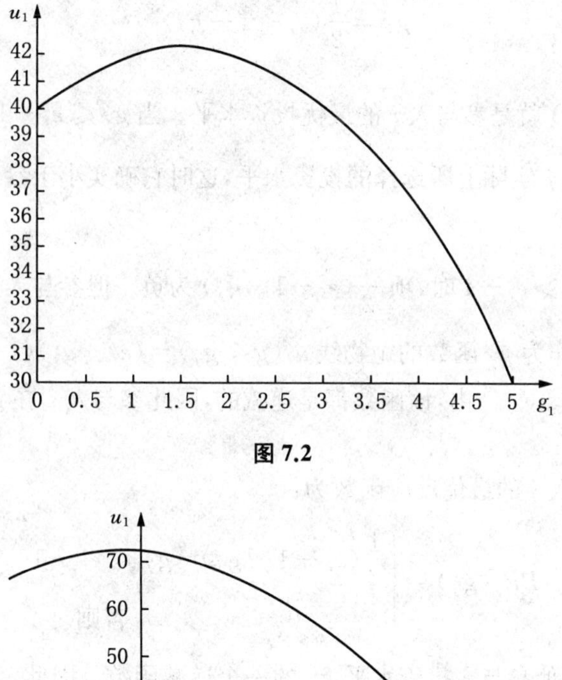

图 7.2

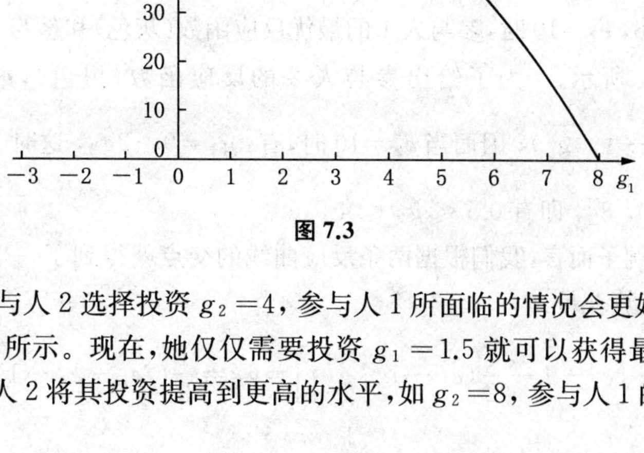

图 7.3

然而，如果参与人 2 选择投资 $g_2=4$，参与人 1 所面临的情况会更好一些。她的投资收益函数如图 7.2 所示。现在，她仅仅需要投资 $g_1=1.5$ 就可以获得最大化的效用水平 42.25。如果参与人 2 将其投资提高到更高的水平，如 $g_2=8$，参与人 1 的收益函数将如图

7.3 所示。在这种情形下，参与人 1 的最优投资额 $g_1=0$，也就是说，她不会对公共品贡献任何投资。（当 $g_1=-0.5$ 时，抛物线取得最大值，但参与人选择的投资额不能为负。）

那么，在纳什均衡时，每位参与人选择的投资水平为多少呢？为了回答这个问题，我们必须求解参与人 $i=1, 2$ 的最优反应函数。如果参与人 j 选择投资为 g_j，则另一位参与人 i 投资 g_i 的收益函数为：

$$u_i(g_i, g_j)=(e_i-g_i)(1+g_i+g_j)$$

这是一个关于 g_i 的函数，其图像是一条抛物线，最大值满足：

$$0=\frac{\partial u_i(g_i, g_j)}{\partial g_i}=-(1+g_i+g_j)+(e_i-g_i)=e_i-2g_i-1-g_j$$

即在这一点，有：

$$g_i=\frac{1}{2}(e_i-1-g_j)$$

此时，$\frac{1}{2}(e_i-1-g_j)$ 就是参与人 i 的最优投资水平。当 $g_j \leqslant e_i-1$ 时，投资规模为正值（或零）。这是参与人 i 实际上所选择的投资水平，这时它确实小于参与人可以动用的资源总量 e_i。

另一方面，当 $g_j > e_i-1$ 时，项 $\frac{1}{2}(e_i-1-g_j)$ 为负。但参与人选择的投资水平却不可能是负的。此时，作为 g_i 函数的抛物线 $u_i(g_i, g_j)=(e_i-g_i)(1+g_i+g_j)$ 在所有可行的投资范围 $g_i \in [0, e_i]$ 内，该函数都是递减的，因此参与人 i 在 $g_i=0$ 处取得收益最大值。

综上所述，参与人 i 的最优反应函数为：

$$BR_i(g_j)=\begin{cases}\frac{1}{2}(e_i-1-g_j) & g_j \leqslant e_i-1 \\ 0 & \text{否则}\end{cases}$$

该最优反应函数是其他参与人投资水平 g_j 的一个递减函数。因此，公共品博弈是一个策略替代型博弈。

譬如，当 $e_1=8$，$e_2=10$ 时，参与人 1 的最优反应函数（灰色）和参与人 2 的最优反应函数（黑色）如图 7.4 所示。（为了给出参与人 2 的反应函数（黑色），g_1 必须满足 $g_2=BR_2(g_1)=\frac{1}{2}(e_2-1-g_1)$，因而当 $e_2=10$ 时，有：$g_1=9-2g_2$，这时 g_1 的取值范围为：$g_1 \in [0, e_1]=[0, 8]$，即有 $0.5 \leqslant g_2 \leqslant 4.5$。）

现在，就上述例子而言，我们根据两条反应曲线的交点就得到了一个纳什均衡。均衡可以通过下面的计算获得：

$$g_2=\frac{1}{2}\left[e_2-1-\frac{1}{2}(e_1-1-g_2)\right] \Rightarrow g_2=\frac{1}{3}(2e_2-e_1-1)=\frac{11}{3}$$

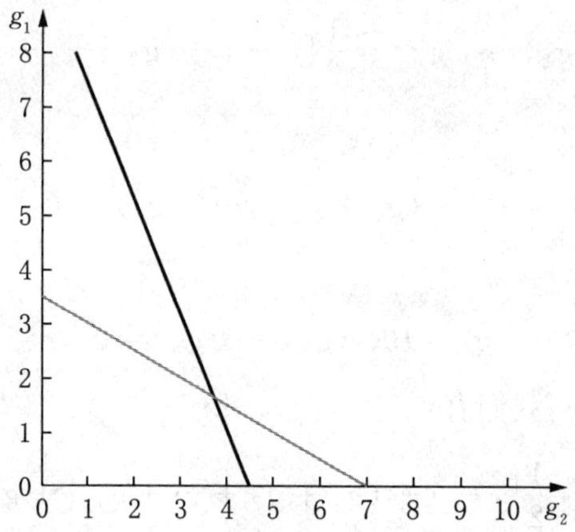

图 7.4

且

$$g_1=\frac{1}{2}(e_1-1-g_2)=\frac{5}{3}$$

因此在纳什均衡时，参与人 1 的投资额为$\frac{5}{3}$，参与人 2 的投资额为 11/3，都低于他们可以用于投资的最大额度。均衡时参与人 1 的收益为：

$$u_1(g_1)=e_1-g_1+(e_1-g_1)(g_1+g_2)=\frac{361}{9}=40.11$$

均衡时参与人 2 的收益为：

$$u_2(g_2)=e_2-g_2+(e_2-g_2)(g_1+g_2)=\frac{361}{9}=40.11$$

如果参与人可以提前签订一份具有约束力的合约，规定参与人 1 投资 3 而参与人 2 投资 5，那么参与人 1 将获得效用 45，而参与人 2 也获得效用 45(证明这一结论)。两个人都更偏好这一协议，而非纳什均衡时的行动组合。问题在于这类协议并非是“自我实现”的。如果参与人 1 相信参与人 2 会遵守合约且投资 5 单位，那么她就更偏好投资 1 单位而非 3 单位，因为这样她所得到的收益会提高到 49。

当博弈参与人数超过两个人时，结果又会如何呢？在这种情况下，我们在一个二维的坐标系统中没有办法画出反应函数，但我们仍然可以求解均衡点。为了简化起见，假设所有参与人拥有的货币数量相同：

$$e_1=e_2=\cdots=e_n\equiv e>1$$

现在为了求出参与人 j 对其他参与人投资额的最优反应函数，我们先将她的效用函数对她自己的公共品投资额进行求导，并令其等于 0。为方便起见，我们先从参与人 1 开始，即有：

$$0=\frac{\partial}{\partial g_1}u_1(u_1,\ g_{-1})=-1-\sum\nolimits_{i=1}^{n}g_i+e-g_1$$

因此，我们得到：

$$g_1 = BR_1(g_2, \cdots, g_n) = \frac{1}{2}[e - 1 - (g_2 + g_3 + \cdots + g_n)]$$

只要满足:

$$e - 1 - (g_2 + g_3 + \cdots + g_n) \geqslant 0$$

否则,就有:

$$g_1 = BR_1(g_2, \cdots, g_n) = 0$$

类似地,对于参与人 j,我们有:

$$g_j = BR_j(g_{-j}) = \frac{1}{2}[e - 1 - (g_1 + g_2 + \cdots + g_{j-1} + g_{j+1} + \cdots + g_n)]$$

并且只要有:

$$e - 1 - (g_1 + g_2 + \cdots + g_{j-1} + g_{j+1} + \cdots + g_n) \geqslant 0$$

否则,我们有:

$$g_j = BR_j(g_{-j}) = 0$$

或可简写为:

$$BR_j(g_{-j}) = \max\left\{0, \frac{1}{2}\left(e - 1 - \sum_{i \neq j} g_i\right)\right\}$$

现在我们尝试去求解一个纳什均衡,即对所有 $j = 1, 2, \cdots, n$,都满足 $g_j = BR_j(g_{-j})$ 的策略集。我们主要考虑那些每位参与人对公共品的投资额都严格为正时所形成的纳什均衡。为了发现上述纳什均衡,我们需要求解下面的方程组:

$$g_j = \frac{1}{2}\left[e - 1 - (g_1 + \cdots + g_{j-1} + g_{j+1} + \cdots + g_n)\right], \ j = 1, \cdots, n$$

得到的解为:

$$g_1^* = g_2^* = \cdots = g_n^* = \frac{1}{(n+1)}(e - 1)$$

为什么呢?我们得到以下方程组:

$$g_1 = \frac{1}{2}[e - 1 - (g_2 + g_3 + \cdots + g_n)]$$

$$g_2 = \frac{1}{2}[e - 1 - (g_1 + g_3 + \cdots + g_n)]$$

$$\vdots$$

$$g_n = \frac{1}{2}[e - 1 - (g_1 + g_2 + \cdots + g_{n-1})]$$

如果我们将所有方程相加[注意在右边每个 g_i 出现了 $(n-1)$ 次],可以得到:

$$\sum_{i=1}^{n} g_i = \frac{1}{2}\left[n(e - 1) - (n - 1)\sum_{i=1}^{n} g_i\right]$$

简化后，我们得到：

$$(n+1)\sum_{i=1}^{n} g_i = n(e-1)$$

或：

$$\sum_{i=1}^{n} g_i = \frac{n}{(n+1)}(e-1)$$

现在，我们把上述表达式代入前面 g_j 的表达式中，得到：

$$g_j = \frac{1}{2}\left[e-1-\left(\frac{n}{(n+1)}(e-1)-g_j\right)\right]$$

求解，可以得到：

$$g_j^* = \frac{1}{(n+1)}(e-1)$$

注意，随着参与人数量的增加，每位参与人的投资额都在逐步减少(因为表达式中分母会不断变大)。当要决定对公共品的投资额时，参与人会考虑所有参与人的总数。人数越多，她会更加深信她"能躲藏在其他参与人的后面"，因此在纳什均衡时，她的投资额就会更少。这一现象就是众所周知的"搭便车问题"(the free-rider problem)。

因此，公共品的总规模 $\sum_{i=1}^{n} g_1^* = \frac{n}{(n+1)}(e-1)$ 总是小于 $e-1$。即使参与人数量 n 无限增加，公共品的规模仍然会小于每位参与人初始可动用资源的总数 e！

因此，在均衡点处每位参与人的效用将会是：

$$u_i(g_i^*, g_{-i}^*) = e - g_i^* + (e - g_i^*)\sum_{k=1}^{n} g_k^* = \frac{(ne+1)^2}{(n+1)^2}$$

随着参与人数量 n 逐渐变大，效用最终会趋向于有限的规模 e^2。也就是说，即使参与人所组成的社群不断变大，而且可用于公共品投资并使所有人都收益的潜在资源的总量也会相应增加，但在纳什均衡时，每位参与人所获得的效用仍然不会超过 e^2。

如果所有参与人可以签订一份具有平等约束力的合约，合约规定每位参与人对公共品的投资都为 g，则公共品的总投资规模将会是 ng。在这样的一份契约之下，选择投资额 g^{**} 使每一位参与人 $i=1, \cdots, n$ 的效用 $u_i(g)=(e-g)(1+ng)$ 最大。求函数 $u_i(g)$ 关于投资水平 g 的导数，并令其为 0 就可以求得上述投资额 g^{**}，即 $0=\frac{\mathrm{d}u_i(g^{**})}{\mathrm{d}g}=ne-2ng^{**}-1$，也就是 $g^{**}=\frac{e}{2}-\frac{1}{2n}$。

因此，在这种约束合同中的投资额 g^{**} 将会随着参与人数量的增加而上升。用于投资的公共资源总规模为：

$$ng^{**} = \frac{(ne-1)}{2}$$

上述总规模也将随着参与人群体规模的增加而相应地无限增加，而且每位参与人的效用函数也将随之无限上升：

$$u_i(g^{**})=(e-g^{**})(1+ng^{**})=\frac{(ne+1)^2}{4n}\xrightarrow[n\to\infty]{}\infty$$

但遗憾的是，这类合约是不稳定的，也不是自我实现的。一旦签订此类合约，譬如，参与人 1 就有机会违反合约，偏离约定的投资额，此时，她选择的投资额为：

$$g_1=BR_1(g_2=g^{**},\ \cdots,\ g_n=g^{**})=\max\left\{0,\ \frac{1}{2}(e-1-(n-1)g^{**})\right\}$$

一旦参与人数量 n 超过 2 位，她就不再投资(证明这一结论)。在本例中，有 3 个或更多参与人，如果一位参与人相信所有其他人都会按照协议履行，她就不会在公共品上投资任何金额。

因此，规定每位参与人的公共品投资额 g^{**} 的合约并不是一份自我实现的合约。只有纳什均衡才是一份自我实现的协议，且正如我们所看到的，此时所有参与人群体获得的效用不会超过某个有限的定值。

在分析中可以看到，在一份规定所有参与人的公共品投资额为 g^{**} 的合约中，如果一位参与人相信即使她自己违反合约，其他人仍然继续投资 g^{**}，那么她就会希望违反协议。但是如果不能确定偏离合约不投资的参与人身份，或者没有任何惩罚措施，我们也可能提前得到一个初步的结果，即所有参与人都会发现，公共品会从 ng^{**} 下降到 $(n-1)g^{**}$，这样就不会再强迫任何参与人的投资额大于她的相对份额 $\frac{(n-1)}{n}g^{**}$。结果，公共品规模将会继续逐步减缩直到 $(n-1)\frac{(n-1)}{n}g^{**}$，这是因为对公共品继续投资 $\frac{(n-1)}{n}g^{**}$ 的参与人只有 $n-1$ 位。因此，会出现这样一个局面，即一旦某位参与人违背合约，由于这"削弱了有关每位参与者对社会合理贡献的社会规范"，反而给她自己间接带来了不利的影响。

但当参与人数量 n 充分大时，即使其他参与人的投资额是 $\frac{(n-1)}{n}g^{**}$，而非 g^{**}，单位参与人仍然倾向于不进行任何公共品投资(证明这一结论)。因此，这类对其他参与人行为的间接影响甚至也都不会让参与人自愿地投资 g^{**}。唯有在纳什均衡时，即每位参与人在给定其他参与人选择的情况下，都做出了自己的最优决策时；所有参与人才都不会进一步减少其投资额，因为他们这样做将会损害他们自己的利益。

从截至目前的讨论中，我们可以得出这样一个结论，即如果存在一个执法机构使得所有人都签订一份有约束力的合约，并规定每个人的公共品投资额为 g^{**}，那么每位参与人的情况都会变得更好。但这类执法机构——警察、法院，等等——要能发现并惩罚背信弃义者，所以首先必须要投入资源建设并维持此类执法机构。这样，执法机构本身也是一件公共品。因此，前面我们推理得出结果认为纳什均衡下的公共品规模会小于理想规模，同样的推理也会使我们认为，社会用于维持执法机构本身的资源投入量也会低于充分发挥执法功能所需要的资源数量。

7.1.1 实验室实验中的公共品投资

在实验室的大量实验中都对公共品博弈中的个人投资行为进行了分析①。在大多数情况下,实验中的博弈是第 7.1 节的某种极端形式,此时收益函数形式为:

$$u_i(g_i, g_{-1})=(e-g_i)+\alpha\sum_{k=1}^{n}g_k$$

其中,所有参与人可供投资的货币额 e 相同,α 满足 $\frac{1}{n}<\alpha<1$。

在上述博弈中,参与人在公共品上每额外投资一单位货币产生的额外效用为 $\alpha<1$。然而,如果参与人转而将货币用于自身喜好,她的收益将增加 1 单位。因此,任何参与人 i 的优势策略都是选择 $g_i=0$,即对公共品不做任何投资。此时,均衡结果就是公共品规模为 0,且每位参与人的效用为 e。然而如果参与人可以签订一份具有约束力的合约,规定每人将其可支配的资产全部投资于公共品,即 $g_i=e$,则每位参与人的效用会更高,即:

$$\alpha\sum_{k=1}^{n}e=\alpha ne>e$$

概言之,在这些实验中,参与人不会坚持选择其优势策略。在大量实验中,公共品投资的平均金额大约占可支配资产 e 的 40%—60%。当常数 α 上升且当参与人数量 n 增加时,上述百分比往往也会变大。然而,不同参与人的选择之间也存在很大的差异。

当博弈在同一组参与人之间重复十次时,在最后的博弈中,公共品平均投资额往往会减少,因为在开始博弈时,参与人的行为彼此间常常分化较大,有增有减。一些参与人在开始博弈时会将所有的或大部分可支配资产投资于公共品,显然希望是向其他参与人表示自己愿意在接下来的博弈中继续为公共品投入大量资金。然而,如果上述信号没有得到类似的回应,即那些参与游戏的玩家没有投更多的货币,那么在接下来的博弈中,这些参与人有时就会大幅减少投资额。显然,这么做的原因要么是由于善意受挫,要么是希望惩罚那些不合作的参与人。一些实验允许参与人在博弈过程中可以进行沟通交流。一般来说,口头交流会提升博弈中公共品的平均投资额。

在第 7.1 节中,我们分析过一个博弈,当时完全停止对公共品投资并非是一项优势策略。当收益结构和上述收益结构类似,实验室中进行的博弈实验所得到的定性结论和前面的结论也是非常相似的。②

① 对这些实验结果的综述见 Ledyard, J.O.(1995), "Public goods: A survey of experimental research," in J.Kagel, and A.Roth(eds.), *The Handbook of Experimental Economics*, Princeton University Press, pp.111—194; Holt, C.A.(2006), *Markets, Games, and Strategic Behavior*, NewYork: Addison-Wesley, Chapter 26。

② Laury, S.K. and C.A.Holt(2008), "Voluntary Provision of Public Goods: Experimental Results with Interior Nash Equilibria," in C.R.Plott and V.L.Smith(eds.), *Handbook of Experimental Economics Results*, New York: Elsevier.

7.2 公地悲剧

公地悲剧(the tragedy of commons)要从16世纪初讲起,当时英格兰村庄中都有块共享的牧场叫公地(commons)。贵族、地主,甚至普通村民(commoners,公地人)都可以使用这些牧场。由于这些牧地遭到了过度利用,故这个例子成了对所有人开放而得不到有效利用的共享资源的原型。现在,我们将采用博弈论方法分析这个问题并解释无效性的根源何在。

假设两位参与人共享规模为 y 的共用资源,且他们可以消费两期。在第一期,参与人1的资源消费量为 c_1,参与人2的消费量为 c_2,且有约束条件 $c_1+c_2\leqslant y$。如果两人试图消费的资源总和超过总的资源量,我们就假设资源总量将在二者之间平均分配,即每人消费资源 $\frac{y}{2}$。如果两人打算消费的资源总合小于资源总量,则剩余资源 $y-(c_1+c_2)$ 将会成为第二期可供消费的剩余公共资源量。在第二期,两位参与人对剩余资源的享用量相同,每人得到 $\frac{y-(c_1+c_2)}{2}$。

如果一位参与人在某一特定时期消费的资源量为 x,则她的效用将会是 $\log x$。也就是说,她从消费中获得的效用是资源消费量的函数,如图7.5所示。

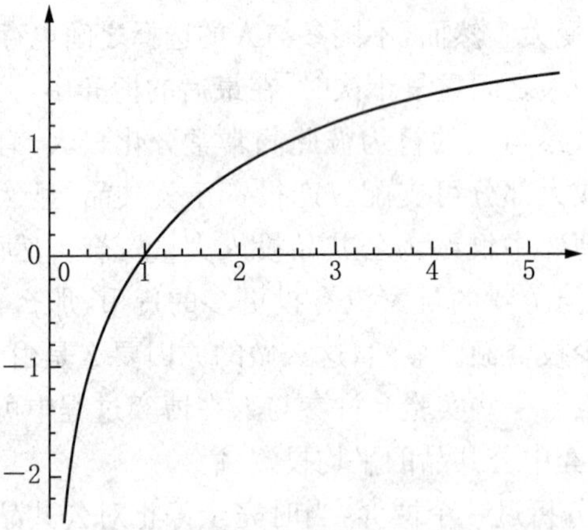

图 7.5

特别是,如果一位参与人在第一期消费 a 而在第二期消费 b,她从消费中获得的总效用为:$\log a+\log b$。

参与人1必须在可供消费的总资源中决定她在第一期消费的资源量 c_1。如果参与人2决定在第一期消费 c_2,则参与人1在两期的消费中获得的总效用将是:

$$U_1(c_1,\ c_2)=\log c_1+\log\frac{y-(c_1+c_2)}{2}$$

类似地,参与人2的总效用为:

$$U_2(c_1, c_2)=\log c_2+\log \frac{y-(c_1+c_2)}{2}$$

[例题 7.1]

A. 这是一个合作博弈还是非合作博弈？这是一个策略互补型博弈，还是策略替代型博弈？

B. 在纳什均衡时，每位参与人在第一期消费多少？参与人两期的总效用将是多少？

C. 如果某位社会计划者能够规定每位参与人第一期的消费量 c，为了使每位参与人总效用最大，她会如何规定消费量呢？此时效用为多少？

D. 当共享共用资源的参与人数量为 n 时，回答问题 B 和 C。随着 n [illegible]增大，结果如何？

答案

A. 在本博弈中，参与人就公共资源的占用份额进行竞争，因此这[illegible]非合作博弈。每位参与人都希望另一位参与人减少第一期的消费量，因为只有这样，在[illegible]期剩余资源的总量才会增加，且参与人这时能从上述资源增量中获得一半的收益。

要确定该博弈是策略互补还是策略替代的，我们首先要求解每位参与人的最优反应函数。如果参与人 2 在第一期消费 c_2 的资源，参与人 1 选择的消费量 c_1 将会最大化如下效用函数：

$$U_1(c_1, c_2)=\log c_1+\log \frac{y-(c_1+c_2)}{2}$$

为了求解参与人 1 的最优反应函数，我们把上述函数对 c_1 求导并令其为 0，得到：

$$\frac{\partial}{\partial c_1}U_1(c_1, c_2)=\frac{1}{c_1}-\frac{1}{y-(c_1+c_2)}=0。$$

进而可以得到：

$$BR_1(c_2)=\frac{y-c_2}{2}$$

（证明上述解确实可以保证结果取最大值。可通过证明 U_1 对 c_1 的二阶导数为负值来完成①。）

$BR_1(c_2)$是一个递减函数：参与人 2 在第一期消费量越多，参与人 1 越有可能减少自身的消费量。

类似地，参与人 2 的最优反应函数为：

$$BR_2(c_1)=\frac{y-c_1}{2}$$

因此，这是一个策略替代型博弈。

---

① 若函数 f 可微且只在其定义域的内点 x 处取得最大值，则函数 f 在 x 左侧的某邻域$(\underline{x}, x)$内是递增的（即在该区间内，导数 $f'=\frac{df}{dx}$ 为正），在 x 右侧的某该邻域$(x, \bar{x})$内是递减的（即在该区间内，导数 $f'=\frac{df}{dx}$ 为负）。换言之，在 x 点，导数 f' 是向下倾斜的[在区间$(\underline{x}, x)$内，大于零；而在区间$(x, \bar{x})$内，小于零]。因此，若导数 f' 自身可微，则其导数在 $f''=\frac{df'}{dx'}=\frac{d^2f}{dx^2}$ 处为负。

B. 我们在图 7.6 中画出上述反应函数。

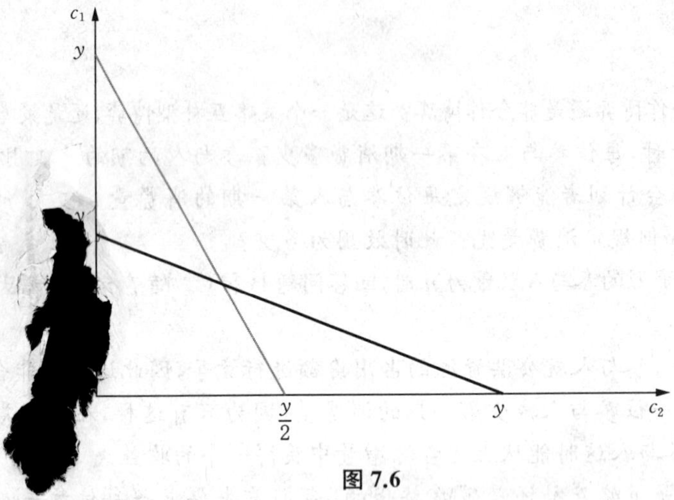

图 7.6

在反应曲线的交点处,我们可以求得纳什均衡。故有:

$$c_1=\frac{y-\left(\frac{y-c_1}{2}\right)}{2}$$

即 $c_1=\frac{y}{3}$,同样有:$c_2=\frac{y}{3}$。也就是说,在第一期,两位参与人分别消费 1/3 的资源,留下 1/3 以供将来消费。均衡时二者的效用都是 $\log\frac{y}{3}+\log\frac{y}{6}$。

C. 如果每位参与人在第一期消费 c,第二期剩余的总资源为 $y-2c$,这时每位参与人都能消费剩余资源的一半,即得到 $\frac{y}{2}-c$。此时,每位参与人的效用将为:

$$U_i(c,\ c)=\log c+\log\left(\frac{y}{2}-c\right)。$$

效用最大化的消费水平 c^* 满足:

$$0=\frac{\mathrm{d}}{\mathrm{d}c}U_i(c^*,\ c^*)=\frac{1}{c^*}-\frac{1}{\frac{y}{2}-c^*}=0,\text{即 } c^*=\frac{y}{4}$$

当第一期消费量为上述额度时,每位参与人都会在两期内享受等量的消费水平,这就会防止参与人以在第二期过度透支资源为代价而在第一期内过度消费。这时,参与人的效用要高于纳什均衡时的效用,即:

$$\log\frac{y}{4}+\log\frac{y}{4}>\log\frac{y}{3}+\log\frac{y}{6}$$

在纳什均衡时,参与人 1 明白,如果她在第一期放弃 1 单位的消费,那么,她在第二期只能获得$\frac{1}{2}$单位的消费(因为在第二期,剩余资源将在两位参与人之间平均分配)。因此,参与人1(参与人2也一样)倾向于在第一期过度消费。

D. 若本例中参与人数量增加,情况又会如何呢? 从直觉上看,当参与人数量增加时,第一期过度消费的现象将会变得更加严重,这是因为每位参与人现在都明白,如果她在第一期放弃一单位的消费,那么她在下一期只能得到这一单位中的一小部分。我们将会看到,事实确实如此。

假设我们现在面对的群体中有 n 位参与人(给定第一期所有其他参与人消费量的情况下),参与人1选择消费 c_1 以使其效用函数最大化:

$$U_1(c_1,\ c_{-1})=\log c_1+\log\frac{y-\sum_{i=1}^{n}c_i}{n}$$

求解参与人1的最优反应函数,即:

$$\frac{\partial}{\partial c_1}U_1(c_1,\ c_{-1})=\frac{1}{c_1}-\frac{1}{y-\sum_{i=1}^{n}c_i}=0$$

进而我们得到:

$$c_1=\frac{1}{2}[y-(c_2+c_3+\cdots+c_n)]$$

类似地,参与人 j 的最优反应函数为:

$$c_j=\frac{1}{2}[y-(c_1+\cdots+c_{j-1}+c_{j+1}+\cdots+c_n)]$$

参与人最优反应函数的交点为:

$$c_1=c_2=\cdots=c_n=\frac{1}{n+1}y$$

这就是我们所求的纳什均衡。

这时,第一期的总消费为 $\frac{n}{n+1}y$,第二期可供消费的剩余资源数量为 $\frac{1}{n+1}y$。n 越大,第二期的剩余资源量就越少。换言之,社会群体越大,公地悲剧问题就越严重。

相反,从每位参与人的角度来看,最优的对称解是消费在两期内均匀分配,即:

$$c_1=c_2=\cdots=c_n=\frac{1}{2n}y$$

(证明上述结论!)

所以,我们会发现,在公共品投资问题上的无效率和公地悲剧问题上的无效率之间,存在高度的相似性。在两个例子中,每位参与人都将其行为对自身的影响“内部化”了,但没有考虑她的行为对其他参与人的**外部性**(externality)。在第一种情况下,存在**正外部性**(positive externality):所有参与人——而非仅仅是参与人自身——都会从公共品投资中受益。而在第二种情况下,存在**负外部性**(negative externality):所有参与人——而非仅仅是参与人自身——都会因为第一期的过度消费而承受公地过度损耗带来的不利影响。

如果我们用某些“正”的术语来刻画公地悲剧问题,上述两个例子的相似程度将会更大。我们可以定义一个新的策略变量，$x_i = y - c_1$，它表示参与人 i 在第一期消费后共享资源的数量。（显然，在我们问题的最初定义中所选定的 c_i 在新的定义中用 x_i 表示；反之则相反。）x_i 越大，参与人 i 对第二期所剩余的公地资源的贡献也越大。在用这些“正”的术语定义问题之后，从两个例子中都可以看到，公地实际上是由参与者们所共同提供而形成的（**联合提供的一种资源**）。同样，在以上两例中，公共资源都是**非排他性的**：即使某些参与人对资源贡献极其有限，甚至毫无贡献，也不能阻止这些参与人使用公共资源。

然而，在两个例子之间仍然存在着一个重要的不同。在第 7.2 节的公地悲剧中，公共资源是有限的且参与人可以共享。如果参与人数量增加，但资源规模维持不变，那么每位参与人可分享的资源就会减小。比如，英国村庄中牧民人数的增加会减少任何人从上述公共牧场中获益的能力。通常来说，参与分享资源人数的增加会提高资源的拥堵（congestion）程度，且这种拥堵对所有人都是不利的。

第 7.1 节的例子在这方面有所不同。在参与人群体中额外增加一位参与人并不会对原先参与人的利益带来损害。即便在最差的情况下，这个额外的参与人不对公共品进行任何投资，这在事实上也决不会妨碍参与人从公共资源中长期获利的能力，他们的享用额仍和以前一样。如果这种资源的存在确实会提升社会中每位参与人个人行动的效率，那么，那些新加入的个体将不会损害这种提升行为。

换言之，对公共资源的使用不会导致参与人之间产生某种**竞争**（rivalry）关系（这种资源是一种**非竞争性物品**）。例如，由一大群参与人共同开发的电脑软件程序①不会产生竞争性：每个用户都可以在自家电脑上享受到软件带来的好处，无论该用户是否参与了软件开发。但互联网使用却会产生拥堵：网络大规模的使用会增加网络数据传输中的延迟现象，而每位网络冲浪者都会受此影响。

7.2.1 温室效应

公地悲剧的一个重要例子就是全球气候变暖问题。在家庭取暖、行车、消费品生产过程中需要的大多数能量都来自含碳资源。人们从燃烧煤炭、油料、天然气中获取这些能量。在能量制造过程中，我们将二氧化碳释放到大气中去——其中植物吸收了一部分，但更多的却留在了大气层内。二氧化碳，以及某些其他气体，以温室的形式吸收热量并将热量留在大气中，因此影响了全球的气候变化。只有使用能源的那些人才从能源消费中获得效用，然而其成本——气温更高和气候问题——则由所有人承担。自过去 200 年来，全球表面的平均温度已经上升了 0.5 ℃—1.2 ℃，且如果二氧化碳在大气中积累的当前趋势持续下去，在未来几年内，气温很可能再上升 2 ℃—4.5 ℃。

7.2.2 公地悲剧的解决方式

如何克服公地悲剧问题呢？资源私有化是一种可能的解决方法。该方法广泛运用于

① 比如 Linux 操作系统以及基于该系统的软件。

土地，今天城市中心几乎没有公共土地了。私有化解决了资源公共所有权方面的问题，但同时也剥夺了公众利用该资源的权利。此外，对许多公共物品而言(譬如大气)，私有化并不现实。

另一种方法是对使用资源的人数加以限制。限制人数可以根据使资源能够再生时的数量来计算。譬如，在美国，许多国家公园限制同时进入参观的游客人数。然而，这种方法对许多公共资源也是不适用的。

还存在另外一种方法，即对资源使用征税。在解决工业生产带来的水和空气污染方面，这是应用最广泛的一种解决方式。这种方式存在的问题在于它未必总是有效的，很多工厂宁愿冒险选择被查到污染问题并交纳罚金，也不愿意投资上百万美元用于解决污染问题。决定对这些违法者罚款金额以及所采取执法手段的公共机构并不能够准确知道，如果这些企业一旦愿意降低它们所排放的污染，精确的成本到底是多少。

污染许可权交易

为了克服中央计划者所能利用的信息缺乏问题，加利福尼亚州在20世纪90年代创建了一种污染许可权交易制度，即所谓的“总量管制和交易”方法。电厂可以提前几年从州政府获得季度污染许可证，这些污染许可证与该州所决定采纳的污染总量下降曲线是相一致的。一旦有些工厂减少污染排放会需要较高的成本，这些工厂就可以从其他工厂处购买污染许可证，而后面这些工厂通过其许可证会获得收益，这样它们就获得了减少自身污染排放的资金支持。

7.3 专利竞赛

在第7.1节的例子中，我们注意到，一个合作式博弈是如何同时也可以是一个策略替代式博弈的。在合作博弈中，每位参与人都可以从其他参与人增加投资中获益；而在策略替代型博弈中，每位参与人对竞争对手增加投资的反应却往往是降低自己的投资额。这与第6.4.1节中的合伙博弈(partnership game)正好相反，该博弈是一个合作博弈，同时也是一个策略互补式博弈。此时，一位合伙人提升努力程度会引发其他参与人也提高努力程度。换言之，我们了解到合作博弈的反应曲线既可能递增，也可能递减。相应地，某些非合作博弈也可能是策略替代式的，而另一些非合作博弈则可能是策略互补式的。这丝毫不会让人惊讶。现在我们就用一个刻画研发(R&D)竞争的博弈模型来说明这一点。

现代经济增长的引擎是技术开发。许多行业的经济增长速度都是有史以来最快的，如高科技和生物科技行业，这些行业也正是技术增长率非常迅速的领域。因此，搞清楚新技术的增长动力源泉，以及推动这种增长的制度结构和政府政策因素，是至关重要的。

所有新技术的重要特性在于任何接触的人都可以使用，且新技术非常容易过时。上述属性就提出了一个问题，即为什么一家商业企业会愿意投资开发一项新技术呢？应该是**专利**概念登场的时候了。专利授予了企业在制造、使用或销售一种新想法时具有排他性的权利。通过上述方式，专利对提出新想法的企业给予嘉奖。专利为私人公司投资研发提供了激励。专利期限是有限的。在过了法律规定的一个特定时期之后，用于制造某种产品或提供某类服务的专门诀窍就要公之于众,且任何其他企业都可以使用这种诀窍。

在绝大多数的现代经济中,研发是由行业中的私人企业投资实施的,竞争者的数量非常少。譬如,国际医药产业每年花费数十亿美元用于研发,但仅仅由少数几家巨型公司①以及少数中等规模的公司组成。

现在,我们用一个模型来刻画那些研发投资企业所面临的问题。②我们的模型对少数 n 家企业之间存在的某些对抗进行了分析。这些企业正在开发一项新的技术。第一家成功的企业的发明将会获得专利,而对其他企业而言,其研发过程将一无所获。

企业 $i=1, 2, \cdots, n$ 必须同时决定用于研发投资的金额 $x_i \geqslant 0$。给定所有企业的投资金额,企业 i 第一个获得专利的概率是 $\frac{x_i}{x_1+x_2+\cdots+x_n}$。相对于所有企业总的研发投资额而言,某家企业的投资额越大,它第一个获得专利的机会也越大。设专利价值为 V。譬如,专利价值可以表示为销售新产品而获得的利润增量。

相应地,企业 i 的期望利润是:

$$u_i(x_1, \cdots, x_n)=\frac{x_i V}{x_1+x_2+\cdots+x_n}-x_i。$$

上式中,第一项 $\frac{x_i V}{x_1+x_2+\cdots+x_n}$ 是企业的期望收益——获得专利的概率 $\frac{x_i}{x_1+x_2+\cdots+x_n}$ 乘以专利价值 V。期望利润需要从期望收入中减去研发成本 x_i。

所以,该博弈是企业间的一种非合作关系:每家企业都希望它的竞争对手减少研发投资额,因为这会提高它自己获得专利的概率。

现在,我们来求解该博弈的纳什均衡。

为了求解企业 1 的最优反应函数,我们需要计算其期望利润函数的导数并使之为零,即:③

$$\frac{\partial u_1}{\partial x_1}=\frac{V(x_1+\cdots+x_n)-x_1 V}{(x_1+\cdots+x_n)^2}-1=\frac{(x_2+\cdots+x_n)V}{(x_1+\cdots+x_n)^2}-1=0$$

因此,有:$(x_2+\cdots+x_n)V=(x_1+\cdots+x_n)^2$ 或 $(x_1+\cdots+x_n)=\sqrt{(x_2+\cdots+x_n)V}$,即 $x_1=BR_1(x_2, \cdots, x_n)=\sqrt{(x_2+\cdots+x_n)V}-(x_2+\cdots+x_n)$。

只有当 $x_2+\cdots+x_n>0$ 时,才可以求解上式。反之,如果其他所有企业都选择不投资,即 $x_2=\cdots=x_n=0$,则企业 1 的利润函数为:

---

① 这些巨型企业往往会将最初的研究活动外包给一些小型企业,后者最终会将它们研发出来的新药卖给一家巨型企业(而且一家巨型企业常常会收购整个小型企业)。

② 该模型是在一个更一般的情况下提出的,见 Tullock, G.(1980), "Efficient Rent-Seeking," in J.M. Buchanan, R.D.Tollison and G.Tullock(eds.), Toward a Theory of the Tent-Seeking Society, College Station, TX: A&M Press, pp.97—112。

③ 回忆一下,有:$\frac{\mathrm{d}}{\mathrm{d}x}\left(\frac{f(x)}{g(x)}\right)=\frac{f'(x)g(x)-f(x)g'(x)}{(g(x))^2}$。

$$u_1(x_1,\ x_2=0,\ \cdots\ x_n=0)=\begin{cases}V-x_1 & x_1>0\\ 0 & x_1=0\end{cases}$$

因此,企业 1 为了确保可以获得专利,它会选择一个正的最低的研发投资额。

例如,如果 $n=2$, $V=9$,那么企业 1 的最优反应函数为:$x_1=BR_1(x_2)=3\sqrt{x_2}-x_2$,这里要有 $x_2>0$。

类似地,企业 2 的最优反应函数为:$x_2=BR_2(x_1)=3\sqrt{x_1}-x_1$,这里要有 $x_1>0$。

在图 7.7 中,我们给出了企业 1(黑色)和企业 2(灰色)的反应函数。

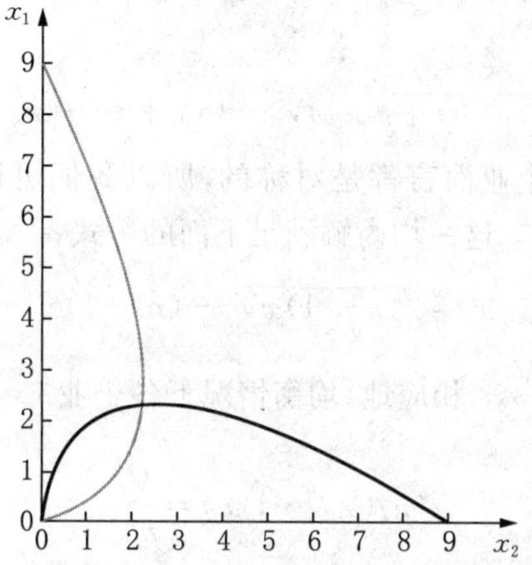

图 7.7

为了在同一个坐标系中画出两条反应曲线,我们从 BR_2 中提出 x_1,并将其表示为 x_2 的函数。完成后,有:$x_2=BR_2(x_1)=3\sqrt{x_1}-x_1$,即有:$3\sqrt{x_1}=x_2+x_1$,或为:

$$9x_1=(x_2+x_1)^2$$

$$x_1^2-(9-2x_2)x_1+x_2^2=0$$

$$x_1=\frac{9-2x_2\pm3\sqrt{9-4x_2}}{2}$$

在图 7.7 中,我们也给出了最终所求得的两个解。

为何每家企业的反应函数会先上升后下降呢?如果企业 2 的研发投资额 x_2 非常小,企业 1 通过投资更大的数额,$x_2>x_1$,就可以使自己赢得专利的概率大于 1/2,然而同时,上述投资额相对于发明价值 V 而言,仍然非常低。因此,如果企业 2 小幅增加其投资额,以超过对手的数额进行投资,进而拥有更大的获胜前景,对企业 1 而言仍然是值得的。

然而,如果企业 2 持续增加其投资额 x_2,这样,过了某个特定阶段之后,为了继续拥有一个美好的获胜前景(获胜概率大于 1/2),企业 1 所需投资额的增加所带来的成本就是不值得的,因为这时总的投资额 x_1 开始逼近专利价值 V。此后,企业 1 所选择的投资水平将会使它获胜的概率小于 1/2。最终,如果企业 2 的投资额 x_2 继续进一步上升且接近投资的价值 V,这时企业 1 就会宁愿选择逐步减少它的研发投资额 x_1,以便能够保持一个较小的获胜概率,但这仍然足以带来正的期望利润。

由于每家企业的反应曲线都是先递增后递减,所以博弈既不是策略互补的,也不是策略替代的。

反应曲线只有一个交点，此时策略组合为 $(x_1, x_2)=\left(\frac{9}{4}, \frac{9}{4}\right)$。（回忆一下，只有在 $x_1>0$ 和 $x_2>0$ 时，反应曲线才有意义，因此在原点的交点并不是一个均衡。）这就是博弈的纳什均衡。①

概言之，如果有 n 家企业，我们需要求解下述方程组：

$$x_1=\sqrt{(x_2+\cdots+x_n)V}-(x_2+\cdots+x_n)$$
$$x_2=\sqrt{(x_1+x_3+\cdots+x_n)V}-(x_1+x_3+\cdots+x_n)$$
$$\vdots$$
$$x_n=\sqrt{(x_1+\cdots+x_{n-1})V}-(x_1+\cdots+x_{n-1})$$

因为这个问题对所有企业而言都是对称的，所以我们可以寻找一个对称的均衡，其中，$x_1=x_2=\cdots=x_n=x$。这一均衡解满足下面的等式：

$$x=\sqrt{(n-1)xV}-(n-1)x$$

由此，有：$x=\frac{(n-1)V}{n^2}$。相应地，均衡情况下各企业 $i=1, \cdots, n$ 的平均利润为：

$$u_i(x, \cdots, x)=\frac{V}{n^2}$$

我们可以看到，当企业数量 n 逐渐增加时，对称均衡的投资额 x 会逐渐递减，相应地，每家企业的平均利润会下降。这很可能解释了如下事实，即在那些存在大量竞争企业的行业中，我们发现研发投资额往往很少。尽管在这些行业中每家企业的投资额都很少，但为获得专利而进行竞争的企业的总投资额则为：

$$nx=n\frac{(n-1)V}{n^2}=\frac{n-1}{n}V\xrightarrow[n\to\infty]{}V$$

随着竞争企业的数量增加，上式会趋近于专利总价值 V。从社会角度来看，投资几乎耗散了发明所带来的全部经济租金。

测验

世界上有两个超级大国，它们需要决定在武装军事力量上投入的资源数量。某个超级大国的相对势力越强，该超级大国的地区霸权会越大。同时，投资于军事武装的资源越多，剩余的可用于居民福利的资源就越少。

根据此前案例中所采用的思想，用博弈方法分析上述关系，求解该博弈的纳什均衡。

① 在对上述博弈的实验室实验中，参与者的选择结果和这个均衡是相符的。见 Shogren, J.F. and K.H. Baik(1991), "Reexamining Efficient Rent-Seeking in Laboratory Markets," Public Choice, 69.1, 69—79。

7.4 犯罪和执法政策

在本章最后，我们将考虑一个非合作博弈的例子。其中，一位参与人的反应曲线是递增的，而另一位参与人的反应曲线则是递减的。

不幸的是，没有一个国家能免于犯罪的困扰，尽管程度有所不同。犯罪对社会而言是有害的，因为在绝大多数情况下，罪犯从其罪行中所获得的利润会小于他带来的破坏。这些损害不仅仅表现为物质财产的破坏和受害者的痛苦，还包括犯罪蔓延带来的对社会中个人从事商业活动以及其他创新活动的意愿的不利影响。因为只有在个人或公共安全得到合理措施的保护时，这些活动才是有价值的。下面的博弈以加里·贝克尔(Gary Becker)的模型为基础，分析了上述问题。①

博弈中有两类参与人，一个是罪犯 C，一个是政府 G。政府选择投资于执法的资源水平 $x \in [0, A]$，A 为政府可支配的资源总量。相应地，罪犯选择犯罪活动水平 $y \geqslant 0$。政府的效用函数为：

$$u_G(x, y) = (A - x) - \frac{y^2}{x}$$

其中，第一项 $(A - x)$ 给出了在用于执法活动的投资额 x 后，国内剩余资源的数量。随着 x 的增加，这些剩余资源会随之减少。第二项 $-\frac{y^2}{x}$ 则反映了犯罪活动对社会的负面影响。这些负面效应会随着执法水平 x 的上升而下降，随着犯罪强度 y 上升而显著上升。对一个既定的执法水平 x 而言，如果犯罪强度增加，例如变成 2 倍，那么根据之前对个人和社会安全的描述，犯罪对社会的危害 $\frac{y^2}{x}$ 将会变为过去的 4 倍。对一个既定的犯罪强度 $y > 0$ 而言，如果执法水平 x 下降并接近于 0，则犯罪对社会的危害 $\frac{y^2}{x}$ 将会增至无穷大。

罪犯的效用函数为：

$$u_C(x, y) = \left(\frac{1}{1 + xy}\right)\sqrt{y}$$

效用函数中的第一项 $\left(\frac{1}{1 + xy}\right)$ 是罪犯逃避惩罚的概率。这个概率随着犯罪强度的增加而减少，随着执法强度的增加而增加。效用函数中的第二项 $\sqrt{y}$ 则表示如果罪犯没有被绳之以法，其犯罪强度 y 所带来的物质财富积累量。这些物质财富与 y 不是成比例增加的，比如犯罪强度增强变为过去的 4 倍，但犯罪所得仅仅变为过去的 2 倍，这是因为罪犯在寻找偷窃对象、洗钱等犯罪活动所需的市场时所遇到的困难也会递增。

如果我们把罪犯被抓获时的效用标准化为 $0\left(\text{发生这种情况的可能性为 } 1 - \frac{1}{1 + xy}\right)$，

① Becker, G.(1968), "Crime and Punishment", *Journal of Political Economy* 76(2), 169—217. Our description of the game is also based on Watson, J.(2001), *Strategy: An Introduction to Game Theory*, New York: W.W.Norton & Company.

那么,我们就可以得到罪犯的期望效用为:

$$\left(\frac{1}{1+xy}\right)\sqrt{y}+\left(1-\frac{1}{1+xy}\right)\times 0=\left(\frac{1}{1+xy}\right)\sqrt{y}=u_C(x,\ y)$$

我们注意到,如果罪犯选择不犯罪 ($y=0$),其效用将是 $U_C(x,\ 0)=0$,这和他作案被捕时的效用相同。因此,该模型假设罪犯的人生起点如此之低,以至于除非他可以从犯罪中获益,否则他的生活将和作案被捕而身陷囹圄一样,都是一团糟。(很可能因为在监狱中,通过与同伙结盟,他可能会得到特殊的帮助和好处。)

因此,在这个博弈中,无论执法强度 x 多高,策略 $y=0$ 都不是罪犯的一个最优选择。停止犯罪 ($y=0$) 给他带来的效用 $U_C(x,\ 0)=0$,而任何大于零的犯罪强度都会给他带来正的期望收益。

当然,这是一个非合作博弈:如果政府削弱执法力度,罪犯将会弹冠相庆;而如果罪犯减少犯罪活动数量,政府也会兴高采烈。

这个博弈的均衡是什么呢?为了求解均衡,我们首先要求出参与人的反应曲线。为了求得政府的最优反应函数,我们计算效用函数 $U_G(x,\ y)$ 关于策略 x 的导数,并令其等于零,即:

$$\frac{\partial U_G(x,\ y)}{\partial x}=-1+\frac{y^2}{x^2}=0$$

进而有:

$$x=BR_G(y)=y$$

对给定的 y 而言,执法力度 $x=y$ 实际上最大化还是最小化 $U_G(x,\ y)$ 的值呢?为了验证这一点,我们可以检验 U_G 对 x 的二阶导数在 x 点处是否确实为负,即:

$$\frac{\partial^2 U_G(x,\ y)}{\partial x^2}=\frac{\partial}{\partial x}\left(-1+\frac{y^2}{x^2}\right)=-\frac{2y^2}{x^3}$$

在点 $x=y$ 处(对给定的 $y>0$ 而言),我们有:

$$\frac{\partial^2 U_G(x,\ y)}{\partial x^2}=-\frac{2y^2}{y^3}=-\frac{2}{y}<0$$

(此外,对一个给定的 $y>0$ 而言,$U_G(x,\ y)$ 在边界点①$x=0$ 处并不会取得最大值,这是因为 $U_G(0,\ y)=-\infty$。)

因此,我们证明了政府的最优反应函数为:$BR_G(y)=y$。这是一个增函数:当罪犯增加犯罪数量 y 时,政府也会提升他们的执法水平。

现在,我们将要继续求解罪犯的最优反应函数。首先,我们已经注意到,在策略 $y=0$ 时,罪犯的效用 $U_C(x,\ 0)=0$。此时,无论政府选择多强的执法力度 x,该策略对罪犯而言都不是最优的,这是因为犯罪强度从 $y=0$ 提升到一个正的水平 $y>0$ 就会提高罪犯的效用。现在,我们将罪犯的效用函数 $U_C(x,\ y)$ 对其策略 y 求导,令其为 0 来求解罪犯的策略,即:

① 回忆一下,能够使得可微函数 f 最大的那些点是那些 f 导数为零的点,以及 f 定义域上的边界点。

$$\frac{\partial u_C(x,\ y)}{\partial y}=\frac{\dfrac{1+xy}{2\sqrt{y}}-x\sqrt{y}}{(1+xy)^2}=\frac{1-xy}{2(1+xy)^2\sqrt{y}}=0$$

从中，我们得到：

$$y=BR_C(x)=\frac{1}{x}$$

因此，对一个给定的执法水平 x 而言，策略 $y=\dfrac{1}{x}$ 是唯一一个导数为零的点。事实上，这就是一个最大值点。（通过将导数 $\dfrac{\partial u_C(x,\ y)}{\partial y}=\dfrac{1-xy}{2(1+xy)^2\sqrt{y}}$ 对 y 再求导，在点 $y=\dfrac{1}{x}$ 处的二阶导为负数来证明。）

因此，我们发现罪犯的反应函数是一个**递减**的函数：政府的执法水平 x 越高，罪犯越有可能减少其犯罪活动量。

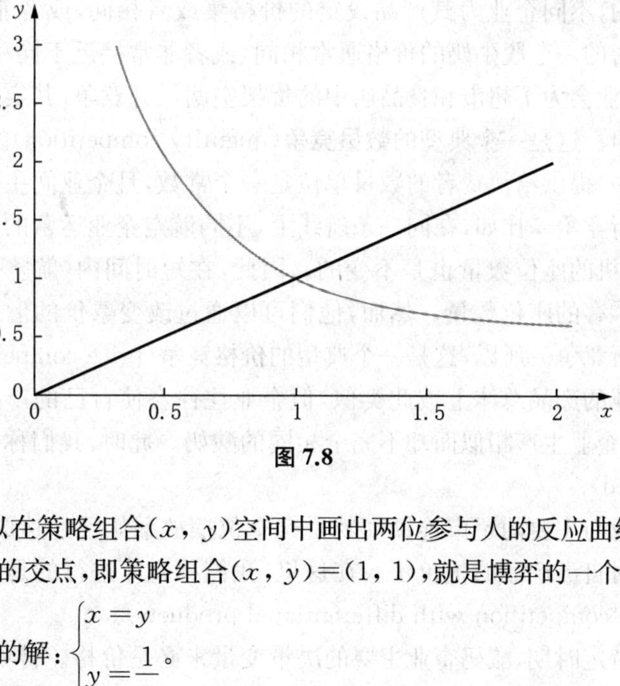

图 7.8

现在，我们可以在策略组合$(x,\ y)$空间中画出两位参与人的反应曲线——见图 7.8。

两条反应曲线的交点，即策略组合$(x,\ y)=(1,\ 1)$，就是博弈的一个纳什均衡。当然，这也是下面方程组的解：$\begin{cases}x=y\\ y=\dfrac{1}{x}\end{cases}$。

▶8

高集中度的市场

博弈论在经济学中最重要的应用之一便是分析商业企业的行为。当某个行业的生产活动是通过少数几家企业进行时，就是某种寡头垄断，或者是某种高集中度的市场。

在一些行业内，不同企业为其产品设定的价格集或者相同，或者非常接近。譬如，奶制品生产商所销售的一夸脱牛奶的价格通常相同，或者非常接近于同一个价格。因此，在奶制品市场中，企业会为了超市和食品店中的货架空间展开竞争，其实最终就是为卖给消费者的数量而竞争。这是一个典型的**数量竞争**(quantity competition)的例子。

在其他行业中，提供给消费者的数量单位是一个常数，且企业间主要通过对消费者索取价格的方式进行竞争。比如，在同一条航线上，不同航空企业运营的航班是预先安排好的，特定型号的飞机的座位数量也是不变的。因此，在短时间内，航空企业既不能增加也不能减少提供给乘客的座位数量。然而，他们可以通过改变票价的形式或通过不同的特价促销来彼此进行竞争。所以，这是一个典型的**价格竞争**(price competition)的例子。

尽管不同企业的产品总体上彼此类似，但企业往往会使自己的产品具有一定的差异性。比如，奶制品企业生产相似而却不完全相同的酸奶。此时，我们称企业的产品为**差异化的**(differentiated)。

如果每家企业与主要的超市连锁商就货架空位摆放酸奶已经达成协议，那么每家企业剩下的便只是对自己产品的报价了。在这里，我们称企业进行的是一种**差异化产品下的价格竞争**(price competition with differentiated products)。

但是在某些特定时期，酸奶企业主要的决策变量未必是价格。譬如，一个酸奶新品种上市后，为了不让消费者困惑，企业也许不希望频繁变动价格。因此，企业也许会和超市连锁商就对方愿意购买且摆放在货架上的产品数量重新进行协商。一旦出现这种情况，我们称企业进行的是一种**差异化产品下的数量竞争**(quantity competition with differentiated products)。

针对消费者心态和钱袋进行的竞争所呈现的表现通常非常复杂。比如，我们习惯于看到一些企业做广告，以比竞争水平更低的价格销售产品，甚至如果我们在市场上发现了一个更低的价格，我们还可以获得一个补偿。表面上看，这类营销策略是企业间富于攻击性的相互竞争的例子。然而，真相确实是这样的吗?

在本章中，我们将运用博弈论来分析这类问题。

8.1　古诺模型：数量竞争

法国力学教授安托万·奥古斯丁·古诺(Antoine Augustine Cournot)在1838年出版了著作《财富理论数学原理的研究》(*Research into the Mathematical Principles of the Theory of Wealth*)。在书中，古诺提出了一个描述两家相互竞争的企业的模型。为了对竞争对手的行为作出反应，每家企业都不断调整其选择的产量。在这个过程中，他们生产的数量会逐渐收敛；且如果企业一开始就选择了这些收敛的产量，它们就会按这些产量一直生产下去。这种数量组合就是关于纳什均衡文献最早的例子。当纳什清晰地定义他的均衡概念时(显然，纳什确实并不了解古诺的这本著作)，这本书已经出版100多年了。现在，我们给出一个由有限数量的竞争企业组成的一般化的古诺模型。

假设市场上有 n 家企业生产完全相同的产品(例如全脂牛奶，或白糖)，而不同企业生产并销售给消费者的产品单价相同。每家企业 i，$i=1, \cdots, n$，必须选择所生产的产量 q_i。企业 i 单位产品的生产成本用 c_i 表示。产品价格 P 由市场需求决定。需求函数如下：$Q=A-P$。

$Q=q_1+q_2+\cdots+q_n$ 是消费者从所有企业中购买的总数量，规模 A 是描述市场特征的一个常数。给定价格 $P>0$，一些消费者根本不愿意购买产品，而其他消费者则会购买不止1单位的产品。如果产品价格增加到 $P'>P$，一些原本在价格 P 下购买的消费者将放弃购买，而其他消费者现在会比在价格 P 下买的更少。因此，随着价格上升，消费者愿意购买的总数量 Q 将会下降。因此，企业 i 的利润为：

$$\Pi_i(q_i, q_{-i})=(P-c_i)q_i=(A-\sum_{j=1}^{n}q_j-c_i)q_i$$

且每家企业都努力使自身利润最大化。这个博弈的均衡是什么呢？

首先，我们求出企业1的最优反应函数。假设其他企业$(2\leqslant i\leqslant n)$各自选定的生产产量为 q_i。企业1选择产量 q_1 以使自身利润最大化。如果最优产量为正，则利润 Π_1 对 q_1 的导数为零。因此，我们可以求出利润函数的导数并使之为零：

$$\frac{\partial}{\partial q_1}\Pi_1(q_1, q_{-1})=-q_1+A-\sum\nolimits_{i=1}^{n}q_i-c_1=0$$

由此：

$$q_1=\frac{1}{2}(A-(q_2+q_3+\cdots+q_n)-c_1)$$

为了验证这的确是利润函数的最大点，我们计算 Π_1 对 q_1 的二阶导数，我们有：

$$\frac{\partial^2}{\partial q_1^2}\Pi_1(q_1, q_{-1})=-2$$

这意味着我们已经求得了使企业利润最大化的产量。

反之，如果企业1在它试图生产的任何正的产量 q_1 上都不能最大化利润，它将宁愿不生产,选择离开市场。[此时,式 $q_1=\frac{1}{2}(A-(q_2+q_3+\cdots+q_n)-c_1)$ 为负——它表示如果企业 1 能选择产量为负,该产量将最大化它的利润。当然,这是不可能的。]

综上所述,企业 1 的最优反应函数为:

$$q_1=\begin{cases}\frac{1}{2}(A-(q_2+q_3+\cdots+q_n)-c_1) & \frac{1}{2}(A-(q_2+q_3+\cdots+q_n)-c_1)>0\\ 0 & \text{否则}\end{cases}$$

一般而言,企业 i 的最优反应函数为:

$$q_i=\begin{cases}\frac{1}{2}(A-\sum_{j\neq i}q_j-c_i) & \frac{1}{2}(A-\sum_{j\neq i}q_j-c_i)>0\\ 0 & \text{否则}\end{cases}$$

例如,如果市场上只有两家企业,企业 1 的最优反应函数为:

$$q_1=\begin{cases}\frac{1}{2}(A-q_2-c_1) & \frac{1}{2}(A-q_2-c_1)>0\\ 0 & \text{否则}\end{cases}$$

企业 2 的最优反应函数为:

$$q_2=\begin{cases}\frac{1}{2}(A-q_1-c_2) & \frac{1}{2}(A-q_1-c_2)>0\\ 0 & \text{否则}\end{cases}$$

譬如,我们假设:$c_1=30$, $c_2=50$, $A=130$。在上述参数值下,我们在图 8.1 中给出了最优反应函数(企业 1 为黑线,企业 2 为灰线)。

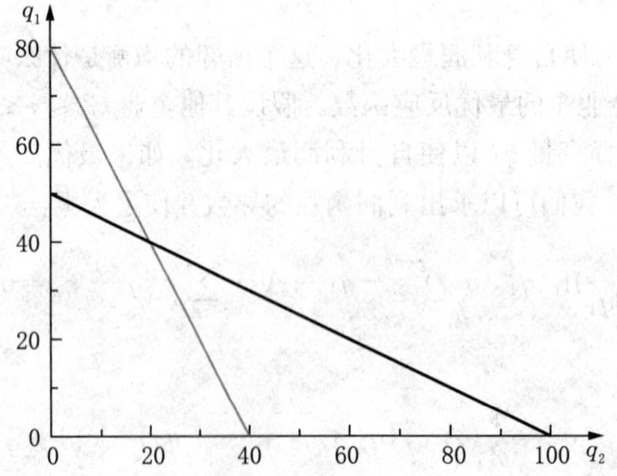

图 8.1

在交点处可以取得纳什均衡,此时两家企业都生产正的产品数量。我们进一步求出交点:

$$q_1=\frac{1}{2}\left[130-\frac{1}{2}(130-q_1-50)-30\right],\text{即 } q_1=\frac{1}{3}(50-2\times30+130)=40。$$

同样也有：$q_2 = \frac{1}{2}(130 - q_1 - 50) = \frac{1}{2}(130 - 40 - 50) = 20$。

也就是说，在本例中：$q_1 = 40$，$q_2 = 20$。产品的市场价格相应为：

$$P = 130 - (q_1 + q_2) = 130 - (20 + 40) = 70。$$

请注意，在这个价格下，每家企业都可以获得一个正的利润(因为价格要高于每家企业的单位生产成本)，成本更低的企业 1 会比生产技术更无效率的企业 2(其生产成本更高)占有的市场份额更大。

一般而言，在 n 家企业时，我们会想到求解 n 条最优反应曲线的交点。像上面的例子一样，我们希望在求解得到的纳什均衡下，所有企业都生产的产量都为正。这个均衡正是下面方程组的解，即

$$q_1 = \frac{1}{2}[A - (q_2 + q_3 + \cdots + q_n) - c_1]$$

$$q_2 = \frac{1}{2}[A - (q_1 + q_3 + \cdots + q_n) - c_2]$$

$$\vdots$$

$$q_n = \frac{1}{2}[A - (q_1 + q_2 + \cdots + q_{n-1}) - c_n]$$

如果我们把 n 个等式相加，就得到下式①：

$$\sum_{j=1}^{n} q_j = \frac{1}{2}[nA - (n-1)\sum_{j=1}^{n} q_j - \sum_{j=1}^{n} c_j]$$

提出 $\sum_{j=1}^{n} q_j$ 后，有：

$$\sum_{j=1}^{n} q_j = \frac{1}{n+1}(nA - \sum_{j=1}^{n} c_j)$$

将该式代入 q_i 的表达式中，我们得到：

$$q_i = \frac{1}{2}[A - (q_1 + \cdots q_{i-1} + q_{i+1} \cdots + q_n) - c_i]$$

$$= \frac{1}{2}(A - \sum_{j=1}^{n} q_j + q_i - c_i) = \frac{1}{2}\left[A - \frac{1}{n+1}(nA - \sum_{j=1}^{n} c_j) + q_i - c_i\right]$$

得到解：

$$q_i = \frac{1}{(n+1)}(A + \sum_{j=1}^{n} c_j) - c_i$$

正如上面两家企业一样，在 n 家企业的情况下，我们也会看到，如果企业 i 越有效率，即生产成本 c_i 越低，企业的市场份额就越大，即在均衡时，它所生产的产量 q_i 越大。

如果所有企业生产成本相同，即 $c = c_1 = c_2 = \cdots = c_n$，我们有：

---

① 可以注意到，在等式右边，除了方程 j 以外每个式子都出现了 q_j，因此加总全部等式后，等号右边的 q_j 会出现 $n-1$ 次。

$$q_1 = q_2 = \cdots = q_n = \frac{1}{(n+1)}(A - c)。$$

此时,产品价格为:

$$P = A - \frac{n}{(n+1)}(A - c) = \frac{1}{(n+1)}(A + nc)$$

当 $c < A$ 时,上述价格可以为企业带来一个正的利润边际,这是因为上述价格高于单位生产成本 c。(当出现 $c \geqslant A$ 情况时,如果供应的产品销售量为正,即 $Q > 0$,那么,企业将不会获得一个正的利润。这时,在纳什均衡下,没有企业会生产。)

随着企业数量 n 逐渐增加,每家企业在均衡时的产量会逐渐减少,价格将趋近于单位生产成本,$P = c$。如果你学过经济学基础课程,肯定会回忆起这就是企业之间完全竞争时的市场价格,此时市场对提供产品的企业数量没有任何限制。在完全竞争模型中,每家企业都相信它所生产并销售的产量不会影响市场上的产品价格 P。如果每家企业的产量相对市场上所生产的总产量 Q 而言非常小,上述假设基本是合理的。在这种情况下,相对市场上可供销售的产品总量 Q 而言,单家企业产量的变化相对而言非常小,因此,所有产量在市场上销售时所对应的价格 P 也几乎保持不变。

在古诺模型中,上述直觉的含义是非常明确的。在该模型中,每家企业 i 都清楚地意识到自身对价格 P 的效应。需要考虑的一个因素是,当企业增加它所生产的产量 q_i 时,价格 P 会下降。生产的产量 q_i 增加少许就会改变利润。利润函数为:

$$\Pi_i(q_i, q_{-i}) = (P - c)q_i = [(A - \sum_{j=1}^{n} q_j) - c]q_i$$

变化率为:

$$\frac{\partial}{\partial q_i}\Pi_i(q_i, q_{-i}) = [(A - \sum_{j=1}^{n} q_j) - c] - q_i = [P - c] - q_i \qquad (*)$$

其中,第一项 $P - c$ 表示在成本为 c 的情况下,在市场上以价格 P 额外销售(微小增量)1 单位产品对利润带来的正效应。第二项($-q_i$)表示由于(原先保有销售量的)价格 $P = A - \sum_{j=1}^{n} q_j$ 下降而对利润带来的负效应。

然而,在纳什均衡时,如果市场上存在的企业数量 n 非常大,则此时产量为:$q_i = \frac{1}{(n+1)}(A - c)$,这时,每家企业的产量都非常小。因此,如果每家企业都忽视它对市场价格的影响(这实际上就是竞争性市场的假设),在式(*)中就不会有第二项 $-q_i$,此时式(*)的大小也几乎不变。因此,竞争均衡的结果与古诺模型中的纳什均衡会十分接近。

现在,我们明确阐述这一点。在竞争性均衡的均衡价格 P 下,市场上供给等于需求。所有生产出来的产品都可以销售,并且当价格等于 P 时,需求为:$Q = A - P$。

如果竞争性均衡是对称的,只要 $P \geqslant c$,每家企业 i 生产且销售的数量为:

$$q_i = \frac{Q}{n} = \frac{A - P}{n}$$

当 $P = c$ 时,产量 q_i 取得最大值,但即使在这种情况下,随着企业数量 n 的增大,产量

q 也会逐渐减小直至趋于 0。①

因此,古诺策略模型为分析多数量企业下的竞争模型提供了一个基础。特别是对当市场上存在大量的相似企业,每家企业都(几乎)可以忽略自身对价格的影响这一假设而言,古诺模型持完全的肯定态度。

古诺模型分析了生产商之间的策略互动关系,但假设消费者完全没有任何市场势力。当我们在模型中假设消费者在价格 P 所对应的总需求 Q 取决于 $Q=A-P$ 时,实际上我们忽略了每个消费者所拥有的通过减少产品需求而对价格 P 的影响能力。通过试图购买更少的产品,消费者也许会迫使企业降低价格,因此(减少后的)成交量就会更便宜。此外,在古诺模型中只有一种产品(还有货币,这背后意味着还存在购买其他产品的可能性)。②

8.1.1 差异化产品的数量竞争

许多企业处心积虑地通过创建品牌等方式把自己与其他企业区别开来。当企业生产的产品并不完全相同,却非常相似(如百事可乐和可口可乐)时,结果会如何呢?在这种情况下,我们称企业产品是差异化的,且企业通过**差异化产品**(differentiated products)进行竞争。

在上述竞争中,可以想见,一方面,即使产品价格不一样,不同的消费者也会从不同的企业处购买,这样每种产品就都有属于自己的一条需求曲线;而另一方面,每种产品的价格显然也会影响到其他产品的需求。当产品 1(比如百事可乐)的价格上升时,对产品 2 的

---

① 若单位生产成本不是常数,而是随着产量增加而上升,那么竞争性均衡价格 P 要单独确定。的确,如果生产 q 单位的成本由凸函数 $c(q)$ 表示,在价格为 P 的竞争市场中,每家企业 i 都认为其利润为:$\Pi_i(q_i)=Pq_i-C(q_i)$。

当产量为 q_i 单位时,企业 i 选择生产数量以最大化企业利润,则有:$\frac{\mathrm{d}}{\mathrm{d}q_i}\Pi_i(q_i)=P-\frac{\mathrm{d}}{\mathrm{d}q_i}C(q_i)=0$。

对称竞争均衡下的产量 q_i 将取决于:$\frac{\mathrm{d}}{\mathrm{d}q_i}C(q_i)=P=A-nq_i$。

从上式中不难提取竞争性价格 P。如果我们定义:$c=\frac{\mathrm{d}}{\mathrm{d}q_i}C(q_i)$ 为均衡时生产的边际成本(生产最后一单位产品所需要的成本),则有:$q_i=\frac{A-c}{n}$。

上述产量值很小,且随着企业数量 n 增加会趋于 0,这与我们在古诺模型下纳什均衡的产量 $\frac{A-c}{n+1}$ 是类似的。

② 在更一般的一般竞争均衡模型中,所有市场上的参与者都可以生产、销售和购买不同种类的产品,但都没有能力通过改变出售或购买的产品数量来影响市场价格。当市场上参与者数量众多时,这种忽视市场势力的做法可取吗?

确实,正如古诺模型所提供的策略基础可以用来分析生产商之间的局部竞争均衡一样,Shapley and Shubik 的市场博弈模型也为分析一般竞争均衡模型奠定了一个策略基础。见 Shapley, L. and M. Shubik(1977), "Trade using one commodity as a means of payment", *Journal of Political Economy*, 85(5), 937—968。由于一般均衡模型是分析现代社会经济现象的一个基础模型,所以这个例子说明了博弈论对经济分析贡献的重要性。

需求(此时为可口可乐)会因此而有一定程度的增加,而对产品 1 的需求则会下降;反之亦然。

[例题 8.1]

假设(不同企业所生产的)两种产品的需求曲线如下所示:

$$q_1 = B + \frac{1}{2}p_2 - p_1$$

$$q_2 = B + \frac{1}{2}p_1 - p_2$$

这里,$q_i (i=1, 2)$ 为价格 p_i 下对产品 i 的需求量。

假设 $B=100$。类似地,假设企业 1 的单位生产成本 $c_1=40$,且企业 2 的单位生产成本也为 $c_2=40$。企业同时选择所要生产的产品数量。

企业 1 的利润为:$\Pi_1(q_1)=(p_1-c_1)q_1$,且企业 2 的利润为:$\Pi_2(q_2)=(p_2-c_2)q_2$。

在纳什均衡时,企业会选择多少产量呢?

答案

为了将利润表示为产量 q_1, q_2(企业的选择变量是产量)的函数,我们需要从需求函数中提取 p_1 和 p_2,即:

$$p_1 = 200 - \frac{2}{3}q_2 - \frac{4}{3}q_1$$

$$p_2 = 200 - \frac{2}{3}q_1 - \frac{4}{3}q_2$$

(解释:$q_1=100+\frac{1}{2}p_2-p_1$,因此 $p_1=100+\frac{1}{2}p_2-q_1$;同样,也有:$p_2=100+\frac{1}{2}p_2-q_2$。通过把第二项带入第一项并消去 p_1,就可以得到上述结果。)

因此,企业 1 的利润函数为:$\Pi_1(q_1, q_2) = (p_1-c_1)q_1 = \left(200-\frac{2}{3}q_2-\frac{4}{3}q_1-c_1\right)q_1$。

为了求出企业 1 的最优反应函数,我们对该函数求导并使导数为零,即 $\frac{\partial}{\partial q_1}\Pi_1(q_1, q_2) = -\frac{4}{3}q_1+200-\frac{2}{3}q_2-\frac{4}{3}q_1-c_1=0$。

因此:$q_1=75-\frac{3}{8}c_1-\frac{1}{4}q_2$。

(通过检验二阶导数的符号,可以保证这确实是最大值点。)就像上面分析的,实际上,这是在 q_1 为正的情况下,可以使企业利润最大化的产量。因此,最优反应函数为:

$$q_1 = \begin{cases} 75-\frac{3}{8}c_1-\frac{1}{4}q_2 & 75-\frac{3}{8}c_1-\frac{1}{4}q_2>0 \\ 0 & \text{否则} \end{cases}$$

类似地,企业 2 的最优反应函数为:

$$q_2=\begin{cases}75-\frac{3}{8}c_2-\frac{1}{4}q_1 & 75-\frac{3}{8}c_2-\frac{1}{4}q_1>0\\ 0 & \text{否则}\end{cases}$$

我们把上述反应曲线画在图 8.2 中。

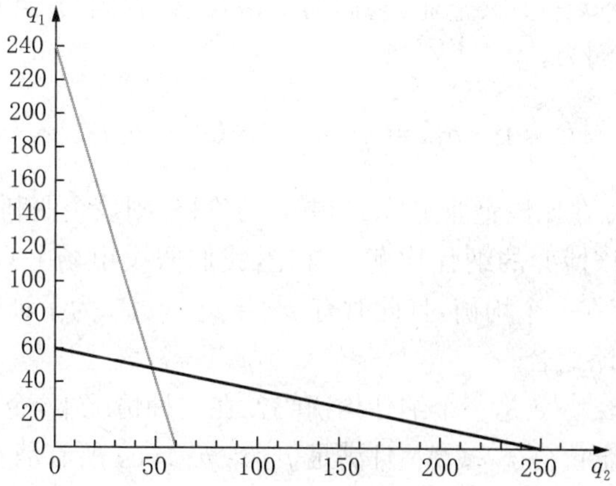

图 8.2

在反应曲线的交点处可以求解均衡，即 $q_1=q_2=48$。此时对应的市场价格为：$p_1=p_2=104$。(价格高于单位生产成本，这样企业可以获得一个正的利润边际。)

8.2 伯川德模型：价格竞争

1883 年，法国数学家约瑟夫·伯川德(Joseph Bertrand)出版了一本评论古诺的书，但在当时几乎没有受到什么关注。伯川德(错误地)记得在古诺模型中，企业不断反复决策修正的是它们索取的价格，而非所生产的产量。在他的印象中，他认为古诺的分析具有误导性，因为每家企业都会轮番试图使其价格低于竞争对手的价格，且这种过程会不断持续下去。

现在，我们把决策变量变为企业所生产产品的价格，而非它们所生产的产量。通过求解上述模型的纳什均衡，我们会发现伯川德关于这部分的论述是错误的。尽管伯川德在理解古诺模型和分析价格竞争上都有错误，但价格竞争模型还是被冠以**伯川德模型**(Bertrand's Model)。在第 5.1.1 节中，我们已经分析的就是一个这类模型的特例。当时，每家企业选择变量是某个有限的价格数值。现在我们来放宽这一假设。

在一个价格竞争模型中，每家企业都为其生产的产品制定一个价格，并按照在此价格下消费者愿意购买的数量进行销售。因此，企业会设定一个价格，并在此价格下会尽可能地销售产品。因为产品是同质的，所以，如果一家企业的定价低于竞争对手的定价，所有消费者都将从这一家企业购买产品，这样这家企业就占据整个市场。如果数家企业同时制定的都是市场最低价格，我们假设这些企业会平分整个市场。

假设市场上有 n 家企业生产同样的产品。该产品的需求函数为：$Q=A-P$，其中：$P=\min\{p_1, p_2, \cdots, p_n\}$ 为竞争企业所设定的最低价格。

假定所有企业生产的单位产品成本均相同,都为 c,且 $c < A$。

这样,企业 i 的利润决定规则如下:

(1) 如果该企业的价格 p_i 严格低于其他所有企业的价格,则其利润为:

$$\Pi_i(p_i) = (p_i - c)Q = (p_i - c)(A - p_i)$$

(2) 如果存在额外 $k-1$ 家企业,它们的价格与 p_i 相同,并且这是市场最低价格(即 $P = p_i$),则该企业利润为:

$$\Pi_i(p_i) = \frac{1}{k}(p_i - c)(A - p_i)$$

(3) 如果市场上存在比该企业定价 p_i 更低的价格,则该企业利润为 0。

下面我们来求解该博弈的纳什均衡。首先,我们假设市场上只有两家企业。我们会证明,上述博弈仅仅存在一个均衡,且此时有 $p_1 = p_2 = c$。为了证明这一结论,首先我们分析 $p_1 \neq p_2$ 时的策略组合。

策略组合 $p_1 > p_2 > c$ 是一个纳什均衡吗?在这种情况下,企业 1 销售量为零,利润也为零。但如果它设定价格 $p_1' < A$,且满足 $p_2 > p_1' > c$,所有消费者都将转而从该企业处购买,其利润将为正。因此,价格组合 $p_1 > p_2 > c$ 不是一个纳什均衡。类似地,价格组合 $p_2 > p_1 > c$ 也不是一个纳什均衡。

我们将继续分析策略组合 $p_1 > c \geqslant p_2$。在此种情况下,企业 2 会吸引所有消费者,但却不会盈利(如果 $c > p_2$,它甚至会亏损)。但如果企业 2 制定的价格 p_2' 满足 $p_1 > p_2' > c$,它就会吸引所有消费者并且获得一个正的利润。因此,价格组合 $p_1 > c \geqslant p_2$ 不是一个纳什均衡。同样,价格组合 $p_2 > c \geqslant p_1$ 也不是一个纳什均衡。

那策略组合 $c \geqslant p_1 > p_2$ 如何呢?此时,企业 2 会吸引所有消费者,但是却处于亏损中。通过把价格定为 $p_2' = c$,它就会改善自身的处境。在这种情况下,即使只有部分顾客光顾(如果 $p_1 = c$),企业也不会亏损。因此,价格组合 $c \geqslant p_1 > p_2$ 不是一个纳什均衡。类似地,价格组合 $c \geqslant p_2 > p_1$ 也不是一个纳什均衡。

现在,我们来考察策略组合 $p_1 = p_2$ 时的情形。

如果 $p_1 = p_2 > A$,则所有企业都不会销售任何产品。在这种情况下,企业 1 不妨将价格 p_1' 定为 $A > p_1' > c$,这样它就可将其产品销售出去并盈利。因此,价格组合 $p_1 = p_2 > A$ 不是一个纳什均衡。

如果 $A \geqslant p_1 = p_2 > c$,则企业会平分市场。在这种情况下,企业 1,可以通过稍微调低索要的价格来增加利润。当然,每一单位产品的价格都会稍微降低一些,但这时企业会占有整个市场,且售出产品的数量会是之前销售量的 2 倍还多。(分析为什么会高于两倍,而非恰好是 2 倍呢?)这样,一点点足够小的降价都会保证它获得一个更大的利润。因此,价格组合 $A \geqslant p_1 = p_2 > c$ 不是一个纳什均衡。

如果 $p_1 = p_2 < c$,则两家企业将会平分整个市场,但都会亏损。这时,企业 1 通过索要价格 $p_1' = c$,就可以改善自身处境。此时,企业销售量为 0,但也不会亏损。因此,价格组合 $p_1 = p_2 < c$ 不是一个纳什均衡。

最后,我们还需要考察 $p_1 = p_2 = c$ 的情况。在这种情况下,两家企业平分市场,但它们既不盈利也不亏损。如果某家企业降低要价,它就会获得整个市场,但这会亏损。所以，这类调整是不可取的。如果某家企业提高要价，它的销售量将变为 0，这样它仍然既不盈利也不亏损。因此，由于不能从调整中获益，这样的改变也是不可取的。

这样，我们就证明了价格组合 $p_1=p_2=c$ 是一个纳什均衡。由于我们已经证明了任何其他策略组合都不是一个纳什均衡，因此上述策略组合也是该博弈的唯一一个纳什均衡。

测验

假设企业 1 比企业 2 生产效率更高，即有 $c_1<c_2$。求此时伯川德模型的纳什均衡。

基于类似的考虑，即使市场上企业数量多于两家，我们得到的均衡仍然是唯一的均衡。在这个均衡中，所有的企业 $i=1, \cdots, n$ 都把价格设定为 $p_i=c$，这时它们都无利可图。

当然，这与古诺模型的结果截然不同。在古诺模型中，所有企业的利润都是正的，且只有当企业数量逐渐增加时，每家企业的利润才逐渐下降，而且只有当价格趋于 c 时，利润才趋近于 0。这种本质差异源于伯川德模型的非连续性，也就是来自如下事实，即一家企业定价上的微小变动将会导致消费者行为和企业利润发生巨大的变化。上述事实源于下述假设，即所有企业销售的产品是完全同质的。如果我们更现实一些，假设不同企业生产的产品存在即便甚微的差异，我们也能得到一个连续的模型，该模型的均衡和古诺模型的均衡在性质上非常类似。这就是差异化产品下的价格竞争模型。

8.2.1 差异化产品的价格竞争

在美国，加油站主要销售三种类型的汽油：87 号、89 号和 93 号辛烷汽油。在汽油质量既定的情况下，即使两家加油站非常相近，不同品牌的加油站所定的汽油价格也不同，且某些品牌的定价要高于其他品牌的价格。此外，同一品牌的不同加油站即使离得很近，它们的汽油价格也有差异。

在说明不同企业生产产品的微小差异方面，这是一个极端的例子：所有企业提供产品的质量本质上几乎相同，但却有很多的消费者购买高价汽油，那些更昂贵的汽油品牌正是藉此维生。

此时，伯川德模型并没有准确地反映现实情况，在我们需要的新模型中，当一家企业所生产的类似产品的价格下降时，购买另一家企业产品的消费者只有一部分在购买时会做出反应。价格下降越多，对此做出反应的消费者人数也越多，他们会转到降价企业并购买它的产品。这种假设看上去也是相当合理。这也是接下来差异化产品的伯川德竞争模型所给出的假设条件。

在讨论时，我们将从两家在市场上竞争的企业生产相似产品开始。我们把不同的产品价格表示为 p_1 和 p_2，将市场平均价格记为 $\bar{p}=\frac{p_1+p_2}{2}$。现在，我们假设不同产品的需

求曲线(即当价格为 p_i 时,不同产品 $i=1, 2$ 的意愿需求量)为:

$$q_i(p_1, p_2)=A-p_i-(p_i-\bar{p})$$

这里,$A>0$ 是一个正的常数[①]。需求函数表达了这样一个事实,即如果企业要价高于平均的市场价格,企业将会流失部分消费者(即需求下降),但不会流失所有的消费者——某些消费者仍然对品牌非常忠诚,也不会转向价格更便宜的其他竞争者。

需求函数的显性表达式为:

$$q_1(p_1, p_2)=A-p_1-\left(p_1-\frac{p_1+p_2}{2}\right)=A-\frac{3}{2}p_1+\frac{1}{2}p_2$$

类似地有:

$$q_2(p_1, p_2)=A-\frac{3}{2}p_2+\frac{1}{2}p_1$$

假设企业 1 的单位生产成本 $c_1<A$,企业 2 的单位生产成本 $c_2<A$。企业 1 的利润函数(关于价格的一个函数)为:

$$\Pi_1(p_1, p_2)=(p_1-c_1)q_1=(p_1-c_1)\left(A-\frac{3}{2}p_1+\frac{1}{2}p_2\right)$$

企业 2 的利润函数为:

$$\Pi_2(p_1, p_2)=(p_2-c_2)q_2=(p_2-c_2)\left(A-\frac{3}{2}p_2+\frac{1}{2}p_1\right)$$

为了求解最优反应函数,我们求利润函数的导数并令它等于 0,即:

$$\frac{\partial}{\partial p_1}\Pi_1=A-\frac{3}{2}p_1+\frac{1}{2}p_2-\frac{3}{2}p_1+\frac{3}{2}c_1=0$$

因此有:

$$p_1=\frac{A}{3}+\frac{1}{6}p_2+\frac{1}{2}c_1$$

类似地,企业 2 的最优反应函数为:

$$p_2=\frac{A}{3}+\frac{1}{6}p_1+\frac{1}{2}c_2$$

在交点处取得均衡,即:

$$p_1=\frac{A}{3}+\frac{1}{6}\left(\frac{A}{3}+\frac{1}{6}p_1+\frac{1}{2}c_2\right)+\frac{1}{2}c_1$$

因此,有:

$$p_1=\frac{2}{5}A+\frac{18}{35}c_1+\frac{3}{35}c_2$$

$$p_2=\frac{2}{5}A+\frac{18}{35}c_2+\frac{3}{35}c_1$$

---

① 更准确地说,需求函数为 $q_i(p_1, p_2)=\max[A-p_i-(p_i-\bar{p}), 0]$,因为需求函数不可能为负。

此时，均衡产量为：

$$q_1(p_1,\ p_2)=A-\frac{3}{2}p_1+\frac{1}{2}p_2=\frac{3}{5}A-\frac{51}{70}c_1+\frac{9}{70}c_2$$

$$q_2(p_1,\ p_2)=A-\frac{3}{2}p_2+\frac{1}{2}p_1=\frac{3}{5}A-\frac{51}{70}c_2+\frac{9}{70}c_1$$

如果企业的生产成本相同，即如果：$c=c_1=c_2$，那么我们得到的结果就与伯川德模型不同，即企业可以获得一个正的利润（当然，前提条件是 $c<A$，否则就企业所愿意提供的比 c 更高的任意价格而言，消费者都不愿意购买这种产品），即此时加成额 p_1-c 是正的，即 $p_1-c=p_2-c=\frac{2}{5}A-\frac{2}{5}c>0$。

因此，品牌差异会使企业获得一个正的利润（这样企业就拥有资金投资营销和区别于对手企业产品的产品差异化活动。在我们这里给出的模型中，并没有考虑企业上述的经营活动）。

［例题 8.2］ n 家企业时的推广

假设市场上有 n 家企业，每家企业的单位生产成本为 c。企业 i 的产品需求函数（即产品价格 $p_1,\ \cdots,\ p_n$ 的一个函数）为：$q_i(p_1,\ \cdots,\ p_n)=A-p_i-\frac{n}{2}(p_i-\bar{p})$，其中 $\bar{p}=\frac{p_1+\cdots+p_n}{n}$ 为市场平均价格①。系数 $\frac{n}{2}$ 反映了市场竞争程度。企业数量 n 越大，为了维持市场份额，企业的定价就更接近于市场平均价格。这是因为 n 越大，它对企业要价和市场平均价格之间的那部分需求缺口的影响也越大。

对称纳什均衡下的定价，即所有企业制定相同的价格 p 是多少呢？当企业数量 n 增加时，均衡价格如何变化呢？

答案

企业 i 的利润函数为：$\Pi_i(p_i,\ \cdots,\ p_n)=(p_i-c)q_i=(p_i-c)\left(A-p_i-\frac{n}{2}(p_i-\bar{p})\right)$，即

$$\Pi_i(p_i,\ \cdots,\ p_n)=(p_i-c)\left[A-p_i-\frac{n}{2}\left(p_i-\frac{p_1+\cdots+p_i+\cdots+p_n}{n}\right)\right]$$，或者，

$$\Pi_i(p_i,\ \cdots,\ p_n)=(p_i-c)\left[A-\frac{(n+1)}{2}p_i+\frac{1}{2}(p_1+\cdots+p_{i-1}+p_{i+1}+\cdots+p_n)\right]。$$

为了求解最优反应函数，我们将求出利润函数关于 p_i 的导数并令其等于零。（注：即使我们求解的是所有企业都索取相同价格 p 时的对称均衡，我们也不能把 p 代入利润函数，即 $\Pi_i(p,\ \cdots,\ p)$，然后再对 p 求导。这样做就意味着企业 i 所能控制的并非是它自己的报价，相反而是直接掌握了均衡价格 p 本身。当然，上述假设是错误的。）即有：

① 更准确地说，需求函数为：$q_i(p_1,\ \cdots,\ p_n)=\max\left[A-p_i-\frac{n}{2}(p_i-\bar{p}),\ 0\right]$，因为需求函数不可能为负。

$$\frac{\partial}{\partial p_i}\Pi_i = A - \frac{(n+1)}{2}p_i + \frac{1}{2}(p_1 + \cdots + p_{i-1} + p_{i+1} + \cdots + p_n)$$
$$- \frac{(n+1)}{2}p_i + \frac{(n+1)}{2}c = 0$$

因此：

$$p_i = \frac{A}{(n+1)} + \frac{1}{2(n+1)}(p_1 + \cdots + p_{i-1} + p_{i+1} + \cdots + p_n) + \frac{1}{2}c$$

为了求解均衡,我们必须解下面的方程组,即：

$$p_1 = \frac{A}{(n+1)} + \frac{1}{2(n+1)}(p_2 + p_3 + \cdots + p_n) + \frac{1}{2}c$$
$$p_2 = \frac{A}{(n+1)} + \frac{1}{2(n+1)}(p_1 + p_3 + \cdots + p_n) + \frac{1}{2}c$$
$$\vdots$$
$$p_n = \frac{A}{(n+1)} + \frac{1}{2(n+1)}(p_1 + p_2 + \cdots + p_{n-1}) + \frac{1}{2}c$$

该问题要求我们求解的是一个关于 $p_1 = p_2 = \cdots = p_n = p$ 的对称解。此时,所有方程都具有如下形式：

$$p = \frac{A}{(n+1)} + \frac{(n-1)}{2(n+1)}p + \frac{1}{2}c$$

因此,解为：

$$p = \frac{2A}{(n+3)} + \frac{(n+1)}{(n+3)}c$$

这意味着,当 n 逐渐增加(趋于无穷)时,价格会趋近于单位生产成本 c(这与古诺模型中所得到的结论是一致的)。

8.3 竞争还是合谋?

我们经常会看见一些供应商的广告,这些广告承诺自己的产品在市场上是最便宜的,且如果消费者能够证明她在其他地方发现的商品更便宜,那么,供应商就会退回差价,并给予一个额外的补偿。表面上这是供应商提供的一种极富竞争性的行为。但事实确实如此吗?现在我们来看一下如何运用上述策略互动模型对这种现象进行检验。

假设两家出售高清电视设备的连锁店在市场上相互竞争。连锁店从进口商购买每台电视的价格 250 美元。假设市场上进行的是价格竞争:如果一家连锁店设定的价格较低,它就可以占据整个市场;如果两家商店设定的价格相同,它们就平分市场。

假设高清电视的需求为: $Q(P)=350-P$,这里,P 为电视机的美元价格。因此,如果市场上只有一家连锁店,且每台电视定价为 P,那么,它在每台电视上就可以获得 $P-250$ 美元的利润,因此,它的总利润为：

$$\Pi(P) = (P-250)Q(P) = (P-250)(350-P)$$

当价格 $P=300$ 时，企业利润最大化(证明这个结论!)。该价格要高于连锁店之间进行伯川德竞争的价格，因为纳什均衡下的价格——正如我们已经看到的——等于电视购进成本，即 250 美元。在这个价格下，每家连锁店都无法盈利。

现在，假设其中一家连锁店做广告，它每台电视机的售价为 300 美元，但如果某个消费者发现她在竞争对手那里可以以更低的价格买到相同的电视机，那么，第一家连锁店就愿意补偿消费者两倍的差价额。(比如，如果竞争对手电视机的定价为 275 美元，则消费者可以获得 50 美元的补偿。)现在，我们证明存在某个纳什均衡，两家连锁店都会把每台电视机的价格定在 300 美元!

假设有一家连锁店确实做了上述广告，那么竞争对手的最优反应是什么呢？如果对手定价低于 300 美元(比如，290 美元)，它将流失所有的顾客，因为每一个人都愿意从第一家店购买而获得补偿，这样购买电视机的价格实际上更低。(即他们的购买价格为 300 美元，同时获得 20 美元返现，这样他们实际上的购买价格相当于 280 美元。)定价高于 300 美元肯定不会吸引到顾客。只有定价 300 美元，这家企业才可以和第一家企业共享市场，并均分利润，所以，这就是它的最优反应。

因此，我们实际上所获得的是一种机制，这种机制可以用来抹平该企业所提供给消费者的价格与竞争对手价格之间的价差，且可以使连锁店秘密协调价格，从而两家企业都获益。这里，我们需要假设第一家企业有能力承诺并遵循其所宣传的价格政策。在第 20 章，我们将会就承诺问题进行更为明确的讨论。

▶9

协调博弈和策略不确定性

1753 年，法国第戎学院就主题“人类不平等的起源是什么，自然法则授权认可这种不平等吗?”发起了一场征文竞赛。

让-雅各布·卢梭(Jean-Jacques Rousseau)接受了这项挑战，并发表了题为《论人类不平等的起源与基础》(*The Qrigin and the Foundation of Inequality among Men*)的文章①。这篇文章(以及之后他于 1762 年发表的《社会契约论》《政治权利的原理》②)成为奠定社会科学和政治哲学的基石之一。

为了思索文明前夕的人类生活状况，卢梭将自己隔绝于圣日耳曼森林中长达 1 星期，并在返回巴黎之后，完成了他的著作。在他的文章中，卢梭描绘了人类从史前“野蛮”时代到充满“文明人”社会秩序的时代所经历的进化过程。

在文章第一部分，卢梭描述了“野蛮人”或自然人在自然中的本性生活状态，这时不存在任何异化和不平等。在第二部分，他继续描述了导致社会和政治组织形成的活动的所发生的渐进过程。它们在给人类带来安全和技术进步的同时，本身也带来了不平等、战争以及异化。卢梭对最初社会凝聚的描述如下：

> 经验告诉他，追求幸福乃是人类活动的唯一动力，因而他能够区分两种情况：第一，由于共同利益，他可以指望同类的帮助，这种情况比较稀有；第二，由于彼此间的竞争，他不能信任他的同类，这种情况更稀有。在第一种情况下，他和他的同类结合成群，或者至多也不过结合成某种自由的团体，这种团体并不限制任何人，它的存续期间也不会超过促使该团体形成的那种临时需要的存在期间。在第二种情况下，每个人为了力求获取自己的利益，如果相信自己有足够的力量，便公开使用实力，如果觉得自己比较弱，便使用技巧。
>
> 人类就是这样于不知不觉中获得了对相互间的义务以及履行这些义务的好处的粗浅观念。但是，只有在目前的和显而易见的利害对他们有这样要求的时候，才会产生这种观念，因为他们毫无预见性，不用说遥远的将来，甚至连第二天的事情

①② *The Social Contract and Discourses by Jean-Jacques Rousseau*, translated with an Introduction by G. D.H.Cole(London and Toronto: J.M.Dent and Sons, 1923).

都不会想到。如果大家在捕一只鹿，每人都知道应该忠实守护自己的岗位。但是如果有一只兔从其中一人的眼前跑过，这个人一定会毫不迟疑地去追捕这只兔；当他捉到兔以后，他会不大在意他的同伴们因此而没有捕到猎物这件事，这无须怀疑。①

这里，卢梭所描述情节的原型特别适合用博弈论工具来描述。首先，一个人认识到自身和其他人是相互独立的；而且为了有助于他理解自身以及周围的世界，需要存在某些社会习俗可以对人加以分类。为此，"追求幸福乃是人类活动的唯一动力。"当然，个体享受幸福的程度取决于他和其他人的行为，但在不同人对幸福的定义上，并不存在着某种相互依赖关系。

的确，在博弈论中，这正是我们对参与人偏好的定义。我们假设每位参与人都可以用她对所有参与人(包括她自身)行动组合的可能排序方式来加以刻画。一位参与人偏爱的行动组合会给她带来更高的幸福测度值；如用效用函数来表示其偏好的话，这就意味着上述行动组合可以带来更高的效用值。效用函数正是博弈论的构造模块之一，在效用函数的帮助下，才可以对博弈进行定义。因此，在一个博弈中，我们可以在不修正其他参与人效用函数定义的条件下，用另一个函数来代替某位参与人的效用函数(新函数将对参与人的任何行动组合下的收益加以定义)，从而得到一个定义良好的新博弈。

其次，卢梭认为这些互动关系中的每一种都是独一无二的，且只有自身才能感知和分析这些关系。人们"远远不必要为了遥远的未来而自寻烦恼，故而也几乎不需要考虑明天如何"。换言之，卢梭这里所描绘的互动关系，非常适合用策略式博弈分析。

一开始，卢梭就注意到，"由于存在共同利益，所以他可以很正当地依靠同类的帮助"，但一个人却很少碰到上述情况。用博弈论语言来说，这些情况指的是人们认为他周边的每个人都有一项**优势策略**(dominant strategy)。

然后，卢梭又补充道，并非所有机会都如此，并迅速给出了一个相关的例子。卢梭所描述的这个具体的博弈被称为猎鹿博弈。下面，我们将给出这个博弈。

9.1 猎鹿博弈

一帮猎人正试图抓捕一只鹿。如果这群猎人包括两名猎手，且该博弈的收益如下表9.1所示：

表 9.1

		猎手 2	
		鹿	野兔
猎手 1	鹿	3，3	0，2
	野兔	2，0	2，2

① *The Social Contract and Discourses by Jean-Jacques Rousseau*, translated with an Introduction by G.D. H.Cole(London and Toronto: J.M.Dent and Sons, 1923).

为什么这个博弈反映了卢梭所描绘的情形呢？这里，追捕野兔的效用表示为收益 2。对每个猎手而言，他自己抓到一只野兔更容易。所以，如果猎人决定出发去抓一只野兔，他肯定能获得 2 的收益，而无需考虑其他猎手的行为。然而，成功猎鹿需要两名猎手的协调——他们必须在森林两个不同的点伏击鹿。在这样的协调下，猎鹿会获得成功，猎手们就可以分享猎鹿的收益，且每个猎人获得的肉（用收益 3 表示）比单独猎兔时获得的更多。但如果一名猎手在猎鹿时碰巧遇到了一只野兔，而为了野兔而放弃猎鹿，剩下的猎人自己就无法抓到鹿，将会空手而归（即收益为 0）。

这个博弈存在两个纳什均衡。在一个均衡中，每位猎手都各自抓到一只野兔，获得收益 2。在另一个均衡中，两位猎手协作猎鹿，获得收益 3。对这两名猎人而言，第二个均衡要优于第一个均衡——猎鹿给他们每个人带来了更高的收益。

定义

当两个均衡中的某个均衡满足：

(1) **所有参与人**都认为该均衡至少和其他均衡一样好；

(2) 至少存在某位参与人认为，该均衡要严格好于另一个均衡；

我们就称这个均衡相比另一个均衡是**更为有效率的**。如果该均衡比博弈中的其他所有均衡都更为有效率，则称该均衡为收益占优(payoff dominant)。

定义

如果一个博弈有若干个纳什均衡，且任意两个均衡都可以用效率进行比较，则称该博弈为**协调博弈**(coordination game)。

并非在每一个多均衡博弈中，都可以用效率术语为均衡划分等级。换句话说，不是所有的博弈都是一个协调博弈。譬如，在两性之争（the Battle of Sexes，见第 6.1 节）、分金游戏（divvying up the jackpot，见第 6.3.1 节）等博弈中，如果在某位特定参与人看来，均衡 A 优于均衡 B，那么在另一位参与人看来，恰恰相反，均衡 B 优于均衡 A。因此，在这些博弈中，任何一个均衡都不会比另一个均衡更有效率，因为参与人不能就更偏好哪个均衡达成一致意见。

所以，在诸如猎鹿博弈之类的博弈中，如果存在某个特定均衡被认为是最有效率的，我们就可以合理假设所有参与人将会很自然地将这个有效率的均衡作为一个焦点均衡，因此这个均衡也会得以实现。

正如我们所已经注意到的，卢梭的看法和上述看法并不一致。按照他的观点，“如果有一只兔碰巧从其中某人范围内跑过，这个人将一定毫不迟疑地去追捕这只兔”。这样，在有效均衡中又会有什么负面因素呢？

当每个猎人都开始独自捕捉野兔时，他将完全独立于其他人的合作。如果猎人们能提前达成合约，坚持选择上述非有效的均衡并决定猎兔，那么，如果另一位猎手转而尝试猎鹿（但却失败了！），所有猎人都不会因此而遭受损失。换言之，这种非有效均衡对每一位参与人而言都是安全的，因为即使其他参与人违背了合约，也不会有参与人遭受损失。

相反，在有效均衡下，参与人为了猎鹿而相互合作，这时其中每个猎手都会面临风险。因此，作为一个纳什均衡，这类合作是一个稳定的协定：如果每位参与人都相信另一方会按照协约而完成自己的约定，那么他自己同样也会愿意遵守协议。然而，如果参与人存在某种理由怀疑其他参与人不能履约——或者如卢梭所言，他决定去猎兔；或者因为在捕猎中生了病而不能继续，或者其他任何理由——参与人就开始对继续猎鹿是否值得而心生疑窦。毕竟如果他退出协约，自己去捉野兔，他就可以使自己免于结果晚上没食物吃的不确定性和风险。因此，在猎鹿中合作的每一位猎手都会面临**策略不确定**（strategy uncertainty）的问题。

正如我们在卢梭的描述中所看到的那样，在猎手看来，策略不确定准则盖过了效率准则。那么，面对这种情况时，就你而言，什么才是最重要的评判准则呢？这个准则又取决于什么因素呢？

实际上，卢梭描述的情况更为复杂。背叛盟友信任的猎手"已经抓到了猎物，开始变得漫不经心，但这样做会导致他的同伴们抓不到鹿"。也就是说，在"这一群猎人"中，不止两名猎手，但只要有一名猎手退出，就会导致猎鹿失败。换言之，队伍内"最微弱的关联"也可能导致整个集体失败。

所以，让我们假设，整个队伍包括 n 位猎人，而且为了猎鹿成功，所有人必须同心协作。和前面一样，一旦猎鹿成功，每位猎手获得的收益为 3；一旦失败，则每位参与猎鹿的人获得的收益为0。①另外，选择猎兔的每位猎手都可以确保自己能获得收益 2（而所有其他试图猎鹿的猎手们则注定会失败）。

当这群猎手开始猎鹿时，结果会如何呢？让我们假设某位猎手相信其他 $n-1$ 名猎人都非常可靠，自己决定退出猎鹿的可能性很小，为 $\varepsilon>0$；而不同猎手退出的可能性彼此之间是独立的。在这名猎人看来，所有其他猎人为了目标而共同努力的概率为 $(1-\varepsilon)^{n-1}$。猎手的人数 n 越多，概率 $(1-\varepsilon)^{n-1}$ 就越趋近于 0。譬如如果每个猎手放弃的概率 $\varepsilon=\frac{1}{10}$，那么在 10 名猎人时，任何猎手都选择不放弃的概率为 $\left(\frac{9}{10}\right)^{10}\approx 0.347$，而 100 名猎人能够像一名猎人那样坚持自己任务的概率仅为 $\left(\frac{9}{10}\right)^{100}\approx 0.000\,026\,6$。

因此，队伍中的猎人数量越多，每位猎人就越会担心任务可能失败，而且他所面临的为了保证自己能有一只野兔充饥而退出猎鹿的诱惑也就越大。在这种情景下，卢梭提到的直觉论断确实非常犀利，引人关注。

更一般地，如果队伍中坚守任务的猎人占比只要有 α，就足以保证猎鹿成功，那么这种情况就没有那么极端了。此时，当猎人队伍中至少有 α 比例的人猎鹿时，他们就可以获得成功，从而获得收益 3。相反，如果群体中从事猎鹿的猎手占比小于 α，这些猎人就会失败，空手而归（此时收益为 0）。与以前一样，那些选择猎兔的人可以确保自己获得收益 2。

① 如果一群猎人可以抓捕一群鹿，上述情况就是合理的，因为总的捕杀量与猎人数量成正比，而每位猎人的捕杀数量保持不变。为了简化起见，我们仍然用"一只鹿"而非"一群鹿"。

9.1.1 猎鲸

在印度尼西亚勒姆巴塔岛上一个捕鲸村庄中,确实存在着这类捕猎博弈①②。在5—9月之间的旱季,以船桨和棕榈叶帆为动力的渔船每天清晨都会驶入大海,在距离海岸大约13公里的地方寻找和猎捕鲸鱼。猎鲸是一项复杂而危险的任务,至少需要8名海员——“船长”、鱼叉手及其助手、舵手,还有其他人员。当船员发现鲸鱼时,他们通常会降低船帆,全力驶向鲸鱼的方向。一旦渔船驶入合适的距离,鱼叉手会站在船上一个专门用于捕鲸的小平台上,向鲸鱼投掷鱼叉。然后,鲸鱼可能会冲撞渔船,或者拖曳渔船而行,直到鲸鱼耗尽体力。当然,渔船可能面临着鲸鱼将船只拖到大海深处,或者倾覆的危险。

所以,每天清晨早些时候,每艘木船(称泰纳,“*téna*”)的“船长”至少要为这件事雇用至少8位海员。村民们必须决定是加入捕鲸船,还是自己或结伴在近海捕捞更小的稚魚。(或者在岸上做一些其他工作,例如喂养包括一些山羊、家禽和猪之类的家畜。)平均来说,每个出海捕鲸的船员都可以得到比在近海捕鱼更多的肉。此外,这些团队成员因为能够与大家族的成员共享猎物,也会赢得他们的感激。

然而,在某些年份,捕鱼区内的鲸鱼群明显地逐渐变得更小,且数量也更加稀少,“船长”召集船员的工作也变得日益艰难。一般来说,如果在某一天,猎鲸船员们的猎鲸船没有出海猎鲸,那么,他们也不会在近海捕鱼,因为这样需要不同类型的船只(小圆舟),需要渔网而不是鱼叉,还有一些其他的不同工具。因此,猎鲸员们所面临的“策略不确定性”增加了,在这些困难年份中的猎鲸季节,每天早上出海的猎鲸船数量逐渐减小了。

9.1.2 猎鹿博弈的实验室实验

研究人员设计了许多不同的实验室实验对猎鹿博弈进行了检验。在其中一项实验中③,参与者需要不断重复进行博弈,该博弈的收益矩阵如下(表9.2):

表 9.2

		参与人 2	
		S	H
参与人 1	S	100, 100	0, 80
	H	80, 0	80, 80

其中,数字表示在实验中获得1美元的概率。在这个博弈中,如果选择策略A,每名参与

① Alvard, M.S. and D.A.Nolin(2002), “Rousseau's Whale Hunt? Coordination among Big-Game Hunters”, *Current Anthropology*, 43(4), 533—539.

② 印度尼西亚并非是国际禁止捕鲸协议的签署国,但即便签署此类协议,对那些进行捕鲸是为了自身生存的民族而言,协议也会给予豁免。

③ Cooper, R., D.DeJong, B.Forsythe, and T.Ross(1990), “Selection Criteria in Coordination Games: Some Experimental Results”, *American Economic Review*, 80, 218—233.

人都可以确保自己有 80%的概率获得 1 美元。为了缩小与 100%之间的差距,两位参与人必须成功协调,共同选择策略 S。但一旦协调失败,选择 S 的那位参与人就不能获得 1 美元的收益,因此,这个策略选项所蕴含的风险要和收益差额进行比较,才可以确定风险的高低。但相当肯定的是,在最终 11 轮的实验中,参与人选择组合(H, H)的比例高达 97%。

当允许参与者可以传递信息时,整个情况就会有所不同。当允许参与人 1 在每轮博弈前公告他将要采用的策略时,参与人协作选择最有价值组合(S, S)的比率达到了 53%;但不协作的情况占 31%,即结果是(S, H)或(H, S);而在剩下 16%的情形中参与者选择了(H, H)。因此,一旦在某些情况下,参与人 1 宣告了他选择 S 的意图,他仍然担心参与人 2 不协作,且因而最终会选择保险的策略 H。相应地(或因此),即使参与人 1 公开了自己选择 S 的意图,但参与人 2 实际却没有选择 S 以获得协作收益。这就导致了不协作情况的出现,或出现了双方参与人都选择安全策略 H 的情况。

当实验允许参与人双向交流时,也就是允许参与人 2 可以对参与人 1 作出回应并同样表明他想要采取的策略时,情况会得到显著的改观。在最后的 11 轮博弈中,参与者选择有效率组合(S, S)的比例是 91%,而在剩余情况下,协作失败。

猎鹿博弈是大规模群体协调博弈的原型。回忆一下,协调博弈指的是该博弈中存在数个可以根据效率进行排序的均衡。

在另一个协调博弈实验的例子中,参与人之间存在 7 种可能的协作层次,每位参与人所获的收益取决于他自己的选择以及所在小组整体最低层次的合作水平。[①]所有参与人选择"7"可以保证所有人都获得最高收益,但如果一位参与人背离了合作,选择了一个较低的合作层次,这会招致最严重的"惩罚"。如果大家都选择了更低的合作层级,这时每位参与人不但都会得到一个较低的收益,而且一旦某位参与人背离合作,相应的"惩罚"也会较少。

博弈中每位参与人的收益清楚地列在下表 9.3 中:

表 9.3

		参与人选择的最小值						
		7	6	5	4	3	2	1
参与人的选择	7	1.3	1.1	0.9	0.7	0.5	0.3	0.1
	6	—	1.2	1.0	0.8	0.6	0.4	0.2
	5	—	—	1.1	0.9	0.7	0.5	0.3
	4	—	—	—	1.0	0.8	0.6	0.4
	3	—	—	—	—	0.9	0.7	0.5
	2	—	—	—	—	—	0.8	0.6
	1	—	—	—	—	—	—	0.7

在这个博弈中,存在 7 个均衡——只要所有参与人都选择同样的合作水平,这样的每个行动组合都是一个纳什均衡。但实际上参与人如何博弈呢?

① Van Huyck, J.B., R.C.Battalio, and R.Beil(1990), "Tacit Cooperation Games, Strategic Uncertainty, and Coordination Failure", *American Economic Review*, 80, 234—248.

每位参与者都进行了 7—10 轮博弈。当参与人数量众多时,随着博弈不断进行,结果会逐渐呈现某种趋势,即参与人会选择一个较低(也较“保险”)的合作水平——在最后一轮博弈中,选择最低的水平“1”的比例达到了 77%,而选择水平“2”的比例为 17%。

相反,当一个群体中只有 2 位参与人时,绝大多数博弈组合(在实验的 24 次组合中有 21 次)都趋向于在最后一轮博弈中选择最高合作水平“7”。现在看来,事情可能是这样的:当一个博弈中只有 2 位参与人时,其中一名最初会担心,并且在一开始博弈会选择一个低合作水平,但他的同伴则重复选择“7”以不断表示“等待”他;直到第一位参与人迅速地克服他的担忧,然后在绝大多数轮次中,也选择了有效率的合作水平“7”。然而,当在每一轮博弈中重新随机组合选手配对时,上面的“等待期”就观察不到了。在这样配置的博弈中,持续选择合作水平“7”并不能作为愿意进行有效合作的一个信号,且合作往往退化为最低的水平,也就是“1”。

在一个类似的实验中,每个小组包括 3 位参与者。① 每个人都选择 S 将会确保所有人都获得 90 的收益,但只要有任何一个人背离而选择 H,将会使那些坚持选择 S 的人的收益跌到 10。同时,大家都选择 H 会使收益稍微降低为 80,但这同时可以极大降低任何参与者偏离合作所带来的风险;当其他参与人都选择 S 时,如果某位参与人选择了 H,他将获得 60 的收益。

在这个实验中,在 8 个三人小组中,有 7 个小组的参与者在 20 轮回合的博弈中成功地学会相互协调,大家都选择了有效率的行动 S。实际上,即使在最初的几轮实验中,参与人也在四分之三的次数中都选择了 S。

当 8 位参与人(几乎)被排成一圈,且每个人的博弈对象是圆圈中的相邻者时,结果变得完全不同。(也就是说,像之前一样,该参与人的收益取决于他自己及其他的每位邻居的选择;与参与人相同的选择也适用于他和邻居互动)。这时,一开始博弈选择 S 的参与人只有一半,且在 20 轮博弈中,选择 S 的频率在逐渐减小。在最后一轮,实验参与者都没有选择 S;相反全部选择了 H。

上述实验结果差异的根源何在呢? 当每三个人被隔离成一个小组时,共同信任感得到了提升。相反,在圆圈博弈中,每位参与人还间接地依赖于很远的邻居:这些人影响他们邻居的选择,这又反过来影响他们邻居的邻居,如此循环,等等;而且在最后,他们也会影响到这位参与人自己的邻居。因此,不愿意选择策略 S 很容易在整个圈子中像瘟疫一般散播开来,最终“传染”了每一个人,使他们都选择 H。

猎鹿博弈,或更一般的协调博弈,简明地描述了很多现实场景,尽管这些场景和捕猎毫无关系。现在,我们将给出几个例子。

9.2 键盘布局

电脑键盘广为接受的英文字母按键的布局方式被称为 QWERTY 布局,即以键盘字母表顶部一排从左至右的前 6 个字母命名。这种字母排列方式和打字便利性没有任何关系,而是源于使用机械打字机打字的时期。

在机械打印机中,敲击键盘上的一个按键会撬起一个杠杆,杠杆末端刻着相应的字

---

① Berninghaus, S.K., K.M.Erhart, and C.Keser(2002), “Conventions and Local Interaction Structures”, *Games and Economic behavior*, 39, 177—205.

母。杠杆撬起就会伸向前并击打在一条色带上，这条色带和卷轴上的一页纸紧紧贴在一起，这样字母就可以被打印在这页纸上。当快速接连敲击键盘上两个相邻的字母时，两个杠杆有可能会缠在一起。这是机械打印机常常发生的一个问题。因此，键盘在布局时，通常会把英文词汇中连在一起的字母加以分开排列。

但是，防止打字机杠杆碰撞并非是键盘字母数字排列的唯一有效准则。打字速度也很重要，并且杠杆问题在进入个人计算机时代后就不复存在了。因此，在20世纪30年代，奥古斯·德沃夏克(August Dvorak)和威廉·迪利(William Dealy)就发明了一种完全不同的键盘字符布局，这种布局可以显著提升打字速度。这就是所谓的德沃夏克布局①。

然而，这个更好的键盘布局却没有得以流行，QWERTY布局仍然在实际运用中保持统治地位。由于全世界绝大多数键盘都采用了这种排列方式，学习和采用一种不同的安排方式并没有什么意义。如果世界上大多数计算机用户同时转而采用德沃夏克式键盘，打字将变得更快、更方便，而且这种改善也会为成本和努力的付出提供合理的解释。但就现在状况而言，几乎所有人都已经习惯了用QWERTY键盘打字，因此这本身也成为了计算机用户之间的一个纳什均衡。

测验

给出计算机用户之间的一个博弈来反映上述描述，并给出博弈参与人的相关收益。

9.3 录像带技术变革

20世纪80年代，两种相互竞争的技术——VHS和盒式视频录像机(Betamax)，在磁带录像(VCR)和放映市场上进行竞争。就录制质量而言，Betamax更优。日本索尼企业使用这种技术生产了VCRs并投放在市场上。然而，几乎所有其他电子制造商生产的设备却与VHS兼容。为了鼓励消费者购买VCRs，索尼承诺将始终采取这种技术来生产VCR，并会在世界范围内建设Betamax电影租赁图书馆。

在接下来几年内，两种技术在市场上共存。但逐渐地，VHS技术占据的市场份额更大，从某一个时间段开始，绝大部分需求也流向了VHS型录像带。最终，索尼也放弃了它的Betamax生产线，开始生产VHS。

9.4 消费者网络外部性②

消费者从产品中获得的效用常常取决于使用相同产品的其他消费者数量。传真机

① 比如，在微软Windows操作系统中，你可以选择使用德沃夏克布局。选择开始→设置→控制面板→选择地区和语言→文本服务和输入语言中添加德沃夏克式布局就可以。

② The model described here is based on Rohlts, J.(1974), "A Theory of Interdependent Demand for a Communications Service", *The Bell Journal of Economics and Management Science*, 5, 16—37.

就是这种法则下的一个典型例子。如果各地都没有人使用传真机,那么任何人也不会愿意购买,因为没有人发传真,或没有人收传真。对每一名潜在用户而言,从这种设备中获得的效用随着世界范围内使用同样这种传真机人数的增加而增加。即使这样,给定传真机在人口中的分布而言,不同用户从购买这种机器中获得的效用水平也是不同的。譬如,不同商业用户购买一台传真机都可以增加自己的收入,但程度各不相同。因此,每个人愿意为传真机所付的最大价格也因人而异。

对上述状况最简单的建模方式是假设每位潜在的传真机用户的特征由其类型 $\tau > 0$ 加以刻画。如果总体中传真机用户的人数 $n \geqslant 2$,那么,类型 τ 的用户愿意为传真机所支付的最大金额为 $n\tau$。但如果除了潜在用户外其他人都不愿意购买传真机,那么类型 τ 的用户也不会为该设备掏钱,因为传真机对她来说没有任何用处。

为了更一步简化,我们假设在一个特定国家中有 A 个潜在的传真机用户,类型 $\tau = 1, 2, \cdots, A$。现在,我们假设最初传真机在市场的销售价格为 p。在纳什均衡时,哪些用户会购买传真机呢?

首先,我们来看这样一种情况,即每个人都相信其他人不会购买一部传真机。如果这样,那么,他们也都不会购买这种设备。换句话说,任何人都不买传真机是一种纳什均衡。

当传真机的需求为正时,是否还存在另外一个纳什均衡呢?为了检验,我们将假设在这个纳什均衡中,可以售出 $n^* \geqslant 2$ 台设备。换句话说,总体中存在一些人,他们发现在价格 p 下购买传真机很合算。显然,如果一位类型 τ 的用户决定购买一部传真机(也就是有 $n^*\tau \geqslant p$),那么所有更高类型 $\tau' > \tau$ 的用户也会愿意购买一部传真机(因为此时有 $n^*\tau' > p$)。也就是说,如果共计有 n^* 位消费者会开始用传真机,我们就可以确定在价格 p 时购买一台传真机的最小的类型值 τ^*。为简单起见,我们假设对类型 τ^* 而言,满足等式:$p = n^*\tau^*$。

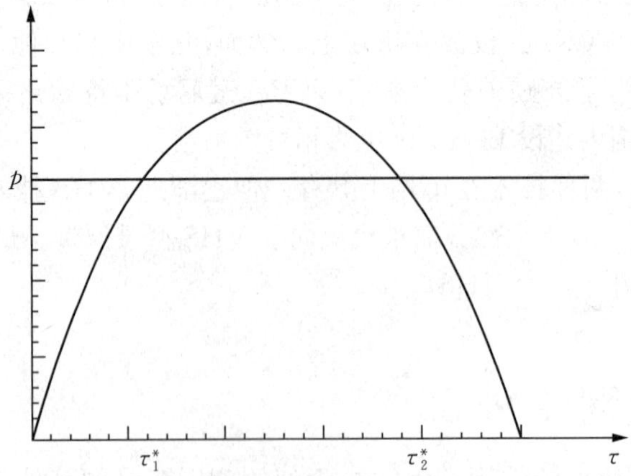

图 9.1

这意味着如果愿意购买和使用传真机的消费者一共有 n^* 位,p 是类型 τ^* 的用户愿意为传真机支付的最大价格。

上述 n^* 位消费者的类型为:$\tau = \tau^*, \cdots, A$,也就是说,有:$n^* = A - \tau^* + 1$。

因此，我们推断：$p=n^*\tau^*=(A-\tau^*+1)\tau^*$，这个关于$\tau^*$的二次方程有两个解（见图 9.1），即①：

$$\tau_1^*=\frac{(A+1)-\sqrt{(A+1)^2-4p}}{2}$$

$$\tau_2^*=\frac{(A+1)+\sqrt{(A+1)^2-4p}}{2}$$

上述每个解都定义了一个纳什均衡。在第一个均衡中，所有$\tau\geqslant\tau_1^*$类型的客户都会购买传真机，即总共售出传真机的数量为：

$$n_1^*=(A+1)-\tau_1^*=\frac{(A+1)+\sqrt{(A+1)^2-4p}}{2}$$

在第二个均衡中，只有$\tau\geqslant\tau_2^*$类型的用户会购买传真机，因此售出设备的总数为：

$$n_2^*=(A+1)-\tau_2^*=\frac{(A+1)-\sqrt{(A+1)^2-4p}}{2}$$

这样，我们在这个博弈中就求解得到了三个纳什均衡。其中，均衡τ_1^*是所有均衡中最合意的，因为在这个均衡中，愿意使用传真机并从中受益的消费者人数是最多的。

测验

目前，全世界的个人电脑主要分为两类——用微软 Windows 操作系统的 PC 机和 Macintosh 计算机。PC 机的使用范围最广，但一些消费者认为它的表现比不上 Mac 机，特别是对那些图像设计应用而言，更是如此。PC 机的流行范围更广，这使得为这类计算机提供的软件程序也更多。

对个人电脑用户之间所进行的上述协调博弈分别进行非正式和正式的分析。这个博弈的一个均衡就是现实中当前流行的状况，即大多数消费者选择 PC，只有少数消费者选择 Macintosh。

提示：假设有两类计算机用户。第一类用户在无论什么工作都更愿意使用 Macintosh。第二类用户在人群中占大多数，他们更愿意使用大多数软件程序都兼容的那类电脑。假设软件兼容性更好的那类电脑就是大多数人所使用的电脑。

9.5 找工作和失业

协调博弈在描述宏观经济现象上同样有重要的应用。现在，我们给出这样的一个应用，该应用来源于戴梦德（Diamond，1982）一篇广泛影响的文章中所建立的模型。②正是因

① 只要$p<\frac{(A+1)^2}{4}$。

② Diamond，P.（1982），“Aggregate Demand Management in Search Equilibrium”，*Journal of Political Economy*，90(5)，881—894.

为这些以及某些相关性的思想,他获得了2010年的诺贝尔经济学奖。

在一个赤道附近的小岛上,居民每天上午都要外出寻找椰果。人们必须先爬上椰树才能摘取椰果。一位椰果采集者在寻找有椰果的椰树时,必须决定是否爬上树去采摘,还是另外找一棵椰果长得较低因而也更容易采摘的椰树。岛上的居民有一个禁忌,就是不能吃自己采集的椰果。因此在下午,早上摘到椰果的岛民就要寻找交换椰果的对象。交易完成后,交易各方就可以享用自己现在所拥有的椰果。一般来说,一旦被摘下来,椰果是难以保存到第二天的。因此,如果某位居民摘到了一个椰果,但却没能找到交易对象进行交易,他就不得不把椰果扔掉,这样当天他就没有椰果可吃。

当然,"世界在果壳中"("in a nutshell"),这是现代社会经济组织的一种比喻。现在,绝大多数人并非是仅仅依靠他们自己生产的产品生活的;为了享用到不同的物品,他们将生产的大多数产品与其他人进行交换(卖出他们的产品或劳动,获得货币,然后用货币购买其他物品和服务)。这是因为生产过程日益复杂,也更为专业——绝大多数物品的生产都需要众多的步骤,需要大量参与者,需要使用其他制造程序所生产出来的大量的中间投入品。(这个寓言中的热带岛屿并不存在任何形式的物物交换所需的专业化的专业分工,因此以物易物是通过另一个假设引入的,即居民的禁忌)。

大多数消费品会随着时间推移而腐败、过期。在寓言中,这个假设被表示为另一个(简化的)假设,即椰果不能保存到第二天。这是一个极端的假设,其目的在于便利下面我们所给出的模型的计算工作。(另外,我们也可以假设椰果的价值会随着时间推移而不断降低,①但对我们的目的而言,这个复杂的假设并不能为我们的模型带来任何新的观点。)

找工作,或寻找一个商业机会与这个故事中寻找一个人想摘取的椰果有关。在搜寻过程中,这个人属于"失业"状态。一旦采集到他的椰果,他就处于"雇佣"状态。他所赚取的收入或利润可以用找到椰果交易对象的机会来表示,如果机会来了,当天他就可以吃到一个椰果。找到交换对象的机遇越好,早上采集椰果为他带来的利润就越高。

对某个既定的上午而言,那些在下午寻找机会交换他们成果的椰果采集者越多,找到一个对手进行交易的机会就越大。如果找到一个交换对象的几率很高,每个人花费力气采集更高的椰果所面临的动力就越大。但是,如果找到一个交易对象且满足自己对椰果需要的几率很小,那么,人们宁愿保留体力,去摘那些挂得较低的椰果。

因此,这个模型可能存在多个纳什均衡。如果所有岛民都不采集椰果,那么任何人也不会去采集野果,因为这是不值得的,此时,他不可能交换并进而消费椰果。

在另一种情况下,人们只愿意采集那些挂得很低的椰果。这种情况也有可能发生。此时,采集的椰果数量很少,因此找到交易对象的机会也很低。所以,一开始花费力气采集椰果的激励也很小,这就解释了为什么岛民都不愿意花费力气采集那些高处的椰果。

在一个更为成功的均衡中,人们也会爬到更高处采集椰果,他们认为花费更大力气这样做是合理的,因为这样他们找到交易对象的几率会更高。在这个均衡中,这实际上是一种自我实现预期,因为高处和低处的椰果都被采集了,所以椰果数量很大,这样在下午,岛上就会有很多岛民四处寻找一个交易对象,并和他交换他们的劳动成果。

---

① 事实上,这就像Diamond(1982)所假设的那样,见Diamond, P.(1982),"Aggregate Demand Management in Search Equilibrium", *Journal of Political Economy*, 90(5), 881—894。

这个故事的道德含义非常清晰。一个国家可能会落入“贫困陷阱”，这时，失业率剧增，但却几乎没有企业家创造新的业务。潜在的企业家担心新产品没有需求，因为人群收入很低，买不起这些产品。因此，这些潜在企业家并不会开办新业务，这样失业人口也得不到任何新的就业机会。这样，所有的人整体上陷于贫困之中，而贫困的这种状态又佐证了企业家们的担忧。

在繁荣的均衡中，企业家预计到员工将会赚取较高的薪水，也愿意花钱购买大量的产品。因此，企业家开始寻找并开展新的商业活动，这为大多数居民带来了就业机会，而后者确实也相应提升了他们的消费水平。

戴梦德(1982)的模型考虑的是连续时间中的情形。现在，我们给出一个简化的博弈模型，用来分析上述文章中的一些观点。

每天下午，被“雇用”的岛民的比例为 $0 \leqslant e \leqslant 1$，也就是说，这些岛民会带着他们早上采集的椰果四处寻找一个交易对象，这个交易对象的情况相似，他也需要交易椰果。找到一个互换对象的几率用 $b(e)$ 表示，这里有：$b:[0, 1] \rightarrow [0, 1]$。

这是一个增函数：被雇用的人数越多，当天找到交易对象的概率也就越高。当然，有 $b(0)=0$；如果所有人都不去找互换对象，也不可能找到任何交易对象。为简化起见，我们在讨论中假设函数 b 为：$b(e)=e$。

在上午的时间里，所有岛民都外出寻找椰树上的椰果。所有椰树高度相同，这个高度也是岛民所采用的度量单位。换言之，每棵椰树的高度都是“1”。每天，每棵树上都会有一颗椰果成熟。树上成熟椰果的高度 h 在树上是均匀分布的。为了采集熟椰果，一个人需要爬的高度为 h。此时他为采集椰果所需付出的努力为 $c(h)$，函数 $c:[0, 1] \rightarrow R_+$ 是一个递增的凸函数①，取值为正。努力水平 $c(h)$ 可以和找到一个椰果交换对象的概率 $b(e)$ 进行对比。即当：$c(h) \leqslant b(e)$ 时，他所付出的努力就是值得的。但从岛民的角度去看，如果 $c(h) > b(e)$，努力又是不值得的。现在，我们将求解一个对称纳什均衡，其中，每天下午岛上被“雇用”的人数比例 e^* 保持不变，且在上午，岛上所有“求职者”都会采用下面的阈值策略：仅当椰果挂在树上的高度不超过 h^* 时，他们才会爬上椰树采集椰果。换言之，h^* 满足：$c(h^*)=b(e^*)$，也就是说，对每一个较低位置的椰果而言，$h \leqslant h^*$，满足不等式 $c(h) \leqslant b(e^*)$；且岛民认为他们爬树的努力可以得到回报。由于我们已经假设 $b(e)=e$，所以，在均衡时，也有：$c(h^*)=e^*$。

我们假设在某个特定上午，每位“求职者”在搜索过程中只会发现一棵椰子树。因为在岛上，成熟椰果在树上的分布是均匀的，所以，椰果高度不超过 h^* 的几率是 h^*，因此这也是下午能提供椰果的“雇员”e^* 所占的比例，即 $e^*=h^*$。

如果我们把这个等式代入之前的等式中，我们就会得到所要求解的每一个均衡下的类型，它们必须满足以下等式，即 $c(h^*)=h^*$。

因此，均衡数量以及模型中蕴含的性质要取决于努力函数 $c(h)$ 的性质。譬如，如果有：$c(h)=h$，那么，这个博弈将存在一个不同均衡的连续统(a continuum of different equilibria)：对每一个 $h^* \in [0, 1]$，岛上风俗将会是在上午，一位岛民会爬到 h^* 高度采集

① 也就是说，二阶导数 c'' 是非负的。函数凸性表示的假设认为，椰果采集者在爬树时会疲劳，每向上爬一码，他所要付出的努力都不亚于前面他每爬一码所耗费的体力。

椰果。这个风俗本身是合理的,因为这时,在下午找到交易对象的几率也是 h^*,且在这个概率下,每位岛民都认为为了采集椰果,花费力气爬到比 h^* 更高的地方是不值得的。

在所有均衡中,最糟糕的是 $h^*=0$ 的均衡。在这个均衡中,任何一位岛民都不会采集椰果,这是因为他们所有人都(准确地)认为下午他找不到一位对象可以交换椰果。最有效率的均衡是 $h^*=1$。在这个均衡中,每位岛民在上午采集椰果时,无论椰果高度如何,他都会去采,因为他相信在下午他肯定可以完成椰果的交换。这种信念确实是合理的,因为所有岛民在上午都会采集椰果。

现在假设另外一种情况,此时努力函数为:$c(h)=2h^2$,我们已经知道,在均衡时必须满足:$c(h^*)=h^*$。也就是说,我们有:$2(h^*)^2=h^*$。这个方程有两个解,即 $h_1^*=0$,$h_2^*=\frac{1}{2}$。

均衡 $h_2^*=\frac{1}{2}$ 表示,在每天上午,人们采集一半的椰果。当然,这个均衡要比没人摘椰果的均衡 $h_1^*=0$ 更有效率。

最后,我们假设熟椰果在椰树上的分布不是一种均匀分布,而是由某个累积分布函数 P 表示,它可以是一个任意的增函数,且满足:$P:[0, 1]\to[0, 1]$,而且有 $P(0)=0$ 和 $P(1)=1$。

在均衡时,每天上午采集椰果的高度为 h^*,下午寻找交换对象的居民的比例为 $e^*=P(h^*)$,亦即下午能找到互换对象的概率[因为我们假设有 $b(e^*)=e^*$]。所以,博弈中的均衡高度 h^* 是下面方程的解,即 $P(h^*)=c(h^*)$。

如果累积分布函数在区间[0, 1]递增时存在多个弯折,它就可以和该区间内的凸函数 $c(h^*)$ 多次相交,且每个上述交点都是一个纳什均衡。最高处的交点也是最有效率的均衡点。

譬如,如果累积分布函数为:$P(h)=\frac{1}{2}+4\left(h-\frac{1}{2}\right)^3$,且努力函数为:$c(h)=h$,那么,此时就有三个交点(见图 9.2):$h_1^*=0$,$h_2^*=\frac{1}{2}$,$h_3^*=1$。这 3 个点中的每一个点都是该博弈的一个纳什均衡。

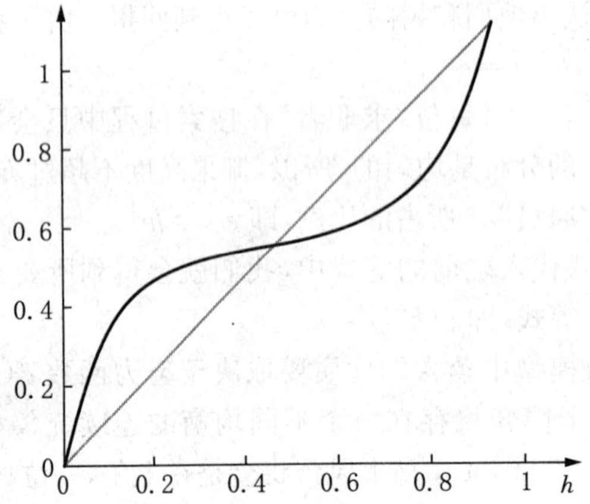

图 9.2

第Ⅳ部分
不确定性和混合策略

引言

在第 10 章,我们开始涉及不确定性问题。当一位参与人不确定其对手会选择何种策略时,我们假设该参与人会赋予每一种可能的选择组合一个概率。这样,他每选择自己的一个策略,就定义了所有参与人每一个策略组合实现的一个概率。概言之,每位参与人的策略就定义了该博弈的策略组合所对应的一个概率分布(lottery,随机分布)。

为了决定应该选择何种策略,参与人需要确定他所偏好的策略会导致何种概率分布。我们假设参与人对这一概率分布的偏好可以用上述概率分布下的**期望效用**(expected utility)——该参与人和其他参与人选择给该参与人带来效用的加权平均,权重是他所赋予其他参与人选择的概率——来表示。上述假设意味着在解释效用水平时,需要考虑某种基数(而不仅仅是序数)性质。对概率分布的偏好可以用一个对不同结果的期望效用来表示,这种偏好命名源于冯·诺依曼(von Neumann)和摩根斯坦(Morgenstern)。他们区分了有关偏好关系的四个公理,而这四个公理当且仅当偏好的期望效用表示可行时才成立。

这些公理并非总是成立的。以偏好的阿莱悖论(Allais Paradox)为例,尽管这种偏好看上去"非常合理",但是却不能用期望效用来表示。

随后我们用期望效用定义了在 2×2 博弈中风险占优(risk dominance)的概念。在这类博弈中,参与人的一个风险占优策略指的是当其对手以相同的 1/2 概率从两个可能的策略中进行选择时,能为他带来更高期望收益的策略。在一个 2×2 博弈中,一个风险占优均衡(risk-dominant equilibrium)指的是,两位参与人都选择了他们的风险占优策略。我们会看到,在猎鹿博弈(stag hunt game)中,风险占优均衡并非是有效的。

在第 11 章中我们开始研究混合策略。一个混合策略指的是参与人在选择策略时所依据的是某个具有特定概率的随机分布。通过允许参与人选择混合策略,我们对博弈进行了推广。我们将这种推广称为博弈的混合式推广(the mixed extension of the game)。推广后,将我们以前采取的策略(即那些确定选择的策略)称为纯策略。

某些博弈不存在纯策略纳什均衡,但却存在混合策略纳什均衡。硬币匹配(matching pennies)就是一个例子。实际上,根据纳什的一个定理,每一个(混合推广后的)矩阵式博弈都存在纯策略或混合策略均衡。在该章附录,我们运用不动点定理给出了一个简要的证明。

如果一位参与人在均衡时采取了一种混合策略,那么他在所有纯策略之间必须是无差异的。(否则,通过选择其中某个可以给她带来最高期望收益的纯策略,她就可以改善自己的状况。)这种观点是有些反直觉的,而且就某些博弈而言,在实验室中我们不能再现这种混合策略均衡行为,原因很可能在此。

混合策略纳什均衡有如下几种可能的解释。首先,参与人在均衡时采取的混合策略不可以被解释为某种心理上的随机化,而是某种对手的概率性预测。另一种解释则是把混合策略视为某种简单的、独立于历史的重复博弈下所采取的行为经验法则。

在一些博弈中,让对手感到出乎意料是很重要的,比如网球中的发球和足球中的罚点球。这和混合策略可能存在关系。的确,有两个例子对职业选手所采取的混合策略进行了经验分析,发现部分证据非常有利。还有一种解释认为,在策略遭遇时,每位参与人都是从某个大规模总体中随机抽取的,且每位参与人仅仅知道她所面临的总体的平均行为特征,而不了解和她配对的个体代表的特征。在用这种方法来解释总体博弈时,每位参与人选择的是一个确定的纯策略,但总体中不同的参与人选择的纯策略却是不同的,而混合策略表示选择这些不同纯策略的频率。我们给出的例子表明,这种解释还是较为合理的。

在第 12 章中,我们研究了严格竞争性(strictly competitive)双人博弈的情况。在这类博弈中,两位参与人的利益截然相反——当一位参与人偏好某个策略组合时,其对手却拥有相反的偏好。严格竞争性博弈的一个具体例子就是零和博弈(zero sum games),即每位参与人从每个策略组合上获得的收益正好是对手收益的负数。

所谓安全策略或最大最小策略(security or maxmin strategy),指的是在假设就参与人所选择的每一个策略而言,其对手总会选择一个使该参与人收益最小的策略时,那些可以使该参与人收益最大的策略。这种策略在严格竞争性博弈中尤其重要,因为在这类博弈中,竞争对手确实希望使另一位参与人的收益最小,这样做不是因为残忍,而仅仅是为了使他自己的收益最大化。

一般来说,参与人选择安全策略下他的收益可能会低于纳什均衡下的收益。然而,在严格竞争性博弈的这种特定情况下,混合策略均衡同时也是安全策略,且纳什均衡下的收益与最大最小策略所带来的收益也相同。此外,最小最大定理(minimax theorem)认为,在零和博弈的混合式推广中,每一位参与人都存在一个混合安全策略,在该策略下她获得的收益与她对竞争对手的每一个特定的混合策略做出最优反应下她的收益完全相同;然而,给定上述最优行为下,参与人的对手却会选择那些对她最不利的策略。

第 13 章通过几个复杂的例子,进一步考虑了一般博弈中的混合策略情况。第一个例子是志愿者困境(the volunteer's dilemma)。其中,有一群潜在的志愿者,他们中的每一个人必须决定是主动承担某项代价高昂的任务(如果只有他这样一位潜在志愿者,他当然别无选择),还是选择等待并寄望其他人自愿承担。这有点像公共品博弈(public good game),在这类博弈的对称性混合策略均衡中,每一个志愿者主动承担任务的概率会小于 1,而当潜在志愿者人数增加时,这种概率会逐渐趋于 0;此外,随着志愿者人群变得更为庞大,至少某个人志愿出来承担任务的总概率会下降。但和理论预测相比,这类博弈的实验室实验结果看上去更乐观一些。

另一个例子就是石头—剪刀—布的游戏(Rock-Paper-Scissors),这时每位参与人的策略都超过两个,且其唯一的均衡是混合策略均衡。最后,第 13 章的附录详细描述了另外一种专利竞赛模型。其中,竞争者所选择的研发密度水平是有限的,他们可以选择混合策略。我们对该博弈的混合策略均衡进行了研究,同时将其特点与实验室实验的结果进行了比较。

▶10

不确定下的选择和风险占优

在上一章中，我们讨论过策略不确定下的选择问题，即此时参与人对其他参与人将采取何种策略是不确定的。一位参与人可能会采取多种不同的策略，而任一种策略可能会带来不同的结果，这取决于其他参与人的策略组合。

当一位参与人不能确定竞争对手的选择时，她如何对不同策略的结果进行比较呢？参与人 i 在可供选择的策略之间的比较，会取决于她对其他参与人从可供他们选择的策略集中选择某个特定策略的可能性所持有的信念。

假设我们用 $p(x_{-i})$ 表示参与人 i 对其他参与人选择任一策略组合 $x_{-i}\in X_{-i}$ 所持有的信念[这些概率之和，当然等于1，即 $\sum_{x-i\in X-i}p(x_{-i})=1$]。我们将这种概率信念记为：

$$p_{-i}=[p(x_{-i})]_{x-i\in X-i}$$

给定上述信念，该参与人的任何策略 $\tilde{x}_i$ 都决定了策略组合 $(\tilde{x}_i, x_{-i})_{x-i\in X-i}$ 中的一个概率分布。在这种概率分布下，策略组合 $(\tilde{x}_i, x_{-i})_{x-i\in X-i}$ 对应的概率为 $p(x_{-i})$。

参与人 i 不能影响其他参与人选择策略组合 x_{-i} 的概率 $p(x_{-i})$，她也认可这一点。但参与人 i 可以控制策略 $\tilde{x}_i$，而(根据参与人 i 的信念，)正是 $\tilde{x}_i$ 决定了哪种策略组合 $(\tilde{x}_i, x_{-i})_{x-i\in X-i}$ 将会以 $p(x_{-i})$ 的概率出现。

如果参与人选择了策略 $\tilde{x}_i'$，而不是策略 $\tilde{x}_i$，这会导致出现一个不同的概率分布。根据参与人 i 的信念，策略组合 $(\tilde{x}_i, x_{-i})_{x-i\in X-i}$ 出现的概率是 $p(x_{-i})$。在决定选择策略时，参与人 i 必须决定她偏好哪种概率分布。

举例来说，在两位参与人的猎鹿博弈(见第9.1节)中，我们假设参与人1认为参与人2选择猎鹿的概率为 $p(\mathrm{S})$，选择猎兔的互补概率为 $p(\mathrm{H})=1-p(\mathrm{S})$。参与人1的信念可以表示为：$p_{-1}=[p(\mathrm{S}), p(\mathrm{H})]$。

如果参与人1选择猎鹿，他实际上选择了下面一个概率分布：参与人共同努力捕鹿的概率为 $p(\mathrm{S})$，他空手而归的概率为 $p(\mathrm{H})$(此时猎手同伴抓到一只兔子)。类似地，如果参与人1选择猎兔，他实际上选择的概率分布为：他一定可以带着一只兔子回家，而其参与人同伴空手而归的概率为 $p(\mathrm{S})$，带着一只兔子回家的概率为 $p(\mathrm{H})$。因此，为了决定所选择的策略,参与人 1 必须就上述他所偏好的两种概率分布做出某个选择。

从现在开始,我们假设参与人对概率分布的偏好可以用期望收益表示。如果参与人 i 选择策略$\tilde{x}_i'$,则在信仰 p_{-i} 下,她的期望效用①为:

$$U_i(\tilde{x}_i;\ p_{-i})=\sum_{x-i\in X-i}u_i(\tilde{x}_i,\ x_{-i})p(x_{-i})$$

这是参与人在其他参与人可能的策略组合 x_{-i} 下获得的效用水平的一个加权平均,权重为参与人 i 对这些策略组合的信念 $p(x_{-i})$。我们假设相对于策略$\tilde{x}_i'$而言,参与人 i 更偏好策略$\tilde{x}_i$;当且仅当选择策略$\tilde{x}_i$ 给她带来的期望效用更高,即:

$$U_i(\tilde{x}_i;\ p_{-i})>U_i(\tilde{x}'_i;\ p_{-i})$$

一般来说,我们假设,如果相对于概率为:$\hat{p}=(\hat{p}(x))_{x\in X}$ 的随机分布而言,参与人更偏好以概率:$p=(p(x))_{x\in X}$ 出现的策略组合②$x\in X$ 所对应的随机分布,当且仅当:第二个随机分布给她带来的期望效用要大于第一个随机分布所带来的期望效用,即有:

$$U_i(p)=\sum_{X\in X}u_i(x)p(x)>\sum_{X\in X}u_i(x)\hat{p}(x)=U_i(\hat{p})$$

此时,我们称效用函数 u_i 的期望函数 U_i 表示了参与人 i 在策略组合某些随机分布上的偏好情况。

对这种一般概率分布的讨论,实际上就是参与人不必亲自选择她的策略。这种情况相当于参与人 i 可以授权一个代理机构或一名经纪人代表她选择策略。如果其他参与人也将策略选择权委托给相同的中介,那么,参与人 i 认为该中介选择发动策略组合 x 的概率就是 $p(x)$。不同的信念,p 或 $\hat{p}$,确定不同的概率分布,它们彼此之间的差异仅仅在于对不同策略组合 x 赋予的概率不同;但在所有这些概率分布上,参与人 i 从任一给定的策略组合 x 上所获得的效用 $u_i(x)$是相同的。

效用函数 u_i 的期望函数 U_i 可以表示参与人 i 对这些概率分布的偏好。这一假设会给收益函数 u_i 集带来某些限制,而我们用收益函数来表示参与人对不同策略组合的偏好。为了表明这一点,譬如,我们假设参与人 i 偏爱某一特定策略 x 胜过策略 x',同时偏好策略 x' 胜过策略 x''。目前,我们可以用任何三个大小不同的数字来表示参与人的偏好,只要满足:

$$u_i(x)>u_i(x')>u_i(x'')$$

例如,我们可以把上述偏好表示为下面的三个数字:$u_i(x)=5$, $u_i(x')=4$, $u_i(x'')=1$。也可以表示为以下的三个数字:$\bar{u}_i(x)=5$, $\bar{u}_i(x')=2$, $\bar{u}_i(x'')=1$。

但上面我们新引入的这一假设带来了新的要求:当赋予每个策略组合一个概率值(这些概率值之和为 1)后,这三个数字的期望也应当能够表示该参与人对这些概率分布的偏好。譬如,考虑如下例子,有这样一个概率分布,其中每个策略组合 x 和 x''出现的概率均为 1/2。参与人是偏好这一概率分布,还是偏好某个确定性的结果 x'(即在这种概率分布下,x'出现的概率是 1)呢? 如果答案是前者,那么下面 3 个收益值:$\bar{u}_i(x)=5$, $\bar{u}_i(x')=2$ 和$\bar{u}_i(x'')=1$ 所对应的期望 $\bar{U}_i$ 很可能表示了参与人对这些概率分布的偏好,因为确实有:

① 在本书中,收益(payoff)和效用(utility)可以相互替代,意思不变。

② 即该参与人的策略和其他参与人所采取的策略的可能组合。

$\frac{1}{2}\times\bar{u}_i(x)+\frac{1}{2}\times\bar{u}_i(x'')=\frac{1}{2}\times 1+\frac{1}{2}\times 5=3>2=\bar{u}_i(x')$；但另外3个收益值 $u_i(x)=5$，$u_i(x')=4$ 和 $u_i(x'')=1$ 所对应的期望 U_i 并不能代表参与人的偏好，这是因为：

$$\frac{1}{2}\times u_i(x)+\frac{1}{2}\times u_i(x'')=\frac{1}{2}\times 1+\frac{1}{2}\times 5=3<4=u_i(x')。$$

进一步，如果下面3个数值：$\bar{u}_i(x)=5$，$\bar{u}_i(x')=2$ 和 $\bar{u}_i(x'')=1$ 表示该参与人的偏好，那么，她将偏好策略 x 和 x'' 之间的某个概率分布，而非确定的结果 x'，当且仅当策略 x 所对应的概率 $p(x)$ 大于1/4，且此时策略 x'' 所对应的概率 $p(x'')$ 小于3/4，这是因为此时有：

$$\begin{aligned}\bar{U}_i\{[p(x),\ 0,\ p(x'')]\}&=p(x)\times\bar{u}_i(x)+0\times\bar{u}_i(x')+p_i(x'')\times\bar{u}_i(x'')\\&>\frac{1}{4}\times 5+0\times 2+\frac{3}{4}\times 1=2=\bar{u}_i(x')=\bar{U}_i[(0,\ 1,\ 0)]\end{aligned}$$

（显然，式 $\bar{U}_i\{[p(x),\ 0,\ p(x'')]\}$ 表示当策略组合 $(x,\ x',\ x'')$ 出现的概率为 $[p(x),\ 0,\ p(x'')]$ 时的期望效用 $\bar{u}_i$。类似的，式 $\bar{U}_i(0,\ 1,\ 0)$ 表示当策略组合 $(x,\ x',\ x'')$ 出现的概率为 $(0,\ 1,\ 0)$ 时的期望效用，此时策略 x' 确定可以发生。）

因此，如果 u_i 是一个效用函数，且其期望函数表示了参与人对这些概率分布的偏好，那么，它不仅具有序数方面的信息，还同时具有基数方面的信息。我们将这类效用函数称为**伯努利效用函数**（Bernoulli utility function）①。

测验

证明：在上面的例子中，就如下效用函数：

$$\bar{u}_i(x)=5,\ \bar{u}_i(x')=2,\ \bar{u}_i(x'')=1 \tag{10.1}$$

而言，如果参与人对概率分布的偏好可以表示为上述效用函数的期望，那么，同样，另一个效用函数：

$$\bar{\bar{u}}_i(x)=400,\ \bar{\bar{u}}(x')=100,\ \bar{\bar{u}}(x'')=0 \tag{10.2}$$

的期望表示的是同样的偏好。

提示：你需要证明的是，在效用函数 $\bar{\bar{u}}_i$ 下，参与人偏好确定结果 x' 胜过策略 x 和 x'' 所组成的某个概率分布，当且仅当在这类概率分布中，选择策略 x 的概率小于1/4。

更一般地，就下面两个效用函数：

$$\bar{u}_i:\ X\rightarrow R$$
$$\bar{\bar{u}}_i:\ X\rightarrow R$$

而言，如果存在参数 $a>0$ 和 b，使得对每一个策略组合 $x\in X$ 而言，都有：

$$\bar{\bar{u}}_i(x)=a\bar{u}_i(x)+b$$

成立，那么，上述两个效用函数就表示同样的偏好，都表示参与人对策略组合 $x\in X$ 的概

① 名称源于 Daniel Bernoulli（1700—1789），他是概率论的奠基人之一。

率分布的某种偏好。

实际上,效用函数为$\bar{u}_i$ 的参与人偏好概率分布 $p=[p(x)]_{x\in X}$,而不是概率分布 $\hat{p}=(\hat{p}(x))_{x\in X}$,当且仅当:

$$\bar{U}_i(p)=\sum_{x\in X}\bar{u}_i(x)p(x)>\sum_{x\in X}\bar{u}_i(x)\hat{p}(x)=\bar{U}_i(\hat{p})$$

上述不等式成立的充分必要条件为:

$$\begin{aligned}\bar{\bar{U}}_i(p)&=\sum_{x\in X}\bar{\bar{u}}_i(x)p(x)=\sum_{x\in X}[a\,\bar{u}_i(x)+b]p(x)\\&=a[\sum_{x\in X}\bar{u}_i(x)p(x)]+b>a[\sum_{x\in X}\bar{u}_i(x)\hat{p}(x)]+b\\&=\sum_{x\in X}[a\,\bar{u}_i(x)+b]\hat{p}(x)=\sum_{x\in X}\bar{\bar{u}}_i(x)\hat{p}(x)=\bar{\bar{U}}_i(\hat{p})\end{aligned}$$

在上面公式的等式中,我们利用到了这样一个事实,即 $\sum_{x\in X}p(x)=1$,且因而 $\sum_{x\in X}bp(x)=b$。上面公式中的不等式要求 a 必须大于零,否则,不等式符号相反。

测验

分析上面效用函数(10.1)和(10.2)的定义。如果等式 $\bar{\bar{u}}_i=a\,\bar{u}_i+b$ 成立,a 和 b 的取值范围是什么?

10.1 货币收益和风险中性

需要重点强调的是,伯努利效用函数表示的并非是参与人的货币收益。譬如,当效用函数为式(10.1)时,如果行动组合 x 出现,参与人 i 不妨可以得到 1 000 美元;当行动组合 x'出现时,她可以得到 100 美元;而在行动组合 x''出现时,没有任何货币收益。在上述效用函数$\bar{u}_i$ 之下,参与人更偏好确定的收益 100 美元(对应行动组合为 x'),而不是能给他带来不足 250 美元期望收益的概率分布。(在这种概率分布下,x'发生的概率小于 1/4,x''发生的概率大于 3/4。)①

当然,我们也会遇到这样一类博弈,这类博弈的任何行动组合都可以给参与人带来货币收益。在这类博弈中,每一个行动组合 $x\in X$ 都定义了参与人 i 所获得的一个货币收益 $\pi_i(x)$,这里 $i\in I$。在上面的例子中,有:

$$\pi_i(x)=1\,000$$
$$\pi_i(x')=100$$
$$\pi_i(x'')=0$$

如果每位参与人只关心自己可以得到的货币收益(即一旦她自己的货币收益固定,她就不会关心其他参与人的货币收益组合情况),那么,通过先定义她对货币收益的效用函

① 特别是,称此参与人为风险厌恶的,因为她更偏爱获得一定量的确定的货币(如 100 美元),而不是能带来相同平均收益的某个概率分布(如以 1/10 的可能性获得 1 000 美元,9/10 的可能性得到 0 美元)。

数 v_i，再定义她对博弈中行动组合 $x \in X$ 的效用函数 u_i，即 $u_i(x)=v_i[\pi_i(x)]$，我们就可以对她在这个博弈中的效用函数进行间接描述。

因此，在上面的例子中，我们可以定义：$\bar{v}_i(0)=1$，$\bar{v}_i(100)=2$，$\bar{v}_i(1\,000)=5$。

此时，参与人从博弈上的策略集得到的效用为：

$$\bar{u}_i(x)=\bar{v}_i(\pi_i(x))=\bar{v}_i(1\,000)=5$$

$$\bar{u}_i(x')=\bar{v}_i(\pi_i(x'))=\bar{v}_i(100)=2$$

$$\bar{u}_i(x'')=\bar{v}_i(\pi_i(x''))=\bar{v}_i(0)=1$$

如果对参与人 i 所获得的任一货币收益 m 而言，都有：$v_i(m)=m$，那么，在这种特殊情况下，我们就称参与人 i 是风险中性的。此时，参与人 i 的货币收益函数 π 与他在该博弈行动组合上的效用函数 u_i 是相同的。

10.2　冯·诺依曼—摩根斯坦偏好和阿莱悖论

参与人对概率分布的哪些偏好才可以用伯努利效用函数的期望值来表示呢？冯·诺依曼—摩根斯坦研究了这个问题，他们总结出了四个性质。如果偏好满足这四个性质，那么这种偏好就可以用伯努利效用函数期望值表示；而且只要某种偏好可以用伯努利效用函数期望值表示，它一定也满足这些性质。①对这些性质的讨论超出了本书的范围，因此我们不会对此进行详细的分析。我们将满足这些条件的偏好称为冯·诺依曼—摩根斯坦(VNM)偏好。

这些所描述的性质并非是不证自明的，也并不总是或者一定成立。为了说明这一点，莫里斯·阿莱(Maurice Allais)②给出了如下的例子。这就是众所周知的阿莱悖论。

考虑以下两个彩票：

彩票 A：参与人确定可以得到 200 万美元。

彩票 B：参与人获得 1 000 万美元的几率是 10%，获得 200 万美元的几率是 89%，一无所获的几率是 1%。

你会偏好哪一个彩票呢？在一系列实验中，研究人员发现大部分参与者会偏好第一个彩票，而不是第二个彩票。③大多数人的生活水平会因第一个彩票而获得极大改善。尽管选第二个彩票也有机会使生活变得甚至更好，但也有可能生活不会有任何改善(这种可能性较小)。看起来大多数人似乎倾向于避免第二个博弈中存在的风险。

现在考虑另外两个彩票：

彩票 C：参与人获得 200 万美元的几率是 11%，一无所获的几率是 89%。

---

① Von Neumann, J. and O. Morgenstern(1947), *Theory of Games and Economic Behavior*, 2nd edn., Princeton University Press.

② Allais, M.(1953), "Le comportement de l'homme rationnel devant le risque: critique des postulats et axioms de l'ecole Americaine", *Econometrica*, 21, 503—546.

③ Camerer, C.(1995), "Individual Decision Making," in J.H.Kagel and A.E.Roth(eds.), *The Handbook of Experimental Economics*, Princeton University Press, pp.537—703.

彩票 D:参与人获得 1 000 万美元的几率是 10%,一无所获的几率是 90%。

在彩票 C 和 D 之间,你会选择哪一个呢?实验中的大部分参与者偏好彩票 D,而不是彩票 C。在两个彩票中,获得奖金的几率都非常小。在彩票 C 中,中奖的可能性较大,而在彩票 D 中,奖金的数额更高。

现在,我们证明:如果一位参与人偏好彩票 A,而不是彩票 B,且偏好彩票 D,而不是彩票 C,那么该参与人的偏好就不能用期望效用函数表示。显然,如果存在这样的效用函数 v,那么有 $v(2)>0.1v(10)+0.89v(2)+0.01v(0)$ 成立,因为参与人偏好彩票 A 胜过彩票 B。因此,如果我们在上述不等式两边同时加上 $0.89\big(v(0)-v(2)\big)$,就有:$0.11v(2)+0.89v(0)>0.1v(10)+0.9v(0)$。

因此,该参与人将偏好彩票 C 而不是彩票 D,这和假设相矛盾。

阿莱悖论的提出使随机分布个人偏好理论开始向其他,以及更一般的理论方向发展,而且这些推广工作开始以不同的方式逐渐融入博弈论中。然而,在本书撰写之时,大部分博弈理论还是建立在 VNM 类型的参与人随机分布偏好这一基础之上,也就是说,可以用期望效用函数表示这种随机分布偏好。因此,这也是始终如一地贯穿本书的假设。

10.3 风险占优

在第 9 章,我们就协调博弈进行了分析。在协调博弈中,每位参与人的每一个策略都可以使他获得某一确定性的收益。如果现在这些策略所带来的收益取决于其他参与人的行为,结果会如何呢?在这种情况下,我们如何比较不同策略的风险大小以及博弈的均衡情况呢?譬如,有如下两位参与人组成的一个博弈,它与猎鹿博弈稍微有些不同,如以下表 10.1 所示。

表 10.1

		参与人 2: S	参与人 2: H
参与人 1	S	3, 3	0, 1.5
参与人 1	H	1.5, 0	2, 2

上述博弈与猎鹿博弈的区别在于,“背叛”同伙(选择独自猎兔)的参与人获得的收益是 1.5,而不是之前假设的 2。比如,由于背叛者丢弃了同伙,使对方不能猎到鹿而只能空手而归,所以他会遭受社会的谴责。这导致他的收益会下降。然而,当两位参与人都打到一只兔子回家时,社会就不会谴责他们。在该博弈中,策略 H(猎兔)不是一个安全策略。这一策略所带来的收益取决于其他参与人所采取的策略,收益可能是 1.5 或 2。

我们假设任何参与人都不知道对手会如何行动,并且相信合作者选择某个可行策略的概率为$\frac{1}{2}$。此时,策略 H(猎兔)给参与人带来的期望收益为 $\frac{1}{2}\times1.5+\frac{1}{2}\times1=1.75$,这要高于采取策略 S(猎鹿)所能得到的期望收益 $\frac{1}{2}\times3+\frac{1}{2}\times0=1.5$。

因此，在这种情况下，对参与人来说，策略 S 比策略 H 的风险更大。在均衡(H, H)下，每位参与人都会选择风险较低的策略。因此，这种均衡就是风险占优的。

定义

在一个有两位参与人参加的、且每位参与人都有两个策略的对称博弈中，如果在某个均衡中，当对手选择任一可行策略的概率相等时，每位参与人选择的策略都可以最大化她的期望收益，那么，我们就称这个均衡是风险占优的。①

因此，在这类博弈的所有均衡中进行选择时，风险占优就给出了一个可能的选择标准。如果每位参与人对其对手的信息知之甚少，那么在他选择可以最大化期望收益的策略时，就很可能会假设对方选择各种策略的几率是相同的。就像上面的例子中的那样，即使其他均衡更有效率(即能为每位参与人带来更高的收益)，也是如此。

进一步说，如果一位参与人相信他的同伴不知道她会如何采取行动，这位参与人很可能认为，对手在选择那些最大化其期望收益的策略时，所秉持的信念将是某种平均的概率分布。如果这是一个协调博弈，这位参与人也会选择相应的策略，这样所获得的均衡就是一个风险占优均衡。

测验

给出一个对称性协调博弈的例子。在这个博弈中，有两位参与人，且每位参与人可以选择两种策略。而且，这个博弈的风险占优均衡也是有效率的均衡。

测验

给出一个对称性协调博弈的例子。在这个博弈中，有两位参与人，且每位参与人可以选择两种策略。除此之外，尽管每位参与人都存在一个弱占优策略，但还存在一位参与人选择弱劣势策略的均衡。证明对于具有上述特征的任意一个博弈而言，所有参与人都选择弱占优策略的均衡是一个风险占优均衡。

① 风险占优(risk dominance)定义可以推广到一般博弈的情况，但本书不再赘述。见 Harsanyi, J.C and R.Selten(1988), *A General Theory of Equilibrium Selection in Games*, Cambridge, MA: The MIT Press。

▶11

混合策略

在前面几章，我们讨论了纳什均衡概念，并且提出了多种判断博弈均衡子集的准则。但事实上，每个博弈是否都至少存在一个纳什均衡呢？现在，我们可以证明这个问题的答案是否定的。

11.1 硬币匹配博弈

假设两位参与人每位都有一枚硬币，现在要求他们将硬币一面（正面或者反面）朝上放在桌上。两位参与人必须同时放硬币。如果两枚硬币朝上的面相同，那么，参与人 2 必须将他的硬币给参与人 1；如果两枚硬币朝上的面不同，那么，参与人 1 必须将他的硬币给参与人 2。

硬币匹配博弈(the matching pennies game)的收益矩阵（数字表示每位参与人的收益或损失）如下（表 11.1）：

表 11.1

		参与人 2	
		正面朝上	反面朝上
参与人 1	正面朝上	1，−1	−1，1
	反面朝上	−1，1	1，−1

这一博弈是否存在一个纳什均衡呢？我们可以用第 6 章中给出的方法进行求解。首先在每一位参与人采取的最优反应所对应的收益下画线，有（表 11.2）：

表 11.2

		参与人 2	
		正面朝上	反面朝上
参与人 1	正面朝上	$\underline{1}$，−1	−1，$\underline{1}$
	反面朝上	−1，$\underline{1}$	$\underline{1}$，−1

我们注意到，这个博弈的任何一个策略组合所对应的收益，都不存在同时画线的情况。换句话说，每个策略都是针对对手最优反应的策略组合并不存在。比如，如果参与人2选择正面朝上，参与人1同样会选择正面朝上；但此时，参与人2却宁愿选择反面朝上，而这样的话，参与人1同样也希望选择反面朝上；但这时，参与人2的反应却是希望选择正面朝上；以此类推。因此，这个博弈不存在纳什均衡。

这是一个非常棘手的问题。作为博弈论的一个基本的解的概念，如果纳什均衡在这样一个简单博弈中都不能预测参与人的行为，当我们构建模型分析一个复杂的社会现象时，又如何知道是否可以找到一个纳什均衡呢？

如果可以对每位参与人可以使用的策略集加以推广，我们就可以用一个出人意料的方式来求解这个问题。譬如，就目前的博弈而言，我们可以假设每位参与人都允许抛硬币并让它落在桌上。假设硬币正反面朝上的几率相同。同时假设每位参与人都是风险中性的，且在竞争对手策略给定的条件下，参与人追求的是期望收益最大。①

假设现在参与人2决定抛硬币。如果参与人1选择正面朝上，她会获得多大的期望收益呢？如果参与人2掷硬币的结果是正面朝上（概率是1/2），参与人1会得到1美元；如果反面朝上（概率是1/2），参与人1会损失1美元。因此，参与人1的期望收益是：

$$U_1(\text{“正面朝上”},\text{“掷硬币”})=\frac{1}{2}\times 1+\frac{1}{2}\times(-1)=0$$

参与人2从上述策略组合中获得期望收益又是多少呢？参与人2掷硬币结果是正面朝上的几率是1/2，此时，参与人2会损失1美元；反面朝上的几率也是1/2，此时参与人2会得到1美元。参与人2的期望收益是：

$$U_2(\text{“正面朝上”},\text{“掷硬币”})=\frac{1}{2}\times(-1)+\frac{1}{2}\times 1=0$$

当参与人2抛硬币时，参与人1选择反面朝上的期望收益是多少？如果参与人2掷硬币的正面朝上（概率是1/2），参与人1会损失1美元；如果反面朝上（概率是1/2），参与人1会得到1美元。因此，参与人1的期望收益是：

$$U_1(\text{“反面朝上”},\text{“掷硬币”})=\frac{1}{2}\times(-1)+\frac{1}{2}\times 1=0$$

类似地，参与人2的期望收益是：

$$U_2(\text{“反面朝上”},\text{“掷硬币”})=\frac{1}{2}\times 1+\frac{1}{2}\times(-1)=0$$

不难看出，如果参与人2决定抛掷硬币，那么参与人1在选择正面朝上还是反面朝上之间是无差异的，因为选择其中任何一个策略，他获得的期望收益都相同。因此，参与人1在任一个选择和选择抛掷她自己的硬币之间也是无差异的。如果参与人1选择掷硬币，其期望收益为：

① 见第10章中“风险中性参与人”的定义。

$$U_1(\text{“掷硬币”},\text{“掷硬币”})$$
$$=\frac{1}{2}U_1(\text{“正面朝上”},\text{“掷硬币”})+\frac{1}{2}U_1(\text{“反面朝上”},\text{“掷硬币”})$$
$$=\frac{1}{2}\times 0+\frac{1}{2}\times 0=0$$

参与人 2 的期望收益为:

$$U_2(\text{“掷硬币”},\text{“掷硬币”})$$
$$=\frac{1}{2}U_2(\text{“正面朝上”},\text{“掷硬币”})+\frac{1}{2}U_2(\text{“反面朝上”},\text{“掷硬币”})$$
$$=\frac{1}{2}\times 0+\frac{1}{2}\times 0=0$$

类似的,如果参与人 1 选择掷硬币,无论参与人 2 选择正面朝上,反面朝上还是掷硬币,每位参与人的期望收益也是 0。因此,在这个推广的博弈中,我们让每位参与人额外增加一个掷硬币策略,此时的(期望)收益矩阵为(表 11.3):

表 11.3

		参与人 2		
		正面朝上	掷硬币	反面朝上
参与人 1	正面朝上	1, −1	0, 0	−1, 1
	掷硬币	0, 0	0, 0	0, 0
	反面朝上	−1, 1	0, 0	1, −1

现在,我们求解这个推广博弈的纳什均衡。当一位参与人针对其对手的策略选择了一个最优反应后,我们就在相应的收益下画线(表 11.4)。

表 11.4

		参与人 2		
		正面朝上	掷硬币	反面朝上
参与人 1	正面朝上	$\underline{1}$, −1	$\underline{0}$, 0	−1, $\underline{1}$
	掷硬币	0, $\underline{0}$	$\underline{0}$, $\underline{0}$	0, $\underline{0}$
	反面朝上	−1, $\underline{1}$	$\underline{0}$, 0	$\underline{1}$, −1

因此,在这个推广博弈中,仅存在一个纳什均衡,此时每一参与人都选择掷硬币。如果对手选择掷硬币,那么,每位参与人在可供她选择的策略之间是无差异的;特别是,他在抛掷硬币和其他的任何策略之间也是无差异的。因此,如果两位参与人事先可以达成协议抛掷硬币,这个协议就是稳定的,即任一方参与者都没有激励偏离这一协议。

将这个新的策略——“掷硬币”称为一个混合策略(mixed strategy),因为通过概率分布的方式,最初博弈中的各种策略都混合在了一起。在这个推广的博弈中,将最初博弈中的策略称为纯策略(pure strategies)。

更一般来说,甚至通过允许每一位参与人为其初始策略构建一个概率分布,我们就可以对初始博弈进行推广。例如,如果我们给每位参与人一个骰子,她可以用骰子决定正面朝上(概率为1/3)或者反面朝上(概率为2/3)。通过掷骰子,且当骰子结果是1或2时,选择正面;当骰子是3、4、5或6时,选择反面;这样,该参与人就可以实现这个混合策略(不能让对手看到掷骰子的结果)。

现在我们假设每位参与人 $i=1, 2$ 都可以在她最初的两个策略中选择正面或反面朝上的概率。一个此类混合策略就可以用参与人 i 选择正面朝上的概率 $p_i \in [0, 1]$ 来表示。(当然,在这一混合策略中,参与人 i 选择反面朝上的互补概率是 $1-p_i$。)加入所有可能的混合策略后得到的博弈通常被称为博弈的混合式扩展(the mixed extension of the game)。经过扩展后,最初的博弈策略,即扩展后和博弈的纯策略,可以表示为 $p_i=1$(肯定选择正面)和 $p_i=0$(肯定选择反面)所对应的概率分布。如果经过混合式扩展后的博弈中仅仅存在一个纳什均衡,我们也称这是初始博弈的一个**混合策略纳什均衡**(Nash Equilibrium with mixed strategies)。

这种混合式扩展后的博弈一定存在一个纳什均衡吗?我们已经看到,如果参与人2选择掷硬币,即选择混合策略 $p_2=1/2$,那么正面朝上和反面朝上的这两个纯策略给参与人1带来的期望效用就是0。因此,参与人1在其纯策略集上所选择的任何概率分布 p_1 也会同样给她带来期望效用0。所以,如果参与人2选择混合策略 $p_2=1/2$,参与人1在他所有的混合策略之间将是无差异的。特别地,如果她提前选择混合策略 $p_1=1/2$(即掷硬币),那么,只要她相信参与人2会坚守混合策略 $p_2=1/2$,他就没有任何激励偏离上述选择。这种推理同样也适用于参与人2,因此,策略组合:$(p_1, p_2)=\left(\frac{1}{2}, \frac{1}{2}\right)$ 就是一个混合策略纳什均衡。

在混合扩展式的博弈中,还存在其他均衡吗?为了回答这个问题,我们首先要找出参与人的最优反应函数。具体来说,对参与人2的任意策略 $p_2 \in [0, 1]$ 而言,我们需要求出参与人1的最优反应函数。如果参与人2选择混合策略 p_2,且参与人1选择策略 $p_1=1$(即纯策略"正面"),那么行动组合(正面,正面)出现的概率就是 p_2,这时参与人1会获得1美元;而行动组合(正面,反面)①出现的概率是其互补概率,即 $1-p_2$,此时参与人1会损失1美元。因此,参与人1的期望收益为:

$$U_1(1, p_2)=p_2\times 1+(1-p_2)\times(-1)=2p_2-1$$

相反,如果参与人1选择策略 $p_1=0$(即肯定选择反面),那么,行动组合(正面,反面)发生的概率就是 p_2,此时参与人1损失1美元;而行动组合(反面,反面)发生的概率为其互补概率,即 $1-p_2$,这时参与人1赚取1美元。这样,参与人1的期望收益为:

$$U_1(0, p_2)=p_2\times(-1)+(1-p_2)\times 1=1-2p_2$$

因此,在参与人1看来,纯策略"正面"严格优于纯策略"反面",当且仅当:

$$2p_2-1=U_1(1, p_2)>U_1(0, p_2)=1-2p_2$$

---

① 当我们提到策略组合时,譬如(正面,反面),左边表示参与人1所采取的策略(在上面例子中,为"正面"),右边表示是参与人2选择的策略。

上式说明,其充分必要条件是 $p_2 > \frac{1}{2}$。从直觉上说,参与人 1 所希望最大化的是她所选择的硬币面和对手的硬币同一面的可能性,因此,如果对手选择正面朝上的概率 p_2 大于 1/2,那么她就会偏好正面朝上的策略。

此外,当 $p_2 > \frac{1}{2}$ 时,参与人 1 对"正面"策略的偏好不但甚于纯策略"反面",而且甚于 $p_1 < 1$ 的任何混合策略。这是因为:

$$U_1(p_1, p_2) = p_1 U_1(1, p_2) + (1 - p_1) U_1(0, p_2)$$

故而,当 $U_1(1, p_2) > U_1(0, p_2)$ 时,肯定选择策略"正面",即 $p_1 = 1$,就是满足期望效用 $U_1(p_1, p_2)$ 最大的策略。

类似地,当 $p_2 < \frac{1}{2}$ 时,我们有 $U_1(1, p_2) < U_1(0, p_2)$,因此只有选择策略"反面",即 $p_1 = 0$,参与人 1 才可以获得最大的期望效用。

最后,在中间状态 $p_2 = \frac{1}{2}$ 下,我们有:$U_1(1, p_2) = U_1(0, p_2)$,即参与人 1 肯定选择正面,或肯定选择反面,都会带来相同的期望效用。因此,任何混合策略 p_1 也会带给参与人 1 相同的期望效用,所以她在这些可供选择的混合策略和纯策略之间是无差异的。

据此,我们可以得到参与人 1 的最优反应为:

$$BR_1(p_2) = \begin{cases} 1 & p_2 > \frac{1}{2} \\ [0, 1] & p_2 = \frac{1}{2} \\ 0 & p_2 < \frac{1}{2} \end{cases}$$

注意到 BR_1 不是一个函数,而是一个**映射**(correspondence):对任意的 $p_2 \in [0, 1]$ 而言,它都会得到参与人 1 的一个最优反应,或一个最优反应集;后者中包括不止一个最优反应。如果 $p_2 = \frac{1}{2}$,参与人 1 的所有策略 $p_1 \in [0, 1]$ 都是最优反应,因为它们为参与人 1 带来的期望效用是相同的。

类似的,参与人 2 的最优反应为:

$$BR_2(p_1) = \begin{cases} 0 & p_1 > \frac{1}{2} \\ [0, 1] & p_1 = \frac{1}{2} \\ 1 & p_1 < \frac{1}{2} \end{cases}$$

参与人 1 的最优反应(灰线)和参与人 2 的最优反应(黑线)如图 11.1 所示。

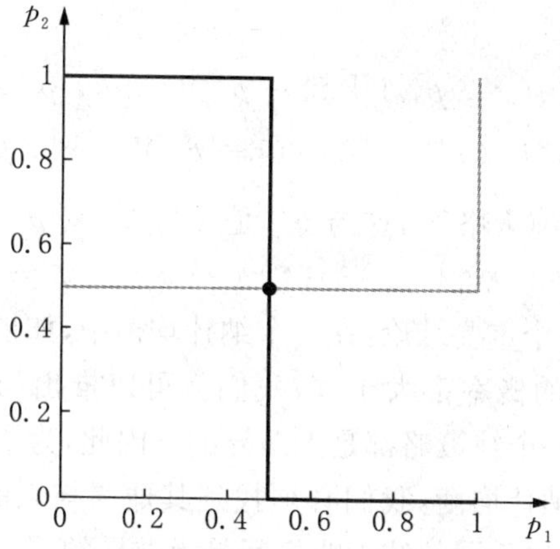

图 11.1

通过求解两条反应曲线对应图形的交点，就可以求得该博弈的纳什均衡。这是一对混合策略组合，即

$$(p_1,\ p_2)=\left(\frac{1}{2},\ \frac{1}{2}\right)。$$

11.2 混合策略纳什均衡的求解

一般来说，如果在一个博弈中，每位参与人 $i \in I$ 有两个纯策略 x_i^1，x_i^2，我们如何求解该博弈的混合策略均衡呢？

和前面的例子一样，我们用参与人 i 选择在初始博弈中她第一个纯策略 x_i^1 的概率 p_i 表示她的一个混合策略。如果参与人 i 在纳什均衡 $p^*=(p_i^*,\ p_{-i}^*)$ 中选择了混合策略 p_i^*，那么就其他参与人的策略组合 p_{-i}^* 而言，这个策略也是她的最优反应。换言之，参与人 i 选择混合策略 p_i^* 时所获得的期望收益，就是通过选择关于她两个策略上的某个可能的概率分布，可以保证自己获得的最大期望收益。这一期望收益为：

$$U_i(p_i^*,\ p_{-i}^*)=p_i^*U_i(x_i^1,\ p_{-i}^*)+(1-p_i^*)U_i(x_i^2,\ p_{-i}^*)$$

在上述等式中，我们用 $U_i(x_i^1,\ p_{-i}^*)$ 表示参与人 i 选择纯策略 x_i^1，其他参与人选择 p_{-i}^* 时该参与人的期望收益。当参与人 i 选择 x_i^1 的概率为 1 时，即肯定选择 x_i^1 时，我们可以轮流用 $U_i(x_i^1,\ p_{-i}^*)$ 以及对应的 $U_i(1,\ p_{-i}^*)$ 来表示。

类似地，我们也交替使用 $U_i(x_i^2,\ p_{-i}^*)$ 和 $U_i(0,\ p_{-i}^*)$。我们用 $U_i(0,\ p_{-i}^*)$ 表示参与人 i 选择 x_i^1 的概率 $p_i=0$，因此选择纯策略 x_i^2 的概率是其互补概率，即概率 1。

如果在纳什均衡时，p_i^* 是一个混合策略（此时，选择每个纯策略 x_i^1，x_i^2 的概率都大于零），且 $0<p_i^*<1$，那么有：

$$U_i(x_i^1,\ p_{-i}^*)=U_i(x_i^2,\ p_{-i}^*)$$

否则，p_i^* 不是一个最优反应。例如，如果有：

$$U_i(x_i^1,\ p_{-i}^*)>U_i(x_i^2,\ p_{-i}^*)$$

我们可以得到：

$$U_i(p_i^*, p_{-i}^*)=p_i^* U_i(x_i^1, p_{-i}^*)+(1-p_i^*)U_i(x_i^2, p_{-i}^*)$$
$$<p_i^* U_i(x_i^1, p_{-i}^*)+(1-p_i^*)U_i(x_i^1, p_{-i}^*)=U_i(x_i^1, p_{-i}^*)$$

因此，混合策略 p_i^* 就劣于纯策略 x_i^1，这与 p_i^* 是参与人 i 对 p_{-i}^* 的最优反应这一假设互相矛盾。

因此，我们可以得到一个重要结论：在一个纳什均衡中，如果参与人 i 在她采纳的混合策略中两个纯策略所对应的概率都大于零，我们就可以推出（给定其他参与人的均衡选择），参与人 i 对选择任意一个纯策略都是无差异的。因此，为了确定博弈中是否存在参与人 i 选择混合策略的一个纳什均衡，我们必须找到其他参与人的一个策略组合 p_{-i}^*，且在该策略组合下，参与人 i 在她不同的纯策略之间是无差异的。

在一个由两位参与人进行的博弈中，除了参与人 i，另外只存在一位参与人 j。因此，为了确定在这个博弈中是否存在一位参与人 i 选择混合策略的纳什均衡，我们必须求出参与人 j 的一个（纯策略或混合策略）p_j^*，且这一策略保证参与人 i 在她的两个纯策略之间是无差异的。因此，在这样一个均衡中，参与人 j 的均衡策略 p_j^* 实际上仅仅取决于其对手，即参与人 i 的收益，而不取决于他自己的收益。现在，我们将证明这一结论。

11.2.1 两性之争

回忆第 6.1 节中的两性之争（the battle of the sexes）博弈，其收益矩阵为（表 11.5）：

表 11.5

		Ben	
		影院	剧院
Iris	影院	2，1	0，0
	剧院	0，0	1，2

回想一下，这个博弈存在两个纯策略纳什均衡——（影院，影院）和（剧院，剧院）。这个博弈是否还存在混合策略均衡呢？

正如我们已经看到的，为了使 Iris 愿意采取一个混合策略，即选择去影院的概率为 p_1，选择去剧院的概率为互补概率$(1-p_1)$；她就必须在这两个纯策略之间是无差异的，也就是说，这两个策略给她带来的期望效用相同。因此，我们需要求出 Ben 的一个混合策略，即他选择去影院的概率为 p_2，选择去剧院的互补概率为$(1-p_2)$；且该策略确实会使 Iris 在她的各种选择之间是无差异的。换言之，概率 p_2 必须满足：

$$U_1(\text{影院}, p_2)=U_1(\text{剧院}, p_2)$$

当 Ben 选择混合策略 p_2 时，Iris 选择去影院的期望效用为：

$$U_1(\text{影院}, p_2)=p_2 U_1(\text{影院}, \text{影院})+(1+p_2)U_1(\text{影院}, \text{剧院})$$
$$=p_2\times 2+(1-p_2)\times 0=2p_2$$

然而，他去剧院能得到的期望效用为：

$$U_1(剧院,p_2)=p_2U_1(剧院,影院)+(1+p_2)U_1(剧院,剧院)$$
$$=p_2\times 0+(1-p_2)\times 1=1-p_2$$

因此,为了让 Iris 愿意采取某个混合策略 p_1, Ben 必须采取的混合策略 p_2 要满足: $2p_2-1-p_2$, 即 $p_2=\frac{1}{3}$。

换言之,如果在该博弈存在一个 Iris 采取混合策略的纳什均衡,那么,在均衡时,Ben 必须采用混合策略 $p_2^*=\frac{1}{3}$。

这种纳什均衡确实存在吗? Iris 是否拥有某个策略(纯策略或混合策略),使得 Ben 的策略 $p_2^*=\frac{1}{3}$ 是一个最优反应呢?

如前所述,要使 Ben 所采取的任一混合策略(特别的,对混合策略 $p_2^*=\frac{1}{3}$ 而言)都是他的一个最优反应,Iris 的策略 p_1 必须使 Ben 在他的两个纯策略之间是无差异的。换言之,策略 p_1 必须满足:

$$U_2(p_1,影院)=U_2(p_1,剧院)$$

当 Iris 选择混合策略 p_1 时,我们可以推得,如果 Ben 去影院,他的期望效用将是:

$$U_2(p_2,影院)=p_1U_2(影院,影院)+(1-p_1)U_2(剧院,影院)$$
$$=p_1\times 1+(1-p_1)\times 0=p_1$$

且如果他去剧院,那么他的期望收益将是:

$$U_2(p_1,剧院)=p_1U_2(影院,剧院)+(1-p_1)U_2(剧院,剧院)$$
$$=p_1\times 0+(1-p_1)\times 2=2-2p_1$$

因此,如果存在一个 Ben 采取某个混合策略的纳什均衡,那么在这个均衡下,Iris 所采取的混合策略 p_1 必须满足: $p_1=2-2p_1$, 即 $p_1=\frac{2}{3}$。

因此,我们可以得出结论:在这个博弈中,策略组合: $(p_1^*,\ p_2^*)=\left(\frac{2}{3},\ \frac{1}{3}\right)$ 是一个混合策略纳什均衡。

在这个均衡中,参与人在他们的每一个纯策略之间是无差异的,因此也都同意通过抽签的方式决定其策略选择。每位参与人选择自己最喜欢的娱乐形式的概率是 2/3,且选择自己第二喜欢的娱乐形式的概率为其互补概率,即 1/3。

根据上述计算,Iris 在均衡时的期望效用为: $2p_2^*=1-p_2^*$, 即为 2/3。Ben 在均衡时的期望效用为: $p_1^*=2-2p_1^*$, 即 2/3。

我们注意到,在每一个纯策略均衡——(剧院,剧院)和(影院,影院)中,每位参与人的收益至少为 1。在我们刚刚求出的混合策略均衡中,每位参与人的期望效用更低一些,只有 2/3。这是因为在这个均衡中,这对情侣可能会分开,晚上一个人过,且这种情况发生的概率大于0;而他们两个人都认为这种情况比两个人一起参加任何一个娱乐项目的情况更糟糕。(你可以计算一下,晚上单独一个人过的概率是多大。)混合策略均衡唯一的优点在于它是对称的;即此时这对情侣中的每一个人获得相同的期望效用;但在两个纯策略均衡中,尽管两个人会在一起,但其中一方获得的乐趣要大于另一方。

测验

在两性之争博弈中,求解Iris和Ben的最优反应映射。

提示:如图11.2给出了双方的最优反应映射。黑线和灰线分别代表哪位参与人的最优反应呢?

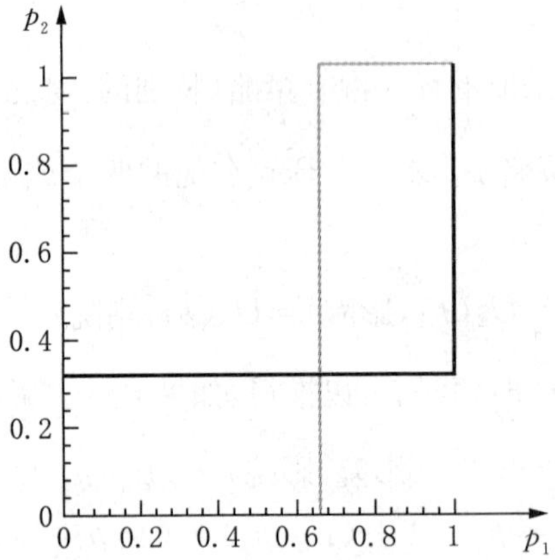

图11.2

11.3 实验室实验中的混合策略

当人们所处的是某种一次性而非重复性的策略情景时,他们实际上会按照纳什均衡下的混合策略进行博弈吗?如果策略情景不是重复发生的,我们就不能决定一位参与人是否通过抽签进行决策,还是按照她手头的某种确定性策略进行决策,但我们可以分析在当时的策略环境下,不同参与人策略选择的分布情况和混合均衡策略下纯策略选择的分布情况是否非常接近。一旦两种分布非常近似,我们就可以认为,参与人作为整体所体现出来的总体行为和每个个体所选择的混合均衡策略是一致的(即使每位参与人实际上很可能单独选择的是某个确定的策略,且没有依靠随机分布决策)。

Goeree和Holt(2001)①通过实验室的实验对不同版本的硬币匹配博弈进行了分析。在第一个版本中,实验中每位参与人只有一次机会进行博弈,博弈的收益矩阵如下(表11.6):

① Goeree, J.K. and C.A.Holt(2001), "Ten Little Treasures of Game Theory and Ten Intuitive Contradictions", *American Economic Review*, 91, 1402—1422.

表 11.6

		参与人 2 L	参与人 2 R
参与人 1	T	\$0.80，\$0.40	\$0.40，\$0.80
参与人 1	B	\$0.40，\$0.80	\$0.80，\$0.40

这个博弈就像原来的硬币匹配博弈一样，是完全对称的。而且确实将近有一半的扮演角色 1 的参与人选择了策略 T，而其余选择了策略 B；同样，扮演角色 2 参与人选择的分布非常接近于均匀分布，在两个选项间分配比例是 50—50。因此，在这个博弈中，就每位参与人的选择来看，实验结果和混合策略均衡的预测结果非常吻合，每个纯策略选择的概率都是 1/2。

当改变实验中某个收益数据时，结果变得大为不同。改变后的收益矩阵为(表 11.7)：

表 11.7

		参与人 2 L	参与人 2 R
参与人 1	T	\$3.20，\$0.40	\$0.40，\$0.80
参与人 1	B	\$0.40，\$0.80	\$0.80，\$0.40

在新的博弈中，同样不存在纯策略均衡。在新博弈的混合策略纳什均衡下，即便一个收益数据改变很大，但参与人 1 选择不同策略的概率仍然相同 $\left(p_1^*=\frac{1}{2}\right)$。这是因为参与人 1 的均衡策略 p_1^* 必须使参与人 2 在其纯策略上是无差异的。因为参与人 2 的收益在两个博弈中相同，因此，均衡策略 p_1^* 必须保持不变。

但相比之下，在新博弈中，参与人 2 的均衡策略 p_2^* 必须改变，这是因为该策略要使参与人 1 在不同的策略中都得到的相同期望收益。因此，在新博弈中，策略 p_2^* 应该满足：$3.20p_2^*+0.40(1-p_2^*)=0.40p_2^*+0.80(1-p_2^*)$，即 $p_2^*=1/8$。但在实验中，参与人的行为却完全不同，且其选择的分布和这些均衡策略也完全不一致。在实验中，高达 96%的绝大多数扮演角色 1 的参与人都选择了策略 T，而纳什均衡中给出的预测应该是一半。看起来这些参与者有意或无意地都认为，策略 T 所对应可能的高收益 3.20 会导致一个均值更高的收益。且在扮演角色 2 的参与人中，84%的参与人者实际上都认为参与人 1 会这样选择，且选择了相应的策略 R。策略 R 可以保证他们获得的平均收益接近于 0.8，这是在博弈中他们所可能获得的最大收益。这个百分比确实非常接近于纳什均衡的预测，后者预测值为 $1-p_2^*=87.5$ 个百分点。剩余的扮演角色 2 的参与人，即 16%的参与者选择的是策略 L。(平均而言，此时他们获得的收益更低，为 0.40。)这说明了平均而言，绝大多数角色 1 的参与人都选择策略 T 的合理性：在实验中，这种策略的平均收益要高于策略 B 的平均收益。

总结一下，实验结果和预测并不完全一致，因为在博弈中，只有一个唯一的混合策略纳什均衡。这时参与人的行为并不仅仅取决于他们的收益，还取决于对手的收益。当实

验人员修改参与人 1 的收益,让其反向变化时,得到的结果也是类似的。这时收益矩阵为(表 11.8):

表 11.8

		参与人 2 L	参与人 2 R
参与人 1	T	\$0.44, \$0.40	\$0.40, \$0.80
	B	\$0.40, \$0.80	\$0.80, \$0.40

在这个博弈中,在扮演角色 1 的参与人中,只有很小一部分(8%)选择了策略 T,而选择 B 的占绝大多数(92%)。相应地,在扮演角色 2 的参与人中,有 80%选择策略 L,而 20%选择了策略 R。

11.4 混合策略纳什均衡的三种可能解释

在最初的硬币匹配博弈(第 11.1 节)中,混合策略 $p_i=1/2$ 是一个很自然的选择——掷硬币。但是,在两性之争(第 11.2.1 节)中,对参与人来说,混合策略并非是一种自然的行动选择。那么,我们应该如何理解博弈中的混合策略呢?

当然,为了实施这一均衡策略,在两性之争博弈中的每一个人都可以用掷骰子来决定。譬如,Iris 可以提前制定下述计划:她掷骰子。如果出现的是数字 1、2、3 或 4,她就去影院;如果结果是 5 或 6,她就去剧院。但在这个博弈情景中,选择掷骰子并不是很自然的。此外,也很难想象,Iris 在掷骰子之后会坚定无疑地执行这个计划:如果她认为 Ben 事实上也会采取混合策略,$p_2^*=1/3$,那么,她在两个可行的策略之间就是无差异的,因此也没有特别理由特意采取混合策略 $p_1^*=2/3$。

正如我们看到的,在一次性策略互动中假设人们会在不同的策略中随机选择,这个假设和实验结果是不一致的。那么,混合策略均衡还存在其他更直观的解释吗?现在我们来看混合策略均衡的三种可能解释。

11.4.1 预测的均衡

回顾一下,当我们在第 6 章解释纳什均衡概念时,其中一种解释不是从参与人采取行动的角度出发,而是认为每位参与人都会对其他参与人的期望行动进行预测。在上面的例子中,我们可以认为,混合策略 $p_1^*=2/3$ 并非是 Iris 所采取的一种明确的行动,而是 Ben 想象 Iris 去剧院的一种概率。同样,Ben 的混合策略 $p_2^*=1/3$ 也可以理解为 Iris 认为 Ben 要去影院的概率。在均衡的这种解释下,参与人的信仰彼此一致,且相互验证。这种解释和参与人的实际选择是无关的。

11.4.2 重复博弈中的简单经验法则

另一种可能的解释是从所处环境角度出发。此时,参与人发现他们不断重复遭遇的策略环境是相同的。原则上这是成立的，因为在每一次博弈中，参与人依靠的是他们所能获得的所有信息，并根据他和其他参与人在以前博弈中所采取的行动进行决策。在本书的最后一部分，我们将详细分析参与人在此类博弈中的理性选择。但是，每位参与人实际上也可能都在寻找一种简单且固定的“经验法则”，这个行动法则和博弈规则完全独立，也会使她在整个博弈历史中的平均收益最大化。在混合策略中，参与人在每轮博弈前会不断应用该经验法则，从一个她拥有的彩票池中不断抽取本轮所选择的行动策略。这实际上是一种简单的行动法则。博弈回合数越多，参与人的平均收益和混合策略所预计的收益水平一致的可能性实际上也就越大。①

因此，只要每位参与人都希望使在博弈各回合中的平均收益最大化，我们就可以把混合策略纳什均衡视为一种简单决策法则下的均衡，这种规则和博弈历史是不相关的。

现在我们来分析两个例子。

1. 网球发球

一场网球赛的得分会很多。每次得分开始，每位选手都要发球。当接球方接球不成功时，就可以得分；②或者在双方选手相互击球来往数个回合之后，也可以得分。

每当选手发球时，发球方可以选择把球发到对手场地中的右方或左方。如果网球在接球方右边着地，她就可以正手击球（如果她是右手型选手）；如果网球在她左边，她就会反手击球。当发球方发球时，由于网球非常快，因此接球一方必须决定是更多准备接右路球，还是更多准备接左路球。

如上所述，每场网球赛都有很长的一系列得分和赛局，因此，随着比赛进行，选手可以决定发球的方式和准备接球的方向，而且，这些决策是截至当前的比赛历史的函数。此外，他们也可以不考虑比赛历史，把每次得分视为一场单独的比赛，且每个人都希望赢。如果是这种情况，得分就可以视为一场比赛，其中每位选手必须在两个策略中选择，即左路或右路，而每个选手的收益就是她赢得该场比赛的可能性。当然，获胜的可能性取决于两个选手的策略组合，这些策略组合包括发球方的目标场地位置（左路或右路）以及接球一方所准备的接球方向。这样，我们就可以得到下面的博弈收益结构（表 11.9）：

表 11.9

		接球方	
		右路	左路
发球方	右路	π_{RR}，$1-\pi_{RR}$	π_{RL}，$1-\pi_{RL}$
	左路	π_{LR}，$1-\pi_{LR}$	π_{LL}，$1-\pi_{LL}$

假设发球方的目标方向和接球方准备的方向相反时，发球方获胜概率较高，即

$$\pi_{RR} < \pi_{LR}, \ \pi_{LL} < \pi_{RL}$$

同样，如果接球方准备的方向和发球方的目标方向相同，接球方获胜概率就较高，即：

$$\pi_{RR} < \pi_{RL}, \ \pi_{LL} < \pi_{LR}$$

① 这就是概率论中的大数定律。

② 或者，一些极少的情况下，如果发球方出现两次发球失误，也会得分。

[例题 11.1]

证明在上述博弈中,不存在纯策略纳什均衡。

答案

根据上述不等式,我们可以在每位选手的最优反应所对应的收益下划线,有(表 11.10):

表 11.10

		接球方	
		右边	左边
发球方	右边	π_{RR}, $\underline{1-\pi_{RR}}$	$\underline{\pi_{RL}}$, $1-\pi_{RL}$
	左边	$\underline{\pi_{LR}}$, $1-\pi_{LR}$	π_{LL}, $\underline{1-\pi_{LL}}$

我们看到,在上表 11.10 中,并不存在某个方格,且满足方格中的每一个策略都是对手策略的最优反应。换言之,该博弈不存在纯策略纳什均衡。

[例题 11.2]

假设博弈的收益矩阵为(表 11.11):

表 11.11

		接球方	
		右边	左边
发球方	右边	0.1, 0.9	0.7, 0.3
	左边	0.8, 0.2	0.4, 0.6

根据上述收益矩阵,如果发球方目标为右路,接球方实际上准备采取正手击球方式回击,接球方获胜的概率会非常高(0.9)。如果发球方实际上准备发往左路,而接球方就不得不用反手击球的方式回击(对绝大多数选手,实际上这都非常困难),接球方获胜的概率就会降到 0.6。但如果接球方准备接左路来球,而发球方出乎意料发到了右路,那么发球方获胜的概率会较大(0.7);且如果发球方准备发左路,而接球方准备接右路来球,那么,发球方获胜的概率就会上升到 0.8。

求解上述博弈的一个混合策略纳什均衡。在所求均衡下,每个选手获胜的概率是多少?

答案

我们称发球方为参与人 1,接球方为参与人 2。对每位参与人 $i=1, 2$ 来说,参与人 i 的混合策略用她选择"右路"策略的概率 p_i 来表示。

现在我们求解一个混合策略纳什均衡(p_1^*, p_2^*)。在均衡下,参与人 1 在她的两个纯策略(左路或右路)之间是无差异的;每个策略给她带来的期望收益都相同。她从右路策略中获得的期望收益是 $0.1p_2^*+0.7(1-p_2^*)$,她从左路策略获得的期望收益是 $0.8p_2^*+0.4(1-p_2^*)$。因此,参与人 2 的均衡策略 p_2^* 必须满足:

$$0.1p_2^*+0.7(1-p_2^*)=0.8p_2^*+0.4(1-p_2^*)$$

求解,我们有:$p_2^*=0.3$。

在这种混合策略下,当她选择任一个纯策略,或选择任一个混合策略时,发球方获胜的概率为：$0.1\times0.3+0.7\times(1-0.3)=0.8\times0.3+0.4\times(1-0.3)=0.52$。

同样，在均衡(p_1^*, p_2^*)下，参与人2在其可供选择的两个纯策略之间是无差异的：她从策略“右路”中获得的期望收益，即$0.9p_1^*+0.2(1-p_1^*)$，必须等于她从策略“左路”中获得的期望收益，即$0.3p_1^*+0.6(1-p_1^*)$。因此，在均衡时，策略p_1^*必须满足：$0.9p_1^*+0.2(1-p_1^*)=0.3p_1^*+0.6(1-p_1^*)$，也就是有$p_1^*=0.4$。

在这一混合策略下，当她采取任何一个纯策略，或采取任何混合策略(特别的，当采取均衡策略$p_2^*=0.3$)时，接球方赢球的概率为：$0.9\times0.4+0.2\times(1-0.4)=0.3\times0.4+0.6\times(1-0.4)=0.48$。

因此，我们有$(p_1^*, p_2^*)=(0.4, 0.3)$，这就是该博弈的混合策略均衡。

在这个均衡下，发球方发球时发往左路的球占比为60%，此时接球方将不得不选择反手击球。相应地，接球方准备用反手击球回击的概率也较大(70个百分点)。结果，在大约$60\%\times70\%=42\%$这一较大百分比的情况下，发球方发往左路，同时接球方准备反手击球。此时，发球方获胜的概率只有40%(这是发球方在收益矩阵右下方格中的收益情况)。

在40%的情况下，发球方会出乎对手意料，发球到右路。当对手像往常一样准备反向击球时，这种意外战术的成功率有70%，此时总的获胜概率为$40\%\times70\%=28$个百分点。如果接下来仍然采取这种意外战术，发球方赢球的概率为70%。

但接球方有时也会采取意外战术，在30%的情况下，接球方会采取不同的战术准备迎接右路来球。如果这种战术和发球方意外战术的尝试恰好一致，发球方也往右路发球，而接球方也准备接该路来球，此时发球方获胜的概率只有0.1。这种意外战术组合发生的可能性很小，只有$40\%\times30\%=12$个百分点。

因此，如果接球方企图采取的意外战术和发球方的意外企图相一致，她的效率会非常高。但是当接球方试图采用意外战术，并准备迎接右路来球时，如果发球方像往常一样发向左路，接球方赢球的概率就会降到20%。在我们求解得到的均衡中，这种情况发生的概率为$60\%\times30\%=18$个百分点。

在均衡时，每位参与人所采取的意外战术的频率，会使对手在选择不同策略时是无差异的，即竞争对手此时不会偏爱任何某一种策略：无论对手是否采取意外战术，参与人获胜的几率都是相同的。因此，在均衡时，存在着某种微妙的平衡。此时，每位参与人采取意外战术的频率，实际上也可以使对手以类似的频率同样采取一种意外的战术，这就是均衡时的频率。

2. 现实的网球发球

职业网球选手确实采取的是一种混合策略吗？

通过分析1974—1997年期间重要国际赛事中的10场世界网球冠军比赛，Walker和Wooders(2001)①回答了这个问题。这10场比赛都费时很长。虽然从这些比赛的电视录像中并不能总是确定接球方准备接球的方向，但却可以观察到每场比赛中发球方发球的

① Walker, M. and J. Wooders(2001), “Minimax Play at Wimbledon”, *American Economic Review*, 91(5), 1521—1538.

方向。尽管这些数据是不完全的,我们仍然分析下述问题:

(1) 当把发球目标定位在右路(接球方的正手)或左路(接球方的反手)时,像混合策略纳什均衡预测的那样,发球方赢球的概率都相同吗?①

(2) 在不同的比赛中,像混合策略要求的那样,这些发球方向是相互独立的吗?还是在这些发球方向之间存在某种序列相关性,从而它们不独立呢?

Walker 和 Wooders(2001)发现,第一个问题的答案是肯定的:在绝大多数比赛中,开球时发球方发向右路和发往左路成功的概率几乎相同。②但他们发现第二个问题的答案是否定的:在不同的比赛中,发球的方向并不是独立的。③但是,第一个问题肯定的答案表明,接球的选手不可能发现发球方开球中的统计相关性,因此也不能利用它们而获利。

3. 足球中的罚点

足球中的罚点球要从距离球门 12 码的距离发球。在这种策略情景的纳什均衡下,职业选手是否确实会采取混合策略呢?这是分析混合策略纳什均衡的另一个很自然的例子。在点球时,足球距离球门 12 码。罚点的点球手助跑到球前面,然后把球踢向球门的右路或左路。足球到达球门的时间大约为 1/3 秒。因此,当点球手触球的一刹那,一个有经验的守门员会向右路或左路移动:如果他提前移动,点球手就会有时间调整踢球方向,把球踢往相反的方向;如果守门员在踢球之后再移动,他通常会因移动太迟而碰不到足球。

因此,点球手和守门员之间的竞赛和前面网球比赛中发球方和接球方的例子非常类似:如果守门员移动的方向和点球手踢球的方向一致,守门员扑住球的概率会较大;如果点球手踢球的方向和守门员移动的方向相反,点球手得分的可能性会较大。但无论如何,这两个例子在性质上却存在重要的区别。在网球比赛中,每次得分是相同选手在同一场比赛中多次较量中的一次。而在职业足球中,任意两个玩家——点球手和守门员之间重复碰面机会却非常少,因为这通常发生在不同的足球比赛中,且这些不同的比赛间隔时间较长。尽管如此,这个例子也有某些重复博弈的特征。这是因为职业足球运动员和教练员通常会根据资料来分析罚点球运动员和扑点球守门员的行为,而且在准备下一场比赛时,他们会根据这些资料进行相应部署。

4. 现实中的足球罚点

Palacios-Huerta(2003)④根据一个数据库分析了这些球员的行为。这个数据库包括 1995—

① 在比赛中,选手在发球时会有所改变。大约有一半的发球是从场地中发球方的右手(发球)边发到接收方的右手边,其余的发球是从场地的左路到左路。因此,根据发球方在场地中的站位和发球的落地方位,每次比赛的发球可以分为四个不同的序列。在这个博弈中,成功概率 π_{RR},π_{RL},π_{LR},π_{LL} 也许取决于这些数据。因此,Walker 和 Wooders(2001)分别对上述四种发球序列都进行了分析。

② Walker 和 Wooders(2001)之所以选择分析那些耗时较长的比赛,是因为这些比赛是提供大量数据的很好的来源。但他们承认,选择这些冗长赛事会导致结果存在某种偏误:这些比赛比普通比赛持续的时间更长,恰恰是因为选手所采取的混合策略正好是一种纳什均衡,而在同样赛事的其他职业网球比赛中,采取非均衡策略会使得其中一方在较短时间内就获胜。这个假设需要进一步的经验研究加以证实或证伪。

③ 在分布独立的长时序列中,短时或中期连续出现同一结果的概率并非是微不足道的。(譬如,在掷硬币 100 次中,即便前 5 次全部是头像的可能性很小,但在 100 次中,连续出现 5 次头像的概率却不可忽略。)在很多试验中,绝大多数人公认自己创建一个非常接近于掷硬币结果的序列是非常困难的:人们要保证在所创建的一系列结果出现的频率要和每个序列中的平均频率非常接近,因此在所创建的序列中,几乎不考虑短期到中期结果相同时的情况。Walker 和 Wooders(2001)对他们的网球赛进行分析时,对一个发球方发球方向的序列也考虑了类似的问题。

④ Palacios-Huerta, I.(2003), "Professionals Play Minimax", *Review of Economic Studies*, 70, 395—415.

2000 年欧洲主流联赛中的 1 400 次罚点球数据。他发现罚球得分的平均概率为(表 11.12)：

表 11.12

		守门员	
		左路	右路
点球手	左路	58.30%	94.97%
	右路	92.91%	69.92%

在这个博弈中,唯一的纳什均衡是混合策略均衡,且根据该纳什均衡,点球手罚向左路的概率为 41.99%,而守门员扑向左路的概率为 38.54%。在数据库中,球员的实际行为和预测非常接近:42.31%的球都踢向左路,而 39.8%的守门员都向左方扑救。

数据库给出的 22 名点球手和 20 名守门员都至少参加了 30 次罚点球比赛。研究发现,绝大多数情况下,事实上,采取上述任何一个策略(左路或右路)得到的成功概率几乎相同。此外,就样本中的球员而言,没有发现在踢球方向和移动方向序列中存在序列相关现象。①因此,分析结论认为,球员的行为和他们所采取的混合策略纳什均衡假设是一致的。②

11.4.3 总体博弈

截至目前,我们已经给出了两种混合策略均衡概念的解释。一种解释是把参与人的混合策略理解为她的对手关于其预期行为的预测。而第二种解释是把一位参与人的混合行为视为她在每次重复博弈中所采取的一个简单的经验法则。在每一轮博弈时,她通过某种抽签的方式选择策略,且这次选择和之前对手的策略选择以及她自己的策略选择都是独立的。

第三种重要的解释认为出现在某次博弈中参与人都来自某个大规模的总体。在每一轮博弈时,从不同的样本中选择进行博弈的代表,并完成博弈。在其他博弈回合(同时发生,或发生时间不同)中,由不同总体的不同代表来完成。在既定总体中的所有个体的收益函数都相同,据此可以将其称为总体收益函数,该博弈也可以称为总体博弈。

当每个总体中的每位参与人参与博弈时,他总采取同样的纯策略。这种纯策略可以称为参与人的类型(type)。如果在不同的总体中,不同类型的频率对应于总体收益函数所定义的一种混合策略纳什均衡,那么,总体中的每种类型的期望收益也是相同的。

现在假设参与人在博弈中的收益表示其生存并抚养同一类型后代的能力,即后代也要采取相同的策略。这种收益称为生存能力(fitness)。在均衡时,每种类型都有同样的期望收益,这样总体中的所有类型的平均后代数量也是相同的。因此,在混合策略均衡下,在每一个总体中不同类型出现的相对频率随时间推移就会保持不变。

① 和网球不同的是,在网球分析中,不同的发球方向之间存在序列相关现象。非常重要且值得强调指出的是:在不同的罚点球中,某位特定球员的罚点球方向是不存在序列相关的。这一事实实际上表明,点球手实际上在每次罚点球之前就进行了一次随机抽签,而且踢球方向序列和这种抽签行为是一致的。

② Chiappori, Levitt and Groseclose(2002)通过分析一个更小的罚点球数据库,得出的结论也是类似的。见 Chiappori, P.A., Levitt, S.D., and Groseclose, T.(2002), "Testing Mixed Strategy Equilibrium when Players are Heterogeneous: The Case of Penalty Kicks in Soccer", *American Economic Review*, 92(4), 1138—1151。

对纳什均衡的这种解释很自然可以运用到生物系统中。在第16章,我们将详细分析总体博弈这一主题。

测验

消费者和技术人员①

任何人都有求助于技术工人——管道工、电气工程师、汽修厂工人等的专业服务的时候。在某些情况下,技术人员会认定故障微不足道,很容易就可以解决。当然,消费者会很开心。在另外一些情况下,技术人员会认为故障非常复杂,维修代价很高。因此,越幼稚的消费者就越容易接受技术人员的结论,并同意支付高昂的维修费。但是,老到的消费者就会考虑一下,希望另一位技术人员给出问题不严重的结论,并愿意很省钱地解决这个问题。但是如果第二位技术人员也认为问题很严重,消费者通常转而回到第一个技术人员那里,并对多花的检修费用和浪费的时间后悔不已。

老到世故的消费者一开始怀疑并非毫无道理。当然某些技术人员非常诚实,且不会就一个很容易解决的故障向消费者索取高昂的维修费。但另一些技术人员的诚信却有所欠缺,总是告诉消费者故障非常复杂。②这样,即便维修很容易也很简单,他们通过这种方式就会赚更多的钱。但他们这样做也会冒一定的风险,因为他们可能碰到一位老到的消费者。一旦不能说服这位消费者故障确实非常复杂,他就可能会到其他地方,且一去不回。

考虑消费者群体和技术人员所参与的博弈。假设博弈存在一个收益矩阵,其性质如下所述:

(1) 在遇到一位诚实技术人员时,幼稚消费者的期望收益要高于老到的消费者所获得的期望收益;当遇到一位不诚实的技术人员时,幼稚消费者的期望收益要低于老到的消费者的期望收益。

(2) 不诚实的技术人员可以误导幼稚的消费者,获得的效用也高于诚实技术人员所获得的效用;在遇到一位老到的消费者时,相比之下,诚实的技术人员获得的期望效用较高。

回答下面的问题:

A. 这个博弈存在纯策略纳什均衡吗?

B. 为了确保在消费者和技术人员的随机遭遇中,两种类型消费者所获得的期望效用都相同,在全部技术人员中诚实的技术人员占比必须为多少呢?

C. 为了确保两种类型技术人员的期望效用都相同,在消费者总体中幼稚消费者占比必须为多少呢?

D. 就上面B和C问题中求解得到的两个值,你可以从其组合中得到什么结论?

① 问题来源于 Osborne, M.J,(2004), *An Introduction to Game Theory*, Oxford University Press, p.123。

② 为了简单一些,我们假设不诚实的技术人员不会臭名远扬:当然,老到的消费者会拒绝代价高昂的维修,并在随后发现前面的欺诈行为。他们也会告诉其亲朋好友,但我们这里假设信息在消费者群体中的传播范围不会很广。

附录：混合策略中存在纳什均衡的证明

尽管事实上混合策略不是一个很自然的概念，但它们在纳什均衡概念最早的论文中就存在了。[①]原因在于，在任何策略数有限的博弈中，都存在一个纳什均衡，或者是纯策略的，或者是混合策略的。因此，混合策略这一概念就为任何策略数量有限的博弈提供了一个解（或一些解）。

在本书中，我们将不会正式证明这一存在性定理，而是满足于用定理证明的方法来获得这种解释的一些思想。所有定理的证明都要用到一类重要的数学定理，即不动点定理。

在现在的讨论中，我们将主要分析如下情况，即每位参与人 $i \in I$ 仅有两个纯策略，这样我们就可以利用概率 $p_i \in [0, 1]$ 给出参与人的混合策略。这里，p_i 是参与人选择第一个策略的概率。同时，我们注意到，在这里给出的思想具有一般性，当每位参与人拥有有限个数的纯策略时（甚至是在我们书本中未涉及的某些更一般的情况下），也是成立的。在第 13 章，我们将会对每位参与人拥有有限个策略时的混合策略给出明确的定义。

每位参与人 i 的混合策略集 $p_i \in [0, 1]$ 是一个有限的，闭的[②]凸集。[③]对其他参与人的任一个混合策略组合，$p_{-i} = (p_j)_{j \neq i}$ 而言，我们用 $BR_i(p_{-i})$ 表示参与人 i 最优反应集。正如我们在硬币匹配博弈和两性之争博弈中看到的那样，一位参与人对竞争对手参与人的某个策略的（或某个策略组合的）最优反应有时不止一个。最优反应集 $BR_i(p_{-i})$ 满足如下性质：

（1）$BR_i(p_{-i})$ 是非空的，即参与人 i 对其他参与人的任何策略集 p_{-i} 都至少存在一个最优反应。[④]

（2）$BR_i(p_{-i})$ 是一个凸集。[⑤]（譬如，在硬币匹配博弈或两性之争博弈中，我们看到最优反应集总是一个完整的区间，这当然是一个凸集；或者是一个单个的点，这同样是一个凸集。）

---

① Nash, J.F.(1950), "Equilibrium Points in N-person Games," *Proceedings of the National Academy of Sciences*, 36, 48—49; Nash, J.F.(1951), "Non-Cooperative Games," *Annals of Mathematics*, 54(2), 286—295.

② 即包含其边界点 0 和 1。

③ 即对任何一对混合策略，p_i，$p_i' \in [0, 1]$，对任意的 $\alpha \in [0, 1]$，其加权平均 $\alpha p_i + (1-\alpha)p_i'$ 也同样是一个混合策略。

④ 这一性质来源于如下事实：

其一，对其他参与人任意给定的策略组合 p_{-i} 而言，参与人 i 的期望效用 $U_i(p_i, p_{-i})$ 作为 p_i 的函数，是连续变化的。

其二，参与人 i 的策略集 $p_i \in [0, 1]$ 是一个闭的有界集。

其三，对任一个定义在闭的有界集上的连续函数，在集合中都存在一个点，函数在该点取得最大值。

⑤ 对其他参与人的一个既定策略 p_{-i} 而言，如果对每一对最优反应 p_i，$p_i' \in BR_i(p_{-i})$ 期望效用函数 U_i 都可以取得同样的最大值，即：$U_i(p_i, p_{-i}) = U_i(p_i', p_{-i}) = M$，那么，对于策略组合 $\alpha p_i + (1-\alpha)p_i'$，其中 $0 < \alpha < 1$，U_i 也可以取得同样的最大值，即：

$$\begin{aligned} & U_i(\alpha p_i + (1-\alpha)p_i', p_{-i}) \\ & = \alpha U_i(p_i, p_{-i}) + (1-\alpha)U_i(p_i', p_{-i}) = \alpha M + (1-\alpha)M = M \end{aligned}$$

因此，我们可以有结论认为，$\alpha p_i + (1-\alpha)p_i'$ 也是 p_{-i} 是一个最优反应，即 $\alpha p_i + (1-\alpha)p_i' \in BR_i(p_{-i})$。

(3) $BR_i(p_{-i})$ 是一个闭集,即它包括边界点在内。①(譬如,在硬币匹配博弈和两性之争博弈中,我们看到,当最优反应集是区间[0, 1]时,它确实包括边界点0和1。)

(4) 从任意 $p_{-i} \in [0, 1]$ 到最优反应集 $BR_i(p_{-i})$的映射都有一个闭图象(closed graph)。换言之,如果 p^n_{-i}是其他参与人的一系列混合策略组合,且它趋近于极限策略组合 p_{-i},即有:$\lim_{n\to\infty} p^n_{-i} = p_{-i}$,且 $p^n_i \in BR_i(p^n_{-i})$ 是参与人 i 对这些策略组合的一个最优反应序列,它也趋近于混合策略 p_i,即 $\lim_{n\to\infty} p^n_i = p_i$,那么,混合策略 p_i 也是极限策略组合 p_{-i}的一个最优反应。②

现在,对所有参与人的任一策略 $(p_i)_{i\in I}$,我们定义如下映射:

$$BR\big((p_i)_{i\in I}\big) = \big\{(p'_i)_{i\in I}:\ p'_i \in BR_i(p_{-i}),\ i \in I\big\}$$

BR 是从所有参与人的任一个策略 $(p_i)_{i\in I}$ 到策略组合$(p'_i)_{i\in I}$ 的一个映射。其中,对每一位参与人 $i \in I$,策略 p'_i是其他参与人策略组合 $(p_{-i}) = (p_j)_{j\neq i}$ 的一个最优反应。映射 BR 是通过映射 BR_i 来定义的,因此 BR 也有一个闭图象,且对任一个策略组合 $(p_i)_{i\in I}$ 而言,集合 $BR[(p_i)_{i\in I}]$ 是一个凸的,闭的,非空的集合。

影射 BR 非常有用,因为策略 $(p^*_i)_{i\in I}$ 是博弈的一个纳什均衡(即在这个策略组合中,每位参与人的策略都是其他参与人策略的一个最优反应),当且仅当:

$$(p^*_i)_{i\in I} \in BR\big((p^*_i)_{i\in I}\big)$$

这就是说,当且仅当 $(p^*_i)_{i\in I}$ 是映射 BR 的一个不动点。因此,为了证明在博弈中存在一个纳什均衡,必须证明映射 BR 确实存在一个不动点。

为此,现在我们利用下面的不动点定理。

定理 11.1:Kakutani 的不动点定理

如果 Y 是一个闭的、有界的且凸的域,且对任一个 $y \in Y$,存在一个从 y 到一个凸的、闭的且非空的集合 $f(y) \subseteq Y$ 的映射 f;此外,从 Y 到 Y 的映射 f 有一个闭图象,那么,f 存在一个不动点 y^*。换言之,存在一个点 $y \in Y^*$,满足:$y^* \in f(y^*)$。

现在我们把域 Y 视为参与人的混合策略组合集,即 $y = [0, 1] \times \cdots \times [0, 1]$,且把 f 视为映射,即 $f = BR$,应用上述定理,我们就可以推出映射 BR 存在一个不动点 $(p^*_i)_{i\in I}$。这个不动点就是该博弈的一个纳什均衡。

---

① 对其他参与人的一个给定的策略组合 p_{-i} 而言,期望效用函数 $U_i(p_i, p_{-i})$在策略集 $BR_i(p_{-i})$上取得同样的最大值 M。因此,函数 $U_i(p_i, p_{-i})$也在 $BR_i(p_{-i})$的边界点取得同样的最大值 M,这是因为 U_i 是一个连续函数。因此,有如下结论:对策略 p_{-i} 而言,$BR_i(p_{-i})$的边界点策略同样也是最优的,且因此它们本身也属于最优反应集 $BR_i(p_{-i})$。

② 这里,上述性质来自于期望效用函数 U_i 是连续的这一事实。

▶12

安全策略、严格竞争性博弈和最小最大定理

12.1 安全策略

在第二次世界大战结束，美国和原苏联进行冷战时，博弈论获得了极大的发展。在战后，两个超级大国进行军备竞赛，核武器储备数量日益增长。在二战末期，向日本广岛和长崎投放的两颗原子弹，以事实证明了使用这类武器给人类带来的恐惧。"世界末日"的剧情使战略顾问们疲于奔波。

假设对手心怀叵测，参与人所能做的只能是尽可能地减少对手所能带来的损失。在发展出来的第一批博弈论解概念中，有个解概念确实和上述假设有关。我们可以将实现上述目的的策略称为"安全策略"(security strategy)。

譬如，考虑下面的博弈：①

12.1.1 一个例子

表 12.1

		参与人 2		
		L	M	R
参与人 1	T	2, 0	3, 3	0, 2
	B	1, 3	0.5, 0	3, 1

在这一博弈中，参与人 2 的安全策略是什么?

为了求安全策略，参与人 2 必须逐个检查所有策略并且先问自己，"如果采取这一策略，我可能得到的最低收益是多少呢?"

● 若选择 L，他可能得到的最低收益是 0(如果参与人 1 选择 T)；

① 在这个例子及后面的例子中，如果没有明确说明，我们指的是该博弈本身而不是其混合式扩展博弈，即我们只讨论纯策略。

- 若选择 M,他可能得到的最低收益是 0(如果参与人 1 选择 B);
- 若选择 R,他可能得到的最低收益是 1(如果参与人 1 选择 B);

因此,参与人 2 的安全策略是 R:如果她选择这一策略,收益至少为 1。如果她选择其他策略,收益可能是 0。

12.1.2 安全策略定义

现在,我们明确给出安全策略概念的定义:

定义

称$\hat{x}_i$是参与人 i 的一个安全策略,如果该策略可以使参与人 i 由于其他参与人选择而给她带来的最小收益可以取得最大值。换言之,策略$\hat{x}_i$是一个安全策略,如果对任何 $x_i \in X_i$,都有:$\min\limits_{x_{-i} \in X_{-i}} u_i(\hat{x}_i, x_{-i}) \geqslant \min\limits_{x_{-i} \in X_{-i}} u_i(x_i, x_{-i})$ 成立。

安全策略有时也被称为最大最小策略(maxmin strategy),这是因为一旦假设无论参与人采取什么策略,她的对手总是选择那个可以最小化她的收益的策略,那么,安全策略就可以最大化该参与人的收益。

测验

证明:

(1) 在一个给定的博弈中,如果参与人 i 有一个占优策略$\tilde{x}_i$,那么这个策略同时也是她的安全策略。

(2) 在一个给定的博弈中,如果参与人 i 的策略 x_i' 优于策略 x_i,那么策略 x_i 不是她的安全策略。

[例题 12.1]

求第 12.1.1 节例题博弈中参与人 1 的安全策略。

答案

- 如果参与人 1 选择 T,她可能获得的最小收益是 0(在参与人 2 选择 R 的情况下);
- 如果参与人 1 选择 B,她可能得到的最小收益是 0.5(在参与人 2 选择 M 的情况下);

因此,参与人 1 的安全策略是 B:它保证参与人 1 获得的最小收益要高于策略 T 可以带来的最小收益。

[例题 12.2]

第 12.1.1 节的例子中的博弈是否存在一个纯策略纳什均衡?如果存在,求解。

答案

对每位参与人及其对手的每一个纯策略而言,我们在博弈矩阵中找出她对竞争对手的策略所采取的最优反应，并在其对应的收益下划线。此时，有表 12.2：

表 12.2

		参与人 2		
		L	M	R
参与人 1	T	2，0	3，3	0，2
	B	1，3	0.5，0	3，1

只有在策略组合(T, M)下，两位参与人的收益有下划线。因此，在这个唯一的策略组合下，每位参与人的策略都是竞争对手策略的最优反应。也就是说，它是该博弈中唯一的纯策略纳什均衡。

因此，我们发现在第 12.1.1 节的例子中，安全策略组合(B, R)与纳什均衡策略组合(T, M)完全不同。是什么原因导致了这种差异呢？

当参与人 2 准备面对这种她认为最糟糕的情况时，她忽略了一个问题，即这种情景是否合理？举例来说，当参与人 2 考虑策略 M 时，她担心参与人 1 会选择策略 B；尽管事实上如果参与人 1 知道参与人 2 选择策略 M，那么她肯定不愿意选择 B(相反，她会选择 T)。确实，如果参与人 2 选择 M，那么如果参与人 1 不选择 T，她不是犯了错误，就是不理性。但是，尽管风险很轻微，参与人 2 仍然会考虑这种极端糟糕的情况，且一旦这样考虑，她就不会选择 M。

类似地，假设在极端糟糕的情况下，参与人 1 也不选择 T，这是因为她担心出现参与人 2 选择策略 R 这种情况。然而，一旦了解到参与人 1 选择了 T，如果参与人 2 是理性的，她就不会选择 R(而会选择 M)。

测验

给出一个 2×2 博弈(有两位参与人，每位参与人有两个策略)的例子。其中，通过重复剔除严格劣势策略的方法，该博弈存在唯一一个均衡，但该均衡策略组合却不是参与人的安全策略组合。(提示：在设计参与人的收益时，使得在第一轮中剔除的参与人 1 的策略满足如下条件，即在博弈中，当参与人 2 选择均衡策略时，这些策略可以给参与 2 带来最低的收益。)

[例题 12.3]

假设参与人 1 还考虑混合策略。在第 12.1.1 节例子中博弈的混合式扩展中，参与人 1 的安全策略是什么？这一安全策略可以保证参与人 1 获得多少(期望)收益呢？

答案

参与人 1 的混合策略可以用她选择策略 T 的概率 $p \in [0, 1]$ 来表示(因此，她选择策略 B 的概率是互补概率 $1-p$)。

- 如果参与人 2 选择 L，参与人 1 的期望收益是 $2p+(1-p)$；
- 如果参与人 2 选择 M，参与人 1 的期望收益是 $3p+0.5(1-p)$；
- 如果参与人 2 选择 R，参与人 1 的期望收益是 $3(1-p)$；

这些收益值是策略 p 的函数,可以用图 12.1 来表示:

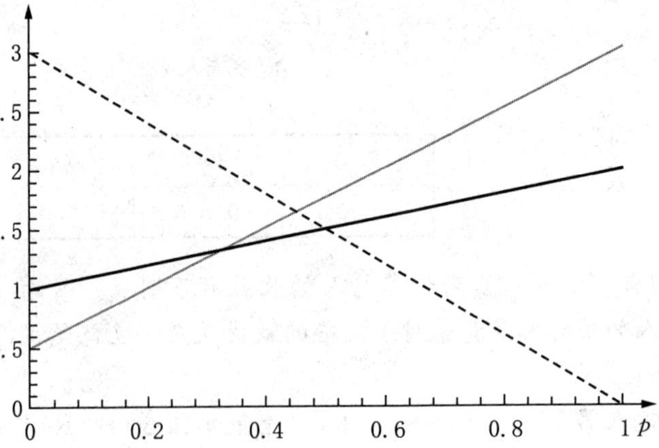

图 12.1

- 黑线表示如果参与人 2 选择 L;
- 灰线表示如果参与人 2 选择 M;
- 虚线表示如果参与人 2 选择 R。

对每一个混合策略 p 而言,参与人 1 的最低期望收益由图形较为下面的边界线表示,即有(图 12.2):

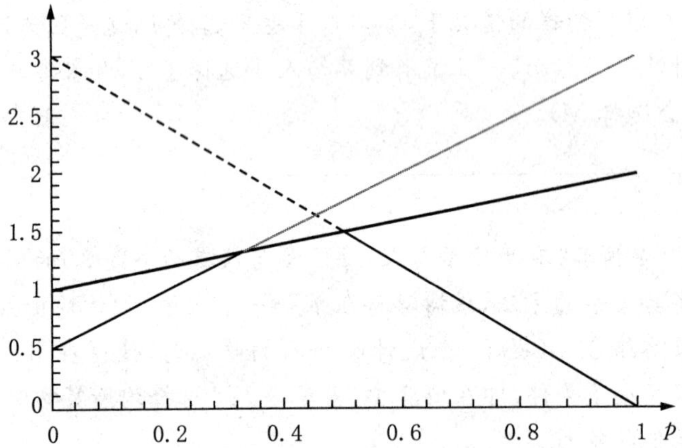

图 12.2

- 灰线中策略 $p \in \left[0, \frac{1}{3}\right]$ 部分;
- 黑线中策略 $p \in \left[\frac{1}{3}, \frac{1}{2}\right]$ 部分;
- 虚线中策略 $p \in \left[\frac{1}{2}, 1\right]$ 部分。

下边界线如图 12.2 中粗线所示,它表示参与人 1 可能得到的最小期望收益。为了选择一个安全策略,参与人 1 会寻找一个可以最大化上述最小期望收益的策略 $\hat{p}$。换言之,策略 $\hat{p}$ 是下边界线上的最大值。

在这个例子中，$\hat{p}=\frac{1}{2}$。这个安全策略可以给参与人 1 带来的期望收益是 1.5。该收益高于他从纯策略 B(即策略 $p=0$)可以保证获得的收益 0.5。

假设面临极端糟糕的情形，那么，在两个纯策略中，策略 B 可以给参与人 1 带来更高的收益。但是，如果参与人 1 对她所面临的风险不在意，同时只关心在采取混合策略时的期望收益大小，那么通过选择混合策略 $\hat{p}=\frac{1}{2}$，她就可以保证自己获得最大的期望收益。

策略 $\hat{p}=\frac{1}{2}$ 可以保证，对参与人 2 的任一策略而言，参与人 1 的期望收益是她在采取两个纯策略时所获得收益的平均值，即：

- 如果参与人 2 选择 L，参与人 1 的期望收益是 1.5；
- 如果参与人 2 选择 M，参与人 1 的期望收益是 1.75；
- 如果参与人 2 选择 R，参与人 1 的期望收益是 1.5；

上述**平均化**减弱了参与人 1 选择她可支配的任一纯策略时所带来的收益所固有的波动性。如果参与人 1 选择策略 T，她的收益将在 0 和 3 之间变动；如果选择策略 B，她的收益将在 0.5 和 3 之间变动；如果选择混合策略 $\hat{p}=\frac{1}{2}$，她的(期望)收益波动范围将会更小，在 1.5 和 1.75 之间变动。此外，这时收益变动范围的下界 1.5 也高于选择任一纯策略时收益波动的下界。

如果参与人 1 假设参与人 2 也会采用一个混合策略，参与人 1 的安全策略会有所不同吗？答案是否定的。参与人 2 的混合策略是关于其纯策略的一个随机分布。①给定参与人 1 的一个混合策略 p，参与人 2 的某个纯策略(对应的颜色见图 12.2 中的粗线部分)对参与人 1 是最不利的，而另一位参与人 2 的策略对参与人 1 则同样不利，或较为有利。因此，如果参与人 2 采取一个混合策略，则参与人 1 的期望收益不会低于图 12.2 中最低的粗边界线。因此，无论参与人 2 采取的是纯策略还是混合策略，上述粗线都表示参与人 1 所获得的最低期望收益(是混合策略 p 的一个函数)。也就是说，当参与人 1 考虑自己所面对的极端糟糕情况时，上图 12.2 给出了参与人 1 希望最大化的函数图像，而策略 $\hat{p}=\frac{1}{2}$ 使该函数取最大值。

12.1.3　纳什均衡和安全策略的收益比较

在上述第 12.1.1 节的例子中，我们看到：策略 B 保证参与人 1 至少可以获得 0.5 的收益，而混合策略 $\hat{p}=\frac{1}{2}$ 则保证可以获得 1.5 的期望收益。这一期望收益仍然低于参与人 1 在纳什均衡(T，M)下的期望收益 3。

① 参与人 2 有三个纯策略。在下一章，我们将正式给出参与人有两个以上纯策略时混合策略的定义。

这种情况非常合乎逻辑。当参与人 i 准备面对极端糟糕情况时,她的最优反应未必针对的是其他参与人所选定的策略组合 x_{-i}^*,而是一个假想的对手的策略组合 $\tilde{x}_{-i}$。在给定参与人 i 自己的策略选择的情况下,上述假想的策略很可能给参与人 i 带来最大的损失。

命题 12.1

参与人在纳什均衡下的收益不会小于安全策略可以保证她所获得的收益。

证明[①]

假设(x_i^*, x_{-i}^*)是一个纳什均衡。特别是,x_i^* 是参与人 i 针对 x_{-i}^*的一个最优反应,即对参与人 i 的任一策略 $x_i \in X_i$ 而言,都有:$U_i(x_i^*, x_{-i}^*) \geqslant U_i(x_i, x_{-i}^*)$ 成立。当然,对于任意上述策略,有:

$$U_i(x_i, x_{-i}^*) \geqslant \min_{x_{-i} \in X_{-i}} U_i(x_i, x_{-i})$$

(参与人 i 的收益 $U_i(x_i^*, x_{-i}^*)$ 不低于收益 $\min_{x_{-i} \in X_{-i}} U_i(x_i, x_{-i})$,后者是在给定参与人 i 的策略 x_i 下,为了让她蒙受最大可能的损失,其他参与人合谋伤害她时,她所获得的收益。)

联立上述两个不等式,我们可以得到,对参与人 i 的任一策略 $x_i \in X_i$ 而言,都有 $U_i(x_i^*, x_{-i}^*) \geqslant \min_{x_{-i} \in X_{-i}} U_i(x_i, x_{-i})$ 成立。特别地,当参与人 i 采取安全策略 $\hat{x}_i$ 时,不等号仍然成立。当选择安全策略 $\hat{x}_i$ 时,$\min_{x_{-i} \in X_{-i}} U_i(x_i, x_{-i})$ 最大,即有:

$$U_i(x_i^*, x_{-i}^*) \geqslant \min_{x_{-i} \in X_{-i}} U_i(\hat{x}_i, x_{-i}) = \max_{x_i \in X_i} \min_{x_{-i} \in X_{-i}} U_i(x_i, x_{-i})$$

证毕

12.2 严格竞争性博弈和零和博弈

是否存在这样的博弈:均衡收益和采取安全策略时可以保证自己获得的收益是相同的? 又是否存在参与人的安全策略就是均衡策略的博弈呢?

在第 12.1.1 节的例子中,我们看到参与人 1 的安全策略 B 和由于参与人 1 极端恐惧而采取的均衡策略存在很大的差异。在准备面对极端糟糕的情况时,由于害怕对手会选择 R,她不敢选择 T。尽管事实上,如果她选择策略 T,对手反而会因而选择 M。这样,他们两个人都会获得一个更高的收益组合。

然而,如果在一个博弈中,双方参与人的利益是完全相反的,参与人 1 的担忧就不难理解了。如果参与人 1 获得一个较低的收益,而这会使参与人 2 获得一个较高的收益;那么,参与人 1 担心参与人 2 会不断想伤害她,这种担心就是正确的。参与人 2 这样做不是出于憎恶,而仅仅是为了增加自己的收益。在这种情况下,我们称这种博弈是严格竞

① 在开始证明之前,我们记参与人 i 的策略为 x_i。该证明对任意博弈都成立。特别而言,对一个基本博弈的混合式推广博弈,也是成立的。在这种情况下,参与人 i 在混合式推广博弈中的策略 x_i 就是她在基本博弈中的混合策略。

争的。

定义

称一个双人博弈为一个**严格竞争性博弈**，如果在该博弈中，对任意两个策略 x，$x' \in X$ 而言，参与人 1 更偏好 x，而不是 x'，当且仅当参与人 2 更偏好 x'，而不是 x；也就是 $U_1(x) > U_1(x')$ 的充分必要条件是：$U_2(x') > U_2(x)$。

举例来说，在一个包含两位参与人的博弈中，如果对任意策略组合(x_1, x_2)来说，参与人的收益之和为 0，即$U_1(x_1, x_2)+U_2(x_1, x_2)=0$，或$U_1(x_1, x_2)=-U_2(x_1, x_2)$，那么，就可以满足上述条件。

定义

如果对任意策略组合(x_1, x_2)而言，参与人的收益之和都为 0，那么称这个博弈为零和博弈(zero sum game)。

第 11.1 节硬币匹配博弈就是一个零和博弈。实际上对由任何两位风险中性参与人组成的博弈来说，如果一方损失意味着她向对手支付一定的货币量，那么，这个博弈就是一个零和博弈。例如，在国际象棋对弈中，如果输方要向赢方付一笔钱(虽然在平局时，不需要付钱)，且每位参与人的货币收益额就是她的(伯努利)效用函数，那么，这个博弈就是一个零和博弈。

在严格竞争性博弈中，竭尽全力反对对手也意味着要对竞争对手小心翼翼。每个均衡策略同时也是一个安全策略，因此，均衡收益和安全策略可以保证获得的收益完全相同。这就是下述定理的含义。

定理 12.1

在一个双方严格竞争性博弈中，如果(p_1^*, p_2^*)是该博弈的一个混合策略纳什均衡①，那么有：

- p_1^* 和 p_2^* 分别是参与人 1 和 2 的一个安全策略；
- 在均衡时，每位参与人获得的收益是他可以保证自己在博弈中获得的最大收益，即：

$$U_1(p_1^*, p_2^*) = \max_{p_1} \min_{p_2} U_1(p_1, p_2)$$

$$U_2(p_1^*, p_2^*) = \max_{p_2} \min_{p_1} U_2(p_1, p_2)$$

证明

p_2^* 是参与人 2 对 p_1^* 的最优反应，这意味着：对参与人 2 的任一个混合策略 p_2 而言，

① 到目前为止，我们定义(在第 11 章)的混合策略针对的都是每位参与人有两个纯策略情况。在下一章，我们将对混合策略概念(即针对参与人纯策略的一种随机分布)加以推广，推广到每位参与人拥有有限多个纯策略的情形。定理 12.1 和本章接下来的讨论对更一般的每位参与人拥有有限个纯策略的情况也是成立的。

都有:$U_2(p_1^*, p_2^*) \geqslant U_2(p_1^*, p_2)$。

由于博弈中双方的利益完全相反,因此,对参与人 2 的任意一个混合策略 p_2 而言,都有:$U_1(p_1^*, p_2^*) \leqslant U_1(p_1^*, p_2)$。

也就是说,如果参与人 1 选择 p_1^*,那么在均衡(p_1^*, p_2^*)时,参与人 1 获得的收益是最小的,即 $U_1(p_1^*, p_2^*) = \min\limits_{p_2} U_1(p_1^*, p_2)$。

此外,对参与人 1 的任意一个混合策略 p_1 而言,都有 $U_1(p_1^*, p_2^*) \geqslant U_1(p_1, p_2^*) \geqslant \min\limits_{p_2} U_1(p_1, p_2)$ 成立。第一个不等式成立,是因为均衡策略 p_1^* 是参与人 1 对 p_2^* 的一个最优反应这一事实;第二个不等式成立是因为如下事实,即给定参与人 1 选择策略 p_1 的情况下,如果参与人 2 试图让参与人 1 蒙受尽可能多的损失,此时参与人 1 可能获得的收益 $\min\limits_{p_2} U_1(p_1, p_2)$ 不会高于参与人 1 的收益 $U_1(p_1, p_2^*)$。

据此,我们得出结论:对参与人 1 的任意混合策略 p_1 而言,都有:$\min\limits_{p_2} U_1(p_1^*, p_2) = U_1(p_1^*, p_2^*) \geqslant \min\limits_{p_2} U_1(p_1, p_2)$ 成立。因此,我们可以得出结论认为 p_1^* 是参与人 1 的安全策略,而且有:$U_1(p_1^*, p_2^*) = \max\limits_{p_1} \min\limits_{p_2} U_1(p_1, p_2)$ 成立。这样我们就证明了定理中关于参与人 1 的陈述。

对参与人 2 的证明与此类似,只要将上述证明中的参与人名称换成参与人 2 即可。

证毕

在零和博弈中,$u_2 = -u_1$,此时有:

$$\min_{p_1} U_2(p_1, p_2) = -\max_{p_1} U_1(p_1, p_2)$$

(这是因为,如果函数 $F(p_1)$在点 $\tilde{p}_1$ 处取得最大值 M,那么函数 $G(p_1) = -F(p_1)$ 在相同点 $\tilde{p}_1$ 处会取得最小值,并且最小值为 $G(\tilde{p}_1) = -F(\tilde{p}_1) = -M$。在上述等式中,我们用到了函数 $F(p_1) = U_1(p_1, p_2)$ 在 p_2 值给定时的性质。)

由此可以得出:

$$\max_{p_2} \min_{p_1} U_2(p_1, p_2) = \max_{p_2}(-\max_{p_1} U_1(p_1, p_2)) = -\min_{p_2} \max_{p_1} U_1(p_1, p_2)$$

(这是因为若某一函数 $f(p_2)$在点 $\tilde{p}_2$ 处取得最小值 m,那么函数 $g(p_2) = -f(p_2)$ 在相同点 $\tilde{p}_2$ 处取得最大值,并且最大值是 $g(\tilde{p}_2) = -f(\tilde{p}_2) = -m$。在第二个等式中,我们利用了函数 $f(p_2) = \max\limits_{p_1} U_1(p_1, p_2)$ 的这一性质。)

借助于上述等式,我们在下一节将根据定理 12.1 推导出下面的重要定理。

12.3 最小最大定理

定理 12.2:最小最大定理(the minimax theorem)

在每一个零和博弈中,都有:

$$\max_{p_1}\min_{p_2}U_1(p_1,p_2)=\min_{p_2}\max_{p_1}U_1(p_1,p_2) \text{ 和}$$
$$\max_{p_2}\min_{p_1}U_2(p_1,p_2)=\min_{p_1}\max_{p_2}U_2(p_1,p_2)$$

同样,如果在一个双方零和博弈中,(p_1^*, p_2^*)是一个混合策略纳什均衡,那么有

$$\max_{p_1}\min_{p_2}U_1(p_1,p_2)=\min_{p_2}\max_{p_1}U_1(p_1,p_2)=U_1(p_1^*,p_2^*)$$

类似地,也有

$$\max_{p_2}\min_{p_1}U_2(p_1,p_2)=\min_{p_1}\max_{p_2}U_2(p_1,p_2)=U_2(p_1^*,p_2^*)$$

证明

假设(p_1^*, p_2^*)是上述博弈的一个纳什均衡。前面我们已经证明了在零和博弈中,有$\max_{p_2}\min_{p_1}U_2(p_1,p_2)=-\min_{p_2}\max_{p_1}U_1(p_1,p_2)$成立。根据定理12.1,我们有:

$$U_2(p_1^*,p_2^*)=\max_{p_2}\min_{p_1}U_2(p_1,p_2)\text{。}$$

由于这是一个零和博弈,我们还有:$U_1(p_1^*,p_2^*)=-U_2(p_1^*,p_2^*)$。

根据定理12.1,我们有:$U_1(p_1^*,p_2^*)=\max_{p_1}\min_{p_2}U_1(p_1,p_2)$。

将上述四个等式联立,我们就可以推出有:

$$\max_{p_1}\min_{p_2}U_1(p_1,p_2)=U_1(p_1^*,p_2^*)=-U_2(p_1^*,p_2^*)$$
$$=-\max_{p_2}\min_{p_1}U_2(p_1,p_2)=\min_{p_2}\max_{p_1}U_1(p_1,p_2)\text{。}$$

这就是我们需要的结果。

依此类推,可以证明,对参与人2而言,有:

$$\max_{p_2}\min_{p_1}U_2(p_1,p_2)=\min_{p_2}\max_{p_1}U_2(p_1,p_2)=U_2(p_1^*,p_2^*)$$

该结论可以通过对换上述证明中参与人的名字得到。

最后,在第11章附录中,我们证明了在每一个(每位参与人有有限个策略的)博弈中都存在一个混合策略纳什均衡。这一定理也适用于零和博弈,因此我们可以推出每一个零和博弈实际上也都存在一个混合策略纳什均衡(p_1^*, p_2^*)。因此,根据下述等式:

$$\max_{p_1}\min_{p_2}U_1(p_1,p_2)=\min_{p_2}\max_{p_1}U_1(p_1,p_2)=U_1(p_1^*,p_2^*)$$
$$\max_{p_2}\min_{p_1}U_2(p_1,p_2)=\min_{p_1}\max_{p_2}U_2(p_1,p_2)=U_2(p_1^*,p_2^*)$$

我们可以推出:

$$\max_{p_1}\min_{p_2}U_1(p_1,p_2)=\min_{p_2}\max_{p_1}U_1(p_1,p_2)$$
$$\max_{p_2}\min_{p_1}U_2(p_1,p_2)=\min_{p_1}\max_{p_2}U_2(p_1,p_2)$$

证毕

12.3.1 关于最小最大定理的评论

第一,下述等式:

$$U_1^* = \max_{p_1} \min_{p_2} U_1(p_1, p_2) = \min_{p_2} \max_{p_1} U_1(p_1, p_2)$$

对参与人 1 来说意味着什么呢?

等式 $U_1^* = \max_{p_1} \min_{p_2} U_1(p_1, p_2)$ 表明如下事实,即对参与人 2 的任意混合策略 p_2 而言,参与人 1 都可以找到一个依赖于策略 p_2 的混合策略 p_1,且该可以可以保证参与人 1 获得的收益不低于 U_1^*。另一方面,等式 $U_1^* = \min_{p_2} \max_{p_1} U_1(p_1, p_2)$ 所给出的论断更强,即对参与人 2 所可以采取的每一个混合策略 p_2 而言,参与人 1 选择某个混合策略 p_1 时,她所可以保证自己获得的收益都不低于 U_1^*。

在零和博弈中,称 U_1^* 为“博弈价值”(value of the game)。

第二,根据下述等式:

$$\max_{p_1} \min_{p_2} U_1(p_1, p_2) = \min_{p_2} \max_{p_1} U_1(p_1, p_2)$$

$$\max_{p_2} \min_{p_1} U_2(p_1, p_2) = \min_{p_1} \max_{p_2} U_2(p_1, p_2)$$

不难证明下面的结论:在一个零和博弈中,参与人的每一个安全策略组合都构成了一个纳什均衡。由于空间有限,我们不再详细讨论上述结论。

第三,在证明最小最大定理时,我们运用了混合策略纳什均衡存在性定理。我们在第 11 章附录中利用不定点定理对此进行了证明。然而,即使不用不定点定理,我们利用一些更简单的数学工具,即所谓的分离定理,也可以证明最小最大定理。

博弈论最早就是在 20 世纪上半叶从零和博弈这些特殊例子中发展起来的。1928 年,约翰·冯·诺依曼用一个分离定理证明了最小最大定理。直到 1951 年,约翰·纳什才用不定点定理证明了均衡的存在性。即便在非零和博弈中,该均衡也以他的名字命名。

总结一下我们的讨论。我们注意到大多数策略性环境并不适合用零和博弈进行描述。即使不共戴天的死敌,如果注定只有一方获胜,他们宁愿选择一场较低强度的冲突,而不愿意选择一场可能导致双方都毁灭的非此即彼的生死大战。相应地,在大多数策略性环境下,即便双方存在共同利益,他们仍然会存在竞争。正因为这样,本书大部分内容并没有仅仅局限于分析零和博弈。

▶13

一般博弈中的混合策略

在第 11 章中,我们对博弈中每位参与人有两个纯策略时的混合策略进行了定义。在第 11 章给出的所有例子中,博弈参与方只有两位参与人。

从本章,我们开始讨论那些有很多参与人,且存在一个混合策略纳什均衡的博弈例子。在一开始的例子中,每位参与人有两个策略。在本章第二部分,我们对混合策略概念进行推广,扩展到每位参与人具有两个以上纯策略的情况,然后我们对这类博弈进行分析。

13.1 志愿者困境

有一群诚实的人,他们都是某次犯罪的目击证人。这些人中的每一个都希望其他人站出来帮助受害人,或者报警,因为主动这样做会很麻烦,甚至志愿者本身可能会面临危险。在这个社会情境下,纳什均衡是什么呢?这些均衡有什么性质呢?均衡和目击者人数之间存在什么关系呢?

Diekmann(1985)①对上述问题进行了分析。假设在任何人都不愿意主动站出来的情况下,每位目击者 ($i=1, \cdots, n$) 的效用都是 0。如果至少有一位志愿者出来保护受害者,所有没有自愿出来的人都获得正效用 V,表示他们从受害者得到救助中所获得的满足程度。每一位志愿者的效用为 $V-C$。C 是志愿者所付出的努力或承担的风险。我们假设 $V-C>0$,这意味着如果只有一位犯罪目击者,他会选择主动站出来,而非袖手旁观。

对博弈中每一位目击者而言,上述博弈存在一个她是唯一一个志愿者的纳什均衡。如果这位目击者属性与众不同,特别适合于挺身而出(比如,身体强壮、知晓医疗救助知识,等等),那么上述均衡就是一个焦点均衡。该目击者会意识到,其他所有人都指望她挺身而出,且没有人会代替她的作用。既然如此,她就会选择自己站出来,而不是让受害者孤立无援。

但是,当所有的目击者显然都不能很好地适应这项任务时,结果会怎么样呢?这个博

① Diekmann, A.(1985), "Volunteer's Dilemma", *Journal of Conflict Resolution*, 29, 605—610.

弈是否还存在一个对称均衡，此时每位目击者主动选择这项任务的概率 $p(0<p<1)$ 都相同呢？

在一个对称混合策略均衡中，每位目击者从两个纯策略（挺身而出、袖手旁观）中选择某一项策略的概率都大于 0。

如果一位目击者选择袖手旁观，那么他的效用取决于其他 $n-1$ 位目击者的行为。如果没有人站出来，那么该目击者的效用为 0。如果其他 $n-1$ 位目击者中至少有一位站出来，那么该目击者的效用为 V。（受害者得到了帮助，而该目击者没有付出任何努力，也不需要承担任何风险。）

在我们求解的均衡中，某位特定目击者袖手旁观的概率是 $1-p$。由于所有目击者的选择是相互独立的，那么其他 $n-1$ 位目击者都选择袖手旁观的概率就是 $(1-p)^{n-1}$。互补事件的概率，即其他 $n-1$ 位目击者中至少一位站出来的概率，就是 $1-(1-p)^{n-1}$。

因此，选择袖手旁观目击者获得的期望效用为：

$$0\cdot(1-p)^{n-1}+V[1-(1-p)^{n-1}]$$

另一方面，如果目击者选择挺身而出，那么他的收益就是 $V-C$，这与其他目击者是否志愿站出来无关：受害者得到了救助，这位目击者付出了相应的努力，或者承担了相应的风险。

如果目击者的混合策略是一个最优反应，那么，这两个策略（挺身而出，袖手旁观）必须给目击者带来的期望效用相同，即有：

$$V-C=0\cdot(1-p)^{n-1}+V(1-(1-p)^{n-1})$$

因此，有 $(1-p)^{n-1}=\frac{C}{V}$，或者 $1-p=\left(\frac{C}{V}\right)^{\frac{1}{n-1}}$。

如果目击者人数 n 逐渐增加时，结果会如何呢？目击者人数 n 是如何影响所有人都不主动施以援手的概率 $(1-p)^n$ 的呢？

C 与 V 之比 $\frac{C}{V}$ 小于 1。因此，n 越大，任意特定目击者选择袖手旁观的概率 $1-p=\left(\frac{C}{V}\right)^{\frac{1}{n-1}}$ 也就越大，且会逐渐增加，趋于 1！目击者人数越多，任意一个目击者就更可能指望其他人会主动站出来。

这种不良倾向对所有人都袖手旁观的总概率会产生什么影响呢？没有人会站出来的可能性为：

$$(1-p)^n=(1-p)^{n-1}(1-p)=\left(\frac{C}{V}\right)\left(\frac{C}{V}\right)^{\frac{1}{n-1}}$$

这个可能性会逐渐增加，最终趋于 $\frac{C}{V}$。因此，随着目击人数的增加，任何一位目击者站出来的概率会逐渐减少，这又对至少一位目击者站出来的总的可能性带来了极大的负面效应。这种负面效应甚至超过了潜在志愿者人数增加所带来的正面效应。结果随着目击总人数逐渐增加，在纳什均衡时，至少一位目击者会施以援手的可能性会不可逆转地不断下降，最终收敛于 $1-\dfrac{C}{V}$。

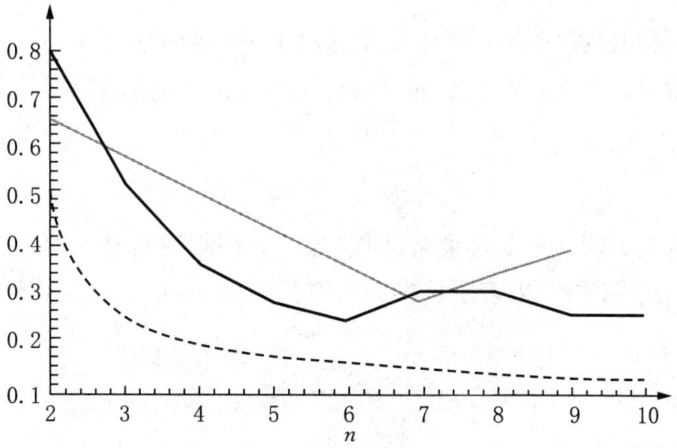

图 13.1

在 $\dfrac{C}{V}=\dfrac{1}{2}$ 时的博弈实验中，志愿水平显著高于对称纳什均衡下的预测。当志愿者集合中的人数在 2 到 10 位之间时，图 13.1 中的折线给出了纳什均衡时任意单个目击者期望的志愿概率。此外，还给出了 Diekmann(1986)试验①(图 13.1 中黑线)和 Frazen(1995)试验②(图 13.1 中灰线)的结果。

Frazen(1995)也分析了上述博弈，其样本容量更大，分别包括 21、51 和 101 位参与者。他发现在上述所研究的大规模目击者群体中，志愿概率相对来说仍然很高，在 20%和 30%之间。因此，任何人都不愿意站出来的概率微乎其微，而在我们这里分析的对称性纳什均衡中，上述概率接近 50%。两者对比非常明显。

测验

将上述例子与第 7.1 节公共品投资博弈进行对比。这两个例子之间的相同和不同是什么？你的分析应该和两个博弈中参与人数量对均衡性质的影响，以及对最优反应函数性质的影响有关。志愿者困境博弈是一种合作式博弈，还是一种非合作式博弈呢？志愿者困境博弈中参与人的混合策略，是一种策略互补，还是策略替代的呢？即如果某位目击者 i 提高其挺身而出的概率 p_i，任意一位其他目击者 $(j\neq i)$ 是希望增加还是减少他站出来的概率 p_j 呢？

① Diekmann, A.(1986). "Volunteer's Dilemma: A Social Trap without a Dominant Strategy and Some Empirical Outcomes," in A.Diekmann and P.Mitter(eds.), *Paradoxical Effects of Social Behavior: Essays in Honor of Anatol Rapoport*, Heidelberg: Physica-Verlag, pp.187—197.

② Frazen, A.(1995), "Set Size and One Shot Collective Action", *Rationality and Society*, 7, 183—200.

13.2 参与人拥有多于两个纯策略时的混合策略博弈

到目前为止,我们已经对每位参与人只有两个策略时的博弈的混合式扩展进行了定义。我们很容易就可以将上述概念扩展到每位参与人 i 拥有有限的 K_i 策略时的情形,即这些策略为:

$$X_i=\{x_i^1, \cdots, x_i^{K_i}\}$$

为了定义参与人 i 的一个混合策略,即参与人 i 在其纯策略上的一个随机分布,对任意策略 $x_i^k \in X_i$,我们用 p_i^k 来表示该参与人选择策略 x_i^k 的概率。可以把这类混合策略记为:

$$\bar{p}_i=(p_i^1, \cdots p_i^{K_i})$$

其中,所有概率之和当然应该等于 1,即 $\sum_{k=1}^{K_i} p_i^k=1$。

在目前我们所讨论的这个例子中,每位参与人只有两个纯策略(即对每一位参与人 $i \in I$ 而言,$K_i=2$),我们用参与人选择第一个纯策略 x_i^1 的概率 p_i^1 表示一个随机分布。如果参与人有 K 个策略,$2 \leqslant K$,我们将为她的每一个纯策略指定一个概率。例如,当 $K=2$ 时,我们记:$\bar{p}_i=(p_i^1, p_i^2)$。

显然,$p_i^2=1-p_i^1$。图 13.2 中的区间给出了所有可能的随机分布集,这是满足 $p_i^1+p_i^2=1$ 的所有组合(p_i^1, p_i^2)构成的集合。此时,这些组合就是参与人 i 的混合策略。

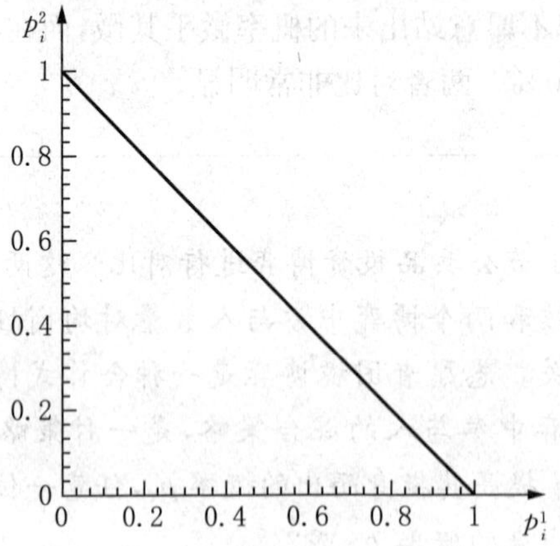

图 13.2

如果参与人 i 有三个纯策略 $X_i=\{x_i^1, x_i^2, x_i^3\}$,即 $K=3$,那么她的混合策略就是所有满足 $p_i^1+p_i^2+p_i^3=1$ 的组合(p_i^1, p_i^2, p_i^3)所构成的集合;可以用图 13.3 中的阴影三角形部分来表示。

一般来说,我们将博弈的混合式扩展中参与人 i 的混合策略记为 $\Delta(X_i)$。用数学术语来说,这个集合是一个单纯形(simplex)。

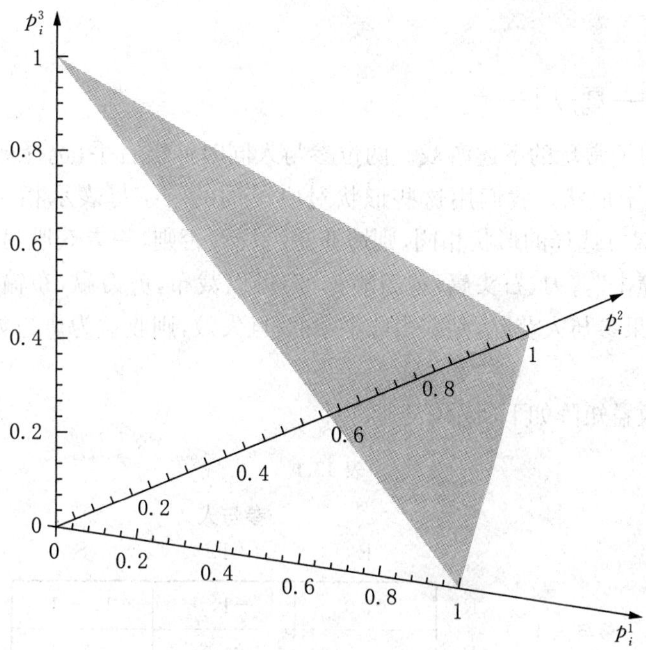

图 13.3

当参与人采取下述混合策略：$\bar{p}_j=(p_j^1, \cdots, p_j^{K_j})$，$j \in I$ 时，由于所有参与人同时拥有自己的随机分布，且是独立选择的，因此，上述随机分布的结果也是独立的。这样，我们不妨可以有下述策略组合，即 $(x_j^1)_{j\in I} \in X=\Pi_{j\in I}X_j$，这意味着每个人都选择她第一个策略，且该策略组合实现的概率是 $\Pi_{j\in I}p_j^1$，这就是每一参与人 $j \in I$ 从其策略集中选择第一个策略的概率 p_j^1 的乘积。一般来说，策略组合 $x=(x_j^{k_j})_{j\in I}$（即参与人 j 从其策略集中选择第 k_j 个策略）实现的概率是：$P(x)=\Pi_{j\in I}p_j^{k_j}$。

当参与人 $j \in I$ 选择混合策略：$\bar{p}_j=(p_j^1, \cdots, p_j^{K_j})$，$j \in I$ 时，为了求出参与人 i 的期望收益 $U_i[(\bar{p}_j)_{j\in I}]$，我们必须要做下述计算：对参与人的每一个策略组合 $x \in N$ 来说，我们应该把该策略组合下参与人 i 的效用与上述策略组合实际上出现的概率 $P(x)$ 相乘，然后对所有可能的策略组合加总，即：

$$\begin{aligned} U_i[(\bar{p}_j)_{j\in I}] &= \sum\nolimits_{x\in X} P(x)U_i(x) \\ &= \sum\nolimits_{(x_j^{kj})_{j\in I}\in X} (\Pi_{j\in I}p_j^{kj}) \cdot U_i[(x_j^{kj})_{j\in I}] \end{aligned}$$

现在，混合策略纳什均衡实际上只不过是（我们刚刚定义的）混合式推广博弈的一个纳什均衡而已。在这个混合式推广博弈中，每一位参与人 $i \in I$ 的策略集都是 $\Delta(X_i)$，且她从策略组合 $(\bar{p}_j)_{j\in I}$ 中获得的效用 $U_i[(\bar{p}_j)_{j\in I}]$ 都由上式给出。换句话说，如果对任何参与人 $i \in I$ 而言，式 $U_i(\bar{p}_i^*, (\bar{p}_j^*)_{j\neq i}) \geqslant U_i(\bar{p}_i, (\bar{p}_j^*)_{j\neq i})$ 总成立，那么，混合策略集 $(\bar{p}_j^*)_{j\in I}$ 就是一个纳什均衡。

现在，我们来研究存在这类混合策略均衡的两个博弈。

13.2.1 石头—剪刀—布

想一下孩童时期常玩的下述游戏。两位参与人同时伸出右手,选择剪刀(S)、布(P)或者石头(R)中的某个形状。我们用这些形状对应单词的首字母表示相应的选择,分别是R、P和S。如果双方选择的形状相同,则博弈是平局。否则,一方获胜另一方失败。获胜规则如下:石头“撞击”剪刀,石头赢,剪刀输;剪刀可以裁布,剪刀赢,布输;布可以包石头,布赢,石头输。如果参与人获胜,则获得收益1;一旦失败,则收益为−1;如果平局,则收益为0。

博弈对应的收益矩阵如下所示(表13.1):

表 13.1

		参与人 2		
		R	P	S
参与人 1	R	0, 0	−1, 1	1, −1
	P	1, −1	0, 0	−1, 1
	S	−1, 1	1, −1	0, 0

[例题 13.1]

证明上述博弈不存在纯策略均衡。

答案

对每一参与人而言,如果她的某个策略是另一方参与人策略的最优反应,我们就在该策略组合对应的收益下划线。因此有:

表 13.2

		参与人 2		
		R	P	S
参与人 1	R	0, 0	−1, $\underline{1}$	$\underline{1}$, −1
	P	$\underline{1}$, −1	0, 0	−1, $\underline{1}$
	S	−1, $\underline{1}$	$\underline{1}$, −1	0, 0

结果我们发现,不存在两个收益均划线方格所对应的策略组合,即不存在这样一个策略组合,其中每一策略都是另一个策略的最优反应。因此,该博弈不存在纯策略纳什均衡。

我们如何确定一个混合策略组合$(\overline{p}_i)_{i\in I}$是否是这个博弈的一个纳什均衡呢?参与人$i$的一个混合策略$\overline{p}_i$是参与人$i$对其他参与人策略组合$\overline{p}_{-i}$的一个最优反应,即如果参与人$i$以正的概率对其纯策略$x_i^*$进行组合后,$\overline{p}_i$可以给该参与人带来最大的期望效用,也就是:

$$u_i^* = U_i(x_i^*, \overline{p}_{-i}) = \max_{x_i \in X_i} U_i(x_i, \overline{p}_{-i})$$

（由于每一个纯策略给参与人带来的期望收益为 u_i^*，而 $\overline{p}_i$ 是纯策略的一个组合，所以最优反应 $\overline{p}_i$ 给参与人 i 带来的期望效用也是 u_i^*。）

因此，$\overline{p}_i$ 是 $\overline{p}_{-i}$ 的最优反应当且仅当满足下列两个条件：

(1) 当参与人 i 在混合策略 $\overline{p}_i$ 中以正的概率选择每一纯策略时，她获得的期望效用 u_i^* 相同：如果其中某个纯策略 x_i 与另外(至少一个)纯策略相比，给参与人带来的期望效用更高，那么选择 x_i 时，参与人的期望效用就会严格增加，这与 $\overline{p}_i$ 是一个最优反应的假设相矛盾。

(2) 参与人 i 在混合策略 $\overline{p}_i$ 中以零概率选择的纯策略 x_i'(如果有的话)给参与人 i 带来的期望效用不高于 u_i^*：如果上述纯策略 x_i' 给参与人 i 带来的期望收益高于 u_i^*，那么选择 x_i' 时，参与人的期望效用将会严格增加，这与 $\overline{p}_i$ 是一个最优反应的假设相矛盾。

[例题 13.2]

求解上述石头—剪刀—布游戏中所有的混合策略均衡。

答案

在例题 13.1 中，我们发现该博弈不存在纯策略均衡。现在我们考察该博弈是否存在一个混合策略均衡，即其中一位参与人在其三个纯策略中选择两个进行组合。

假设在一个纳什均衡($\overline{p}_1$, $\overline{p}_2$)下，参与人 1 只对策略 R 和 P 进行组合，但不包括策略 S。在这种情况下，参与人 2 的策略 P 严格占优于策略 R。因此，参与人 2 在均衡时不会选择策略 R，即 $p_2^R=0$。

要使参与人 1 的混合策略 $\overline{p}_1$ 是一个最优反应，参与人 2 的均衡策略 $\overline{p}_2$ 必须使参与人 1 在其组合的两个策略之间是无差异的。换言之，有 $U_1(R, \overline{p}_2)=U_1(P, \overline{p}_2)$。

即：

$$\begin{aligned}&p_2^R U_1(R, R)+p_2^P U_1(R, P)+p_2^S U_1(R, S)\\&=p_2^R U_1(P, R)+p_2^P U_1(P, P)+p_2^S U_1(P, S)\end{aligned}$$

或者，更具体地有：

$$0\cdot 0+p_2^P\cdot(-1)+p_2^S\cdot 1=0\cdot 1+p_2^P\cdot 0+p_2^S\cdot(-1)$$

另外，还要满足条件：$p_2^P+p_2^S=1$。

求解上述方程组(同时 $p_2^R=0$)，我们得到：$\overline{p}_2=(p_2^R, p_2^P, p_2^S)=\left(0, \frac{2}{3}, \frac{1}{3}\right)$。

给定 $\overline{p}_2$，参与人 1 选择策略 R 的收益是：

$$\begin{aligned}U_1(R, \overline{p}_2)&=p_2^R U_1(R, R)+p_2^P U_1(R, P)+p_2^S U_1(R, S)\\&=0\cdot 0+\frac{2}{3}\cdot(-1)+\frac{1}{3}\cdot 1=-\frac{1}{3}\end{aligned}$$

(试验证这也是参与人 1 选择策略 P 时的期望收益。)然而，在给定 $\overline{p}_2$ 的条件下，如果参与人 1 选择策略 S，那么她的期望收益会更高，即

$$\begin{aligned}U_1(S, \overline{p}_2)&=p_2^R U_1(S, R)+p_2^P U_1(S, P)+p_2^S U_1(S, S)\\&=0\cdot(-1)+\frac{2}{3}\cdot 1+\frac{1}{3}\cdot 0=\frac{2}{3}\end{aligned}$$

因此，仅仅对策略 R 和 P 进行组合不是参与人 1 对 $\bar{p}_2$ 的一个最优反应。因此，我们推导出一个结论：如果参与人只对她的前两个策略 R 和 P 进行组合，这时不会存在任何纳什均衡。

基于相同的考虑，如果参与人 1 仅仅对其所有纯策略中的任意两个策略进行混合，那么该博弈就不存在纳什均衡。根据博弈中参与人收益之间的对称性，如果参与人 2 只对她三个纯策略中的两个策略进行混合，该博弈也不存在纳什均衡。如果两位参与人把所有的纯策略进行混合，该博弈是否存在一个均衡呢？该问题还有待进一步分析。

假设存在一个均衡$(\bar{p}_1, \bar{p}_2)$，参与人 1 据此对其所有纯策略进行混合。在这个均衡中，参与人 1 选择任意策略的期望效用都是相同的，即 $U_1(R, \bar{p}_2)=U_1(P, \bar{p}_2)=U_1(S, \bar{p}_2)$，也就是有：

$$\begin{aligned}&p_2^R U_1(R, R)+p_2^P U_1(R, P)+p_2^S U_1(R, S)\\=&p_2^R U_1(P, R)+p_2^R U_1(P, P)+p_2^S U_1(P, S)\\=&p_2^R U_1(S, R)+p_2^P U_1(S, P)+p_2^S U_1(S, S)\end{aligned}$$

或者明确一些，有：

$$\begin{aligned}&p_2^R\cdot 0+p_2^P\cdot(-1)+p_2^S\cdot 1\\=&p_2^R\cdot 1+p_2^P\cdot 0+p_2^S\cdot(-1)\\=&p_2^R\cdot(-1)+p_2^P\cdot 1+p_2^S\cdot 0\end{aligned}$$

且同时 p_2^R，p_2^P，p_2^S 必须满足以下条件：

$$p_2^R+p_2^P+p_2^S=1$$

根据上面三个方程组成的方程组，我们有：

$$\bar{p}_2=(p_2^R, p_2^P, p_2^S)=\left(\frac{1}{3}, \frac{1}{3}, \frac{1}{3}\right)$$

（试证明！）根据对称性，我们也可得出：

$$\bar{p}_1=(p_1^R, p_1^P, p_1^S)=\left(\frac{1}{3}, \frac{1}{3}, \frac{1}{3}\right)$$

因此，$(\bar{p}_1, \bar{p}_2)=\left[\left(\frac{1}{3}, \frac{1}{3}, \frac{1}{3}\right), \left(\frac{1}{3}, \frac{1}{3}, \frac{1}{3}\right)\right]$ 就是该博弈的唯一均衡。在均衡时，每位参与人的期望收益为 0。（试证明！）

值得注意的是，我们在石头—剪刀—布中求解得到的均衡策略同时也是参与人的安全策略。例如，如果参与人 2 采取任意的混合策略：$(\tilde{p}_2^R, \tilde{p}_2^P, \tilde{p}_2^S)$，而参与人 1 采取均衡策略 $\bar{p}_1=(p_1^R, p_1^P, p_1^S)=\left(\frac{1}{3}, \frac{1}{3}, \frac{1}{3}\right)$，那么，参与人 1 的期望收益则为 0，即：

$$U_1 = \left[\left(\frac{1}{3}, \frac{1}{3}, \frac{1}{3}\right)(\tilde{p}_1^R, \tilde{p}_1^P, \tilde{p}_1^S)\right]$$

$$= \frac{1}{3}[\tilde{p}_2^R U_1(R, R) + \tilde{p}_2^P U_1(R, P) + \tilde{p}_2^S U_1(R, S)]$$

$$+ \frac{1}{3}[\tilde{p}_2^R U_1(P, R) + \tilde{p}_2^P U_1(P, P) + \tilde{p}_2^S U_1(P, S)]$$

$$+ \frac{1}{3}[\tilde{p}_2^R U_1(S, R) + \tilde{p}_2^P U_1(S, P) + \tilde{p}_2^S U_1(S, S)]$$

$$= \frac{1}{3}[\tilde{p}_2^R \cdot 0 + \tilde{p}_2^P \cdot (-1) + \tilde{p}_2^S \cdot 1]$$

$$+ \frac{1}{3}[\tilde{p}_2^R \cdot 1 + \tilde{p}_2^P \cdot 0 + \tilde{p}_2^S \cdot (-1)]$$

$$+ \frac{1}{3}[\tilde{p}_2^R \cdot (-1) + \tilde{p}_2^P \cdot 1 + \tilde{p}_2^S \cdot 0]$$

$$= \frac{1}{3}[\tilde{p}_2^R \cdot (0 + 1 + (-1)) + \tilde{p}_2^P \cdot ((-1) + 0 + 1) + \tilde{p}_2^S \cdot (1 + (-1) + 0)]$$

$$= \frac{1}{3}(\tilde{p}_2^R \cdot 0 + \tilde{p}_2^P \cdot 0 + \tilde{p}_2^S \cdot 0) = 0$$

尽管如此，但却不存在任何其他可以保证参与人 1 获得比 0 高的期望收益的策略。例如，如果参与人 1 选择策略 R 的概率大于 $\frac{1}{3}$，则参与人 2 通过使选择策略 R 的概率大于 $\frac{1}{3}$，就可以使参与人 1 的收益小于 0。而此时参与人 2 的“布”将打败参与人 1 的“石头”的概率将大于 $\frac{1}{3}$。①

这是上一章定理 12.1 的一个具体实例。石头—剪刀—布是一个零和博弈，且特别地，它是一个严格竞争性博弈。根据定理 12.1，这类博弈的均衡策略同时也是安全策略。

附录：另外一个专利竞赛模型

在第 7.3 节的例子中，我们给出了一个两家企业为了开发一项新技术而进行研发投入竞争的模型。企业必须要决定技术开发投入的努力和资金程度，且投入越多，首先完成技术开发并为发明获得专利的可能性就越高。

然而，如果更高的开发投入肯定会导致赢得专利，结果会如何呢？Rapoport 和 Amal-

① 例如，你可以证明：如果参与人 1 选择混合策略 $(\hat{p}_1^R, \hat{p}_1^P, \hat{p}_1^S) \neq \left(\frac{1}{3}, \frac{1}{3}, \frac{1}{3}\right)$，那么参与人 2 通过选择混合策略 $(\tilde{p}_2^R, \tilde{p}_2^P, \tilde{p}_2^S) = (\hat{p}_1^S, \hat{p}_1^R, \hat{p}_1^P)$，会使参与人 1 的期望收益为负。

doss(2000)①以及 Amaldoss 和 Jain(2002)②都对上述问题进行了分析。

假设两家企业为专利而展开竞争。研发投入更高的企业会首先完成技术开发并且为此注册专利,而另一家企业的投资会一无所获。我们假设如果两家企业的研发投入相同,那么它们会同时完成技术开发,而且此时在产品销售方面的竞争,以及对专利权的法律诉讼,会抵消它们全部的销售利润,最终这两家企业都一无所获。在这样的情况下,每家企业应该如何行动呢?值得进行投资的研发费用又是多少呢?

如果一家企业的研发投入达到了最大可能值,那么,另一家企业就不可能单独获得专利并且实现投资盈利,因此另一家企业只好退出竞赛,且选择不投资。但是,在这种情况下,第一家企业发现进行最小的研发投资就足以保证她赢得专利,所以这就是值得的,因为此时该企业不用面对任何竞争。但反过来,这时第二家企业就会发现,只要它的投资略高于第一家企业,它就可以赢得专利,因此这样做是值得的……

因此,在这种策略情景下,不存在纯策略纳什均衡:两家企业不存在某个投资水平组合,且每一个投资水平都是针对另一家投资水平的一个最优反应。该博弈存在一个混合策略均衡吗?如果存在,该均衡具有什么性质呢?

[例题 13.3]

假设每一家企业($i=1, 2$)只能选择三个投资水平 $c_i=0, 1, 2$ 中的某一个。如果企业 i 获得专利,其期望收益为:$r_i=4$。

如果企业 i 的投资高于另一家企业 j,即 $c_i>c_j$,那么企业 i 的净利润为:$U_i(c_i, c_j)=r_i-c_i$。但企业 j 将会损失所有投资,即 $U_j(c_i, c_j)=-c_j$。

如果两家企业选择的投资水平相同,即 $c_i=c_j$,那么两家企业均会损失所有投资,即:

$$U_i(c_i, c_j)=U_j(c_i, c_j)=-c_i=-c_j$$

回答下列问题:

(1) 上述博弈存在一个纯策略均衡吗?如果存在,该均衡为何?

(2) 假设两家企业都是风险中性的。试证明:该博弈存在一个混合策略均衡,此时每一家企业($i=1, 2$)选择不同投资水平 $c_i=0, 1, 2$ 的概率为:$\bar{p}_i=(p_i^0, p_i^1, p_i^2)=\left(\frac{1}{4}, \frac{1}{4}, \frac{1}{2}\right)$。每一家企业在均衡时的期望收益是多少呢?

(3) 证明:在该博弈的任一纳什均衡下,至少一家企业选择不投资的概率大于零。

(4) 证明:例题 13.2 中的均衡是该博弈的唯一均衡。

---

① Rapoport, A. and W. Amaldoss(2000), "Mixed Strategies and Iterative Elimination of Strongly Dominated Strategies: An Experimental Investigation of States of Knowledge", *Journal of Economic Behavior and Organization*, 42, 483—521.

② Amaldoss, W. and S. Jain(2002), "David vs. Goliath: An Analysis of Asymmetric Mixed-Strategy Games and Experimental Evidence", *Management Science*, 48(8), 972—991.更多的技术附录内容见http://mansci.pubs.informs.org/e_companion_pages/AJ.PDF。

答案

(1) 我们明确给出该博弈的收益矩阵(表 13.3):

表 13.3

		企业 2		
		0	1	2
	0	0, 0	0, 3	0, 2
企业 1	1	3, 0	−1, 1	−1, 2
	2	2, 0	2, −1	−2, −2

我们在最优反应对应的收益下划线(表 13.4):

表 13.4

		企业 2		
		0	1	2
	0	0, 0	0, $\underline{3}$	0, 2
企业 1	1	$\underline{3}$, 0	−1, 1	−1, $\underline{2}$
	2	2, $\underline{0}$	$\underline{2}$, −1	−2, −2

可以看出,该博弈不存在一对策略组合,其中每一个纯策略都是参与人针对另一位参与人策略的最优反应。因此,该博弈不存在纯策略纳什均衡。

(2) 为了证明 $\bar{p}_i=(p_i^0, p_i^1, p_i^2)=\left(\frac{1}{4}, \frac{1}{4}, \frac{1}{2}\right)(i=1, 2)$ 是一个纳什均衡,我们需要证明如果其中一家企业 i 选择混合策略 $\bar{p}_i$,则另一家企业 j 在所有的纯策略之间是无差异的$\left[\text{因此,企业 } j \text{ 愿意按照概率}\left(\frac{1}{4}, \frac{1}{4}, \frac{1}{2}\right)\text{对这些策略进行组合}\right]$。

实际上,如果企业 i 选择混合策略 $\bar{p}_i$,那么企业 j 选择纯策略所获得的期望利润为:

$$U_j(0, \bar{p}_i)=\frac{1}{4}\times 0+\frac{1}{4}\times 0+\frac{1}{2}\times 0=0$$

$$U_j(1, \bar{p}_i)=\frac{1}{4}\times 3+\frac{1}{4}\times(-1)+\frac{1}{2}\times(-1)=0$$

$$U_j(2, \bar{p}_i)=\frac{1}{4}\times 2+\frac{1}{4}\times 2+\frac{1}{2}\times(-2)=0$$

因此,即使企业 j 对所有纯策略进行混合,它的期望收益还是 0。这也是在纳什均衡下每一家企业所获得的期望收益。

(3) 我们用 $\underline{c_i}$ 表示企业 i 在给定纳什均衡下以正的概率所选择的最低投资水平。假设 $\underline{c_j}\geqslant\underline{c_i}$,即企业 j 在均衡下的最低投资水平高于或等于企业 i 的最低投资水平。我们假设现在任何一家企业都选择投资,即 $\underline{c_j}\geqslant\underline{c_i}>0$。我们会推出矛盾。实际上,在这个例子中,如果企业 i 的投资 $\underline{c_i}>0$,那么由于企业 j 的投资至少和企业 i 一样多,所以企业 i 不会赢得专利。因此,如果企业 i 投资不是 $\underline{c_i}$,而是(以相同的概率)选择不投资,那么企业

i 的期望收益就会增加,因此我们可以推出,企业 i 的策略 $\underline{c_i}>0$ 不是一个最优反应,因而也不可能是一个纳什均衡。

(4) 在上面(3)的分析中,我们发现在均衡时,至少存在一家企业,譬如 i,选择不投资。此时企业 i 的收益为 0(它不投资,也不可能赢得专利)。在上面(1)的分析中,我们发现这个博弈不存在一个纯策略均衡。因此,在纳什均衡下,企业 i 会把策略 0 和另外某个或某些它可以支配的纯策略进行混合。而且在这种均衡下,企业 i 在策略 0 和上述其他策略之间是无差异的,即企业 i 都可以获得 0 的期望收益。如果企业 i 选择策略 $c_i=1$ 的概率为正,那么均衡策略 $\bar{p}_j=(p_j^0,\ p_j^1,\ p_j^2)$ 必须满足:

$$\begin{aligned}&U_i(1,\ \bar{p}_j)=p_j^0\times 3+p_j^1\times(-1)+p_j^2\times(-1)=0\\&U_i(2,\ \bar{p}_j)=p_j^0\times 2+p_j^1\times 2+p_j^2\times(-2)\leqslant 0\\&p_j^0+p_j^1+p_j^2=1\end{aligned}\tag{13.1}$$

且如果企业 i 选择策略 $c_i=2$ 的概率为正,那么均衡策略 $\bar{p}_j=(p_j^0,\ p_j^1,\ p_j^2)$ 必须满足:

$$\begin{aligned}&U_i(1,\ \bar{p}_j)=p_j^0\times 3+p_j^1\times(-1)+p_j^2\times(-1)\leqslant 0\\&U_i(2,\ \bar{p}_j)=p_j^0\times 2+p_j^1\times 2+p_j^2\times(-2)=0\\&p_j^0+p_j^1+p_j^2=1\end{aligned}\tag{13.2}$$

在第一种情况下,求解方程组(13.1),我们有:$p_j^0=\frac{1}{4}$,$p_j^1+p_j^2=\frac{3}{4}$ 和 $p_j^2\geqslant\frac{1}{2}$。因为此时企业 j 选择策略 $c_j=0$ 的概率为正,且该策略带来的期望收益为 0,因此选择策略 $c_j=2$ 的概率为正在均衡时也应该带来相同的期望效用,即为 0;而且策略 $c_j=1$ 带来的期望收益也应该不大于 0。也就是说,均衡策略 $\bar{p}_i=(p_i^0,\ p_i^1,\ p_i^2)$ 必须满足:

$$\begin{aligned}&U_j(1,\ \bar{p}_i)=p_i^0\times 3+p_i^1\times(-1)+p_i^2\times(-1)\leqslant 0\\&U_j(2,\ \bar{p}_i)=p_i^0\times 2+p_i^1\times 2+p_i^2\times(-2)=0\\&p_i^0+p_i^1+p_i^2=1\end{aligned}\tag{13.3}$$

求解上述方程组,我们特别可以得到 $p_i^2=\frac{1}{2}$。但是,如果企业 i 在均衡下选择投资水平 $c_i=2$ 的概率实际上大于零,那么在方程组(13.1)中,第二个式子必须取等号,即选择 $c_i=2$ 给企业 i 带来的期望效用必须等于 0。求解等式下的方程组(13.1),即求解下面的方程组:

$$\begin{aligned}&U_i(1,\ \bar{p}_j)=p_j^0\times 3+p_j^1\times(-1)+p_j^2\times(-1)=0\\&U_i(2,\ \bar{p}_j)=p_j^0\times 2+p_j^1\times 2+p_j^2\times(-2)=0\\&p_j^0+p_j^1+p_j^2=1\end{aligned}\tag{13.4}$$

我们有:

$$\bar{p}_j=(p_j^0,\ p_j^1,\ p_j^2)=\left(\frac{1}{4},\ \frac{1}{4},\ \frac{1}{2}\right)$$

特别是,在纳什均衡下,企业 j 对所有纯策略都进行混合,因此它选择任一纯策略的期望收益是 0,这也是选择投资 $c_j=0$ 时所获得的(期望)收益。要使企业 j 在所有纯策略间是无差异的，企业 i 的均衡策略 $\bar{p}_i=(p_i^0,\ p_i^1,\ p_i^2)$ 必须满足：

$$\begin{aligned}&U_j(1,\ \bar{p}_i)=p_i^0\times 3+p_i^1\times(-1)+p_i^2\times(-1)=0\\&U_j(2,\ \bar{p}_i)=p_i^0\times 2+p_i^1\times 2+p_i^2\times(-2)=0\\&p_i^0+p_i^1+p_i^2=1\end{aligned}\tag{13.5}$$

上述等式组成的方程组有唯一解，即：

$$\bar{p}_i=(p_i^0,\ p_i^1,\ p_i^2)=\left(\frac{1}{4},\ \frac{1}{4},\ \frac{1}{2}\right)$$

如果方程组(13.2)中各式成立，即第二种情况会如何呢？求解该方程组，我们得到解：$p_j^2=\frac{1}{2}$，$p_j^0+p_j^1=\frac{1}{2}$，$p_j^1\geqslant\frac{1}{4}$。由于此时企业 j 选择策略 $c_j=1$ 的概率为正，且这一策略给企业带来的期望收益为 0，因此在均衡时，企业 j 选择策略 $c_j=2$ 的概率为正，且该策略给企业带来的期望收益也是 0。换言之，均衡策略 $\bar{p}_i=(p_i^0,\ p_i^1,\ p_i^2)$ 必须满足如下条件：

$$\begin{aligned}&U_j(1,\ \bar{p}_i)=p_i^0\times 3+p_i^1\times(-1)+p_i^2\times(-1)=0\\&U_j(2,\ \bar{p}_i)=p_i^0\times 2+p_i^1\times 2+p_i^2\times(-2)=0\\&p_i^0+p_i^1+p_i^2=1\end{aligned}\tag{13.6}$$

求解上述等式组成的方程组，我们有解：$\bar{p}_i=(p_i^0,\ p_i^1,\ p_i^2)=\left(\frac{1}{4},\ \frac{1}{4},\ \frac{1}{2}\right)$。由于企业 i 选择所有策略的概率都为正，因此在均衡时，所有策略给企业带来的期望效用都相同，即都为 0。因此，企业 j 的均衡策略 $\bar{p}_j=(p_j^0,\ p_j^1,\ p_j^2)$ 必须满足等式方程组(13.5)，其解为：

$$\bar{p}_j=(p_j^0,\ p_j^1,\ p_j^2)=\left(\frac{1}{4},\ \frac{1}{4},\ \frac{1}{2}\right)$$

因此，对上述两种情况，我们求解得到的唯一可能的均衡就是我们在答案(2)中所给出的策略。

[例题 13.4]

现在，我们从两个方面对例题 13.3 进行推广。

首先，我们不再假设 $r_1=r_2$ 成立。$r_1\neq r_2$ 表示企业 1 和企业 2 赢得专利竞赛时所获得的收益 r_1 和 r_2 是不同的。

其次，现在我们考虑 $k+1$ 种不同的投资水平。此时，每一家企业 $(i=1,\ 2)$ 必须从式子 $c_i=0,\ 1,\ \cdots,\ k$ 中选择某个投资水平，其中 $k\geqslant 2$。

和上面一题相同，我们继续假设 $r_1>k$，$r_2>k$，即如果赢得专利，则企业获得一个正的利润。

(1) 证明这个博弈不存在任何纯策略纳什均衡。

(2) 证明下述混合策略组合是博弈的一个纳什均衡，即

$$\bar{p}_1=(p_1^0,\ p_1^1,\ p_1^2,\ \cdots,\ p_1^k)=\left(\frac{1}{r_1},\ \frac{1}{r_1},\ \frac{1}{r_1},\ \cdots,\ 1-\frac{k}{r_2}\right)$$

$$\bar{p}_2=(p_2^0,\ p_2^1,\ p_2^2,\ \cdots,\ p_2^k)=\left(\frac{1}{r_2},\ \frac{1}{r_2},\ \frac{1}{r_2},\ \cdots,\ 1-\frac{k}{r_2}\right)$$

是该博弈的一个纳什均衡。

答案

(1) 我们通过列出纯策略组合(c_i, c_j)的各种可能情况并逐步排除,以证明纳什均衡不存在。我们分五种可能情况进行讨论,而且证明在任何情况下,所有的策略组合都不是一个纳什均衡,这是因为至少某家企业会通过选择一个和既定策略组合不同的投资水平而改进自己的获利情况。

- 情形 1:$c_i=c_j=0$。此时,没有企业获胜也没有企业失败。由于 $c_j=0$,企业 i 可以选择投资 $c_i>0$,这时它将赢得专利并且获得一个正的利润,从而改善自己的处境。
- 情形 2:$c_i=c_j>0$。此时,两家企业都会损失投资额。给定 $c_j>0$,那么企业 i 可以选择不投资以避免损失,从而改善自己的处境。
- 情形 3:$c_i<c_j<k$。此时,企业 i 不能赢得专利,同时利润小于 0。给定 $c_j<k$,企业 i 可以选择投资水平 k 赢得专利竞赛,从而获得一个正的利润。
- 情形 4:$0<c_i<c_j=k$。此时,企业 i 不能赢得专利,并且会损失投资额。给定 $c_j=k$,企业 i 可以选择不投资以避免损失。
- 情形 5:$0=c_i<c_j=k$。此时,企业 j 赢得专利,但付出的却是最大可能的投资额。由于 $c_i=0$,企业 j 可以通过选择小于 k 的一个正的投资额来增加利润,因为这同样可以保证企业 j 赢得专利。

(2) 如果企业 1 选择策略:

$$\bar{p}_1=(p_1^0,\ p_1^1,\ p_1^2,\ \cdots,\ p_1^k)=\left(\frac{1}{r_2},\ \frac{1}{r_2},\ \frac{1}{r_2},\ \cdots,\ 1-\frac{k}{r_2}\right)$$

据此对所有纯策略进行组合,特别是,不进行投资的概率为正的概率,$\frac{1}{r_2}$。这时,它可以保证自己得到 0 的收益。因此,为了证明就企业 2 所采取的策略 $\bar{p}_2=(p_2^0,\ p_2^1,\ p_2^2,\ \cdots,\ p_2^k)$ $=\left(\frac{1}{r_1},\ \frac{1}{r_1},\ \frac{1}{r_1},\ \cdots,\ 1-\frac{k}{r_1}\right)$ 而言,混合策略 $\bar{p}_1$ 是企业 1 的一个最优反应,我们必须证明:给定 $\bar{p}_2$,企业 1 在其所有纯策略之间都是无差异的,而且因此所有的纯策略都可以保证企业 1 得到期望收益 0,这也是选择不投资时所能获得的收益。

事实正是如此:如果企业 1 选择投资 $c_1>0$,只要企业 2 的投资额低于 c_1,企业 1 将赢得专利并且获得 r_1-c_1 的利润。但是,如果企业 2 投资额大于或等于 c_1,企业 1 将损失其投资额。给定 $\bar{p}_2$,企业 1 的期望收益为:

$$\begin{aligned}U_1(c_1,\ \bar{p}_2)&=(r_1-c_1)\sum_{n=0}^{c_1-1}p_2^n+(-c_1)\sum_{n=c_1}^{k}p_2^n\\&=(r_1-c_1)\sum_{n=0}^{c_1-1}\frac{1}{r_1}+(-c_1)\sum_{n=c_1}^{k-1}\frac{1}{r_1}+(-c_1)\left(1-\frac{k}{r_1}\right)\\&=(r_1-c_1)c_1\frac{1}{r_1}+(-c_1)(k-c_1)\frac{1}{r_1}+(-c_1)\left(1-\frac{k}{r_1}\right)\\&=c_1\frac{1}{r_1}[(r_1-c_1)-(k-c_1)+k]-c_1=c_1-c_1=0\end{aligned}$$

这就是我们所要证明的结果。因此，我们已经证明了 $\bar{p}_1$ 是 $\bar{p}_2$ 的一个最优反应。通过将企业 1 和企业 2 角色对换，我们也可以证明 $\bar{p}_2$ 是 $\bar{p}_1$ 的一个最优反应，因此策略组合 $(\bar{p}_1, \bar{p}_2)$ 是一个纳什均衡。

（注：实际上，我们可以证明 $(\bar{p}_1, \bar{p}_2)$ 是上述博弈的唯一纳什均衡。我们在例题 13.3 中第(3)和第(4)部分证明过特殊情况下均衡的唯一性，通过把上面所使用的方法加以推广，就可以证明。）

我们看出，在上面最后一个问题的均衡中，从赢得专利中获利较少的企业恰恰是选择最大投资额 k 的概率更大的企业。譬如，如果 $r_1 < r_2$，即当企业 1 赢得专利时的收益低于企业 2 的收益，那么，在均衡 $(\bar{p}_1, \bar{p}_2)$ 下，企业 1 选择最大投资额 k 的概率为：$p_1^k = 1-\frac{k}{r_2}$，而企业 2 选择最大投资额 k 的概率为：$p_2^k = 1-\frac{k}{r_1}$。显然，$p_1^k > p_2^k$。

此外，企业 1 的平均投资额为：

$$\frac{1}{r_2}[0+1+\cdots+(k-1)]+\left(1-\frac{k}{r_2}\right)k=\frac{1}{r_2}\frac{k(k-1)}{2}+\left(1-\frac{k}{r_2}\right)k$$

$$=k\left\{\frac{1}{2r_2}[(k-1)-2k]+1\right\}=k\left(1-\frac{k(k+1)}{2r_2}\right)$$

企业 1 的平均投资额要高于企业 2 的平均投资额，后者为：

$$\frac{1}{r_1}[0+1+\cdots+(k-1)]+\left(1-\frac{k}{r_1}\right)k=k\left(1-\frac{k(k+1)}{2r_1}\right)$$

且此时企业 1 赢得专利的几率要高于企业 2 的获胜的几率。事实上，企业 1 赢得专利，只要满足下面两个条件之一，即

(1) 企业 1 投资为 k $\left(\text{均衡下发生的几率为 } 1-\frac{k}{r_2}\right)$，同时企业 2 的投资低于 k $\left(\text{均衡下发生的概率为}\frac{k}{r_1}\right.$，即相当于对企业 2 选择投资 $0, \cdots, k-1$ 的概率求和$\left.\right)$。在均衡下，这两种情况同时出现的概率为 $\left(1-\frac{k}{r_2}\right)\frac{k}{r_1}$。

(2) 企业 1 的投资额 $0 < c_1 < k$ $\left(\text{发生几率为}\frac{1}{r_2}\right)$，同时企业 2 投资小于 c_1 $\left(\text{概率为}\frac{c}{r_1}\right.$，即等于对企业 2 选择投资 $0, \cdots, c-1$ 的概率求和$\left.\right)$。因此，在均衡时，这两种情况同时发生的概率为 $\frac{1}{r_2}\frac{c}{r_1}$。

相应地，企业 1 赢得专利的总概率为：

$$\left(1-\frac{k}{r_2}\right)\frac{k}{r_1}+\sum_{c_1=1}^{k-1}\frac{1}{r_2}\frac{c_1}{r_1}=\left(1-\frac{k}{r_2}\right)\frac{k}{r_1}+\frac{1}{r_2r_1}\frac{k(k-1)}{2}$$

$$=\frac{k}{2r_2r_1}[2(r_2-k)+k-1]=\frac{k(2r_2-k-1)}{2r_2r_1}$$

企业 1 赢得专利的总概率要大于企业 2 赢得专利的总概率，后者可以通过类似方法计算，其值为：

$$\left(1-\frac{k}{r_1}\right)\frac{k}{r_2}+\sum_{c_2=1}^{k-1}\frac{1}{r_1}\frac{c_2}{r_2}=\frac{k(2r_1-k-1)}{2r_2r_1}$$

如果企业 2 赢得专利,它将获得更高的收益,那为什么它选择的投资额平均而言,要低于对手的投资额,且对此表示相当满意呢?在均衡时,这个策略为什么会最优呢?

在现在这个例子中,均衡性质并非是很直观的,因为实际上如果情景是某种非策略性环境,就不会得到上述结果。为了理解策略性分析和单个决策者所面临决策问题分析的不同之处,我们来考察一下,如果企业 1 采取某个完全独立于企业 2 行为的混合策略:$\bar{p}_1=(p_1^0, p_1^1, p_1^2, \cdots, p_1^k)$,结果将会如何呢?此时,如果企业 2 投资额为 c_2,会出现下列两种结果:

(1) 如果企业 1 投资小于 c_2,企业 2 会赢得专利并获利 r_2-c_2。这种情况出现的可能性为 $p_1^0+p_1^1+\cdots+p_1^{c_2-1}$。

(2) 如果企业 1 投资不低于 c_2,企业 2 会损失其投资。这时,上述情况出现的可能性为 $p_1^{c_2}+\cdots+p_1^k$。

因此,增加投资额 c_2 将会提高企业 2 获胜的几率 $p_1^0+p_1^1+\cdots+p_1^{c_2-1}$,同时一旦胜利,利润 r_2-c_2 也会降低;而且增加的投资规模会在一旦失败的情况下血本无归。类似地,减少投资额 c_2 将会降低企业 2 获胜的可能性,同时提高了一旦获胜时的利润,而且降低了一旦失败时的损失。总体而言,考虑到这些情况,企业 2 将努力寻求平衡,选择能够最大化自己期望收益的投资水平,即:

$$\begin{aligned}U_2(c_2, \bar{p}_1)&=(p_1^0+p_1^1+\cdots+p_1^{c_2-1})(r_2-c_2)+(p_1^{c_2}+\cdots+p_1^k)(-c_2)\\&=(p_1^0+p_1^1+\cdots+p_1^{c_2-1})r_2-c_2\end{aligned}$$

记最优投资水平为 c_2^*(或者如果存在多个最优投资水平,我们记其最大值为 c_2^*)。如果 $c_2^*<k$,即 c_2^* 并非是最大的可能投资水平,那么投资水平增加 1 单位,即从 c_2^* 增加到 c_2^*+1,对企业 2 来说,这是不可取的(因为根据定义,c_2^*+1 对企业 2 并非是最优的);这会使上述期望收益表达式中,第一项增加 $p_1^{c_2^*}r_2<1$,而第二项减 1。由于从 c_2^* 增加到 c_2^*+1 是次优的,我们可以推断有 $p_1^{c_2^*}r_2<1$。但如果 r_2 值更大,该不等式符号将改变,且企业 2 的最优(最大)投资水平将上升。

因此,根据我们基本的直觉,专利如果能够给企业带来更高的收益,企业将会增加其研发投资。但是,如上所述,只有在我们假设另一家企业的行为非常幼稚的情况下,即置竞争对手所选择的投资策略完全不顾,且也不会希望通过自己的策略选择来影响竞争对手时,上述直觉才会得以验证。

如果两家企业都采取策略性行为,情况又会如何呢?我们已经看到,上述博弈不存在任何纯策略均衡;而在均衡时,每一家企业投资为 0 的概率为正,因此企业选择的任何其他概率为正的投资策略时所得到的期望效用必定也为 0。如果一家企业选择的投资额 c 大于 0,它赢得专利的概率会大于 0(因为某些情况下,对手可能选择不投资)。但是,如果企业 1 赢得专利,它的收益只有 r_1-c,这要小于企业 2 投资 c 赢得专利时的收益 r_2-c。因此,为了让两家企业在均衡时的期望收益都为 0,为了抵消获胜时所得的收益较低这种现象,企业 1 在均衡时获胜的平均概率必定要更高。

13.3　实验室实验中的专利竞赛

在实验室实验中，博弈实际上是如何进行的呢？Amaldoss 和 Jain(2002)进行了一项实验。他们对参数 $k=2$，$r_1=4$ 且 $r_2=7$ 情况下的博弈进行了分析。在这个博弈中，纳什均衡为：

$$\bar{p}_1=(p_1^0,\ p_1^1,\ p_1^2)=\left(\frac{1}{7},\ \frac{1}{7},\ \frac{5}{7}\right)$$

$$\bar{p}_2=(p_2^0,\ p_2^1,\ p_2^2)=\left(\frac{1}{4},\ \frac{1}{4},\ \frac{1}{2}\right)$$

在该均衡时，企业 1 的平均投资额为 1.57，它赢得专利的可能性为 39.29%；企业 2 的平均投资额为 1.25，它赢得专利的可能性为 17.86%。实验中的每一位参与者都代表其中一家企业，且在每一轮博弈中，他会面对(通过网络以匿名方式随机选择的)代表另一家企业的一个参与者。共有 36 名学生参与了这项实验，博弈共进行了 160 轮。

Amaldoss 和 Jain(2002)发现，平均来说，所有代表企业 1 的参与者的行为与纳什均衡预测相差无几。他们按照相应的频率(23%，7%，70%)来选择投资策略 $c_1=0,\ 1,\ 2$，平均投资额为 1.47，且在 37%的博弈中都是获胜的。然而，代表企业 2 的参与者的行为与纳什均衡的预测并不一致。平均来说，所有代表企业 2 的参与者按照频率(12%，40%，48%)选择对应的投资额 $c_2=0,\ 1,\ 2$，①且平均投资额为 1.36。在全部博弈中，他们获胜的比例为 23.5%，这要高于纳什均衡下所预测的胜率。

在另一项实验中，Amaldoss 和 Jain(2002)把企业 1 赢得专利的收益提高为 $r_1=6$。从理论上说，这一变化应该不会影响企业 1 的均衡策略，只会影响企业 2 的均衡策略。现在，企业 2 的均衡策略为：

$$\bar{p}'_2=(p'^0_2,\ p'^1_2,\ p'^2_2)=\left(\frac{1}{6},\ \frac{1}{6},\ \frac{4}{6}\right)$$

从定性角度来看，实验结果支持理论预测的变化。在这项实验中，所有代表企业 2 的参与者所选择的投资额，其分布随着投资的增加确实越为分散，频率变为(5%，30%，65%)，平均投资额更高，为 1.597。代表企业 1 参与者的投资分布为(25%，12%，63%)，这和第一项实验中所得到的分布类似。

在一项实验中，Rapoport 和 Amaldoss(2000)对对称情况进行了分析，此时 $r_1=r_2=r$，且 $k=5$。在这种情况下，如果 $r=8$，两家企业的均衡策略为：

$$(p^0,\ p^1,\ p^2,\ p^3,\ p^4,\ p^5)=\left(\frac{1}{8},\ \frac{1}{8},\ \frac{1}{8},\ \frac{1}{8},\ \frac{1}{8},\ \frac{3}{8}\right)$$

在这个实验中，参与者选择的分布情况在很大程度上和预测非常接近，而预测为：(16.9%，11.6%，8.8%，11.8%，9%，41.8%)。

① 然而，在后面几轮博弈中，偏离均衡的行为有所减少。

当 $r=20$ 时,均衡策略为:$(p^0, p^1, p^2, p^3, p^4, p^5)=\left(\frac{1}{20}, \frac{1}{20}, \frac{1}{20}, \frac{1}{20}, \frac{1}{20}, \frac{15}{20}\right)$。且在实验中,参与人选择的分布情况为:(14.1%,5.5%,5.3%,5.3%,6.9%,62.8%)。

在不同的博弈回合中,我们假设单个参与人在选择概率分布时,都是独立的。但这些实验全部不支持上述假设。在参与者随时间的选择中,发现存在显著的序列相关性,并且不同参与者的行为分布之间存在很大的差异。因此,在分析大量参与人的平均可观测行为,而不是某一特定参与人的个体行为方面,这些实验在一定程度上证明了这种总体水平理论的正确性。

第Ⅴ部分
策略式博弈中的高级主题

引言

第Ⅴ部分收集了有关策略式博弈的几个高级主题。第 14 章讨论了可理性化(rationalizability)这一解概念。这个概念是基于非最优反应策略(never-best-reply strategy)的观点,即就参与人所拥有的关于其竞争对手选择组合的任意信念而言,该策略都不是一个最优反应。尽管一个严格劣势策略是非最优反应的,但在一些博弈中,我们表明非最优反应策略未必一定严格劣于某些其他(纯)策略;但可以证明,每一个非最优反应策略都会劣于博弈混合式扩展中的某些混合策略。

由于一个理性参与人永远不会选择一个非最优反应策略,因此在每一轮中(在该步骤的剩余博弈中的),非最优反应策略就可以剔除。这样,通过这种方式来定义一个重复剔除程序是可行的。在重复剔除过程中留存的那些策略被称为是可理性化的(rationalizable)。理性参与人只会选择这些可理性化的策略,因为他们相信在所有理性参与人之间,这是一种共同知识,且彼此认同,没有异议。

第 15 章分析了某种更新程序下的稳态均衡这一主题。譬如最优反应动态系统就是这样一种更新程序,此时参与人对其同伙在前一轮博弈中的行为是最优反应的。本章给出了离散动态系统的基本定义、系统中的不动点概念,以及几种有关不动点稳态的概念。在一个诸如最优反应动态系统之类的更新动态系统中,博弈的纳什均衡就是该动态系统的一个不动点,但也存在一些博弈,其中某些纳什均衡是不稳定的不动点。因此,这种纳什均衡对博弈结果的预测能力是很弱的。我们利用第 9 章中所定义的两个协调博弈研究了这种现象。

第 16 章研究了基础的进化博弈理论(evolutionarily game theory),其中,参与博弈的是某个大容量总体中的个体。每个个体都具有某种特定的类型(type)。在和总体中的另一个成员随机匹配进行(对称)博弈时,该类型会“程式化”地从某些策略中选择一个;此时个体的收益反映了他繁殖后代的生存能力(fitness)。这样,在某一既定时间点,总体中不同类型出现的频率就对应着有关总体选择分布的一个混合策略。

在复制者动态博弈(replicator dynamics)中,我们假设每个个体都是“纯种”的(其后代和父辈的类型相同),且后代数量——其生存能力——仅仅是它和总体中其他个体随机遭遇下所进行的博弈的收益;因此,总体中不同类型的构成会根据上述假设而在不同代际之间不断演变。这样,复制者动态博弈就定义了关于总体策略选择分布的一种动态系统。

我们借助几个不同的博弈对复制者动态博弈进行了研究,这些博弈包括鹰鸽博弈,以及石头—剪刀—布博弈。在后一个博弈中所采取的策略和某个特定蜥蜴物种中雄性的求偶策略有关,而且复制者动态博弈确实反映了某些动物学家对发情季节雄性策略分布的变化的经验研究结果。

在复制者动态博弈中,每一个稳态不动点都是该博弈的一个对称纳什均衡。(虽然复制者动态博弈可能还额外存在某些不稳定的不动点,这些不动点都不是纳什均衡。)反之,一个博弈的对称纳什均衡都是该复制者动态系统的一个不动点。但是,通过几个不同的例子,我们表明这类某些纳什均衡也可能是不稳定的,因此,这些均衡在预测长期中总体的可能构成方面,能力也是很弱的。

有关总体博弈稳定性的另外一个概念就是进化稳定策略(ESS)。当总体中产生某些选择其他混合策略的变异个体,且这些变异个体的总体渗透率非常小时,如果某个混合策略可以排斥这些变异,就称这个混合策略是 ESS 的。值得强调的是,尽管上述陈述具有动态性,但 ESS 却是一个静态概念,没有任何明确的动态意义;在下面关于 ESS 的等价定义中,这是显而易见的。可称一个混合策略为 ESS 的,如果它是一个对称的纳什均衡,且当遭遇该策略时,它表现至少和另一个("变异")混合策略一样好;而当遭遇变异策略时,它的收益要比变异策略的收益更高。

在复制者动态博弈中,总体中的每个个体选择的是某个纯策略(且此时个体选择的频率就对应着一个混合策略)。相比较而言,在 ESS 中,总体中的每个个体都会选择同样的混合策略。两个概念的另一个区别在于,ESS 明确考虑了那些潜在的变异。而在复制者动态系统中,只要开始时总体中的某一部分(数量可能很小,但必须严格大于零)个体一开始没有采取某些(纯)策略,在后代的总体中,这些策略就不会出现。

弱劣势策略进化不是稳定的。因为某些对称博弈确实存在采取劣势策略的某种对称纳什均衡,所以 ESS 概念也定义了对纳什均衡集的某种精炼方法。一般而言,这种精炼方法和复制者动态系统中稳态不动点的精炼方法还是不同的。①

第 17 章介绍了另外一种选择多方协调博弈均衡的准则。通过用某个全局博弈对原始协调博弈进行逼近,就可以得到某个选择准则。在这个全局博弈中,每位参与人会获得主要博弈参数的某种噪声信号——为了使获得的收益水平高于"安全"行动肯定所获得的收益水平,最小的一部分参与者需要选择那些"风险较大"的策略。

关于此类博弈的一个主要例子就是货币供给:大量投资者都选择卖空某一特定国家的货币,以期该国货币在外汇市场会贬值,与此同时,为了确保攻击成功,每个投资者都会得到某种关于攻击规模的噪声信号。

上述博弈存在两个纳什均衡:所有潜在的投资者都发起攻击,或者所有人都拒绝攻击(且节约投资的交易成本)。但是,在相关全局博弈中,由于投资者获得的噪声信号较小,且趋近于 0,因此只有一个均衡会存在,这取决于博弈参数:相对交易成本而言,如果"攻击"成功所获得的收益率越高,为了动员所有投资者参与攻击所需的协调程度就越小;但是当"蜂拥而至的"投资者(和潜在收益交易成本比率相比而言)过多时,投资者反而不参与攻击。

---

① 在连续的复制者动态博弈中,每个 ESS 在复制者动态博弈中,都是渐近稳定的。

▶14

可理性化策略

14.1 非最优反应策略

在第 4 章中，我们介绍了严格劣势策略的概念。参与人 i 的策略 x_i 是严格劣势的，如果参与人 i 存在另一个策略 x_i'，它对 x_i 是严格占优的，即在对手 j 采取任一策略 x_j 时，它都可以保证参与人获得的收益高于采取策略 x_i 时的情况，即[①]：$U_i(x_i', x_j) > U_i(x_i, x_j)$。

在这个例子中，上述不等式对竞争对手所采取的任一混合策略 $\bar{p}_j$ 也成立。也就是说，就参与人 i 关于竞争对手某种纯策略的采用概率所对应的任意信念 $\bar{p}_j \in \Delta(X_j)$ 而言，总有：

$$U_i(x_i', \bar{p}_j) > U_i(x_i, \bar{p}_j)$$

特别是，参与人 i 的最优反应永远不会是策略 x_i。给定参与人 i 关于其对手行动概率分布的任意信念 $\bar{p}_j$，如果她选择策略 x_i' 而不是 x_i，她的期望收益就会更高。

定义

称参与人 i 的纯策略 x_i 为非最优反应的(never-best-reply)，如果就她拥有的关于竞争对手 j 可选择策略的概率的任意信念 $\bar{p}_j$ 而言，参与人 i 还另外存在一个纯策略 $x_i^{\bar{p}_j}$，使得她的期望收益更高，即：

$$U_i(x_i^{\bar{p}_j}, \bar{p}_j) > U_i(x_i, \bar{p}_j)$$

特别是，如果 x_i' 占优于 x_i，策略 x_i 就是非最优反应的：对参与人 i 关于其对手策略分布的任意信念 $\bar{p}_j$ 而言，参与人 i 选择策略 $x_i^{\bar{p}_j} = x_i'$，得到的期望收益要高于策略 x_i。

参与人是否存在一个非最优反应策略 x_i，且任意其他一个纯策略 x_i' 都不能占优于该策略呢？当然是可以的，下面的例子就说明了这一点。

① 或者是关于其竞争对手的一个策略组合。为了表述便利，我们这里仅仅关注只有两位参与人的博弈。

14.1.1 一个非最优反应策略且非劣势策略的例子

表 14.1

		参与人 2 L	参与人 2 R
参与人 1	T	4, 2	0, 1
	M	0, 2	4, 1
	B	1, 0	1, 3

在这个博弈中,参与人 1 的策略 B 不是一个(严格的或弱的)劣势策略。策略 T 不优于策略 B,因为如果参与人 2 选择 R, B 就会优于 T。策略 M 也不优于策略 B,因为如果参与人 2 选择 L, B 也会优于 L。

然而,B 是一个非最优反应策略。如果参与人 2 选择 L,参与人 1 宁可选择策略 T,而不是策略 B。如果参与人 2 选择 R,参与人 1 宁可选择策略 M,而不是 B。此外,对参与人 1 关于参与人 2 以概率(p, $1-p$)选择策略(L, R)的每一个信念而言,参与人 1 选择策略 B 都不会好于其余的另外两个策略:如果 $p>\frac{1}{4}$,参与人 1 选择策略 T 下的期望收益高于选择 B 的期望收益,即 $U_1(T, p)=4p>1=U_1(B, p)$,如果 $p<\frac{3}{4}$,参与人 1 选择策略 M 的期望收益也高于选择 B 的期望收益,即 $U_1(T, p)=4(1-p)>1=U_1(B, p)$。

因此,对参与人 1 关于竞争对手的每一个信念而言,其策略 T,或者 M$\left(\right.$也可能 T 和 M,如当$\frac{1}{4}<p<\frac{3}{4}$时$\left.\right)$,得到的期望收益要更高。图 14.1 给出了参与人 1 选择策略 T(黑色),M(灰色)或者 B(散点)时,作为信念 p 的函数的期望收益情况。策略 T 或 M 优于 B 的区间被标记为粗体。

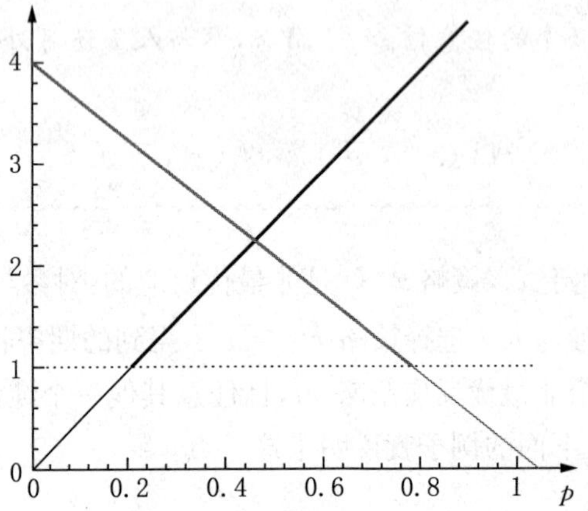

图 14.1

所以，理性参与人将不会选择非最优反应策略，即便它没有被任意其他策略所占优。在上面的例子中，参与人 1 将不会选择策略 B。如果参与人 2 认为参与人 1 是理性的，参与人 2 也相信参与人 1 只会从策略 T 或 M 中选择。因此，她认为自己应该选择 L(因为 R 只有在参与人 1 选择 B 的时候才会是更优的选择)。如果参与人 1 意识到这一点，她就会选择 T。因此，根据理性共同知识，我们就可以推出，参与人将选择策略组合(T, L)。尽管在这个博弈中，重复剔除严格劣势策略的方法不会得到唯一的预测结果，因为在这个博弈中，每位参与人都不存在一个严格劣势策略。因此，和重复剔除严格劣势策略方法相比，理性共同知识就会帮助我们找到一个更好的预测结果。

在博弈的混合式扩展中，这两个概念并不一致。如果参与人 i 的策略 x_i 是非最优反应的，我们总可以找到一个混合策略，$\bar{p}_i'$，它严格占优于策略 x_i。引入下面的命题：

命题 14.1

(Pearce 1984, Bernheim 1984)①

在一位参与人 i 可选择的纯策略数量有限的博弈中，参与人 i 的纯策略 x_i 是非最优反应的，当且仅当该策略为博弈的混合式扩展中的某混合策略 $\bar{p}_i'$ 所严格占优，即对其他参与人的每一个策略组合 $\bar{p}_{-i}$ 而言，都有

$$U_i(x_i, \bar{p}_{-i}) < U(\bar{p}_i', \bar{p}_{-i})$$

命题的证明见本章附录。在证明中，用到了第 12 章中的最小最大定理。

[例题 14.1]

命题 14.1 保证了在第 14.1.1 节给出的博弈中，参与人 1 存在某个混合策略 $\bar{p}_1'$，它在博弈的混合式扩展中严格优于策略 B。解释为什么在上述博弈中，命题 14.1 会保证存在这样一种策略 $\bar{p}_1'$？

答案

在第 14.1.1 节的博弈中，策略 B 对参与人 1 而言是非最优反应的。上述命题保证在这种情况下，参与人 1 存在某个混合策略 $\bar{p}'_1$ 严格优于策略 B。例如，考虑策略 $\bar{p}'_1 = \left(\frac{1}{2}, \frac{1}{2}, 0\right)$，此时参与人 1 期望效用为：

$$\begin{aligned} U_1(\bar{p}'_1, \bar{p}_2) &= \frac{1}{2}U_1(T, \bar{p}_2) + \frac{1}{2}U_1(M, \bar{p}_2) \\ &= \frac{1}{2}\left(p_2^L U_1(T, L) + p_2^R U_1(T, R)\right) + \frac{1}{2}\left(p_2^L U_1(M, L) + p_2^R U_1(M, R)\right) \\ &= \frac{1}{2}(p_2^L \times 4 + p_2^R \times 0) + \frac{1}{2}(p_2^L \times 0 + p_2^R \times 4) = 2(p_2^L + p_2^R) = 2 \end{aligned}$$

这要高于参与人选择策略 B 所获得的期望效用。

① Pearce, D.G.(1984), "Rationalizable strategic behavior and the problem of perfection", *Econometrica*, 52, 1029—1050; Bernheim, B.D.(1984), "Rationalizable strategic behavior", *Econometrica*, 52, 1007—1028.

14.2 可理性化策略

这样我们就表明了，在每位参与人的策略都有限的博弈的混合式扩展中，一位参与人的非严格劣势纯策略集就等同于该参与人对竞争对手行为的某种信念所对应的每一最优反应所构成的策略集。一个理性的参与人将从这个策略集中选择其策略。

因此，重复剔除严格劣势(纯策略或混合)策略得到的纯策略集，和参与人在理性共同知识下选择的纯策略集是相同的。此类策略组合组成的最大策略组合的集合 $X'_i \times X'_j$ 具有如下两个性质：

(1) 参与人 i 的任意策略 $x'_i \in X'_i$ 都是参与人 i 对某一信念 $\bar{p}'_j \in \Delta(X'_i)$ 的一个最优反应，上述信念是参与人 i 针对参与人 j 从其策略集 X'_j 中选择策略的概率而形成的。

(2) 参与人 j 的任意策略 $\bar{p}'_j \in \Delta(X'_i)$ 都是参与人 j 对某一信念 $\bar{p}'_i \in \Delta(X'_i)$ 的一个最优反应，上述信念是参与人 j 针对参与人 i 从其策略集 X'_i 中选择策略的概率而形成的。

此集合中，每位参与人的策略都被称为该参与人的可理性化策略(rationalizable strategies)。特别是，可理性化策略组合的集合 $X'_i \times X'_j$ 包含了该博弈的所有纯策略纳什均衡[因为在一个纳什均衡($x_i^* \times x_j^*$)下，如果可以确定另外一位参与人会坚守其均衡策略，那么，每位参与人的策略都是最优的]。此外，在博弈的混合策略均衡中，均衡策略只是对 $X'_i \times X'_j$ 中的策略进行混合。这是因为在混合策略均衡时，就竞争对手均衡时所采取的纯策略的分布而言，一位参与人所采取的任何具有正概率的策略都是对上述分布的一个最优反应。

但是，在任何拥有多个均衡的博弈(此时，每位参与人在不同的均衡中采取的纯策略也不同)中，譬如两性之争博弈，$X'_i \times X'_j$ 中的每个可理性化策略的组合未必都是一个纳什均衡。在这类博弈中，重复剔除非最优反应策略得到的结果并非是对博弈的一个很好的预测。

附录：命题 14.1 的证明

如果 $\bar{p}'_i$ 严格优于 x_i，那么对参与人 i 关于竞争对手策略选择的可能性的任何信念 $\bar{p}'_j$ 而言，参与人 i 如果采取策略 $\bar{p}'_i$，她的期望效用函数总会高于选择策略 x_i 时的效用，即 $U_i(\bar{p}'_i, \bar{p}_j) > U_i(x_i, \bar{p}_j)$。

因此，在信念 $\bar{p}'_j$ 下，参与人 i 就会选择策略 $\bar{p}_i^{\bar{p}_j} = \bar{p}'_i$，而不是 x_i。因此，x_i 不是参与人 i 在博弈的混合式扩展下的最优选择。

还需要证明该命题的反命题也成立：如果 x_i 是非最优反应，那么在博弈的混合式扩展中，就会存在一个混合策略 $\bar{p}'_i$，它严格优于策略 x_i。为了证明这一结论，我们应用最小最大定理。首先定义一个新的博弈，其中两位参与人可选择的策略不变。新博弈中参与人 i 的收益函数为：

$$V_i(\tilde{x}_i, \tilde{x}_j) = U_i(\tilde{x}_i, \tilde{x}_j) - U_i(x_i, \tilde{x}_j)$$

这是原先博弈的收益 $U_i(\tilde{x}_i, \tilde{x}_j)$ 和选择 x_i 策略时收益的差。现在，新博弈中参与人

i 的收益函数满足 $V_j(\tilde{x}_i, \tilde{x}_j) = -V_i(\tilde{x}_i, \tilde{x}_j)$，因此现在新博弈是一个零和博弈。

既然 x_i 在原博弈中是一个非最优反应策略，我们知道，给定参与人 i 关于竞争对手的信念 $\bar{p}_j'$（即假设参与人 i 相信竞争对手采取混合策略 $\bar{p}_j$），和选择策略 x_i 相比，参与人 i 采取混合策略 $\bar{p}_i^{\bar{p}_j}$，就会得到一个更高的期望效用，即 $U_i(\bar{p}_i^{\bar{p}_j}, \bar{p}_j) > U_i(x_i, \bar{p}_j)$。

换言之，现在对参与人 j 的任一个混合策略 $\bar{p}_j \in \Delta(X_j)$ 而言，都有：$\max\limits_{\bar{p}_i \in \Delta(X_i)} U_i(\bar{p}_i, \bar{p}_j) > U_i(x_i, \bar{p}_j)$，或者 $\max\limits_{\bar{p}_i \in \Delta(X_i)} V_i(\bar{p}_i, \bar{p}_j) = \max\limits_{\bar{p}_i \in \Delta(X_i)} [U_i(\bar{p}_i, \bar{p}_j) - U_i(x_i, \bar{p}_j)] > 0$

特别是，对使 $\max\limits_{\bar{p}_i \in \Delta(X_i)} V_i(\bar{p}_i, \bar{p}_j)$ 最小的混合策略 $\hat{p}_j \in \Delta(X_j)$ 而言，上述不等式成立。该最小化的表达式为：

$$\max_{\bar{p}_i \in \Delta(X_i)} V_i(\bar{p}_i, \hat{p}_j) = \min_{\bar{p}_j \in \Delta(X_i)} \max_{\bar{p}_i \in \Delta(X_i)} V(\bar{p}_i, \bar{p}_j) > 0$$

根据最小最大定理（第 12.3 节）①，我们有：

$$\min_{\bar{p}_j \in \Delta(X_j)} \max_{\bar{p}_i \in \Delta(X_i)} V_i(\bar{p}_i, \bar{p}_j) = \max_{\bar{p}_i \in \Delta(X_i)} \min_{\bar{p}_j \in \Delta(X_j)} V_i(\bar{p}_i, \bar{p}_j) > 0$$

这意味着，对参与人 i 的任意混合策略 $\bar{p}_i$ 而言，参与人 j 选择混合策略 $\bar{p}_i^{\bar{p}_j}$ 可以最小化参与人 i 的收益 $V_i(\bar{p}_i, \bar{p}_j)$。即便如此，参与人 i 也可以找到一个安全策略 $\bar{p}'_i$，以保证她获得正的收益，即：

$$V_i(\bar{p}'_i, \bar{p}_j^{\bar{p}_i}) = \max_{\bar{p}_i \in \Delta(X_i)} \min_{\bar{p}_j \in \Delta(X_j)} V_i(\bar{p}_i, \bar{p}_j) > 0$$

换言之，对参与人 j 的每个混合策略 $\bar{p}_j$ 而言，都有：$V_i(\bar{p}'_i, \bar{p}_j) > 0$，或者 $U_i(\bar{p}'_i, \bar{p}_j) - U_i(x_i, \bar{p}_j) > 0$。

因此，在原博弈中，策略 x_i 是严格劣于策略 $\bar{p}'_i$ 的，这就是我们需要证明的结果。

证毕

① 在第 12 章，我们证明了每位参与人仅有两个纯策略下的博弈的最小最大定理。但是，我们在这里注意到，当每位参与人拥有有限个纯策略时，对更一般的每位参与人拥有任意有限个纯策略的情况，那里（第 12 章）给出的证明仍然适用。

▶15

均衡的稳定性

在纳什均衡时，参与人的策略会达到一个平衡：在给定其他参与人选择策略的情况下，每位参与人选择的策略都是她的最优选择。但是上述均衡概念并没有考虑这种平衡是如何出现的，或者一旦平衡被打破，结果又会如何。换言之，这类均衡是一个静态概念，并没有解释可能导致参与人均衡策略选择的，或均衡策略演变的动态过程（如果这种动态性存在的话）的性质。

我们可以想象大量不同的动态过程，其中随时间推移，每位参与人会不断更新其选择；进而可以研究其他参与人的行动以及获得收益的情况。当然，不同的假设可以得到不同的动态过程，这些假设包括参与人的精明程度、可获得的信息情况、信息的存储情况和计算处理能力，等等。因此，现代博弈理论中的一个重要分支就是博弈学习理论（Learning in Games），这是博弈理论研究的一个前沿主题。①

现在我们讨论两类关键的更新过程。

15.1 更新过程

15.1.1 教育过程

在教育过程中，只进行一次博弈。在开始之前，每位博弈参与人对她自己和对手各种可能不同的策略组合都深思熟虑，并且通过一个重复过程不断缩小其可能的理性选择范围。

在此前章节中，我们已经遇到了两类教育过程：一是重复剔除严格劣势策略，二是重复剔除弱劣势策略。

在某些博弈（譬如分金游戏）中，我们看到重复剔除弱劣势策略博弈的教育过程会导致参与人排除某些纳什均衡。

---

① 譬如，见 Fudenberg，D. and D.K.Levine(1998)，*The Theory of Learning in Games*，Cambridge，MA：The MIT Press.

15.1.2　实际更新过程

在这些过程中，参与人不断重复进行同一个博弈，但从上一轮到下一轮博弈中，可以改变其策略选择。就参与人更新其策略选择的方式而言，存在大量不同的规则。我们给出如下几种：

➤ **最优反应动态系统**(best-reply dynamics)：在第一轮，参与人选择某些既定的策略组合，这是更新过程的初始点。在此后每一轮博弈中，每位参与人选择的策略，都是其他参与人在前一轮博弈中所选择的策略组合的一个最优反应。

➤ **虚拟游戏**(fictitious play)：在每一轮博弈开始前，每位参与人都会分析在之前博弈中，其他参与人选择的策略组合出现的频率大小。参与人认为，出现频率决定了在下一轮所采取同样行动组合的概率。给定这一信念，参与人选择那些可以最大化下一轮期望收益的策略。在第一轮之前，每位参与人的信念同样取决于其他对手策略组合的分布，这个分布是建立在对博弈轮次的历史构想之上的。这些分布构成了更新过程的初始点。

➤ **匹配反思动态系统**(regret matching dynamics)：在每一轮博弈后，每位参与人 i 都会问自己："如果在过去我采取策略 x_i 时，我转而选择一个不同的策略 x_i'，我的平均收益会提高多少呢？"在下一轮，该参与人就会有可能选择那些可以带来改善的策略 x_i'，且在不同策略间选择的概率将会使得其改善程度单调递增。此外，根据某种(先决)概率，参与人将持续选择在前面博弈轮次中选定的策略。更新过程的初始点是参与人在第一轮博弈中所选择的特定策略组合。

➤ **强化学习**(reinforcement learning)：在每一轮博弈后，每位参与人都会就所采取策略的得分情况进行更新。如果参与人在本轮博弈中的收益高于截至本轮博弈的平均收益，她赋予本轮选择的策略的得分就会上升；如果情况相反，本轮策略得分就会下降。在下一轮中，某一策略的得分越高，参与人选择该策略的可能性就越大。在第一轮前，每位参与人会赋予其策略某个既定的分值，这些分值就是这种更新过程的初始点。

➤ **意愿式更新过程**(aspiration-based updating)：每位参与者都愿意让平均收益不低于某个既定的临界水平。只要当前她获得的平均收益不低于该临界值，她就会继续选择该策略。如果在几轮博弈之后，平均收益水平小于既定临界值，她就会随机选择另一种策略。(在另一种更新过程中，该临界值水平是实际平均收益水平的函数，会随着博弈过程而不断更新，从而不断上升或下降。)过程的初始点被定义为每位参与人在第一轮博弈中采取的策略。

➤ **贝叶斯学习**(Bayesian learning)：在博弈过程开始时，关于所有博弈轮次中可能出现的所有(其他参与人的)行动组合的可能历史，每位参与人都拥有一个概率信念。这些信念就定义了博弈过程的初始点。在每一轮博弈后，每位参与人都运用贝叶斯法则来对未来博弈轮次的信念进行更新，这需要排除对那些实际上并没发生的历史所做的猜想。特别是，在更新后，每位参与人都会对其他参与人在下一轮博弈中可能的行动组合概率拥有某种信念。参与人正是根据这些不断更新的信念，来选择那些可以使她在下一轮博弈中期望收益最大化的策略。

这些更新过程彼此之间存在很大差异。首先，在它们所依赖的信息程度上存在区别。在"最优反应动态系统"中，每位参与者依靠的仅仅是上一轮博弈中参与者实际选择的行动，然而在虚拟游戏、匹配反思动态系统和贝叶斯学习中，每位参与者依靠截至当前轮次的整个博弈历史来做决策。相对而言，在强化学习和意愿式更新过程中，参与人并不了解，也不利用对手在之前轮次中的策略选择，而且每位参与人关注的仅仅是自身的收益情况。其次，就技能熟练程度而言，不同更新系统中的参与者有所不同。在贝叶斯学习中，参与人根据对手未来行为的信念来选择行动，①这种信念是建立在他们过去博弈行为基础之上的。但在其他动态系统中，参与人都会关注过去的情况，且仅仅根据以前博弈轮次的发展而采取不同的经验法则。

尽管存在众多不同之处，所有更新过程都存在一个共同点：如果所有参与人在过程开始得到了某种特定的纳什均衡，②他们就会不断重复这个均衡。换言之，博弈的任何纳什均衡都是每一轮博弈的一个不动点，或者是一个休整点(rest point)。

很自然，这会引发下述问题。假设在过程第一轮，虽然严格来讲，参与人选择的策略不是一个纳什均衡策略，但非常接近于纳什均衡。(譬如，虽然事先参与人彼此同意在每一轮都选择同一纳什均衡策略，但博弈时，某个参与者却出现了一个很小的失误，这样就出现了上面的偏离。)在这种更新系统下，所有参与人会趋近于原来的纳什均衡吗？在整个更新过程中，参与者会一直使用那些非常接近于均衡的策略组合吗？或者在某些轮次中，她们也会很容易出现更大的偏离吗？下面我们将更严谨地分析这些问题。

15.2 动态系统

在前述每一个更新系统中，在每一博弈轮次 t 之后，可以用某个状态变量的均值 $y \in Y$ 来刻画事态发展。根据上述状态变量的取值情况，(通过利用更新或学习规则)很可能就可以推理出其他参与人在下一轮博弈是如何选择策略的。这样，这种状态变量这给出了一种很充分的描述。例如，在最优反应动态系统中，简单来说，变量 y 就是参与人在第 t 轮博弈所采取的策略组合；而在强化学习系统中，变量 y 描述了每位参与人对她选择的每个策略的赋值情况；等等。③

更新系统可以用函数：$f: Y \to Y$ 加以刻画。假设在前一轮的状态变量为 y，则该函数定义了博弈过程中下一轮的状态变量 $f(y)$。

更一般地，状态变量空间 $Y \subseteq \mathbb{R}^k$，和转移函数(transition function) $f: Y \to Y$ 一起，定义了一个时间离散型动态系统。④

给定系统的初始状态 $y_0 \in Y$，系统状态的时间演变过程可以用状态变量序列 y_0，y_1

① 每位参与人都忽视了下面的事实，即她的竞争对手也采取了同样的学习过程，而且每位参与人都不会通过她的选择来企图影响她们的信念(进而影响她们的行动)。

② 或者，根据每种过程的开放性，他们认为均衡总是会出现，或者相信均衡总是在之后出现。

③ 因此，状态变量 y 只不过是一个数值向量。如果需要 k 个数字才可以描述这种情况，那么，状态变量空间 Y 就是空间 $\mathbb{R}^k$，即 K 维向量欧氏空间的一个子集。

④ 更精确地，这是一种自发动态系统，也就是说，在这种动态系统中，更新规则 f 本身不会随时间而改变。

$=f(y_0)$，$y_2=f(y_1)$，…，$y_{n+1}=f(y_n)$，…表示。如果满足 $y^*=f(y^*)$，则状态 $y^*\in Y$ 被称为系统的一个不动点(fixed point)。

因此，如果系统的初值状态满足 $y_0=y^*$，就有如下动态系统，即：

$$
\begin{aligned}
y_0 &= y^* \\
y_1 &= f(y^*)=y^* \\
y_2 &= f(f(y^*))=f^2(y^*)=y^* \\
&\vdots \\
y_n &= f^n(y^*)=y^* \\
&\vdots
\end{aligned}
$$

(f^n 表示 f 依次运行 n 次后得到的函数。)

什么时候我们才可以称一个动态系统的不动点 y^* 是稳定的(stable)呢？

定义

称一个不动点 y^* 是稳定的①，如果对于 y^* 的任何轻微偏离都不会导致系统对 y^* 的较大的偏离。②

称一个系统的不动点是渐近稳定的(asymptotically stable)，如果它是稳定的，而且当系统轻微偏离 y^* 时，它会再次趋近于 y^*。③

称所有趋近于 y^* 的系统状态 $y_0\in Y$ 所构成的集合为 y^* 的吸引域(basin of attraction)。

在给出动态系统这些一般性的定义之后，我们来分析一种动态系统具有最优反应属性的特殊情况。此时系统状态变量 y 就是参与人在前一轮博弈中选择的策略组合 x。换言之，状态变量集 Y 就是参与人的策略集 X。

和这种更新系统相对应的转移函数 f 是什么呢？每位参与人 $i\in I$ 选择的策略都是针对前一轮博弈中参与人所选择的行动组合的一个最优反应。④也就是说，转移函数：f：$X\to X$ 可以定义为：$f(x)=[BR_i(x_{-i})]_{i\in I}$。

(回忆一下，给定策略组合 x，x_{-i} 表示除参与人 i 之外的所有其他参与人的策略组合，$BR_i(x_{-i})$ 则表示参与人 i 对上述策略组合的最优反应。)

[例题 15.1]

证明：博弈策略组合 x^* 是一个纳什均衡，当且仅当 x^* 是最优反应动态系统的一个不动点。

---

① 这种稳定性也称为李雅普诺夫稳定性(Liapunov stability)。

② 更准确地说，不动点 y^* 是稳定的，如果对任意的 $r>0$，都存在 $\varepsilon>0$，对每一个和 y^* 的距离都小于 ε 的初始状态 y_0 来说，即 $d(y_0-y^*)<\varepsilon$，系统和 y^* 的距离永远不会大于 r，即 $d(f^n(y_0)-y^*)<r$，$n=1, 2, \cdots$。

③ 更精确地说，系统不动点 y^* 是渐近稳定的，如果它是稳定的，且存在 $q>0$，对和 y^* 的距离都小于 q 的任意的初始状态 y_0 来说，即 $d(y_0-y)<q$。我们都有：$y_n=f^n(y_0)\xrightarrow[n\to\infty]{}y^*$。

④ 我们关心的主要是那些每位参与人总是有一个最优反应的博弈。

答案

策略组合 x^* 是一个纳什均衡,当且仅当对每一位参与人 $i \in I$,都有 $x_i^* = BR_i(x_{-i}^*)$,即:

$$x^* = (\cdots x_i^*, \cdots) = [\cdots BR_i(x_{-i}^*), \cdots] = f(x^*)$$

换言之,x^* 是最优反应动态系统 f 的一个不动点。

博弈的每一个纳什均衡也是渐近稳定的吗?换言之,每一个纳什均衡也是一个最优反应动态系统的不动点吗?现在,我们表明答案是否定的。在一些博弈中,某些均衡并不是稳定的(因此也不是渐近稳定的)。所以,这些均衡在预测参与人行为方面是很弱的:如果在这类均衡上,参与人行为的平衡状态稍微改变一点,最优反应动态系统就会导致参与人远远偏离该均衡状态。

另一方面,一个渐近稳定的均衡在预测参与人行为方面是非常稳健的。在一个最优反应动态系统中,如果参与人稍微偏离了某个渐近稳定的均衡,参与人还会重新返回该均衡状态。此外,在上述趋近过程中,参与人的行为始终将会非常接近于均衡状态时的行为。

15.2.1 部分均衡稳定的博弈

在第 9.4 节中,我们讨论了网络外部性下消费者之间的协调问题,我们通过一个传真机需求的例子对此进行了解释。我们发现,在这个博弈中存在三个均衡。其中一个均衡为没有人会购买传真机。在另外两个均衡下,购买传真机的消费者数量为:

$$\begin{cases} n_1^* = \dfrac{(A+1)+\sqrt{(A+1)^2-4p}}{2} \\ n_2^* = \dfrac{(A+1)-\sqrt{(A+1)^2-4p}}{2} \end{cases}$$

为了检验在一个最优反应动态系统中这些均衡是否是稳定的,我们首先分析哪些人将会购买传真机,且当前一轮购买传真机的消费者数量为 n 时,下一轮将会有多少传真机购买者。①

注意到参与博弈的 A 个潜在消费者的类型为:$\tau = 1, \cdots A$。

当 n 个消费者购买传真机时,类型为 τ 的消费者为传真机愿意支付的最大价格为 $n\tau$。因此,如果在上一轮博弈中有 n 个消费者购买传真机,在本轮愿意购买该设备的类型最低的消费者为:$\tau = \dfrac{p}{n}$。这里,p 表示传真机的市场价格。②据此可以得到,在当前愿意购买该设备的消费者数量为:$A+1-\tau = A+1-\dfrac{p}{n}$。

① 在每一轮博弈中,我们假设如果消费者愿意用传真机,他总会付款购买传真机,即使在前一轮博弈中,他已经购买了一台传真机。这些款项可能是用于维护、担保和服务。简化起见,我们假设在每一轮博弈中,支付的款项和第一次购买传真机所支付的款项是相同的。

② 更准确地说,既然类型都是整数,类型应该为 $\left[\dfrac{p}{n}\right]$ $\left(\text{即不超过}\dfrac{p}{n}\text{的最大整数}\right)$。相应地,在此后的计算中,消费者人数也要保证总为整数。

假设这个数字是非负的。但如果前一轮购买传真机的消费者数量 n 非常小，以至于 $A+1-\frac{p}{n}<0$，那么当前就没有消费者愿意购买传真机。

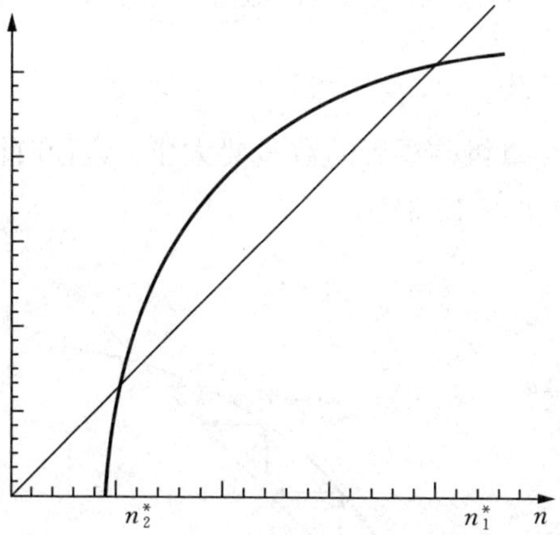

图 15.1

图 15.1 给出了作为 n 的函数的表达式 $A+1-\frac{p}{n}$，以及 45°线的图形。图 15.1 中的两个焦点表示两个均衡 n_1^* 和 n_2^*：如果在前一轮博弈中有 n_1^* 个消费者购买传真机，那么在当前博弈中，也会有 n_1^* 个消费者愿意拥有传真机；对 n_2^* 也是这样。第三个均衡位于原点：如果在上一轮没有人购买传真机($n=0$)，表达式 $A+1-\frac{p}{n}$ 就是负的，即在当前博弈中，也没有人愿意购买传真机。

现在我们用上图来分析这些均衡解的稳定性。

均衡 n_1^* 的情况：假设在上一轮，购买传真机的消费者数量 n 比 n_1^* 稍微大一些：$n>n_1^*$。

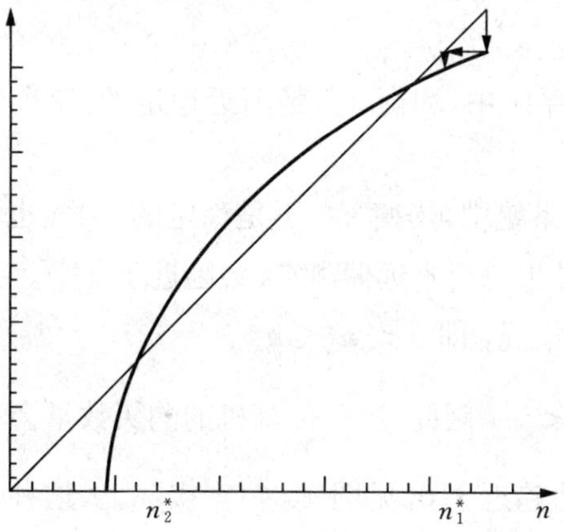

图 15.2

我们注意到此时有 $A+1-\frac{p}{n}<n$，即当前购买传真机的消费者数量小于 n，但仍然大

于 n_1^* $\left(\text{因为当}\ n>n_1^*\ \text{时,有}\ A+1-\frac{p}{n}>A+1-\frac{p}{n_1^*}=n_1^*\ \text{成立}\right)$。因此,在此后的博弈中,消费者数量将会缓慢下降,并且趋近于 n_1^*(见图 15.2)。

现在我们假设在上一轮中,传真机购买者的数量 n 小于 n_1^*,但大于 n_2^*,即 $n_2^*<n<n_1^*$。

此时有:$A+1-\frac{p}{n}>n$。

因此,在当前博弈中,传真机购买者的数量要大于 n,且在此后的博弈中,该数量将会继续上升,直到趋近于 n_1^*(见图 15.3)。

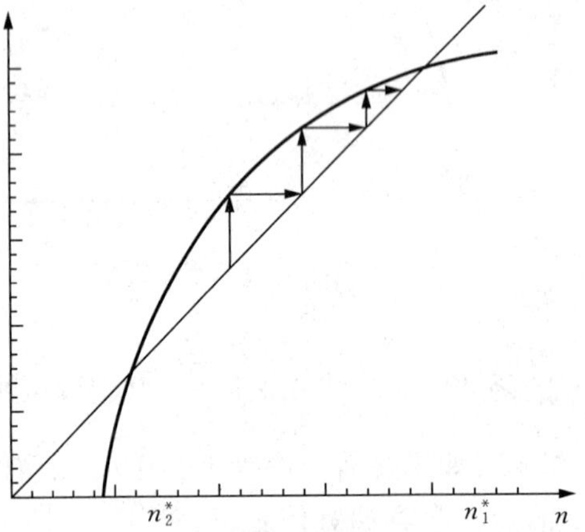

图 15.3

(在图 15.2 和图 15.3 中,每一个纵向箭头都表示传真机购买者数量的变化方向;每一个横向箭头都把前一轮中传真机购买者的数量 n 和 45°线连接起来,这样借助于纵向箭头,就可以找到当前博弈中传真机购买者的数量 $A+1-\frac{p}{n}$,即横向箭头指向的点;依此类推。)

据此,有如下两个结论:

➢ 在该最优反应动态系统中,均衡 n_1^* 是渐近稳定的:一个微小偏离会导致重新趋近于它,且不会偏离它;

➢ 在该最优反应动态系统中,均衡 n_2^* 不是稳定的(因此也不是渐近稳定的):无论对该均衡的偏离多么微小,结果总会永远偏离它(会趋近于 n_1^*)。

现在来考虑最后一种情况,即 $0<n<n_2^*$。

此时,有 $A+1-\frac{p}{n}<n$,因此,当前传真机的购买数量会小于 n。且在下一轮中,购买数量会进一步减少,最终趋近于 0(见图 15.4)。实际上,这种情况下,有限轮次后,购买量就会回到 0:只要某轮次满足有 $A+1-\frac{p}{n}\leqslant 0$,即在下一轮中购买者的数量将会是 0。

因此,在该最优反应动态系统中,没人购买传真机的均衡是渐近稳定的:任何微小偏离都会导致重新趋近于该均衡,且不会偏离。

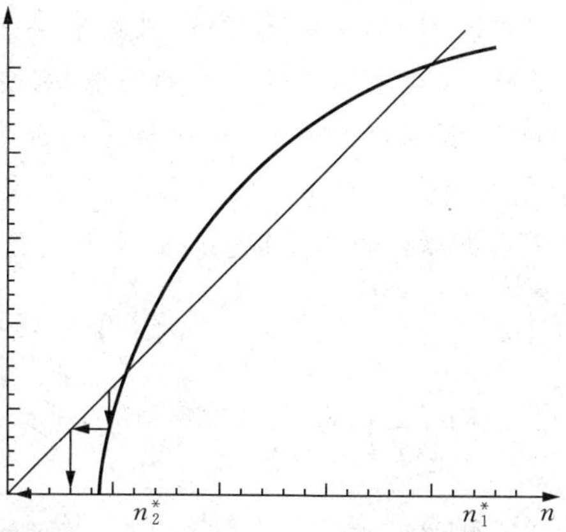

图 15.4

就某些外部性取决于消费者网络规模的商品市场而言，我们可以得到什么结论呢？此时，均衡 n_2^* 是一种临界数量(critical mass)，此类产品的营销商都希望达到此数量。均衡 n_2^* 本身是不稳定的，而一旦消费者数量超过上述临界数量，就会存在某种雪球效应，即越来越多的消费者会决定购买该产品，直至达到有效均衡 n_1^*。当产品的市场覆盖率低于临界数量 n_2^* 时，产品需求就会逐渐萎缩，最终该产品会从市场上消失。

[例题 15.2]

分析第 9.5 节提到的找工作和失业模型的三个均衡，其中努力函数为：$c(h)=h$，且椰树上椰果高度的累积分布函数为：$p(h)=\dfrac{1}{2}+4\left(h-\dfrac{1}{2}\right)^3$。

见图 15.5：在这三个均衡中，哪些均衡是最优反应动态系统中的渐近稳定均衡？哪些是不稳定的？

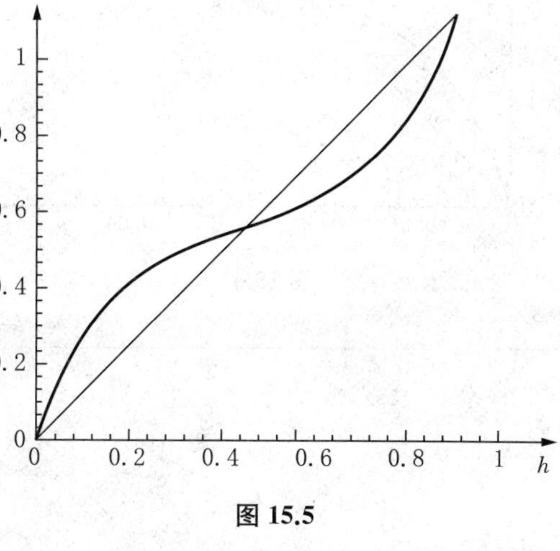

图 15.5

答案

假定在某天，岛民“付出”的努力程度为 e，且花费了一个下午用于寻找一个可以交易椰果的对象，椰果是他们在当天上午采集的。第二天上午，根据最优反应动态系统，假设下午可以找到一个交易伙伴的概率 $b(e)=e$，岛民决定采集哪些椰果。这样，他们只会摘取那些高度不超过 e 的坚果。（为了摘高度 h 处的坚果，需要的努力程度为 $c(h)$，且只有当努力程度不大于寻找到交易伙伴的概率时，爬树摘果的努力才是合理的。）这样，当天下午，$P(e)$ 部分的岛民就会有椰果用于交易。次日上午，岛民采集椰果的高度将不会超过 $P(e)$，且下午 $P[P(e)]=P^2(e)$ 部分的岛民将会找到交易对象；依此类推。

P 是增函数，且满足 $P\left(\frac{1}{2}\right)=\frac{1}{2}$。当 $0<e<\frac{1}{2}$，有：$e<P(e)<P\left(\frac{1}{2}\right)=\frac{1}{2}$，且当 $\frac{1}{2}<e<1$ 时，有：$e<P(e)<P\left(\frac{1}{2}\right)=\frac{1}{2}$。

相应地，当 $0<e<\frac{1}{2}$ 时，有：$e<P(e)<P^2(e)<P^3(e)<\cdots<\frac{1}{2}$，且序列 $P^n(e)$ 趋近于 $\frac{1}{2}$。

当 $\frac{1}{2}<e<1$ 时，有 $e>P(e)>P^2(e)>P^3(e)>\cdots>\frac{1}{2}$，且序列 $P^n(e)$ 也趋近于 $\frac{1}{2}$（见图 15.6）。

因此，均衡 $h^*=\frac{1}{2}$ 是渐近稳定的，但其他两个均衡，$h^*=0$ 以及 $h^*=1$，都是不稳定的。

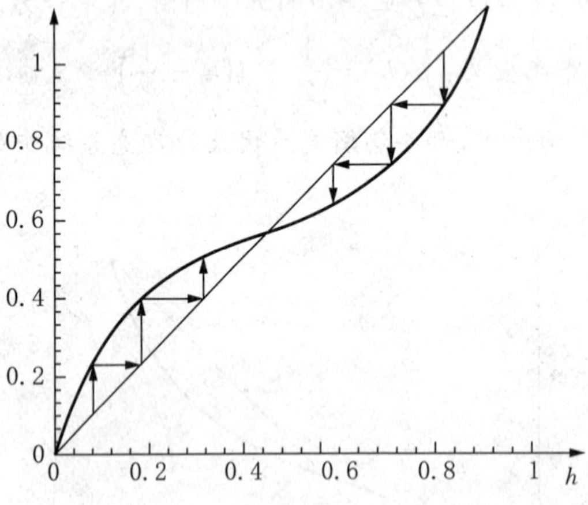

图 15.6

> **测验**
>
> 当累积分布函数为：
>
> $$P(h)=\begin{cases}4h^3 & 0\leqslant h\leqslant \frac{1}{2}\\ 1+4(h-1)^3 & \frac{1}{2}\leqslant h\leqslant 1\end{cases}$$
>
> 时，重解例题 15.2（见图 15.7）。

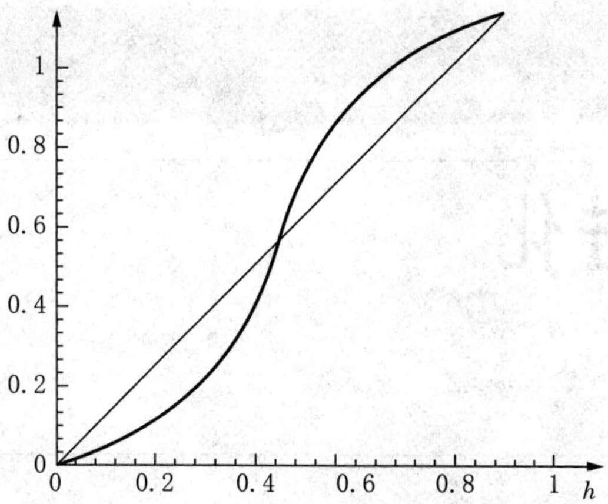

图 15.7

▶16

博弈和进化

截至目前，我们所遇到的解概念都是基于如下假设，即所有参与博弈的参与人都是理性的。只建立在理性假设基础之上的博弈论，有用吗？

当发现问题答案是否定的时候，也许有些出人意料。在本章中，我们将不再使用参与人最大化其收益这一理性假设，而代之以某种非理性的假设。我们将假定每位参与人都被剥夺了选择能力，他们都被"程式化"为仅选择某种唯一的特定策略。

就这些并不进行选择的参与人而言，相应的策略选择理论应该如何呢？尽管存在明显不同，我们将看到博弈论工具也可以用来分析大规模总体中的个体特征或总体中不同类型的演变情况。在博弈论和生物学之间的联系令人着迷，显然这源于 Maynard Smith 和 Price(1973)①，且后来 Maynard Smith(1982)②的一本经典著作对此进行了发展。

在总体博弈中，一位参与人的策略是其**类型**(type)。在一个动物总体中，参与人是总体中的某个个体，其类型就是它所拥有的基因特征，即其基因类型。这个特征是遗传自它父母的，并且将传给它的后代。这种思想也可以推广到人类社会中对社会或文化规范的分析：一个个体的类型可能就是某种社会规范。在社会进化过程中，个体不断吸收这些规范，并不断加以内部化，同样也不断传承给她的后代。

在前面几章我们涉及的博弈中，策略互动中的参与者总是一群固定的(通常也是少量的)参与人集，他们之间的遭遇都是一次性的，且不会重复发生。相比之下，在总体博弈中，遭遇将会在成对个体间不断重复发生，而每次遭遇都按照随机配对原则进行。③

在总体博弈中，一旦有随机遭遇发生，个体不会做出任何选择的决策；每个个体的收益取决于所遭遇的个体的类型。此时，收益如何表述呢？当个体不做任何选择时，如果遭遇到的个体的类型不同，她会获得一个更高的收益；这一事实又有什么意义呢？

在总体博弈中，个体的收益反映的是她们繁殖后代的生存能力(fitness to reproduce)：具有高收益的个体拥有更多的后代。

---

① Maynard Smith, J., and G.R.Price(1973), "The Logic of Animal Conflict", *Nature*, *246*, 15—18.

② Maynard Smith, J.(1982), *Evolution and the Theory of Games*, Cambridge University Press.

③ 更一般来说，每次遭遇中的参与人集合也可以包括不止两位参与人，且特别地可以包括整个总体("全部参与游戏")。本书中，我们将不考虑这些一般情况，而仅仅分析那些配对个体之间随机遭遇的模型。

我们主要考虑每次遭遇都是对称博弈这样一种情况，也就是说，在这种博弈中，每个参与个体的收益仅仅取决于它自己和竞争对手的类型，而不取决于在随机遭遇中，个体选择的是参与人 1 的角色，还是参与人 2 的角色。

定义

如果在博弈中，两位参与人拥有相同的策略集，即 $S \equiv X_1 = X_2 = \{s^1, \cdots, s^K\}$，且对每一对策略而言，$s' \in S$，都有 $U_1(s, s') = U_2(s', s)$，则称一个博弈为**双方对称博弈**(a symmetric game between two players)。

在一个对称博弈中，我们记 $U(s, s') = U_1(s, s')$。

定义

一个双方对称博弈中的(纯策略或混合策略)**对称均衡**(a symmetric equilibrium)就是一个两位参与人采取相同策略的纳什均衡。

在本章中，我们主要关注博弈中所有的收益都为正数时的情况，即 $U(s, s') > 0$。

16.1 复制者动态系统

总体中类型的构成一代接一代是如何变化的呢？我们做如下假设：

(1) 某特定个体的所有后代类型都和上一代完全相同。因此，这是一种无性繁殖，且没有自发性的基因变异。

(2) 博弈中个体的收益，即其生存能力(fitness)，仅仅是她繁殖的后代数量。每一代总体的特征由总体规模和不同构成类型的分布加以刻画。第一个状态变量是总体规模，定义为数值 N。第二个状态变量是总体类型的分布，可以视为一种混合策略 $\bar{p} = (p^1, \cdots, p^K) \in \Delta(S)$。

因此，在总体中，s^k 类型的个体数量为 $p^k N$；且总体中每个个体和 s^k 类型的对手随机遭遇的概率为 p^k 。①

定义

上述一对规则(1)和(2)定义了一个总体类型的分布随时间而演变的**动态系统**(dynamic system)②，称之为**复制者动态系统**(the replicator dynamics)。

① 这里我们隐含着假设，总体初始的数量较大。如果总体规模为 N，则 s^k 类型的个体数量为 $p^k N$。因此，s^l 类型的个体和剩余的 $N-1$ 个个体中的任意一个不同类型 s^k 个体随机遭遇的概率为 $\frac{p^k N}{N-1} \approx p^k$。随着总体规模 N 增加，上述近似替代的准确性也会提高。类似地，s^l 类型的个体随机遭遇同类个体的概率为 $\frac{p^l N-1}{N-1} \approx p^l$，且随着总体规模 N 增加，这种近似替代的准确性也会提高。

② 见第 15 章的定义。

假设第 t 代的总体规模为 N_t,且总体类型的分布为:$\bar{p}_t=(p_t^1, \cdots, p_t^K)$。

s^l 类型的个体和 s^k 类型的个体相遇的概率为 p_t^k,此时它们后代的数量为 $U(s^l, s^k)$。

因此,s^l 类型个体的后代的平均数量为:$U(s^l, \bar{p}_t)=\sum_{k=1}^{K} p_t^k U(s^l, s^k)$。

且总体中所有个体的后代平均数量为:$U(\bar{p}_t, \bar{p}_t)=\sum_{l=1}^{K} p_t^l U(s^l, \bar{p}_t)$。

既然在第 t 代时,总体中 s^l 类型的个体数量为 $p_t^l N_t$,那么在第 $t+1$ 代,总体中 s^l 类型的个体数量为$(p_t^l N_t)U(s^l, \bar{p}_t)$,且在第 $t+1$ 代,总体中的个体数量为:①

$$N_{t+1}=\sum_{l=1}^{K}(p_t^l N_t)U(s^l, \bar{p}_t)=N_t\sum_{l=1}^{K} p_t^l U(s^l, \bar{p}_t)=N_t U(\bar{p}_t, \bar{p}_t)。$$

因此,在第 $t+1$ 代,s^l 类型的个体在总体中所占的比例为:

$$p_{t+1}^l=\frac{p_t^l N_t U(s^l, \bar{p}_t)}{N_{t+1}}=\frac{p_t^l U(s^l, \bar{p}_t)}{U(\bar{p}_t, \bar{p}_t)} \qquad (16.1)$$

故我们发现第 $t+1$ 代总体中的类型分布并不取决于第 t 代的总体绝对规模 N_t,而仅仅取决于第 t 代的类型分布。(当然,还取决于收益函数 U,收益函数不随时间而变,始终保持一致。)

因此,对每个可能的类型分布:$\bar{p}=(p^1, \cdots p^l, \cdots p^K)\in\Delta(S)$,我们可以定义:

$$f(\bar{p})=\left[\frac{p^1 U(s^1, \bar{p})}{U(\bar{p}, \bar{p})}, \cdots \frac{p^l U(s^l, \bar{p})}{U(\bar{p}, \bar{p})}, \cdots \frac{p^K U(s^K, \bar{p})}{U(\bar{p}, \bar{p})}\right]$$

故复制者动态系统可以用转移函数 $f: \Delta(s)\to\Delta(s)$ 来刻画:根据式(16.1),我们有 $f(\bar{p}_t)=\bar{p}_{t+1}$②。

[例题 16.1]

在复制者动态系统中,如果存在 s^l 类型的个体(即有 $p_t^l>0$),且其平均生存能力 $U(s^l, \bar{p}_t)$ 大于总体的平均生存能力,$U(\bar{p}_t, \bar{p}_t)$,即 $U(s^l, \bar{p}_t)>U(\bar{p}_t, \bar{p}_t)$,那么,该类型的个体在总体中的份额就会增加,与此同时,平均生存能力 $U(s^k, \bar{p}_t)$ 小于总体平均生存能力 $U(\bar{p}_t, \bar{p}_t)$的 s^k 类型个体的份额会减少。同样,从上一代到下一代,不同类型在总体中的比例是固定不变的,当且仅当总体中的所有类型的平均生存能力相同。

答案

根据式(16.1),上述结论是成立的。从中可以看出,如果 $p_t^l>0$③,就有

$$\frac{p_{t+1}^l}{p_t^l}=\frac{U(s^l, \bar{p}_t)}{U(\bar{p}_t, \bar{p}_t)}$$

① 这里我们假设在第 t 代繁殖后代的父辈在第 $t+1$ 代都不再存在。

② 复制者动态系统最早见于 Taylor, P. and L.Jonker(1978),"Evolutionary Stable Strategies and Game Dynamics", *Mathematical Biosciences*, 40, 145—156。该文更为接近现实:每一代总体分为 n 个相同大小的时间段,n 较大;且在每一个时间段上,只有 $1/n$ 的个体随机配对,并根据规则 1 和 2 繁殖后代。当 $n\to\infty$ 时,得到就是复制者动态系统的连续形式;这就是 Taylor and Jonker(1978)所定义的动态系统。为了区别这两个定义,显然我们定义的系统可以称为离散时间的复制者动态系统。

③ $p_t^l=0$,那么式(16.1)中的两个数值就不可除以 p_t^l。

因此,总体中 s^l 类型的出现率就会上升,$p^l_{t+1} > p^l_t$,即有 $\frac{p^l_{t+1}}{p^l_t} > 1$,当且仅当:

$$\frac{U(s^l, \bar{p}_t)}{U(\bar{p}_t, \bar{p}_t)} > 1$$

这就是说,当且仅当 s^l 类型的生存能力超过总体整体的平均生存能力,即 $U(s^l, \bar{p}_t) > U(\bar{p}_t, \bar{p}_t)$。

总体中的 s^l 类型个体的比例保持不变,即 $p^l_{t+1} = p^l_t > 0$,当且仅当 $U(s^l, \bar{p}_t) = U(\bar{p}_t, \bar{p}_t)$。

因此,总体中所有类型的比例在各代之间都保持不变,当且仅当出现在总体中的各类个体的平均生存能力都相同,即此时等于总体的平均生存能力 $U(\bar{p}_t, \bar{p}_t)$。

(对于那些没有出现在总体中的类型而言,上述结论不再成立。譬如,如果类型 s^l 满足 $p^l_t = 0$,但却存在这种类型。对这类个体,根据式(16.1),无论 $U(s^l, \bar{p}_t) = U(\bar{p}_t, \bar{p}_t)$ 成立与否,都有 $p^l_{t+1} = 0$。)

现在,我们用下面一个例子来说明这些思想。

16.1.1 鹰鸽博弈

总体中的个体通常会为稀缺性资源而相互竞争,譬如领地。在不利用这些资源的情况下,个体的生存能力为 $F > 0$。如果没有通过斗争就获得了这些资源,则个体的生存能力为 $F + V$。这里 $V > 0$ 表示个体利用资源所带来的生存能力增加值。但如果个体需要通过和其他个体进行竞争而获得资源,其生存能力就会下降到 $F+V-C$。这里 C 表示由于争斗所导致的生存能力减值。

总体由两类个体组成:“鹰”和“鸽”。当两只鹰相遇时,会发生争斗。每位参与人获得资源的概率相同,因此其期望生存能力为 $F+\frac{V}{2}-C$。当两只鸽相遇时,不会有争斗,且每位参与人获得资源的概率也相同。因此,其期望生存能力为 $F+\frac{V}{2}$。当鹰和鸽相遇时,在资源占有上,鸽会退让,而鹰不需要争斗就可以获得资源。此时,鹰的生存能力为 $F+V$,而鸽的生存能力为 F。因此,在上述对称博弈中,(参与人 1 的)收益函数 U 所描述的生存能力水平为(表 16.1):

表 16.1

		个体 2	
		鹰	鸽
个体 1	鹰	$F+\frac{V}{2}-C$	$F+V$
	鸽	F	$F+\frac{V}{2}$

我们记鹰的策略为 h,鸽的策略为 d。我们假设总体不是同质的,即我们假设两类个体在总体中都存在。

如果在第 t 代,总体类型的分布为 $\bar{p}_t=(p_t^h,\ p_t^d)$(显然有 $p_t^h+p_t^d=1$),那么,h 类型个体的期望生存能力为:

$$U(h,\ \bar{p}_t)=p_t^hU(h,\ h)+p_t^dU(h,\ d)$$
$$=p_t^h\left(F+\frac{V}{2}-C\right)+p_t^d(F+V)=F+\frac{V}{2}+p_t^d\ \frac{V}{2}-p_t^hC$$

d 类型个体的期望生存能力为:

$$U(d,\ \bar{p}_t)=p_t^hU(d,\ h)+p_t^dU(d,\ d)$$
$$=p_t^hF+p_t^d\left(F+\frac{V}{2}\right)=F+p_t^d\ \frac{V}{2}$$

因此,总体中某个体的平均生存能力为:

$$U(\bar{p}_t,\ \bar{p}_t)=p_t^hU(h,\ \bar{p}_t)+p_t^dU(d,\ \bar{p}_t)$$
$$=p_t^h\left(F+\frac{V}{2}+p_t^d\ \frac{V}{2}-p_t^hC\right)+p_t^d\left(F+p_t^d\ \frac{V}{2}\right)$$
$$=F+p_t^d\ \frac{V}{2}+p_t^h\left(\frac{V}{2}-p_t^hC\right)$$

根据例题 16.1,我们知道在下一代中,鸽总体会增加(即 $p_{t+1}^d>p_t^d$),当且仅当:$U(d,\ \bar{p}_t)-U(\bar{p}_t,\ \bar{p}_t)=-p_t^h\left(\frac{V}{2}-p_t^dC\right)>0$,即当且仅当 $p_t^h>\frac{V}{2C}$。

这里分两种情况:

其一,如果$\frac{V}{2C}>1$,那么不等式 $p_t^h>\frac{V}{2C}$ 永远不会成立。此时,鸽的总体数量将一代一代不断减少,且鹰的总体数量将不断增加。本章附录 A 详细证明了这一事实:鸽总体的份额随时间推移会趋近于 0。考虑到当 $\frac{V}{2}>C$ 时,“鹰”是一种占优策略,出现这种结论并不意外。

其二,如果 $\frac{V}{2C}<1$,就不会存在占优策略。此时,如果鹰总体数量相对较大,$p_t^h>\frac{V}{2C}$,那么在第 $t+1$ 代时,鸽总体数量将会大于第 t 代时的数量($p_{t+1}^d>p_t^d$,进而有 $p_{t+1}^h>p_t^h$);反之,如果鹰总体数量相对较小,$p_t^h>\frac{V}{2C}$,鹰总体数量将会增加,且鸽总体数量将会下降($p_{t+1}^h>p_t^h$,因此 $p_{t+1}^d<p_t^d$)。

只有当 $p_t^h=\frac{V}{2C}$ 时,在不同代之间,类型分布将会维持不变。因此,类型分布 $(p^h,\ p^d)=\left(\frac{V}{2C},\ 1-\frac{V}{2C}\right)$ 就是上述复制者动态系统的一个不动点。这也是两位参与人一次性博弈的唯一纳什均衡,该博弈的收益矩阵如上表 16.1 所述。下表 16.2 详细给出了两位参与人的收益情况:

表 16.2

		个体 2	
		鹰	鸽
个体 1	鹰	$F+\frac{V}{2}-C, F+\frac{V}{2}-C$	$F+V_t F$
	鸽	$F_1 F+V$	$F+\frac{V}{2}, F+\frac{V}{2}$

(验证这确实是唯一的纳什均衡!)

让我们不妨假设 $F=3, V=8, C=6$。图 16.1 中的粗线给出了这些参数取值下函数 $f(p^h)=p^h\frac{U(h, \bar{p})}{U(\bar{p}, \bar{p})}$ 所对应的图形。上述函数[根据式(16.1)的规则]表明在下一代中，鹰总体数量所占的比例是当前总体中其所占份额的一个函数。

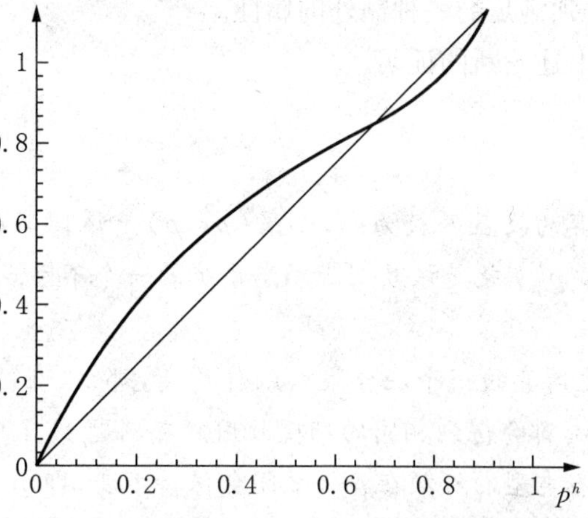

图 16.1

我们可以看出，当鹰所占份额满足 $p^h\in\left(0, \frac{2}{3}\right)\left[\text{因为}\frac{2}{3}>f(p^h)>p^h\right]$时，鹰的份额将不断上升，并趋近于 $\frac{V}{2C}=\frac{2}{3}$；然而，如果 $p^h\in\left(\frac{2}{3}, 1\right)$，鹰的份额将不断下降，并趋近于前面取值范围的边界点 $\left(\text{因为}\frac{2}{3}<f(p^h)<p^h\right)$。最后，当然有 $f\left(\frac{2}{3}\right)=\frac{2}{3}$。

16.2 复制者动态系统的不动点和纳什均衡

复制者动态系统刻画了总体中不同类型所占的相对份额的变化情况。如上所述，这是一种完全机械式的动态行为：个体除了根据它们的生存能力繁殖后代之外不能采取任何行动，而且在任何程度上采取行动都是不允许的。这种生存能力取决于它们自己的类型以及它们所随机遭遇的其他个体的类型。

但是,生存能力函数 U 也定义了一种双人对称博弈,这两位参与人会进行决策。我们在前面的章节中已经讨论过此类博弈的情况。在此类博弈中可以决策的参与人所采取的理性行为,和此处大规模总体下个体的复制者动态行为之间,是否存在某种关联呢?特别是,在博弈的纳什均衡和复制者动态系统的不动点之间存在关系吗?在这种复制者动态系统的不动点处,总体类型的分布在各代之间是保持不变的。

现在,我们会看到二者之间确实存在某种关系。如果我们把总体类型分布 $\bar{p} \in \Delta(S)$ 视为某种混合策略组合,其中每位参与人采取的是混合策略 $\bar{p}$,就有如下结论:

(1) 博弈中的每一个对称纳什均衡也是复制者动态系统中的一个不动点。

(2) 但并非每一个不动点都是一个对称纳什均衡。

(3) 每一个稳定的不动点都是一个对称纳什均衡。

(4) 存在某些博弈,其对称纳什均衡是不稳定的。此时,复制者动态系统会"挑选"某些均衡,并"舍弃"其余的均衡。换言之,稳定性定义了纳什均衡概念的某种精炼方式:稳定是我们要求均衡所必须满足的一种额外的属性。

现在,我们来给出上述论断的证明。

[例题 16.2]

证明:某个对称博弈的收益函数为 U,如果$(\bar{p}, \bar{p})$是该博弈的一个混合策略纳什均衡,那么,$\bar{p}=(p^1, \cdots, p^K)$ 就是该复制者动态系统的一个不动点。

答案

如果$(\bar{p}, \bar{p})$是上述博弈的一个混合策略纳什均衡,那么,在纳什均衡时,所有具有正的概率 $p^l>0$ 的策略 s^l 都会得到相同的期望效用。在例题 16.1 中,我们看到在复制者动态系统中,此时总体中各类型的份额在各代之间会保持不变,即 $\bar{p}$ 是该复制者动态系统的一个不动点。

[例题 16.3]

上述论述反之成立吗?即对复制者动态系统的每一个不动点 $\bar{p}$ 而言,$(\bar{p}, \bar{p})$是收益函数为 U 的对称博弈的一个纳什均衡。

答案

反之未必成立。如果$(\bar{p}, \bar{p})$是一个纳什均衡,不但所有那些被采纳的具有正的概率的策略都必须拥有相同的期望效用,而且对那些没有被采取的策略而言,它们的期望效用还必须更低(或者最多相等)。但复制者动态系统的不动点却未必满足这一性质。

例如,如果 $\bar{p}$ 是一个纯策略,即在总体的类型分布中,仅仅存在一种特定类型,那么,$\bar{p}$ 就是该复制者动态系统的一个不动点:由于复制者动态系统不允许"自发性基因突变"进化出不同的类型,因此在总体中一开始就不存在的类型也不会通过繁殖而出现。即便它们出现后拥有高于平均水平的收益值,也是如此。

如果总体中的唯一同质的类型对应于某个劣势策略,那么,组合$(\bar{p}, \bar{p})$就不是一个纳什均衡。例如,在社会困境博弈(见第 3.2.1 节中的例子)中,收益矩阵见下表 16.3:

表 16.3

		参与人 2 C	D
参与人 1	C	2, 2	0, 3
	D	3, 0	1, 1

此时,"社会"策略 C 劣于"自私"策略 D,因此两位参与人都选择 C 的策略组合就不是一个纳什均衡。但在复制者动态系统中,仅仅由"社会"个体组成的总体在各代之间是保持不变的。

尽管如此,显然,如果所出现的唯一类型是某种处于劣势的类型 s^k,那么,复制者动态系统的不动点就是不稳定的。[①]对不动点的微小偏移,譬如出现了很小数量的 s^l 类个体,只要它们优于 s^k,就会导致偏离不动点。

此时,那些稳定的不动点情况如何呢?

命题 16.1:

对复制者动态系统的每一个稳定不动点 $\bar{p}$ 而言,$(\bar{p}, \bar{p})$是一个纳什均衡。

命题的证明并不难,见本章附录 B。

16.2.1 社会困境

在一个社会困境博弈(第 3.2.1 节中提到的囚徒困境博弈)中,当总体仅仅由"社会"类型 C 组成时,我们用"自私"类型 D 来取代一小部分个体,那么,无论遭遇到的类型是 C 还是 D, D 类个体的生存能力总要高于"社会"类型个体的生存能力, 即 $U(D, C) > U(C, C)$, $U(D, D) > U(C, D)$。

这是因为 D 是博弈中的一个占优策略。因此,即便在开始,总体中的 D 类个体数量甚少,总体中 D 的份额也会逐渐增加。在极限时,D 类个体在总体中会完全占据支配地位,其在总体中的份额也会趋近于 1。在任意有限时点上,C 类个体在总体中的份额仍然大于零,但其相对份额将会一代代减少,逐渐趋近于 0。

注意到,总体作为一个整体,其平均生存能力是逐渐下降的。这是因为 $U(C, C) > U(D, D)$。当总体中绝大多数都是由类型 C 的个体组成时,复制者动态系统就会让类型 D 占据优势,因为在既定总体中,类型 D 的生存能力要高于另一个类型。但复制者动态系统并不能保证,随着时间推移,总体中全部个体的(平均)生存能力会持续增加。这样,在同类物种中 C 类型和 D 类型之间的竞赛中,D 类型会控制整个总体。但 D 类占据物种总体会导致总体增长率逐渐减缓。

① 不动点的稳定性和渐近稳定性定义见第 15 章。

对占据同一栖息地的不同物种之间的竞赛而言,上述分析也极其有用。假设在我们所讨论的物种(拥有两种类型,C和D)栖息地上,还存在另外一个物种X,其增长率g独立于前面物种的总体构成情况(即物种X的增长率并不取决于第一个物种中C类个体的百分比)。我们还假设物种X的增长率大于第一个物种仅仅由D类型组成时的总体增长率$U(D, D)$,但小于仅仅由类型C组成时的总体增长率$U(C, C)$;即$U(D, D) < g < U(C, C)$。

我们假设两个物种总体为了获得栖息地中有限的食物供给而进行竞争,且在任意时间点上,该栖息地总共只能精确地容纳100万个体。我们进一步假设,在某个特定时间点上,在栖息地上生存的物种中,有一半是第一个物种,绝大多数类型为C;另一半为另外一个物种X。最初,由于$g < U(C, C)$,栖息地上第一个物种的相对份额会稳步增长(即第一个物种的个体数量大于50万)。但是,随着第一个物种总体中D类个体数量所占份额的增加,第一个物种的总体增长率相应地开始下降。当第一个物种的绝大多数个体类型都为D时,第一个物种的总体增长率要小于物种X的增长率,因为$(D, D) < g$。因此,将存在一个时间点,此时,第一个物种总体数量要小于50万;而且它会继续减少,最终会濒临灭绝。

因此,自然选择的达尔文法则不能适用于所有的物种,即进化的压力未必会导致那些可以最大化物种增长速率的基因类型占据主导地位。自然选择的逻辑不仅适用于类型层面,而且也适用于物种层面。在生物学文献中早已提到上述观点,且有一个新的术语,即种群选择(group selection)。但现在我们已经看到,利用博弈论的工具如何很容易地证明这个观点通常来说是不成立的。

16.2.2 猎鹿博弈

[例题16.4]

第9章给出的猎鹿博弈(the stag hunt game)的收益矩阵如下(表16.4):

表16.4

		猎人2	
		猎鹿	猎兔
猎人1	猎鹿	2, 2	0, 3
	猎兔	3, 0	1, 1

(1) 给出博弈的所有纳什均衡(包括纯策略和混合策略)。

(2) 给出复制者动态系统的所有不动点。

(3) 哪些不动点是稳定的?

答案

(1) 在第9章中,我们发现(猎鹿,猎鹿)和(猎兔,猎兔)都是纯策略纳什均衡。此外,博弈还存在混合策略均衡,其中每个猎人选择"猎鹿"策略的概率$p^S = \frac{2}{3}$。(当其中一个猎人选择此混合策略时，另一个猎人从任何策略中获得的期望效用都是 2。因此，它对所有策略都是无差异的；特别是，当混合策略 $p^S=\frac{2}{3}$ 时，也是无差异的。）注意到，任何一个策略都是对称均衡：每位参与人采取的策略都是相同的。

(2) 根据例题 16.2，我们知道，在所发现的三个对称均衡中，每一个均衡都是复制者动态系统的一个不动点。①

在该复制者动态系统中，还存在其他非对称均衡策略所对应的不动点吗？根据例题 16.3，我们知道如果存在一个不动点，且该不动点并非是一个对称均衡策略，那么，就应该存在一个某些子集 S' 中策略的随机分布 $\bar{p}$，且还存在一个不属于 S' 的策略 s，和 S' 中的策略在 $\bar{p}$ 下所带来的期望收益相比，后者所带来的收益更高。

在当前的博弈中，策略子集 S'、策略 $\bar{p}$ 和策略 $s\notin S'$ 只存在两种可能组合：

组合 1：$S'=\{$猎鹿$\}$，$\bar{p}$ 对策略"猎鹿"概率赋值为 1，$s=$猎兔。此时，和 $\bar{p}$ 相比，策略 s 要劣于 S' 中的策略"猎鹿"（因为只有"猎鹿"才是"猎鹿"的最优反应）。

组合 2：$S'=\{$猎兔$\}$，$\bar{p}$ 对策略"猎兔"概率赋值为 1，$s=$猎鹿。此时，和 $\bar{p}$ 相比，策略 s 要劣于 S' 中的策略（因为只有"猎兔"才是"猎兔"的最优反应）。

因此，在这个博弈中，不存在额外的复制者动态系统不动点。

(3) 现在分析我们找到的三个不动点的稳定性：

① 不动点"猎鹿"。

我们假设总体中绝大多数猎人 $\left(p^S>\frac{2}{3}\right)$ 都是猎鹿型猎人，总体中只有一小部分：$p^H=1-p^S<\frac{1}{3}$ 是"猎兔"型猎手。随机配对后，猎手一起出发打猎。

总是猎鹿的猎手的平均生存能力为：

$$U[S,(p^S,p^H)]=p^SU(S,S)+p^HU(S,H)=3p^S>3\cdot\frac{2}{3}=2$$

而总是猎兔的猎手的生存能力仅为：

$$U[H,(p^S,p^H)]=p^SU(H,S)+p^HU(H,H)=2p^S+2(1-p^H)=2$$

因此，总体中猎鹿型猎手的份额将随时间而不断增加，而猎兔型猎手的份额将逐渐下降，并趋近于零。因此，此时的不动点将是整个总体由猎鹿型猎手组成，且这是稳定的（也是渐近稳定的：任何微小偏离都会导致重新趋近于该不动点）。

② 不动点"猎兔"。

我们假设总体中至少有 1/3 的"猎兔型猎手"，且其余的是"猎鹿型猎手"。猎手随机配对，一起出发打猎。

猎兔型猎手的平均生存能力为：

---

① 例题 16.2 详细讨论了一个混合策略对称均衡，且说明在特殊情况下，如对称均衡策略 $\bar{p}$ 实际上是一个纯策略时，即采取一个纯策略的概率是 1 时，结论也是成立的。

$$U(H, (p^S, p^H)) = p^S U(H, S) + p^H U(H, H) = 2p^S + 2(1-p^H) = 2$$

猎鹿型猎手的平均生存能力仅仅为:

$$U[S, (p^S, p^H)] = p^S U(S, S) + p^H U(S, H) = 3p^S < 3 \cdot \frac{2}{3} = 2$$

因此,总体中猎兔型猎手的份额将逐渐增加,而总体中猎鹿型猎手的份额将逐步减少,并趋近于零。因此,此时整个总体由猎兔型猎手组成将是一个不动点,且是渐近稳定的。

③ 不动点。

$(p^S, p^H) = \left(\frac{2}{3}, \frac{1}{3}\right)$ 是不稳定的。如上所述,如果 $p^S > \frac{2}{3}$,总体的任何微小偏离都会使得总体完全由猎鹿型猎手组成。类似地,如果 $p^S < \frac{2}{3}$,总体的任何微小偏离都会使总体趋近于完全由猎兔型猎手组成,如(2)所述。

因此,复制者动态系统中的稳定性准则界定了对称博弈中均衡的某些挑选原则。实际上,即便在只有一个纳什均衡的对称博弈中,其纳什均衡在复制者动态系统中也可能是不稳定的。现在我们来考虑这样一个例子。

16.2.3 石头—剪刀—布

在第 13.2.1 节中,我们分析了下面的石头—剪刀—布博弈(rock-paper-scissors):

表 16.5

		参与人 2		
		R	P	S
参与人 1	R	0, 0	−1, 1	1, −1
	P	1, −1	0, 0	−1, 1
	S	−1, 1	1, −1	0, 0

我们发现该博弈只有一个唯一的纳什均衡,即每位参与人选择每个策略的概率都是 1/3。

如果我们把博弈的所有收益都增加 2 单位,就会有如下的新博弈(表 16.6):

表 16.6

		参与人 2		
		R	P	S
参与人 1	R	2, 2	1, 3	3, 1
	P	3, 1	2, 2	1, 3
	S	1, 3	3, 1	2, 2

其中，所有的参与人都具有概率分布下的冯·诺依曼—摩根斯坦偏好。①因此，在新博弈中，$\left(\frac{1}{3}, \frac{1}{3}, \frac{1}{3}\right)$也是唯一的纳什均衡。在新博弈中，所有收益都是正的，因此，在复制者动态系统中，收益反应了总体中个体的生存能力。②

根据例题 16.3，我们知道，均衡$\left(\frac{1}{3}, \frac{1}{3}, \frac{1}{3}\right)$是复制者动态系统的一个不动点。该不动点是稳定的吗？如果总体中的最初类型分布不等于$\left(\frac{1}{3}, \frac{1}{3}, \frac{1}{3}\right)$，但非常接近于$\left(\frac{1}{3}, \frac{1}{3}, \frac{1}{3}\right)$，结果会如何呢？

让我们假设在总体的最初类型中，“石头”类型占的份额最高。因此，总体中“剪刀”类型的份额将会逐渐缩小，从某一点之后将小于“布”类型所占的份额。此时，“布”类型的平均生存能力将是最高的。因此，它在总体中的份额将不断增加，直到它成为总体中最常见的类型为止。

这时，“石头”类型所占的份额将逐渐下降，而且迟早要低于“剪刀”类型的数量。此时，“剪刀”将具有最高的生存能力，会逐渐成为总体中最为常见的类型。“布”类型所占的份额将稳步下降，而且其份额迟早会小于“石头”的份额。因而，“石头”会具有最高的平均生存能力，且逐渐重新成为总体中最常见的类型。循环往复，以至无穷。

从上述分析中，我们可以看出，总体的分布将围绕不动点$\left(\frac{1}{3}, \frac{1}{3}, \frac{1}{3}\right)$呈螺旋变化。这种螺旋最终是趋近于不动点，还是逐渐远离它呢？或者它会围绕$\left(\frac{1}{3}, \frac{1}{3}, \frac{1}{3}\right)$的一个半径固定的圆运转，既不远离，也不靠近它呢？

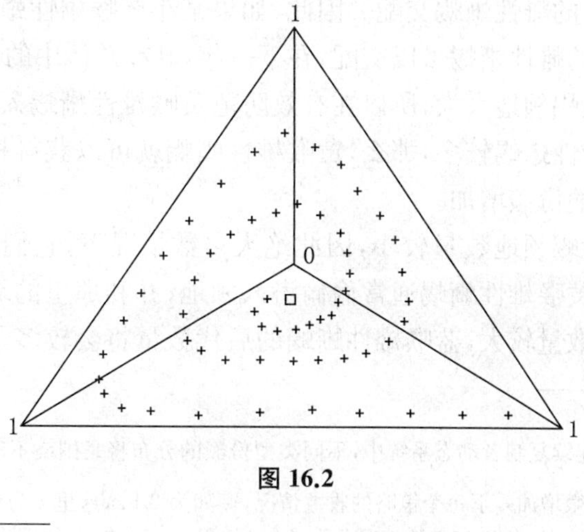

图 16.2

① 见第 10 章。

② 如果收益增加量不是 2，收益也可以增加任意一个大于 1 的常数，只要这种增量使收益矩阵中的所有收益都是正数即可。

图 16.2 中所有十字点序列给出了不同类型所占份额的变化情况,初始点的分布非常接近于不动点$\left(\frac{1}{3}, \frac{1}{3}, \frac{1}{3}\right)$(如图 16.2 中的小方格所示)。

我们可以看出,这种份额的螺旋是不断远离不动点$\left(\frac{1}{3}, \frac{1}{3}, \frac{1}{3}\right)$的,因此该不动点是不稳定的。[①]由于$\left(\frac{1}{3}, \frac{1}{3}, \frac{1}{3}\right)$是该博弈的唯一纳什均衡,因此该博弈的纳什均衡不会构成复制者动态系统的一个稳定不动点。

蜥蜴中的石头—剪刀—布博弈

有关石头—剪刀—布博弈的复制者动态系统实际上发生在一种蜥蜴类生物中,通常称这种生活在美国加利福尼亚海岸的蜥蜴为侧斑蜥蜴(学名“Uta stansburiana”)。这种雄性蜥蜴物种有三类:

➢ 喉部橙色的雄性蜥蜴(橙喉雄性蜥蜴)非常具有攻击性,防守领地面积较大。在其领地上,平均可以拥有高达 7 只雌性蜥蜴作其妻妾。

➢ 喉部蓝色的雄性蜥蜴(蓝喉雄性蜥蜴)攻击性较弱,防守领地面积较小,妻妾群数量较少,通常有 3 只雌性蜥蜴。

➢ 喉部黄色的雄性蜥蜴(黄喉雄性蜥蜴)性格顺从,通常模仿成雌性蜥蜴。因此,它们可以偷偷侵入其他雄性蜥蜴的领地,和生活在那里的雌性蜥蜴交配。

Sinervo 和 Lively(1996)[②]研究了 1990—1995 年蜥蜴总体的情况。他们发现 1990—1991 年,蓝喉雄性蜥蜴是总体中最常见的类型;但到 1993 年,它们在总体中的份额明显下降,橙喉雄性蜥蜴份额却达到了最高点;到 1994 年,最为常见的蜥蜴变成了黄喉雄性蜥蜴;而到了 1995 年,类型分布又和 1990 年的分布非常类似。

这种动态模式背后的原因是什么呢?

其一,橙喉雄性蜥蜴比蓝喉雄性蜥蜴更暴力。因此,橙喉雄性蜥蜴可以侵入蓝喉雄性蜥蜴的领地,并和那里的雌性蜥蜴交配。因此,如果某年蓝喉雄性蜥蜴数量较多,那么,橙喉雄性蜥蜴就有大量的雌性蜥蜴可以交配,在下一年,其在总体中的份额就会上升。

其二,橙喉雄性蜥蜴领地太大,所以在有效防范黄喉雄性蜥蜴入侵方面就很困难。因此,如果某年中橙喉雄性蜥蜴较多,那么,黄喉雄性蜥蜴就可以获得相对较多的雌性交配,使得它们在下一代中的份额增加。

其三,蓝喉雄性蜥蜴领地数量较小,因此绝大多数情况下,它们可以有效防范黄喉雄性蜥蜴的入侵。这些黄喉雄性蜥蜴通常偷偷潜入领地,并和那里的雌性交配。因此,如果某年黄喉雄性蜥蜴的数量较大,蓝喉雄性蜥蜴的后代数量将会较多,这会使得来年总体中

---

① 在本章所定义的连续复制者动态系统中,不同类型份额的分布将是围绕不动点$\left(\frac{1}{3}, \frac{1}{3}, \frac{1}{3}\right)$半径固定的一个圆;但如果我们稍微增加一下每个策略的收益情况,譬如为 $2+\varepsilon$,这里 ε 为任意小的正数,螺旋构成的圆就会外展,并不断偏离不动点,和图 16.2 的情况非常类似。如果 $\varepsilon<0$,螺旋会不断接近不动点,此时不动点就是稳定的(也是渐近稳定的)。

② Sinervo, B., and C.M.Lively(1996), “The Rock-paper-scissors Game and the Evolution of Alternative Male Strategies”, *Nature*, *380*, 240—243.

它们的份额上升。

因此,不同蜥蜴类型之间的"博弈"和石头—剪刀—布博弈非常类似:橙喉雄性蜥蜴会击败蓝喉雄性蜥蜴,而蓝喉雄性蜥蜴会攻克黄喉雄性蜥蜴,但黄喉雄性蜥蜴会打败橙喉雄性蜥蜴。正如我们看得到,在这种复制者动态系统中,会导致一种总体类型分布的螺旋式发展,在各代之间,三种不同的类型都会按照某种不断重复的周期顺序获得总体支配地位。

16.3 进化稳定策略

当 Maynard Smith 和 Price(1973)首次将博弈论和生物学"杂交"时,他们并没有给出一个明确的动态系统,譬如复制者动态系统;但他们提到了一种静态系统,其本质就是一种动态行为。现在,我们给出 Maynard Smith 和 Price 关于进化稳定策略(evolutionarily stable strategies, ESS)的概念,然后分析它和复制者动态系统下的显性动态模型之间的关系。

想象存在一个总体,其个体随机配对,这相当于一个收益函数为 U 的对称博弈。这里,我们仍然称 U 为"生存能力函数",虽然此处我们并不要求总体中的个体必须繁殖后代这样一种明确的动态过程。

总体中的每个个体可以通过其类型加以刻画,这就是它在遭遇中所选择的策略 $\bar{p}$。该策略可以是一个纯策略,也可以是一个混合策略。

我们最初假设总体是同质的,所有参与人的类型都是 $\bar{p}$。此时,总体中所有个体的平均生存能力都是 $U(\bar{p}, \bar{p})$。

如果 $\tilde{p}$ 类型的基因变异个体入侵总体,结果会怎么样呢?换言之,当两位参与人遭遇时,如果占总体甚小份额的个体现在转而采取策略 $\tilde{p}$,结果会怎么样呢?

如果总体中基因变异个体所占份额为 $\varepsilon > 0$,那么 $\bar{p}$ 类型的个体的平均生存能力为:

$$(1-\varepsilon)U(\bar{p}, \bar{p}) + \varepsilon U(\bar{p}, \tilde{p})$$

这是因为此类个体遇到同类个体 $\bar{p}$ 的概率为 $1-\varepsilon$(因此将获得期望生存能力 $U(\bar{p}, \bar{p})$);遇到变异个体 $\tilde{p}$ 的互补概率为 ε[此时获得的期望生存能力为$(\bar{p}, \tilde{p})$]。类似地,类型 $\tilde{p}$ 个体的平均生存能力为:$(1-\varepsilon)U(\tilde{p}, \bar{p}) + \varepsilon U(\tilde{p}, \tilde{p})$。

基因变异类型 $\tilde{p}$ 是受到现有类型 $\bar{p}$ 的排斥,还是将会在总体中获得稳定发展呢?如果

$$(1-\varepsilon)U(\bar{p}, \bar{p}) + \varepsilon U(\bar{p}, \tilde{p}) > (1-\varepsilon)U(\tilde{p}, \bar{p}) + \varepsilon U(\tilde{p}, \tilde{p}) \tag{16.2}$$

那么,现有 $\bar{p}$ 类型的生存能力就会超过变异类型 $\tilde{p}$。此时,变异类型个体就会被排斥。

定义

一个混合策略 $\bar{p}$ 是**进化稳定的**(evolutionarily stable),如果对任何总体微小数量的变异而言,它都会排斥这种变异,即对任意小的 $\varepsilon > 0$,不等式(16.2)总成立。换言之,策略 $\bar{p}$ 是进化稳定的,如果对任意的变异 $\tilde{p} \neq \bar{p}$,总存在 $\varepsilon_{\tilde{p}} > 0$,使得对任意的 $\varepsilon < \varepsilon_{\tilde{p}}$,不等式(16.2)都成立。

命题 16.2（进化稳定策略的等价定义）

策略 $\bar{p}$ 是进化稳定的，当且仅当对任意策略 $\tilde{p} \neq \bar{p}$，有

$$U(\bar{p}, \bar{p}) > (\tilde{p}, \bar{p}) \tag{16.3}$$

或者

$$U(\bar{p}, \bar{p}) = U(\tilde{p}, \bar{p}) \text{ 且 } U(\bar{p}, \tilde{p}) > U(\tilde{p}, \tilde{p}) \tag{16.4}$$

证明

根据式(16.4)，显然有不等式(16.2)成立。同样，如果(16.3)成立，那么对足够小的 $\varepsilon > 0$，不等式(16.2)同样成立。①因此，如果对任意的 $\tilde{p} \neq \bar{p}$，式(16.3)或式(16.4)成立，显然策略 $\bar{p}$ 就是进化稳定的。

反之也成立：如果 $\bar{p}$ 是进化稳定的，那么对任意 $\tilde{p} \neq \bar{p}$，式(16.3)或式(16.4)一定成立。实际上，如果存在变异 $\tilde{p} \neq \bar{p}$，式(16.3)或式(16.4)不成立，那么，只有两种可能：

第一种可能：$U(\bar{p}, \bar{p}) < U(\tilde{p}, \bar{p})$。

此时，存在某个充分小的 $\varepsilon > 0$，满足：$(1-\varepsilon)U(\bar{p}, \bar{p}) + \varepsilon U(\bar{p}, \tilde{p}) < (1-\varepsilon)U(\tilde{p}, \bar{p}) + \varepsilon U(\tilde{p}, \tilde{p})$。

这和式(16.2)相矛盾，因此，策略 $\bar{p}$ 不是进化稳定的。

第二种可能：$U(\bar{p}, \bar{p}) = U(\tilde{p}, \bar{p})$ 且 $U(\bar{p}, \tilde{p}) \leqslant U(\tilde{p}, \tilde{p})$。

此时，对任意的 $\varepsilon > 0$，有 $(1-\varepsilon)U(\bar{p}, \bar{p}) + \varepsilon U(\bar{p}, \tilde{p}) \leqslant (1-\varepsilon)U(\tilde{p}, \bar{p}) + \varepsilon U(\tilde{p}, \tilde{p})$。

这和式(16.2)相矛盾，因此策略 $\bar{p}$ 不是进化稳定的。

证毕

上述命题给出的等价定义更为容易验证，因为它针对每个变异类型 $\tilde{p}$，不需要一定找到"渗透壁垒(penetration barrier)" $\varepsilon_{\tilde{p}} > 0$。在等价定义中，式(16.3)和式(16.4)直接用到了生存能力函数 U。

[例题 16.5]

证明：如果 $\bar{p}$ 是进化稳定的，那么，$\bar{p}$ 也是博弈的对称纳什均衡。

答案

根据假设，$\bar{p}$ 是进化稳定的。根据命题 16.2，可以得出，对任意的 $\tilde{p} \neq \bar{p}$，式(16.3)或式(16.4)成立。特别地，对任意的 $\tilde{p} \neq \bar{p}$，有 $U(\bar{p}, \bar{p}) > U(\tilde{p}, \bar{p})$，或者 $U(\bar{p}, \bar{p}) = U(\tilde{p}, \bar{p})$。因此，$\bar{p}$ 是博弈的一个对称纳什均衡。

每一个对称纳什均衡策略 $\bar{p}$ 也是进化稳定的吗？答案是否定的。如果存在某个策略 $\tilde{p} \neq \bar{p}$，且满足 $U(\bar{p}, \bar{p}) = U(\tilde{p}, \bar{p})$，那么，未必会有 $U(\bar{p}, \tilde{p}) > U(\tilde{p}, \tilde{p})$ 成立，而这是式

---

① 显然，这里 $\varepsilon < \varepsilon_{\tilde{p}} = \dfrac{D}{M+D}$，其中 M 是生存能力函数 U 可取得的最大值，$D = U(\bar{p}, \bar{p}) - U(\tilde{p}, \bar{p}) > 0$。

(16.4)成立所必需的。我们现在来看一下这种可能性。

16.3.1 一个非进化稳定的均衡策略例子

考虑如下博弈(表 16.7):

表 16.7

		参与人 2 A	参与人 2 B
参与人 1	A	0, 0	0, 0
	B	0, 0	1, 1

尽管相对于策略 B 而言,策略 A 是弱劣势的,但策略组合(A, A)仍然是一个对称纳什均衡。在这个博弈中,有$U(A, A)=U(B, A)$,但是,却有$U(A, B)\not>U(B, B)$。因此性质(16.4)不成立,策略 A 不是进化稳定的。

16.3.2 非进化稳定的弱劣势策略

一般而言,如果在一个对称纳什均衡中,策略 $\bar{p}$ 弱劣势于某个其他策略 $\tilde{p}\neq\bar{p}$,那么,该策略 $\bar{p}$ 就不是进化稳定的。在这种情况下,尽管$U(\tilde{p}, \bar{p})\geqslant U(\bar{p}, \bar{p})$,但另一方面,由于 $\bar{p}$ 是一个均衡策略,所以有$U(\bar{p}, \bar{p})\geqslant U(\tilde{p}, \bar{p})$。但是由于相对于策略 $\tilde{p}$ 而言,$\bar{p}$ 是弱劣势的,所以有$U(\tilde{p}, \tilde{p})\geqslant U(\bar{p}, \tilde{p})$。因此,式(16.4)不成立,$\bar{p}$ 不是进化稳定的。

因此,进化稳定准则界定了一种精炼纳什均衡概念的方法。

16.4 进化稳定和复制者动态系统中的稳定性

在总体中,个体之间随机配对,就其生存能力展开博弈。就这种总体的稳定性概念而言,我们已经给出了两种可能的定义。首先我们给出了复制者动态系统中的稳定不动点的概念,其次还给出了 ESS 的概念。现在让我们分析两个概念之间的异同。

第一,在复制者动态系统中,稳定不动点概念取决于一个明确的动态过程:在不同代之间,总体的组成根据不同类型的生存能力而不断变化,只有在不动点处,才保持不变。相比较而言,进化稳定策略概念取决于总体对变异物种的免疫(immunity)准则。虽然这种免疫准则也考虑到了变异物种的生存能力是否低于最常见类型的生存能力,但没有根据某种动态行为加以分析,这种动态行为常常用来分析总体构成随时间如何演变。

第二,在复制者动态系统中的稳定不动点处,总体的组成可以是非同质的(heterogeneous):在总体中,很多不同类型可以共存,其份额也可以不同。但在 ESS 概念定义中,参考点是某种同质(homogeneous)总体。此时,所有的个体都采取相同的策略。当某种单一变异类型不断小规模渗透时,就会不断重复分析上述参考点。因此,在每一步分析中,就没有必要让总体中的类型超过两个(现有类型和变异类型)。

第三,在复制者动态系统中,每一类型的特征是由其所采取的纯策略加以刻画的。但是,一个近乎稳定的策略肯定是某个混合策略:总体中的每个个体都可以利用某种机制,生成纯策略集上的某个概率分布。当然,假设某类物种可以生成某个概率分布是有问题的。但是,在复制者动态系统中,每个个体都被“程式化”了,可以执行其类型所对应的策略。在任何一种方法下,个体都不是理性的,它们也不会进行有意识的独立选择。

第四,ESS 概念与出现变异的可能性存在明显的关系。相比而言,复制者动态系统并不允许总体出现变异:开始组成总体的类型集将会在各代总体中重复出现(尽管随着时间推移,某些类型的份额可能趋近于零)。在复制者动态系统中,只能通过间接的方法来对可能出现的基因变异进行建模,譬如在总体中加入一小部分变异类型的个体,然后根据总体组成随时间推移的发展路径分析这种变化的影响方式及影响程度。

第五,两个概念都是精炼对称纳什均衡概念的一种方法。

在那些具有进化稳定性质的均衡策略,和作为复制者动态系统中稳定不动点的均衡策略之间,存在某些关系吗?结果表明,并不一定存在某种联系:有些博弈的纳什均衡在两种意义上都是稳定的,但另外一些博弈的纳什均衡仅仅在一种情况下是稳定的,而在另一种情况下则是不稳定的。①

因此,这两种界定稳定性的方法并不完全相关。复制者动态系统和生物学或社会学中的某些进化过程的动态分析精神非常相似,但就明确的分析目的而言,则更为复杂。进化稳定策略概念常常是上述分析的一种捷径,但在很多博弈中,它在总体状态稳定性的研究结论方面是相同的,虽然并非在所有的博弈中都如此。

附录 A:鹰鸽博弈

现在来进一步分析第 16.1.1 节中的情形一。我们将证明从任意的异质分布(p_0^h, p_0^d)开始,当$\frac{V}{2} > C$时,该复制者动态系统将趋近于仅仅由鹰组成的某个同质总体,同时鸽的份额将趋近于零。实际上,对任意第 t 代来说,都有:

$$\frac{p_{t+1}^d}{p_t^d} = \frac{U(d,\bar{p}_t)}{U(\bar{p}_t,\bar{p}_t)} = \frac{F + p_t^d \frac{V}{2}}{F + p_t^d \frac{V}{2} + p_t^h\left(\frac{V}{2} - p_t^h C\right)}$$

$$= \frac{1}{1 + \frac{p_t^h\left(\frac{V}{2} - p_t^h C\right)}{F + p_t^d \frac{V}{2}}} \leqslant \frac{1}{1 + \frac{p_0^h\left(\frac{V}{2} - C\right)}{F + \frac{V}{2}}} < 1$$

因此,

① 但是,在连续型复制者动态系统中,每一个 ESS 都是该复制者动态系统的渐近稳定的不动点。

$$p_{t+1}^d=\frac{p_{t+1}^d}{p_t^d}\frac{p_t^d}{p_{t-1}^d}\cdots\frac{p_1^d}{p_0^d}p_0^d\leqslant\left[\frac{1}{1+\frac{p_0^h\left(\frac{V}{2}-C\right)}{F+\frac{V}{2}}}\right]^{t+1}p_0^d\xrightarrow[t\to\infty]{}0$$

证毕

附录 B：命题 16.1 证明

我们需要证明，如果 $\bar{p}=(p^1, \cdots, p^K)$ 是某个复制者动态系统的一个不动点，但 $(\bar{p}, \bar{p})$ 不是一个纳什均衡，那么，$\bar{p}$ 就是不稳定的。换言之，我们必须证明存在某个距离 $r>0$，策略 $\bar{p}$ 即使偏离非常微小，也很可能导致复制者动态系统偏离的距离大于 r。下面我们来证明。

在例题 16.1 中，我们已经看到，如果 $\bar{p}$ 是一个不动点，那么，总体中现有的所有 s^l 类型的个体（即那些 $p^l>0$ 的个体）都拥有相同的平均生存能力，且和总体整体的平均生存能力相同，即 $U(s^l, \bar{p})=U(\bar{p}, \bar{p})$。

因此，如果 $(\bar{p}, \bar{p})$ 不是博弈的一个纳什均衡，那么，在混合策略 $\bar{p}$ 中，就存在一个没有被选择的纯策略 s^k（即 $p^k=0$）。尽管和 $\bar{p}$ 相比，该策略的期望收益比 $\bar{p}$ 策略下每一个所采纳的概率为正的策略 s^l 所带来的期望收益都更高，即 $U(s^k, \bar{p})-U(s^l, \bar{p})=d>0$。

同样，我们注意到，参与人 1 的期望收益 U 是参与人 2 所采取的策略的一个连续函数：如果参与人 2 将其所采取的混合策略的概率从 $\bar{p}$ 变为 $\tilde{p}$，只要这种变化足够小，$U(s^k, \bar{p})$ 的减少就不会超过 $\frac{d}{4}$，$U(s^l, \bar{p})$ 的增加也不会超过 $\frac{d}{4}$。

换言之，存在某个正数 $r>0$，如果 $\bar{p}$ 和 $\tilde{p}$ 之间的距离小于 r，即 $|\tilde{p}-\bar{p}|<r$，就有 $U(s^k, \tilde{p})-U(s^l, \tilde{p})>\frac{d}{2}>0$，即 $\frac{U(s^l, \tilde{p})}{U(s^k, \tilde{p})}<1-\frac{d}{2U(s^k, \tilde{p})}\leqslant 1-\frac{d}{2M}$。

这里，M 是参与人在博弈中所获得的最高收益水平。

我们选择 r 时，令其小于 $\frac{p^t}{2}$，使得对类型的任意分布 $\tilde{p}=(\tilde{p}^1, \cdots, \tilde{p}^K)$ 而言，都有 $|\tilde{p}-\bar{p}|<r$，且总体中类型 s^l 发生的比率满足 $\tilde{p}^l>\frac{p^l}{2}$。

现在我们假设在总体的初始分布 $\bar{p}$ 中，一小部分个体被类型 s^k 所替代，其所占比重足够小，且小于 r。在新的类型分布 $\tilde{p}_0=(\tilde{p}_0^1, \cdots, \tilde{p}_0^K)$ 中，会存在类型 s^k。从初始点 $\tilde{p}_0$ 开始，复制者动态系统将如何发展呢？现在，我们将会看到，在某一代总体时，总体类型分布将会偏离原先的不动点 $\bar{p}$，且距离会超过 r。这样我们就会得到结论，$\bar{p}$ 不是一个稳定的不动点。

为此，我们暂时做相反的假设，即总体类型分布和不动点 $\bar{p}$ 的偏离距离不超过 r，这样我们会得出矛盾的结论。

根据式(16.1),一代之后,我们得到的类型 $\tilde{p}_1=(\tilde{p}_1^1,\ \cdots,\ \tilde{p}_1^K)$ 的分布满足:

$$\tilde{p}_1^k=\frac{\tilde{p}_0^k U(s^k,\ \tilde{p}_0)}{U(\tilde{p}_0,\ \tilde{p}_0)},\ \tilde{p}_1^l=\frac{\tilde{p}_0^l U(s^l,\ \tilde{p}_0)}{U(\tilde{p}_0,\ \tilde{p}_0)}$$

因而有 $\tilde{p}_1^l\leqslant\frac{\tilde{p}_1^l}{\tilde{p}_1^k}=\frac{\tilde{p}_0^l U(s^l,\ \tilde{p}_0)}{\tilde{p}_0^k U(s^k,\ \tilde{p}_0)}<\frac{\tilde{p}_0^l}{\tilde{p}_0^k}\left(1-\frac{d}{2M}\right)$。

类似地,在两代之后,类型 $\tilde{p}_2=(\tilde{p}_2^1,\ \cdots,\ \tilde{p}_2^K)$ 分布将有:$\frac{\tilde{p}_2^l}{\tilde{p}_2^k}=\frac{\tilde{p}_1^l U(s^l\tilde{p}_1)}{\tilde{p}_1^k U(s^k\tilde{p}_1)}$。

$\tilde{p}_2$ 对 $\bar{p}$ 的偏离距离不会超过 r,因此有:

$$\tilde{p}_2^l\leqslant\frac{\tilde{p}_2^l}{\tilde{p}_2^k}=\frac{\tilde{p}_1^l U(s^l,\ \tilde{p}_1)}{\tilde{p}_1^k U(s^k,\ \tilde{p}_1)}<\left[\frac{\tilde{p}_0^l}{\tilde{p}_0^k}\left(1-\frac{d}{2M}\right)\right]\left(1-\frac{d}{2M}\right)=\frac{\tilde{p}_0^l}{\tilde{p}_0^k}\left(1-\frac{d}{2M}\right)^2$$

类似地,在 t 代之后,根据推理,类型 $\tilde{p}_t=(\tilde{p}_t^1,\ \cdots,\ \tilde{p}_t^K)$ 的分布会满足:

$$\tilde{p}_t^l\leqslant\frac{\tilde{p}_t^l}{\tilde{p}_t^k}<\frac{\tilde{p}_0^l}{\tilde{p}_0^k}\left(1-\frac{d}{2M}\right)^t\xrightarrow[t\to\infty]{}0$$

因此,如果对任意的 $t=0,1,2,\cdots$,我们的假设 $|\tilde{p}_t-\bar{p}|<r$ 都是成立的,即如果 $\tilde{p}_t$ 对 $\bar{p}$ 的偏离距离都不会超过 r,那么一代接一代,总体中 s^l 发生的比率 $\tilde{p}_t^l$ 就会趋近于 0。特别地,在第 T 代时,将会有 $\tilde{p}_T^l<\frac{p^t}{2}$。但这种情况将不会出现,因为我们选择的 r 非常小,即对任意类型分布 $\tilde{p}$ 而言,$\bar{p}$ 和 $\tilde{p}$ 的距离都不会超过 r,且同时有 $\tilde{p}_T^l<\frac{p^t}{2}$。

根据上述矛盾,我们得出结论认为,$\tilde{p}_t$ 和不动点 $\bar{p}$ 的偏移距离迟早会超过 r。因此,不动点对 $\bar{p}$ 是不稳定的。

证毕

▶17

全局博弈

17.1 均衡选择准则

我们已经看到，很多博弈不止存在一个纳什均衡。此时，为了对参与人博弈行为进行更精确的预测，需要一些额外准则。每一个准则就是选择博弈均衡的一个选择准则(selection criterion)。

在前面的内容中，我们已经涉及一些选择准则。最早我们给出了某些或所有玩家选择的都是弱劣势策略的一些例子。例如，在分金游戏(divvying up the Jackpot)博弈中，我们认为重点分析那些玩家不会选择的策略下的均衡是很自然的。这会排除某些特定博弈中的某些策略，因此也是一种可能的选择准则。

此后，我们讨论了焦点均衡(focal equilibrium)，或者因为和其他均衡相比，此均衡下的收益组合更对称；或者由于某些外部或历史的原因，他们意识到，不从收益本身，而是从博弈的具体陈述出发进行表述更为合理。

在第 9 章中，我们还讨论了两个额外的选择准则。我们定义了在什么情况下，一个均衡的效率会高于另一个均衡的效率。根据该准则，如果博弈的某个均衡比其他均衡更有效率，参与人就会考虑该均衡。此外，如果某个均衡不如另一个均衡更有效率，参与人就不会考虑这个低效率的均衡。

效率准则和我们分析的另外一个准则——风险占优(risk dominance)准则并不是完全一致的。在一个多重均衡博弈中，如果参与人对其竞争对手如何采取行动实际上是不确定的，那么，他们就可能选择那些平均看起来更为保险的策略。在一个两玩家对称博弈中，这会导致一种风险占优均衡，但该均衡未必总是最有效率的。

本章中，我们将给出另一种博弈均衡选择方法，这种方法特别适合于用来选择协调博弈的均衡。

17.2 全局博弈

在第 9 章中，我们讨论了一系列的有多位参与人的猎鹿博弈，其特征在于如下的收益函数：当选择“投资”策略的玩家比例至少为 α 时，投资就一定会成功，且“投资”的玩家会得到收益 A。但如果“投资”玩家的比例小于 α，投资就会失败，“投资”的玩家获得的收益就是 0。如果玩家选择“退出投资”，他就至少可以保证获得收益 c。博弈存在两个均衡：所有玩家都投资，所有玩家都退出投资。

现在，我们将这个博弈的定义进行推广，其中 α 不再是参与人集的一个份额，而是允许 $\alpha \leqslant 0$，或者 $\alpha > 1$：

- 如果 $\alpha \leqslant 0$，那么即使只有一个玩家投资，他也可以保证获得收益 A。此时，博弈只有唯一一个均衡，即所有玩家都投资。
- 如果 $\alpha > 1$，那么，即便所有的玩家都投资，投资也会失败，且所有投资者收益为 0。此时，博弈只有唯一一个均衡，即所有玩家都退出投资。

17.2.1 汇率攻击博弈

这类博弈可以用来描述那些投资者合作攻击汇率而导致的金融危机。一个国家的汇率是由国际投资者对该国货币的供求所决定的，这些国际投资者愿意且有能力在不同国家的货币之间进行兑换。①

通常而言，每个国家都不希望本国货币在国际货币市场上突然急剧贬值。这种贬值会对本国不能生产的重要货物的进口产生不利影响，因为在从另一个国家购买产品时，进口商为了获得每单位外币，不得不支付更多的本国货币。

在当前国际贸易下，国家之间的商品和人员流动越来越自由，汇率反映了不同国家货币的相对购买力。只要两个不同国家中的某类商品存在双边贸易的可能，A 国中的商品价格就不可能长期高于 B 国中同类商品的价格（按照两国货币的汇率转换计算）。如果价格差异越来越大，A 国进口商就开始从 B 国进口这些商品。因此，如果 A 国继续生产这类商品，A 国对 B 国的汇率就会贬值，这会降低进口的经济性。

我们假设，某个国家怀疑其经济状况会迅速恶化（譬如，由于国防开支不断增加）。这种恶化会对该国消费品的生产效率带来负面影响，同时这最终可能会导致本国对外国货币贬值。

投机型投资者试图通过某些行动彼此协调，这会导致本国货币汇率突然急剧贬值。这种行动称为外汇攻击（currency attack）。这些投资者会同时抛售他们持有的该国货币，用来购买外币。此外，他们还可以利用卖空期货，来卖出大量的本币，买进外币。卖出一定数量的某种货币期货，就形成了一种义务，需要卖出者在未来某段时间内支付某种数量的货币；且卖空行为不要求供应商当时拥有这些数额的货币。

当然，每个投资者卖空时都会受到数量限制。这是因为他必须拿出一些他持有的其他金融资产作担保，以保证他可以卖出他实际上并不拥有的本币。因此，卖空需要投资者支付交易成本，我们记为 c。例如，c 可能是投资者不抵押金融资产，而是投资于其他用途所获得的利率。

① 当然，任何国家都可以宣布这种贸易为非法，但外国投资者在投资于该国经济时就会碰到很大困难。

本币供给的迅速增加会导致本币在国际外汇交易市场贬值，除非对该国货币的需求也同时增加。如果没有发生贬值，那么为了兑现卖空行为，在未来交易时，投资者最终不得不将以 X 外币来购买本币，这里 X 是他卖出本币所获得的金额，同时他会损失交易成本 c。但如果卖空导致了剧烈的贬值，投资者在期货合约到期日时，就会有能力以数量为 Y 的外币买进本币（这是他以前卖出的）。显然，Y 要远远小于贬值前他卖空所获得的外币量 X。两者之间的差额为：$A = X - Y$，这就是投资者从交易中获得的利润。

在受到攻击时，央行会试图保护本币，通过买进市场上出售的本币量，来维持本币的汇率稳定。为了购买，它必须放弃手中拥有的外币储备。这些储备当然非常有限，一国持有它们的目的是为了进口那些自身不能生产的商品。央行也可以提高本币储蓄的利率水平，这样就可以提高外国投资者拥有本币的期望利润，因此外国投资者就更希望买进而不是卖出本币。但是，提高储蓄利率水平意味着需要同时提高贷款利率水平，如此企业就很难借到资金，项目投资就会减缓，这会影响该国经济增长。

因此，当本币汇率遭受攻击时，一国的央行必须决定它是要化解攻击，稳定本币汇率；还是奉行不干预政策，允许本币贬值。当然，决策取决于央行可以动用的外币储备数量，以买进那些潮水般的外币供给，还取决于对国内经济形势的估计。如果央行认为本国经济形势注定要恶化，当前的本币贬值是不可避免的，它就会采取不干预的支持。如果央行认为本国的经济形势未必可以导致货币贬值，且拥有足够的外币储备，它就可能决定干预外汇市场，防止本币贬值。

上述模型中的经济数据可以用参数 α 来表示。当 $\alpha \leqslant 0$ 时，短期内贬值就会不可避免地发生。当 $\alpha > 1$ 时，国家经济形势非常不错，央行就会千方百计防止货币贬值。当 $0 < \alpha \leqslant 1$ 时，央行的决策取决于攻击程度。如果实际上至少有 α 比例的潜在参与者实施攻击，央行就会屈从，并允许贬值。但是，如果面临的攻击范围较小，央行就会维持本币币值稳定，购进大量进行攻击而出售的本币。这时，需要动用部分外币储备。α 越大，本国经济形势就越好，为了攻击本币导致其贬值，需要同时行动的投资者数量就会越大。

因此，如果潜在投资者中进行投资的比例至少为 α，就会导致贬值发生，那么，投资者获得的收益水平为 A；但如果攻击范围较小，没有导致货币贬值，收益就是 0。如上所述，如果投资者退出攻击，投资于其他金融资产，他会保证获得利润 c。

> 在 20 世纪的最后 10 年中，全球范围内发生了数起金融危机和外汇攻击行动，包括南非、东欧和远东。其中最著名的一次当数 1997 年在泰国爆发的金融危机。
>
> 在危机之前，泰铢的汇率和一揽子国际货币挂钩。但是，当泰国货币收支平衡表不断恶化，且金融部门由于大量投资房地产而面临巨大的风险敞口的消息传出之后，1997 年 5 月 7 日，外国投资者开始对泰铢汇率施加非常大的压力，这也使得其他东南亚国家，包括印度尼西亚、马来西亚和菲律宾的汇率也开始面临同样的压力。为了缓解这种压力，这些国家的央行开始提高短期利率水平。此外，除了通过在期货市场上增加泰铢需求来缓解来自投机者的供给而直接干预外汇交易之外，泰国央行还采取了针对性更强的措施，提高了境外投资者的利率水平，其年化利率达到了 1 300%。结果到 1997 年 6 月末，投资者的损失达到了 10—15 亿美元。

> 即使如此,泰国银行设置的防波堤还是开始逐渐崩溃。首先,由于泰国居民和此时制定的境外居民之间的存款利率存在巨大差异,导致出现了各种循环交易的方式进行套利,泰国国内的利率开始上升。此外,受限于手中持有的外币储备,泰国在期货交易中供给泰铢的能力几乎达到了临界点。
>
> 因此,1997 年 7 月 2 日,泰国银行宣布取消和一揽子货币挂钩的泰铢汇率制度,泰铢兑美元的汇率随后崩盘。
>
> 1997 年 7 月,泰铢汇率暴跌大约 50%,同时,其邻国货币也面临着同样不断增加的贬值压力。7 月 11 日,印度尼西亚增加了汇率的波动许可区间。在 10 天之内,其汇率就跌到了新的最低下限。因此,这些贬值使那些看跌泰国和印度尼西亚汇率的投资者在 1997 年 7 月大赚特赚。

为了对这些事件建模,我们假设任何国家的经济形势——由参数 α 的值反映,将会从初始点在一定范围内波动。在任意既定时间,潜在投资者可能会相当精确地了解这个参数值,但通常他们很难知道这一参数的精确值。现在,我们来分析这种假设如何影响博弈的分析。

我们不妨假设 $A=5$, $c=3$。同样,我们假设 α 取下面数值的可能性都是相同的:

$$\alpha=-\frac{2}{10}, -\frac{1}{10}, 0, \frac{1}{10}, \cdots, \frac{9}{10}, 1, 1\frac{1}{10}, 1\frac{2}{10}$$

任何参与人都不会准确了解 α 的真实值,但可以近似了解:一个参与者根据信号 s 来判断 α 的取值。s 取下面任何一个数值的概率都是相同的,这些数值为:$\alpha-\varepsilon$, α, $\alpha+\varepsilon$。给定 α 的值,不同参与人所依据的信号彼此是相互独立的。首先我们考虑 $\varepsilon=1/10$ 的情况。

现在,我们来分析当一位参与人依靠他所接收到的信号 s 来进行决策时,均衡的结果如何。如果 $\varepsilon=0$,那么,所有参与人都会准确了解到 $\alpha\in(0, 1)$,根据第 9 章,我们就会发现存在两个不同的纳什均衡。(所有的玩家都"投资",所有的玩家都"退出投资"。)但如果参与人并不了解 α 的精确值,我们会看到,对某个特定的 α 的值而言,当 $\varepsilon=1/10$ 时,两个均衡中只会存在一个均衡。如果 α 值较小,剩下的均衡就是(几乎)所有人都投资;如果 α 值较大,剩下的均衡就是(几乎)所有人都退出投资。因此,参与人的行为对投资成功所需的合作程度是非常敏感的,且只有当成功不依赖于大多数参与人的合作时,才会投资。这和拥有 α 精确知识下的对称情况是完全相反的,在后者博弈中,存在两个截然不同的纳什均衡。

是什么导致了这种完全信息和"几乎完全"信息(即一个非常小的 ε)下的均衡存在巨大的差异呢?当 ε 大于 0,但又非常接近于 0 时,是什么导致了这种模型解的非连续性呢?

当 $\varepsilon=0$ 时,每位参与人不仅精确了解 α 的值,还知道所有其他参与人都精确了解 α 的值;同时他也了解所有其他参与人了解到任何人都知道 α 的精确的取值;诸如此类。换言之,当 $\varepsilon=0$ 时,α 的值就是所有参与人的共同知识。

当 ε 大于 0,但非常接近于 0 时,情况会如何呢?一个接收到信号 s 的参与人了解到 α 的真实值位于一个小的邻域 $\{s-\varepsilon, s, s+\varepsilon\}$ 中,且在他看来,取这些值的可能性都是相同的。①(大家可以计算一下,为何概率是均等的!②)

特别是,参与人认识到,其他参与人接收到的信号 s 和他自己接收到信号 s 可能是不同的。另一位参与人如果接收到信号 s',他会认为 α 服从集合 $\{s'-\varepsilon, s' s'+\varepsilon\}$ 上的均匀分布。因此,不仅不同参与人的信仰会彼此存在很大不同,而且没有参与人明确了解另外参与人的信仰为何。因此,参与人的信仰就不是玩家之间的一种共同知识,尽管此时 α 很小。为了描述这种情况,Carlsson and van Damme(1993)使用了"全局博弈"这个概念。③

让我们来分析接收到不同信号的参与人是如何采取行动的。

● 收到信号 $s \in \{-3/10, -2/10, -1/10\}$ 的参与人是如何选择行动的呢?这位参与人会知道 α 的真实值会小于或等于 0。因此,他意识到,不论参与人的行动为何,他选择"投资"总是有利可图的。(因为即便其他参与人不投资,他投资也可以保证他获得最大收益水平 $A=5$。)

● 如果一位参与人获得的信号 $s=0$,他又如何选择行动呢?

该参与人相信 α 的真实值为 $-1/10$ 的概率是 1/3。此时,无论其他参与人是否投资,他的投资都会成功,且获得收益水平 $A=5$。

该参与人相信 α 的真实值为 0 的概率是 1/3。此时,无论其他参与人是否投资,他投资都会成功,且获得收益水平 $A=5$。

因此,一个收到信号 $s=0$ 的参与人会相信投资给他带来收益 $A=5$ 的概率至少为 2/3。因此其期望收益至少为:$\frac{2}{3}\times A=\frac{2}{3}\times 5=3\frac{1}{3}$。

这会高于收益 $c=3$,后者是他退出投资时保证可以获得的收益。因此,接收到信号 $s=0$ 的参与人将会选择投资。

● 如果一位参与人获得的信号 $s=1/10$,他又如何选择行动呢?

该参与人相信 α 的真实值为 0 的概率是 1/3。此时,无论其他参与人是否投资,他投资都会成功,且获得收益水平 $A=5$。

该参与人相信 α 的真实值为 1/10 的概率是 1/3。此时,1/3 的参与人会收到信号 $s'=0$。正如我们已经看到的,收到信号 $s'=0$ 的参与人会选择投资。当 $\alpha=1/10$ 时,1/3 的参与人投资一定会保证投资成功。因此,参与人的结论就是:如果 $\alpha=1/10$,投资给他带来的收益水平为 $A=5$。

因此,一个收到信号 $s=1/10$ 的参与人相信投资给他带来收益 $A=5$ 的概率至少为 2/3(当 $\alpha=0$ 或 $\alpha=1/10$ 时)。据此,参与人可以推断,如果他投资,其可以获得的期望收益至少为:$\frac{2}{3}\times A=\frac{2}{3}\times 5=3\frac{1}{3}$。这高于他退出投资时可以保证获得的收益 $c=3$。因此,一个

---

① 参与人接收到的信号 s 不可能非常低,或者非常高。譬如,如果一位参与人接受信号 $s=-3/10$,那么,他就非常肯定知道 α 真实值是最小的,即 $\alpha=-2/10$。

② 为了这样做,可以利用条件概率公式("贝叶斯"法则)。

③ Carlsson H. and E.van Damme(1993),"Global Payoff Uncertainty and Risk Dominance", *Econometrica*, 61(5), 989—1018.也可以见 Morris, S. and H.S.Shin(2002),"Global Games: Theory and Applciations," in M.Dewatripont, L.Hansen and S.Turnovsky(eds.) *Advances in Economicsand Econometrics*, *the Eighth World Congress*, Cambridge University Press, pp.56—114。

收到信号 $s=1/10$ 的参与人会选择投资。

测验

A. 类似地，证明收到信号 $s=2/10$ 的参与人会选择投资。

B. 证明收到信号 $s=3/10$ 的参与人会选择投资。

因此，我们已经证明，如果一位参与人收到信号 $s\leqslant 3/10$，他将会选择投资。我们注意到，只要 $\alpha\leqslant 2/10$，实际上所有参与人收到的信号 s 就不会超过 $3/10$。

因此，只要 $\alpha\leqslant 2/10$，所有的参与人就都会投资。

测验

下面，考虑一个收到信号 $s=4/10$ 的参与人。在证明该参与人选择投资上，解释为什么上述模型的证明过程是不可行的。

提示：当然，该参与人认为，至少有 1/3 参与人投资的概率为 2/3（当 $\alpha=3/10$ 或 $\alpha=4/10$ 时），但参与人了解到在任何一种情况（如当 $\alpha=4/10$ 时）下，1/3 的参与人投资未必可以保证投资成功……完成上述证明！

现在，我们来分析收到高信号时参与人的行为。

如果参与人收到信号：$s=1\frac{1}{10}$，$1\frac{2}{10}$，$1\frac{3}{10}$，他就会相信 $\alpha>1$ 的概率至少为 2/3，且即使所有参与人都投资，投资也不会成功。因此，这种投资者就不会选择投资，因为投资给他们带来的收益水平不会超过：$\frac{1}{3}\times A+\frac{2}{3}\times 0=\frac{1}{3}\times 5+\frac{2}{3}\times 0=1\frac{2}{3}$。

该期望收益小于当参与人退出投资获得保险收益时的收益水平 $c=3$。

[例题 17.1]

类似地，证明接收到信号 $s=1$ 的参与人将不会决定投资。

答案

如果某参与人收到信号 $s=1$：

- 他会认为 α 真实值是 $1\frac{1}{10}$ 的概率为 1/3。此时，无论其他参与人如何选择，投资一定会失败。

- 他会认为 α 真实值是 1 的概率为 1/3。此时，有 1/3 的参与人获得信号为 $s=1\frac{1}{10}$，且这些参与人会退出投资。换言之，至多有 2/3 的参与人会投资。由于 $\alpha=1$，这时投资成功需要所有参与人都投资，因此参与人会得出结论认为，如果 $\alpha=1$，投资就会失败。

因此，一个获得信号 $s=1$ 的参与人会相信，投资失败的概率至少为 $2/3\Big($当 $\alpha=1\frac{1}{10}$ 或

$\alpha=1$ 时$\Big)$，故投资给他带来的收益水平就不会大于：$\frac{1}{3}\times A+\frac{2}{3}\times 0=\frac{1}{3}\times 5+\frac{2}{3}\times 0=1\frac{2}{3}$。

这笔期望收益小于一位参与人退出投资时保证他可以获得的收益 $c=3$。因此，一个收到信号 $s=1$ 的参与人不会选择投资。

测验

类似地，证明参与人接收到信号：$s=\frac{9}{10}, \frac{8}{10}, \frac{7}{10}$ 时，将会决定投资。（可以对每一个单独事件来证明，也可以用推理证明。）

测验

证明：在上一个例子中，如果 $s=6/10$，结论将不再成立。提示：收到信号 $s=6/10$ 的参与人指派给 $\alpha=6/10$ 的概率为 1/3，此时，他明白有 1/3 的参与人（所有那些收到信号都是 $s'=7/10$ 的参与人）将不会投资。但是所有其他的参与人（那些收到信号 6/10 或 5/10 的参与人）将会选择投资，因此总投资者所占的比例将是 2/3，即大于 $\alpha=6/10$，投资将会成功。试证明之！

因此，我们已经证明了，那些接收到信号满足 $s\geqslant 7/10$ 的参与人将不会选择投资。同样的，我们注意到只要 $\alpha\geqslant 8/10$，所有参与人实际上收到的信号都满足 $s\geqslant 7/10$，因此也不会投资。换言之，如果 $\alpha\geqslant 8/10$，唯一的均衡就是所有参与人都退出投资。

如果我们减少不确定程度 ε，对这种 α 值的预测会更好吗？答案是肯定的。为了简化计算，现在我们假设 α 服从区间$[-0.2, 1.2]$上的均匀分布（α 可以取该区间上的任何值，而不是仅仅乘以 1/10），同样我们假设对任意给定的 α，参与人接收到的信号服从区间$[\alpha-\varepsilon, \alpha+\varepsilon]$上的均匀分布。（即可以取该区间上的任何值，而不是前面我们假设的仅仅取$[\alpha-\varepsilon, \alpha, \alpha+\varepsilon]$三个值中的任意一个）。

现在我们主要考虑 $\varepsilon=0.05$ 时的情况，此时，ε 要比上面我们分析例子中的情况要小。

假设现在我们已经成功证明了，对那些接收到信号 $s<0.3$ 的参与人会决定投资。我们注意到只要 $\alpha\leqslant 0.315$，至少就会有 35%的参与人收到的信号满足 $s<0.3$，因此他们会决定投资①。此时，实际上投资会成功，因为投资的实际百分比（35%）要大于投资成功所需的最低投资者百分比要求（31.5%，或者更少）。

同样，我们注意到，如果参与人认为投资成功的可能性大于 0.6，那么任意一位参与人都会决定投资。②特别地，如果一位参与人接收到的信号满足 $s<0.305$，他会认为 $\alpha\leqslant$

① 当 $\alpha=0.314$ 时，投资者的信号服从区间$[0.265, 0.365]$上的均匀分布，因而只有 35%的参与人会决定投资，他们接收到的信号位于区间$[0.265, 0.3)$。如果 $\alpha\leqslant 0.315$，接收到信号 $s<0.3$ 的参与人比例将小于 35%。

② 由于此时获得的期望支付要大于 $0.6\times A=0.6\times 5=3$，即投资的期望支付会大于抵押支付 $c=3$，后者是在退出投资时获得的支付水平。

0.315 的概率会大于 0.6,因此他会选择投资。①

因此,根据所有接收到信号 $s<0.3$ 的参与人都决定投资这一假设,我们就可以成功证明存在另一群参与人,只要接收到的信号满足 $s\in[0.3, 0.305]$,他们将会决定投资。

这种观点可以推广到哪些情况呢?为此,需要分析使一位参与人投资和退出投资无差异的信号 s^* 是什么。(假设接收到更低信号的所有参与人都会投资,而接收到更高信号的所有参与人都不会投资。)

一个接收到信号 s^* 的参与人相信,α 会服从区间 $[s^*-0.05, s^*+0.05]$ 的均匀分布。如果他在投资和退出投资之间是无差异的,这表明他认为投资成功的概率为 0.6。也就是说,他认为对于任意的 $\alpha\in[s^*-0.05, s^*+0.01]$,投资将会成功,且对于任意的 $\alpha\in[s^*+0.01, s^*+0.05]$,投资将会失败。换言之,对任意的 $\alpha\leqslant s^*+0.01$,至少有 α 比例的参与人决定投资,且投资会成功,即获得信号 $s\in(\alpha-0.05, s^*)$ 并投资的参与人比例至少为 α。正式地,有 $\dfrac{s^*-(\alpha-0.05)}{0.1}\geqslant\alpha$。

根据两个不等式,最大的 s^* 满足下面的两个等式,即 $\alpha=s^*+0.01$ 且 $\dfrac{s^*-(\alpha-0.05)}{0.1}=\alpha$。

将第一个等式代入第二个等式,我们有 $\dfrac{s^*-[(s^*+0.01)-0.05]}{0.1}=s^*+0.01$。因此,$s^*=0.39$。

现在,我们反向重复上述分析。假设我们已经成功证明,凡是获得信号 $s>0.7$ 的参与人都会退出投资。只要 $\alpha\geqslant 0.69$,就会有至少 40%的参与人获得的信号满足 $s>0.7$,因此会退出投资。②此时,由于投资者的百分比最大为 60%,这低于投资成功所需的最低投资者比例要求(至少 69%),因此投资会失败。

同样,我们注意到只要参与人认为投资失败的概率大于 0.4,他就会退出投资。③特别地,如果一位参与人获得的信号满足 $s>0.68$,他就会认为 $\alpha>0.69$ 的概率大于 0.4,因此不会选择投资。④

因此,根据得到信号 $s>0.7$ 的所有参与人都退出投资的假设,我们就成功证明了存在额外的参与人集合,他们也会退出投资,这就是那些获得的信号满足 $s\in(0.68, 0.7]$ 的参与人。

---

① 如果一个接收到信号 $s=0.305$ 的参与人相信 α 服从区间 $[0.255, 0.355]$ 上的均匀分布,因而他会认为 $\alpha<0.315$(即 $\alpha\in[0.255, 0.315]$)的概率为 0.6。如果一位参与人接收到的信号满足 $s<0.305$,那么,他就会认为 $\alpha<0.315$ 的概率会大于 0.6,此时投资将会成功。

② 当 $\alpha=0.69$ 时,参与人的信号服从区间 $[0.64, 0.74]$ 上的均匀分布,因此,那些位于区间 $[0.7, 0.74]$ 上的参与人,即准确地说,40%的参与人肯定会退出投资。如果 $\alpha>0.69$,获得信号 $s>0.7$ 的参与人比例将大于 40%。

③ 由于此时投资成功的可能性小于 0.6,因此他获得的期望支付将小于 $0.6\times A=0.6\times 5=3$。因此,投资的期望支付将小于保证的支付水平 $c=3$,后者是他退出投资时的获益。

④ 如果一位参与人获得的信号 $s=0.68$,他认为 α 服从区间 $[0.63, 0.73]$ 上的均匀分布,因此他就会认为 $\alpha\geqslant 0.69$(即 $\alpha\in[0.69, 0.73]$)的概率为 0.4。如果一位参与人获得的信号为 $s>0.68$,他就会认为 $\alpha\geqslant 0.69$ 的概率就会大于 0.4,因此投资就会失败。

对那些更低的信号 s 而言，这种观点是否还成立呢？为此，需要分析一位参与人投资和退出投资无差异的信号是什么。（假设接收到更低信号的所有参与人都会投资，而接收到更高信号的所有参与人都不会投资。）事实上，在上述分析中，我们已经发现，这个信号是 $s^*=0.39$！所有收到 $s>0.39$ 信号的参与人将退出投资，而所有收到 $s<0.39$ 的信号的参与人将投资。①因此有：

(1) 如果 $\alpha\leqslant 0.4$，至少有 40%的参与人得到的信号就会满足 $s<0.39$，因此会投资，这样投资就一定会成功。下面给出了两种可能的情况：

一是如果 $\alpha\in(0.34,0.4]$，一些参与人接收到的信号满足 $s>0.39$，他们将退出投资，但相应地，在投资明显成功之后，他们事后会后悔早先的选择。

二是如果 $\alpha\leqslant 0.34$，所有获得信号 $s<0.39$ 的参与人都会投资。

(2) 如果 $\alpha>0.4$，得到信号满足 $s<0.39$ 并投资的参与人比例就会低于 40%，因此投资就会失败。因此，这也存在两种可能性：

一是如果 $\alpha\in[0.4,0.44)$，部分参与人获得信号满足 $s<0.39$，且会投资，但后来当投资失败时，他们会后悔早先的选择。

二是如果 $\alpha>0.44$，所有参与人获得的信号都满足 $s>0.39$，因此他们会退出投资。

因此，我们就会发现 $\alpha^*=0.4$ 就是一个临界值，对任意的 $\alpha\leqslant\alpha^*$，投资就会成功，然而对任意的 $\alpha>\alpha^*$，投资就会失败，或者什么也没有发生。

我们注意到：

$$\alpha^*=1-\frac{c}{A}$$

（回忆一下，$A=5$ 是投资成功时投资者获得的收益，而 $c=3$ 则是任意投资者退出投资时可以保证自己所获得的收益。）

现在我们可以看到，对任意的临界值 α^* 而言，等式 $\alpha^*=1-\dfrac{c}{A}$ 对任意的 $A>c>0$ 都会成立。为此，我们需要首先计算当一位参与人接收到何种信号 s^* 时，他在投资和退出投资之间是无差异的。（假设接收到更低信号的所有参与人都会投资，而接收到更高信号的所有参与人都不会投资。）

一个接收到信号 s^* 的参与人会认为 α 服从区间 $[s^*-\varepsilon,\ s^*+\varepsilon]$ 上的均匀分布。如果他在投资与否上是无差异的，这表明他会相信投资成功的可能性为 c/A（保证你已经理解了为什么会这样）。也就是说，他认为对任意的 $\alpha\in[s^*-\varepsilon,\ \alpha^*]$，投资都会成功，而对任意的 $\alpha\in(\alpha^*,\ s^*+\varepsilon)$，投资都会失败，只要 α^* 的值满足：

$$\frac{\alpha^*-(s^*-\varepsilon)}{2\varepsilon}=\frac{c}{A}$$

$\Bigg($左边一项 $\dfrac{\alpha^*-(s^*-\varepsilon)}{2\varepsilon}$ 就是在参与人看来，$\alpha\in[s^*-\varepsilon,\ \alpha^*]$ 的概率，因为他认为 α 服从长度为 2ε 的区间 $[s^*-\varepsilon,\ s^*+\varepsilon]$ 上的均匀分布。$\Bigg)$

换言之，只要 $\alpha\leqslant\alpha^*$，至少有 α 比例的参与人会决定投资，投资就会成功，这就是那

① 一个接收到信号正好是 $s=0.39$ 的参与人在投资和退出投资之间是无差异的，因此可以选择任一种方式。

些接收到信号 $s\in[\alpha-\varepsilon, s^*)$ 的参与人,因此投资至少为 α。正式地,对任意 $\alpha\leqslant\alpha^*$,都有:$\dfrac{s^*-(\alpha-\varepsilon)}{2\varepsilon}\geqslant\alpha$。

(对于既定的 α,以及对于 $s^*>(\alpha-\varepsilon)$ 而言,上式左边一项就是获得信号满足 $s<s^*$ 时的参与人份额,因为参与人收到的信号服从长度为 2ε 的 $[\alpha-\varepsilon, \alpha+\varepsilon]$ 区间上的均匀分布。)

当 $\alpha=\alpha^*$ 时,有如下等式成立:

即 $\dfrac{s^*-(\alpha^*-\varepsilon)}{2\varepsilon}\geqslant\alpha^*$,或 $s^*=(1+2\varepsilon)\alpha^*-\varepsilon$。

如果我们代入上一个等式:$\dfrac{\alpha^*-(s^*-\varepsilon)}{2\varepsilon}=\dfrac{c}{A}$,就会得到:$\dfrac{\alpha^*-\{[(1+2\varepsilon)\alpha^*-\varepsilon]-\varepsilon\}}{2\varepsilon}=\dfrac{c}{A}$ 或 $\alpha^*=1-\dfrac{c}{A}$,这就是我们要证明的。

比率 c/A 表示,对投资成功的吸引力(此时收益为 A)而言,退出投资时获得的保险收益(收益为 c)的相对大小。无论这个比率多大,我们都可以证明,只有当投资的参与人比例小于 α^* 时,全局博弈中的投资才会成功,如图 17.1 所示。

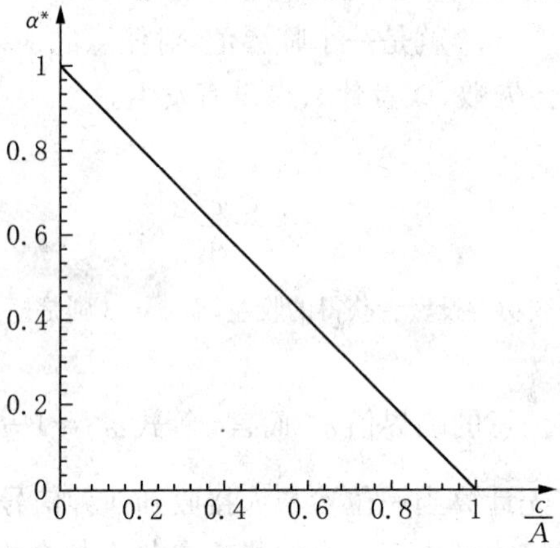

图 17.1

这一结果和直觉是相符的。一方面,如果退出投资的保险收益非常高(相对于 A 而言,c 较大),那么,即使只有一小部分的参与人投资(较低的 α^*),也只有可以保证投资成功时,参与人才会进行投资。另一方面,如果投资成功的收益相对于保险方案而言较高(相对于 c 而言,A 较大),为了投资成功,大量的参与人(较高的 α^*)必须彼此进行协调,参与人才可能投资。

测验

前面我们假设,为了投资成功,至少 α 比例的参与人要进行投资;现在我们假设投资一旦成功,投资者将会获得收益水平 $A=1$。但现在保险策略方案下的收益水平对不同的投资者而言,是不同的。对投资者 i 而言,收益水平为 c_i。收益 c_i 服从一个小区间 $[\theta-\varepsilon, \theta+\varepsilon]$ 上的均匀分布。参与人 i 了解自己的收益水平 c_i(以及 ε 的值),但是却不了解其他参与人的收益水平,因此也不了解 θ 值。参数 θ 本身服从区间上 $[1-\delta, 1+\delta]$ 上的均匀分布,这里 $\delta > \varepsilon$。

根据上述我们使用的方法,证明对每一个 $\alpha \leqslant \alpha^* = 1-\theta$,都存在一个唯一的均衡,其中没有人投资,或者投资的参与人比例非常小(小于 α),以至于投资会失败。

17.3 全局博弈实验

在截至目前的所有讨论中,我们给出了一些均衡选择的准则,包括效率、风险占优和全局博弈,这些均衡和第 9 章涉及到的协调博弈有关。在参与人的行为选择方面,这些准则的预测也是不同的。现实中人们的行为如何呢?

这一问题可以在实验中加以解决,其中对于不同的 A,c 和 α 的值,要求参与人在两种可能的策略之间进行选择。①在某些回合的实验中,参与人拥有这些参数值的全部信息,而在另外一些回合的实验中,他们拥有信息的准确程度非常小(在不同参与人之间是独立分布的),这和我们上面分析的模型非常类似。

实验结果支持上面的结论,即全局博弈模型是预测参与者行为的一个非常重要的参考点。在实验的所有参与者中,大约有 92%采取了临界策略,即根据可以获得的数据情况,只有当 A 和 c 的比率较大,且成功所需的临界数量 α 较小时,他们才会投资。当参与人拥有这些参数的所有信息时,也会发生此类临界行为。一般来说,全部信息和部分信息下参与人的平均临界值之间的差异并不大。②即便参与人拥有全部信息,其对参数值所表现出的行为也和全局博弈模型预测的结果非常类似,即投资成功的收益水平 A 上升,投资成功的必要临界量 α 下降,都会导致参与人投资的概率更高。

① Heinemann, F., R. Nagel, and P. Ockenfels(2004), "The Theory of Global Games on Test: Experimental Analysis of Coordination Games with Public and Private Information", *Econometrica*, *72*, 1583—1599.

② 但在部分信息下,参与人行为的变异会更大。

第Ⅵ部分　动态博弈

引言

第 18 章介绍了扩展式博弈。扩展式博弈用博弈树描述了一个动态博弈的潜在演化情况。在博弈树的每个节点上，参与人会选择他们的行动，且源于该节点的每个分支都代表某个行动(或行动组合)，这是那些在该节点活跃的参与人所选择的行动。不会进一步延伸出分支的节点称为博弈树的终端，每个终端都表示了动态互动局势一种可能的终结情形，也都决定了参与人在此时的收益情况。每一个终端都对应着唯一一条从源头到这个终端的连续的分支路径。①

在扩展式博弈中，参与人的一个策略就是一个完整的行动计划，它规定了在每一个决策的可能节点上，如果达到该节点且当到达该节点时，参与人所采取的行动。所有参与人的每个策略组合都界定了一条从源头到终端的路径，②该终端规定了参与人的收益情况。因此，和这些收益相对应的每个策略组合都给出了扩展式博弈的策略式表述。这种策略式的纳什均衡就是扩展式博弈的纳什均衡。

策略式是对博弈动态特征的抽象概括。因此，某些扩展式博弈会得到一些似是而非的纳什均衡，这些均衡是建立在不可置信威胁的基础之上的。不可置信的威胁是参与人在轮到自己决策时实际上不会采取的一项行动，也是纳什均衡时参与人根本不需要采取的一项行动，这是因为在其之前决策的参与人在行动时由于担心不可置信的威胁，会偏离博弈而选择另外一条路径；这种路径对提出不可置信威胁的参与人可能是有利的，但对在其之前行动的参与人却是不利的。

为了放弃不可置信威胁这一概念，第 19 章讨论了另一种更为精炼的扩展式博弈解的概念，即所谓的子博弈精炼均衡。参与人的一个策略组合是一个子博弈精炼均衡，如果它是该博弈中每一个子博弈的纳什均衡。

在那些非无穷路径的博弈中，在每个节点上都有一位参与人必须选择行动，且按照最优方式行动，此时，该博弈的子博弈精炼均衡可以通过逆向归纳程序的方法求解：在每一个只通往终端的节点上，可以按照最高的可能的最终收益水平来确定在该节点处决策参与人的行动，然后用行动通向的(具有相应收益的)终端来代替这个节点。不断“逆向”重复上述程序，直到源头本身也为某个终端(及其参与人的收益)所代替。上述程序所得到的一系列行动就构成了参与人在一个子博弈精炼均衡下的策略。此外，当博弈存在多个子博弈精炼均衡时(由于某参与人在某个节点可能存在多个最优行动)，通过上述程序可以求出这个博弈的所有的子博弈精炼均衡。

我们给出了子博弈精炼均衡和逆向归纳法的两种应用。第一种是斯塔克尔伯格模型(Stackelberg model)。和(第 8 章介绍的)古诺模型一样，两家企业进行数量竞争，但此时

① 某些博弈的期限是无穷的，从源头出发会有无限路径。在这类博弈中，每一个无穷路径本身都对应着每位参与人的一种收益情况(因为每个路径并不存在着收益可以关联的终端)。

② 或者是一个从源头出发的无穷博弈。

一家企业先于竞争对手选择产量。我们表明，这个博弈有无限多的纳什均衡，但只有一个子博弈精炼均衡。在子博弈精炼均衡时，领先企业选择的产出水平要高于同时行动古诺均衡下的水平，这样领先企业的市场份额更高，且会使对手反应更温和。领先企业选择的产量并不是对手最终选择产量的最优反应；领先企业通过承诺自己先采取某种进攻性的行动，其策略效应会使得竞争对手反应更温和，从而给自己带来更高的收益。同时，由于领先企业承诺的产量是对手产量的一种次优反应，而这实际上会导致领先企业利润损失。但此时，先行承诺带来的收益会超过上述损失。

第二个例子是"出版商困局"，即如何给同一本书的精装本和平装本定价。平装本的价格是消遣型读者在平装本出版时所愿意支付的最高价格，他们并不急于在新书出版时先睹为快。但是，如果让书迷们等到发行平装本，他们宁愿现在付出更高的价格，且这种额外的支付意愿就是他们的信息租金：如果出版商希望书迷们在精装版一发行就愿意付出最高价格购买，而不希望他们在高价的精装版前望而却步，转而等待平装本的话，那么，出版商必须在制定的最高价格中让渡信息租金作为折扣。但是，如果随着时间推移，书迷们的最高支付意愿下降极为缓慢，且远远高于平装本发行时消遣型读者们的支付意愿，那么信息租金就会极为高昂，这使得出版商也许愿意将两类读者合在一起处理，而不是分而治之。在这种情况下，新书就会只出一个版本，且在出版时，会按照消遣型读者的最大支付价格定价销售。

承诺是第 20 章讨论的中心问题。在斯塔克尔伯格模型中，领先企业会承诺一个更高、更严厉的行动。但在其他博弈，譬如在公共物品博弈中，领先企业却会选择承诺一种更温和的行动，即此时投资水平更低，以诱导追随者提高投资水平。我们表明(和同时行动博弈相比)，领先企业愿意承诺的行动强度更高，还是更低，取决于我们在第 7 章对博弈性质的分类。在非合作且策略替代型博弈(譬如数量竞争)，以及合作且策略互补型博弈(比如合伙博弈)中，领先企业预先承诺的策略强度会更高。相比之下，在合作且策略替代型博弈(譬如公共物品投资博弈)，以及非合作且策略互补型博弈中，和同时行动博弈中的选择相比，领先企业预先承诺的策略强度会更弱。

还存在一些情况，领先企业不会承诺自己将采取某种特定的行动，而是承诺将采取某种反应规则。譬如，一家企业可以为其产品创建品牌而投资，宣传其产品比竞争对手产品更为高档，这样就会提高消费者愿意为该名牌产品支付的价格；或者说，领先企业也可以投资改进其产品线，这样会降低它的生产成本；或者，当企业属于不同国家时，领先国家的政府也可以选择对企业生产的每单位产品进行补贴。上述的每一种战术都意味着领先企业的整个反应曲线会外移。这样，对竞争对手选择的任一产量而言，领先企业的最优产量就会更高。在某些情况下，这会遏制追随者生产任何正的产出量，因此就会把追随者逐出市场，或者一开始就会遏止追随者进入市场。

但是，如果两家企业都为自己的产品做广告，进而提前承诺自己会采取一种更富于进取性的反应曲线，这种策略互动就会变成一个两阶段博弈，首先两家企业决定广告数量，然后给定广告投资水平以及相应的反应曲线，它们再进行此后的博弈，获得古诺纳什均衡。在子博弈精炼均衡下，两家都会进行广告，且竞争会更为激烈；但如果它们可以"联手协作"，不进行广告投资，它们两家就会变得更好。

当政府补贴本国企业，以便让它们在国际市场上更富于进取性时，也会出现类似的情况。世贸组织(WTO)协议就是为了同时避免(或消除)这些补贴而签署的，这样所有国家的企业都会受益。但是，单边偏离上述协议的诱惑非常大，这解释了为什么WTO协议在多轮磋商之后仍然进展缓慢。

第21章分析了逆向归纳程序的缺点和概念上的限制。解释这种效应的第一个例子是最后通牒博弈，其中提议方不得不就在他自己和回应方之间分配一定数量的货币提出方案，后者可以接受提议的分配方案，这时方案就得以实施。或者拒绝，此时任一方都会一无所获。在这个博弈的子博弈精炼均衡时，提议方应该为回应方报价0，或者一个最低的份额，而回应方应该接受这个报价。但是，在世界各地对此博弈进行的大量实验表明，观察到的报价通常会介于整个“馅饼”的20%到50%之间，更小的报价往往会被拒绝。以随机稳定概念为基础，第21章附录分析了一个更复杂的模型，对上述矛盾进行了解释。

第二个例子是蜈蚣博弈(centipede game)，其中两位参与人轮流选择结束博弈，还是继续进行。和选择继续进行博弈而下一轮对手立即放弃博弈相比，选择现在结束博弈会保证参与人获得的收益稍微高一些；但是，如果另一位参与人也选择继续，那么，当前选择继续会给参与人带来更高的报酬。尽管如此，但不幸的是，博弈最终还是要在某轮结束，此时参与人宁愿选择退出而不选择继续，因为无论如何，博弈都会结束。根据逆向归纳的逻辑，这意味着第一位参与人在博弈一开始就选择退出，如果他们都选择至少继续几回合，两位参与人获得的收益将会更大。但在这个博弈的实验室实验中，参与人通常会选择继续。

确实，如果可以轮到第二位参与人决策，他就会明白第一位参与人已经偏离了逆向归纳策略。因此，一旦第二位参与人也选择继续，为什么他一定会认为第一位参与人会转而采取逆向归纳策略(结束博弈)呢？显然未必如此。第二位参与人考虑到上述确定程度，也许因此也选择继续而不是放弃。即便第一位参与人对这种情况不完全确定，这也会促使他更愿意一开始就选择继续。

这个例子中的逻辑可以运用到“连锁店悖论”中。其中，一家连锁店“发誓”要和进入分店领域的任何新竞争者进行一场(对双方都不利的)价格战。根据逆向归纳法，在最后一家竞争者还没有进入的分店，该连锁店会容许竞争者进入；且根据逆向归纳法，它应该容许所有的当地竞争者进入，而不是进行对抗。但是，拥有多家分店的连锁店通常会和当地新进入的竞争者进行价格战。

第22章推广了扩展式博弈模型，允许在某些节点(也被称为“机会节点”)处自然可以选择行动。此时，发源于该节点的分支会服从某种固定的给定的概率分布。这个推广后的模型可以用来分析两个例子。

第一个例子分析了边缘政策的概念，这种策略行动可以提高一些不利后果出现的概率，而和采取这种策略行动的一方相比，对方更为担心这种不利后果。我们运用这个概念分析了古巴导弹危机。当时肯尼迪的决策是对古巴实施海上封锁，可以将此理解为某种边缘政策行动。之后，我们用一个包括机会节点的扩展式博弈来分析了这种策略环境。

第二个例子分析了相邻侵害诉讼的情况。向法院起诉要求获得赔偿的概率很低，但起诉的目的是希望被告会妥协，和原告进行庭外和解。这里(因为每一方胜诉的可能性取决于双方的控制能力和知识之外的一些因素),法庭判决在模型中就是一个机会节点。相邻侵害诉讼是有效的,因为除非达成和解协议,否则起诉就是一种要求赔偿的承诺方式。用某种适当的扩展式博弈进行分析,就可以很清晰地厘清背后的思想。针对这种阴谋诡计的一种可能的解决办法,就是允许被告有权要求法院禁止实施庭外和解(法院应该支持这一提议)。这样会改变上述博弈,我们分析表明上述建议措施为被告提供了一种反承诺的工具,这可以从一开始就遏制这种相邻侵害诉讼的发生。

▶18

扩展式博弈

截至目前,我们已经分析了策略式博弈。在策略式博弈中,所有参与人被认为同时进行其策略选择。因此,对某些参与人在另一些参与人之后选择行动的那些策略情境,或者对那些部分或所有参与人随时间推移不止一次采取行动的策略情境,策略式博弈很难表述分析。

我们将策略情境随时间推移而变化的博弈称为扩展式博弈(extensive form games)。在本书剩余的部分中,我们会讨论几种不同类型的扩展式博弈。

首先,我们会介绍有限期博弈。在每一期博弈中,参与人在几个可供选择的行动中进行决策。然后,我们会继续讨论一种更普遍的情况——在一个有限期博弈中,众多参与人在多个博弈阶段同时选择行动。随后,我们分析的情况甚至更具有一般性:博弈可能持续无限期,或者在博弈的某个阶段,众多参与人同时选择他们的行动。最后,我们将研究一类特殊情况,即重复博弈(repeated games)。在重复博弈的每一个阶段,所有参与人不断重复进行一种特定的策略式博弈。此后,我们会对有限期重复博弈和无限期重复博弈的一些案例进行对比分析。

在本书中,我们讨论的所有扩展式博弈都是完美信息博弈(perfect information games):在任何一个阶段,需要进行决策的参与人都知道在博弈之前所有阶段其他所有参与人选择的行动。对更一般的涉及非完美信息(imperfect information)博弈的讨论,超出了本书的范围。①

---

① 对有关术语的注释:对完美信息扩展式博弈的经典定义并不包括多位参与人在博弈某些阶段或所有阶段同时决策的博弈。根据扩展式博弈的经典定义,在任何一个博弈阶段,仅仅有唯一的参与人进行行动。为了描述在博弈的某个阶段,多位参与人同时决策的这种情况,必须对参与人按照某种任意的顺序排列,这样就把该阶段分成了几个小阶段——在每个小阶段只有一位参与人决策:第一位参与人选择行动后,会轮到第二位参与人决策,但他却仍不知道第一位参与人选择的结果;此后会轮到第三位参与人(如果有的话)在不知道前两位参与人选择结果的情况下,进行决策;以此类推。正式而言,这实际上是一种非完美信息下的扩展式博弈。

上述对参与人表示中的任意排列完全是人为的,且某些解概念对这种任意的安排方式非常敏感。因此,某些博弈论教科书(Osborne and Rubinstein, 1994; Osborne, 2004)没有采取这种人为的表示方法,而是允许在扩展式博弈中他们可以同时行动。我们这里也采取了这种方法。见 Osborne, M. and A. Rubinstein(1994), *A Course in Game Theory*, Cambridge, MA: MIT Press; Osborne, M.(2004), *An Introduction to Game Theory*, Oxford University Press.

在非完美信息博弈中的某些博弈阶段,某些参与人仅仅拥有之前阶段上参与人行动选择的部分信息。

18.1 博弈树

如何来描述扩展式博弈呢?在这样的博弈中,描述可能发生的行动进程最简洁的方法就是借助博弈树(game tree)。

什么是博弈树呢?一棵博弈树是由一些节点(nodes)构成的,且在一些节点处会分叉形成分支(branches)。每一个分支都来源于唯一的一个节点,而每个分支会通往唯一的另一个节点。博弈树中存在一个节点,任何分支都不会通往这个节点,且它是唯一的,这就是博弈树的源头(root)。其他博弈树上的节点,都只有唯一一条分支可以通向它。但还有一些没有节点,它们下面没有任何分支延伸出来,我们称这样的节点为终端(leaves)。博弈树的路径(path)是一系列有序的节点;在这个序列上,对除第一个节点之外的所有节点,都存在一条分支,从前面的节点出发,通向下一个节点。博弈树上的每一个节点都存在唯一一条路径,始于源头,终止于这个节点。

为了勾画一棵博弈树,我们会用一个个点表示节点,用一条条线表示分支。图 18.1 给出了一棵博弈树例子。这个图形就像一棵树。在这棵博弈树上,粗线强调给出了两条路径。我们注意到,路径不一定非要从源头出发,或到终端结束。

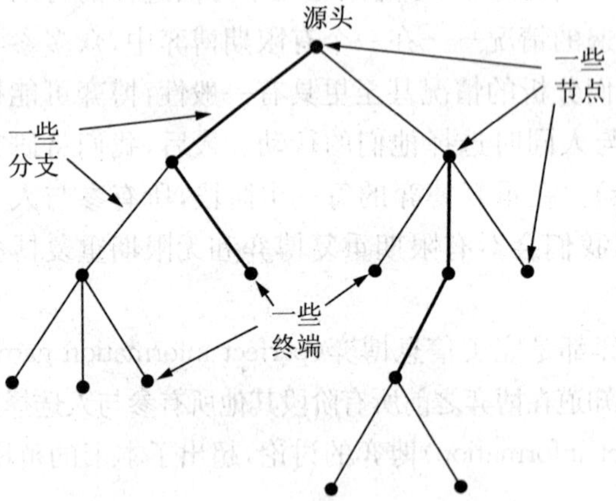

图 18.1

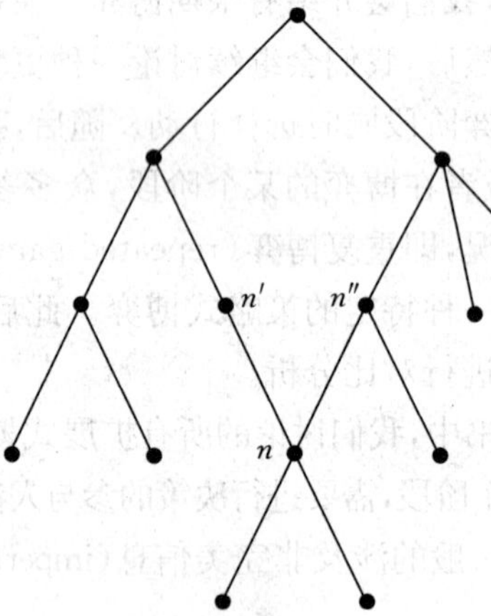

图 18.2

[例题 18.1]

图 18.2 是否描述了一棵博弈树?

答案

图 18.2 不是一棵博弈树。因为两个不同的节点 n' 和 n'',都通向节点 n。

我们称一棵博弈树满足下列条件就可以描述一个扩展式博弈,即

(1) 对于博弈树上非终端的每一个节点,我们给定:

● 一位参与人或一位参与人集。这位参与人或参与人集都在这一节点上进行决策；

● 在这个节点上的参与人有一可行的行动集。

(2) 对应于给定节点上参与人的每一个行动组合，都存在着一个分支，从这个节点出发可以到达另一个新的节点。

正式地，我们用 N 表示博弈树上的节点集，用 I_n 表示在节点 n 的参与人集，用 A_i^n 表示参与人 $i \in I_n$ 在节点 n 可以采取的行动集。在参与人集 I_n 中，每一个行动组合：$x_i = (a_i^n)_{i \in I_n} \in A^n = \Pi_{i \in I_n} A_i^n$ 都给出了一个从节点 n 出发通向另一个新节点的分支。

(3) 博弈树中的每一个终端都描述了博弈一个可能的结果。因此，对每一个终端 l，我们给出一个报酬组合 $\pi^l = (\pi_i^l)_{i \in I} R^I$ ——每位参与人 $i \in I$ 都有一个收益函数。

这样我们就得到了有限期扩展式博弈的正式描述。

在一个策略互动不断发生，趋于无穷的扩展式博弈中，情况又如何呢？此时的策略互动是无穷的，可以用博弈树中的无穷路径来描述。因此：如果博弈树从源头起就有无穷的路径，我们就会为每条这样的路径指定一个报酬组合——每位参与人都会获得一个收益函数。这样我们就得到了有限期和无限期（完美信息下）扩展式博弈的表示方法。

图 18.3 描述了有两位参与人的一个扩展式博弈。参与人 1 先在节点 1 决策（即 $I_1 = \{1\}$）。他必须在两个可行的行动之间选择——a 或 b（即 $A^1 = A_1^1 = \{a, b\}$）。如果他选择 b，博弈结束——参与人 1 的收益为 1，参与人 2 的收益为 0。然而，如果参与人 1 选择 a，在节点 2，轮到参与人 2 决策（即 $I_2 = \{2\}$）。此时，参与人 2 可以在 d 或 c 之间进行选择（即 $A^2 = A_2^2 = \{c, d\}$）。选择 d 会导致博弈结束，参与人 1 的收益为 0，参与人 2 的收益为 3。参与人 2 选择 c 会通往节点 3，在节点 3，参与人 1 需要再次做出选择。（正式地，可以记做 $I_3 = \{1\}$ 和 $A^3 = A_1^3 = \{e, f\}$）。在这个节点，对参与人 1 而言，每个可行的行动，e 或 f，都会通往博弈终端。选择 e 会使每一位参与人的收益为 4，而选择 f，收益组合则为(5, 2)。

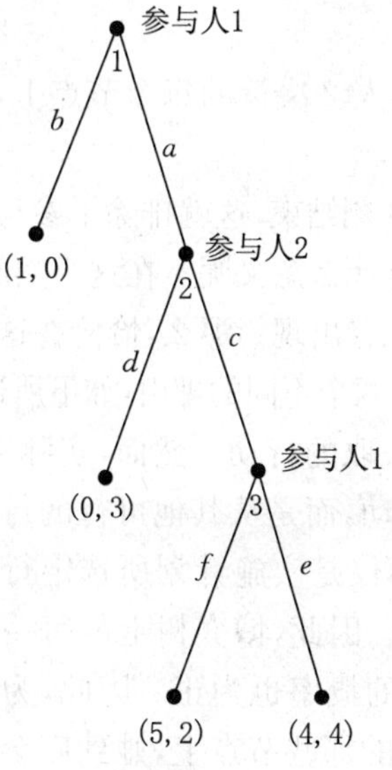

图 18.3

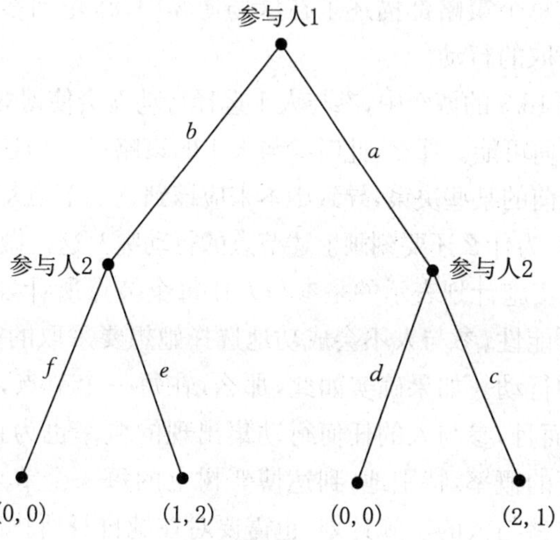

图 18.4

图 18.4 描述了有两位参与人的另外一个博弈。参与人 1 首先做决策，他必须在 a 和 b 之间选择。如果他选择 a，参与人 2 必须在 c 和 d 之间选择，这样得到的收益组合会

是(2, 1)或(0, 0);然而,如果参与人 1 选择 b,那么,参与人 2 必须在 e 和 f 之间选择,此时相应的收益组合将是(1, 2)或(0, 0)。

18.2 扩展式博弈的策略

在扩展式博弈中,参与人的策略是一个**实施计划**(operation plan),它决定了在任何一个决策节点上参与人的决策情况。下面给出一个正式的定义。

定义

如果 N_i 是参与人 i 行动的节点集,对于每一个节点 $n \in N_i$,我们用 A_i^n 表示参与人 i 在节点 n 可行的行动集,那么,参与人 i 的策略就是一个实施计划,即:

$$x_i = (a_i^n)_{n \in N_i} \in A_i = \Pi_{n \in N_i} A_i^n$$

它描述了如果参与人 i 到达节点 $n \in N_i$,且当她抵达节点 $n \in N_i$ 时,参与人可以采取的行动 a_i^n。

在图 18.3 所示的博弈中,参与人 1 的策略可以用一对行动来表示:在博弈开始时他所采取的行动,以及再次轮到他决策时,他所采取的行动。因此,在这个博弈中,参与人 1 有四个可能的策略:(a, e), (a, f), (b, e), (b, f)。

参与人 2 有两个可能的策略:c 和 d,这描述了如果轮到参与人 2 决策,且当参与人 2 决策时,他所采取的行动。

在图 18.4 所示的博弈中,参与人 1 有两个可能的策略:a 和 b。参与人 2 有四个可能的策略:(c, e), (c, f), (d, e), (d, f)。

上述每个策略都描述了在这场博弈中,在轮到参与人 2 决策的每个节点上,参与人 2 可能所采取的行动。

在图 18.3 的博弈中,参与人 1 选择行动 b 会使博弈立刻结束,这就排除了参与人 1 再次决策的任何可能。那么,此时参与人 1 的策略(b, f)还有什么意义呢?在这个实施计划中,由于她之前的某些决策,导致她本来应该到达的节点却没有出现。那么,恰恰在这同一个实施计划中,为什么还要刻画上述节点的行动呢?这样做有两个不同的理由,如下所述:

(1) 实施计划表示的是参与人在每个节点所计划采取的行动。然而,实际上,存在着很小的可能性,参与人不会成功地选择她想要采取的行动,而是从其他可行的行动中随机采取一种行动。如果确实如此,那么,在每一个节点,不仅是实施计划所选定行动集的概率为正,而且,参与人的任何行动集出现的概率也为正。因此,博弈树上的每一条路径都有一个正的概率,特别地,到达博弈树上的每一个节点的概率也为正。因此,为了详细说明每一位参与人的实施计划,也需要对在她自身所排除的那些节点上,她到底会采取何种行动加以说明。

(2) 参与人的实施计划不仅仅和参与人自己有关,其他参与人也会思考并分析其对手参与人可能的实施计划。譬如,给定参与人 1 的若干可能的实施计划,参与人 2 可能会考虑她最好应该怎样做。在实际中，参与人 1 会采取某种行动并达到某些节点。但参与人 1 有很多不同的行动方案，这些行动方案通向的节点可能和上述的节点有所不同。因此，其他参与人在制定行动方案时，就会考虑到参与人 1 根据博弈的每种可能演变情况而制定不同的计划。

例如，在图 18.3 的博弈中，如果轮到参与人 2 决策，且当参与人 2 决策时，他就会考虑如果选择 c 可能带来什么结果；同时更不用说，她也会考虑此时参与人 1 的决策会带来什么影响。因此，如果参与人 1 的策略没有对她可能做决策的博弈节点的实施计划进行完全充分的描述，那么，参与人 2 在决策时，就不能知道哪些行动对她才是有利可图的。①

18.2.1 扩展式博弈的策略式表示

通常来说，我们用 X_i 表示参与人 $i \in I$ 的策略集（在扩展式博弈中，就是可能的实施计划），用 $X = \Pi_{i \in I} X_i$ 表示参与人策略组合的集合。

每一位参与人的策略组合都定义了一条博弈路径，该路径从源头通向某个终端。为什么呢？参与人的策略（即实施计划）是从博弈起点，即源头开始的，因此，它特别地界定了参与人在源头如何决策。在源头的行动组合定义了从源头通向另一个节点的某个分支。在随后的节点上参与人的策略选择定义了参与人在那个节点的行动。因此，这个行动组合就定义了从那个节点出发通向另一个节点的某个分支，依此类推。

例如，在图 18.4 的博弈中，策略组合$(b, (d, e))$定义了图 18.5 中粗线所示的一条路径。在图中，我们用箭头表示在策略组合$(b, (d, e))$中，每位参与人所选择的行动。譬如，参与人 2 的行动 d 是用箭头标注的，因为它是策略(d, e)所代表的实施计划的组成部分。尽管事实上，当参与人 1 选择 b 时，参与人 2 的行动 d 并不在参与人策略组合$(b, (d, e))$所决定的路径上。

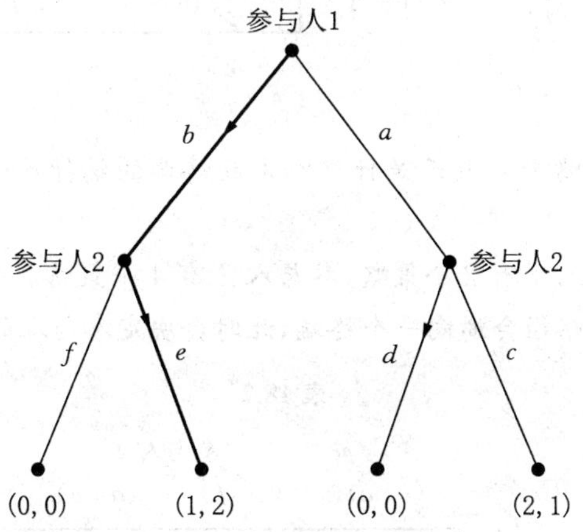

图 18.5

① 值得强调的是，在某些文献中，对行动计划和策略（或实施计划）进行了区分。参与人 i 的行动计划指的是参与人在那些行动计划不会排除的节点上的选择；而策略指的是参与人 i 在其所有节点 N_i 上的行动组合，我们在这里采用的也是这样的定义。

在这个博弈中,博弈路径最终通往某个终端 l_1,此时,就可以得到所有参与人的报酬 $\pi^l=(\pi_i^l)_{i\in I}\in\mathbb{R}^I$。例如,图 18.5 中所示的粗线路径是由策略组合$(b, (d, e))$决定的,它会通向收益组合(1, 2)。

通常来说,参与人的策略组合 $x=(x_i)_{i\in I}\in X$ 决定了通往终端 l^x 的一条路径,此时参与人的收益 $\pi^{l^x}=(\pi_i^{l^x})_{i\in I}\in\mathbb{R}^I$。参与人 $i\in I$ 的收益函数为:$u_i: X\rightarrow\mathbb{R}$。

这样,上述收益函数就在参与人的策略组合 $x\in X$ 和参与人 i 的收益 $u_i(x)=\pi_i^{l^x}$ 之间建立了一种映射。

即使策略组合 x 会通往某条无穷的博弈路径,根据定义,这条路径下的收益组合就是我们前面界定的 $\pi^x=(\pi_i^x)_{i\in I}\in\mathbb{R}^I$。此时,博弈的收益函数 u_i 可以定义为:$u_i(x)=\pi_i^x$。

报酬函数 u_i 可以定义一个策略式博弈,可称为扩展式博弈的策略式表述(the strategic form of an extensive form game)。

[例题 18.2]

图 18.3 所示博弈的策略形式表示是什么?

答案

在这个博弈中,参与人 1 有四个策略,参与人 2 有两个策略。收益如下表 18.1 所示:

表 18.1

		参与人 2	
		c	d
参与人 1	(a, e)	4, 4	0, 3
	(a, f)	5, 2	0, 3
	(b, e)	1, 0	1, 0
	(b, f)	1, 0	1, 0

[例题 18.3]

图 18.4 中博弈的策略形式表示是什么?求此博弈的纳什均衡。

答案

在这个博弈中,参与人 1 有 2 个策略,参与人 2 有 4 个策略。每个策略组合都定义了博弈树上的一条路径,这条路径会通向一个终端,此时会决定参与人的收益。详见下表 18.2:

表 18.2

		参与人 2			
		(c, e)	(c, f)	(d, e)	(d, f)
参与人 1	a	$\underline{2}, \underline{1}$	$\underline{2}, \underline{1}$	0, 0	$\underline{0}$, 0
	b	1, $\underline{2}$	0, 0	$\underline{1}, \underline{2}$	$\underline{0}$, 0

在上表 18.2 中,我们在每一位参与人所对应最优反应的收益下划线。两个收益都划线的策略组合就是纳什均衡。因此,我们求解发现,该博弈存在 3 个纳什均衡。

在例题 18.3 的两个均衡$(a,(c,e))$和$(a,(c,f))$中，参与人 1 选择 a，参与人 2 实际会选择 c。在第三个均衡中，参与人 1 选择 b，参与人 2 最终会选择 e。这是一个纳什均衡，因为给定参与人 2 的策略(d,e)，参与人 1 的策略 b 是一个最优反应：参与人 1 如果选择 a 而不是 b，结果两位参与人的收益就都是 0，而不是(1, 2)。就参与人 2 而言，她所实施的策略(d,e)实际是一种威胁："摧毁俱乐部"。换言之，如果参与人 1 采取行动 a 而不是可以给参与人 2 带来最大报酬的行动 b，参与人 2 就选择一个对双方都不利的行动 d。

但是在第三个均衡中，却出现了一些奇怪的情况。毕竟参与人 2 会在参与人 1 之后决策，而不是和参与人 1 同时决策。如果参与人 1 偏离均衡策略而选择 a，参与人 2 仍然会坚持策略(d,e)而选择 d 吗？当然不会！选择 d 会使参与人 2 的收益为 0，而选择 c 会使参与人 2 获得一个较高的收益。

因此，均衡$(b,(d,e))$没有考虑到博弈的时间维度。只有在即使参与人 1 选择 a，参与人 2 仍然可以承诺会选择策略(d,e)时，上述均衡才满足其内在的逻辑。

在了解参与人 1 的行动选择之前，如果参与人 2 有办法可以做出不可更改的承诺，她会实施计划(d,e)，那么在这个博弈中，参与人实际上是在同时选择策略(如若不然，参与人 2 甚至是在参与人 1 之前选择策略)。在这种情况下，图 18.4 的博弈树并没有描述博弈的决策顺序。但是，如果图 18.4 中的博弈树如实反映了这个博弈可能的行动顺序，那么，针对参与人 1 选择 a，参与人 2 提出选择 b 作为应对方式，就不是一个可信的威胁；如果参与人 1 选择 a，参与人 2 会倾向于选择 c。

因此，在扩展式博弈中，我们将会仅仅关注纳什均衡的一个子集——不包括这类不可置信威胁下的均衡。我们会在下一章讨论这个问题。

▶19

不可置信的威胁、子博弈精炼均衡和逆向归纳法

19.1 扩展式博弈中的子博弈

在上一章中，我们了解到在扩展式博弈中，可能存在着不可置信威胁的纳什均衡，那么，我们应该怎样筛选出这些均衡呢？我们还需要定义什么额外条件呢？这一章，我们会分析这些问题。

在博弈树中，每一个节点 $n \in \mathbf{N}$ 都定义了一个子博弈，这个子博弈就它自身而言就是一个扩展式博弈，它仅仅包含了那些在从节点 n 开始出现在博弈路径上的分支和节点。因此，剔除从节点 n 开始，不在该路径上的所有节点和分支，就可以描述这个子博弈。例如，图 19.1 中的博弈树就是图 18.3 所示博弈的一个子博弈。

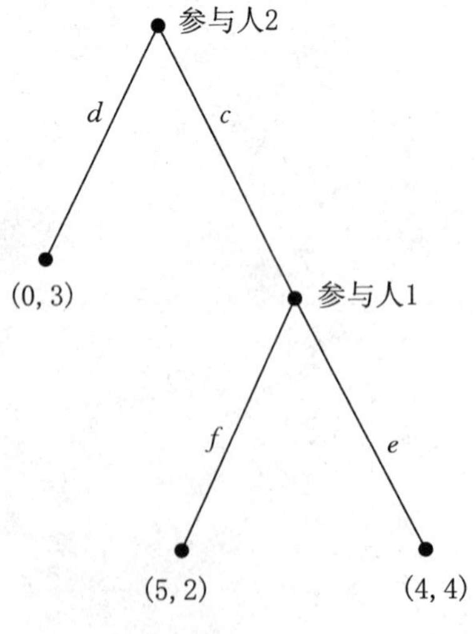

图 19.1

[**例题 19.1**]

在图 18.4 的博弈中，有哪些子博弈呢？

答案

在该图 18.4 中,一共有 3 个子博弈。其中一个是图 18.4 中所示的整个博弈,还有 2 个纯子博弈。在这 2 个纯子博弈中,每一个博弈都仅有一位参与人,即参与人 2。图 19.2 给出了这个博弈。

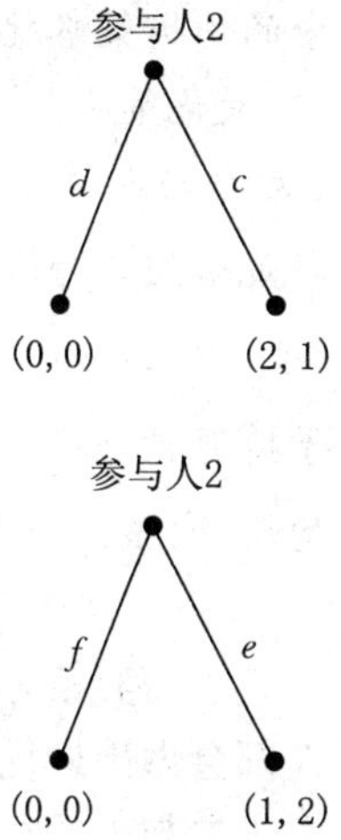

图 19.2

[例题 19.2]

在扩展式博弈中,有多少个子博弈呢?

答案

在博弈树上,每一个节点,只要不是一个终端,都可以作为一个子博弈树起始的源头。因此,在一棵给定的博弈树中,子博弈的数量等于博弈树上所有节点的数量,减去终端的个数。

在扩展式博弈中,一位参与人的策略自然而然定义了该参与人在每一个子博弈中的策略:这仅仅是参与人在子博弈中的实施计划。

正式地,假设在博弈中节点集为 N,在子博弈中的节点集 $N' \subset N$。相应地,假设在整个博弈中,参与人 i 所博弈的节点集 $N_i \subseteq N$。因此,在子博弈 N' 中,参与人 i 博弈的节点集为 $N'_i = N' \cap N_i$。在整个博弈中,参与人的所有策略 $x_i = (a_i^n)_{n \in N_i}$,就导出并定义了在子博弈中的策略 $x'_i = (a_i^n)_{n \in N'_i}$。(在子博弈中,参与人的实施计划仅仅在节点集 N'_i 上才有定义。)

19.2 子博弈精炼均衡

在扩展式博弈中,如果我们求得的不是基于不可置信威胁的纳什均衡,我们必须要求在均衡时,每一位参与人的策略不仅仅在整个博弈中,而且在每个子博弈中,都是对手策略的最优反应①。满足上述条件的纳什均衡称为子博弈精炼均衡(subgame perfect equilibrium)。

定义

如果参与人的策略组合 $x^* = (x_j^*)_{j \in I} \in X$ 在每一个子博弈中都可以导出一个纳什均衡,那么就称该策略组合为子博弈精炼纳什均衡。

[例题 19.3]

求图 18.4 中所示博弈的一个子博弈精炼均衡。

答案

一个子博弈精炼均衡可以导出每个子博弈中的均衡,特别是,它也可以导出图 19.2 中所示子博弈的均衡。在这些子博弈中,参与人 2 是唯一参与人。因此,她在每一个子博弈

① 在只有一位参与人的博弈中,"纳什均衡"就是参与人的最优策略。

中的均衡策略就是她的最优策略。在图 19.2 上面的博弈中,最优策略是 c;在下面的博弈中,最优策略是 e。因此,在子博弈精炼均衡中,参与人 2 的均衡策略就是 (c, e)。参与人 1 对参与人 2 策略的最优反应是 a。所以,在这个博弈中,存在着唯一的子博弈精炼均衡,即策略组合为 $(a, (c, e))$。

但在例题 18.3 中,我们发现还另外存在两个纳什均衡。所以,这两个纳什均衡就不是子博弈精炼均衡。特别是,纳什均衡 $(b, (d, e))$ 是基于参与人 2 不可置信的威胁的一个均衡,它不是一个子博弈精炼均衡。

子博弈精炼均衡绝对不会来源于不可置信的威胁:在博弈的每一个阶段,每一位参与人都会做出最优选择,这与此阶段之前的任何发展都无关。因此,在子博弈精炼均衡中,由于参与人的行为仅仅受此后阶段的利益所影响,因此她"报复"竞争对手在较前阶段的某些决策行为是毫无意义的。

19.3 逆向归纳法

现在,我们主要讨论具有如下两条特征的扩展式博弈:

- 在博弈树的每个节点上只有一位参与人。
- 博弈树的节点个数有限。

在许多此类博弈中,求解子博弈精炼均衡可以利用一个简单的程序。将这个程序称为"逆向归纳法"(backward induction)。在逆向归纳过程中,我们不断地一步步向后"精简"博弈树。在每个阶段,我们需要做到:

- 我们在博弈树上确定节点 n,从 n 出发的所有分支都会到达不同的终端。根据前面的假设,在节点 n 存在唯一的一位参与人 i。
- 我们确定从节点 n 出发,参与人 i 在不同终端上可以获得的报酬。
- 我们在所有这些终端中,选择一个可以让参与人 i 获得最高报酬的终端 l。在参与人 i 的实施计划中,在她处于节点 n 时,就会选择 l。(如果参与人 i 在多个终端都可以获得最高报酬,就选择其中之一作为 l。此时,根据逆向归纳法,最终所选择的终端 l 定义就不是唯一的,且在逆向归纳法中,任意这样的一个终端 l 都是可以的。在逆向归纳法中,不同的选择可能会导致不同的结果。)
- 我们会剔除从 n 产生的分支以及它们通向的终端,这样,节点 n 就变成了一个终端。在这棵精简后的博弈树上,我们对终端 n 赋予原来终端 l 的报酬组合。

续行此法,不断倒退,反复精简博弈树,最终我们会得到唯一的一个节点——博弈树的**源头**,不过现在它已经变成了一个终端。通过这种程序我们就会构造一个实施计划,它定义了一个策略组合,即一个子博弈精炼均衡。我们最终赋予源头的报酬组合,就是参与人在均衡时的报酬组合。

[例题 19.4]

在图 18.3 所示的博弈中,运用逆向归纳法求解子博弈精炼均衡。

答案

在这个博弈中，只有唯一一个节点会通向不同的终端：即第二个节点。在这个节点上，参与人 1 会进行决策。此时，参与人 1 的最优行动是 f，这样报酬组合就会是(5, 2)。如果我们用一个终端来代替这个节点，那么，此处的报酬组合应该是(5, 2)。这样，我们会得到如图 19.3 所示的博弈树。

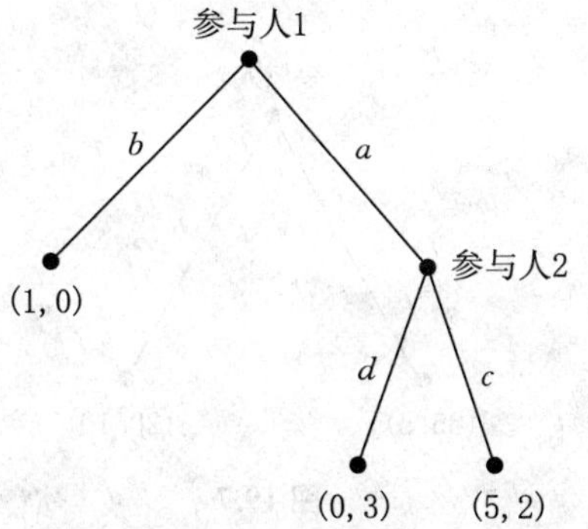

图 19.3

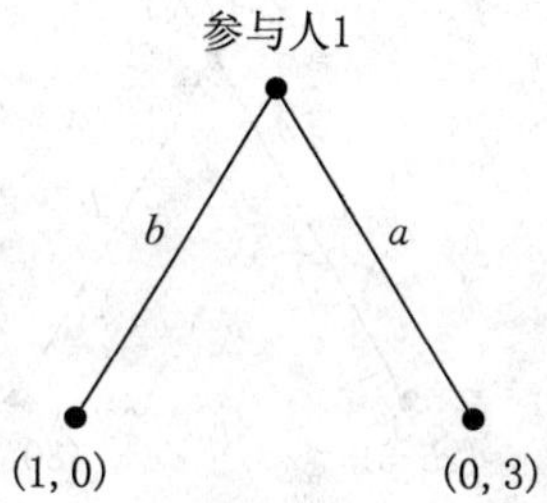

图 19.4

在“精简”后的博弈中，通向不同终端的节点还是唯一的：参与人 2 进行决策的节点。参与人 2 的最优策略是 d，带来的报酬组合为(0, 3)。如果我们用这一报酬组合来替换参与人 2 的这个节点，那么我们就会得到如图 19.4 所示的博弈树。

不断进行精简，就会得到一个博弈。其中，参与人 1 是唯一决策者，她的最优策略是 b，带来的报酬组合是(1, 0)。

在上述逆向归纳法过程中，我们就会得到一个实施计划$((b, f), d)$。这是该博弈唯一的子博弈精炼均衡。

[例题 19.5]

运用逆向归纳法求解图 19.5 所示博弈的一个子博弈精炼均衡。

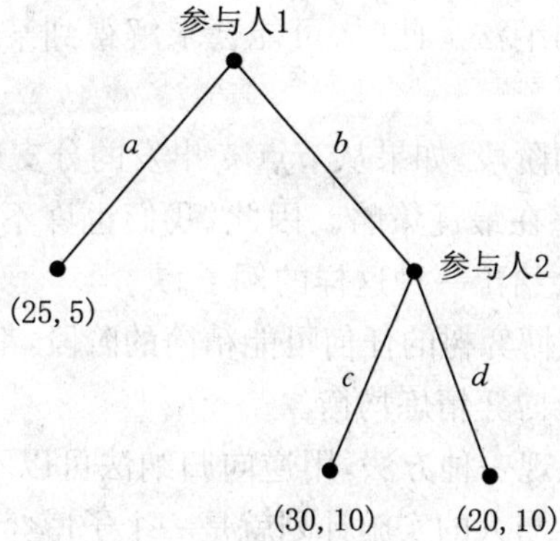

图 19.5

答案

在这个博弈中,参与人 2 的节点是唯一一个可以通向多个博弈树终端的节点。在这两个终端中,参与人 2 获得相同的报酬,都是 10。此时,逆向归纳法程序允许我们可以选择任何一个行动。

如果选择行动 c,我们就会得到如图 19.6 所示的精简博弈树,其中参与人 1 的最优行动是 b,因此,我们可以得到子博弈精炼均衡(b, c)。

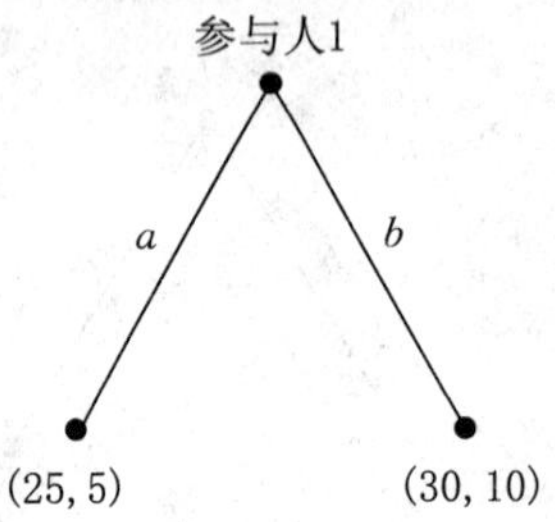

图 19.6

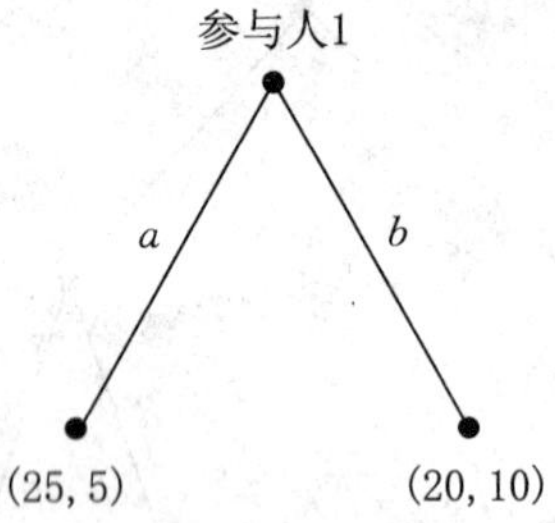

图 19.7

如果选择行动 c,我们就可以得到如图 19.7 所示的精简博弈树。其中,参与人 1 的最优策略是 a,因此,我们可以得到子博弈精炼均衡(a, d)。

在例题 19.5 中,我们看到一个博弈如何可以有不同的子博弈精炼均衡。与此同时,这个例子也说明了如下事实:在某种意义上,这种情况很"少见",这是因为这种情况如果要出现,那么在逆向归纳过程中,参与人在两个可行的行动间一定是无差异的,即每一行动带给参与人的报酬都是相同的。因此,如果每位参与人在博弈树不同终端上的收益彼此间有些许不同,在逆向归纳过程中,当每位参与人在每一步精简博弈树时,我们都能选择一个唯一的最优行动。

在具有无限个节点的博弈树中,是否也可以使用逆向归纳程序呢? 这里,我们需要区分两种情况:

第一种情况是**博弈树拥有一个无限的路径**。用逆向归纳过程我们并不能削减这种路径上的节点。

第二种情况是**博弈树没有无限期的路径,但在某些节点上,延伸出了无限个分支**。在这种情况下,可以应用逆向归纳法。此时,可能会求解得到某个子博弈精炼均衡,或者证明这样的均衡不存在。

实际上,在精简博弈树的阶段,如果从节点 n 出发的分支通向无穷个终端,那么,在节点 n 决策的参与人,也许不存在最优策略。因此,我们也许不能继续精简博弈树。(在下面第 19.3.1 节结束时,我们会给出一种这样的例子。)

● 在逆推过程中,如果在博弈树的任何可能精简的阶段,都有上面的情况发生,我们可以得出结论,该博弈不存在子博弈精炼均衡。

● 但是,如果我们可以发现一种方法,用逆向归纳法可以不断精简博弈树,直到源头,那么,在这个过程中得到的参与人的实施计划就是一个子博弈精炼均衡。

现在,我们给出一个有两位参与人的博弈,其中每一位参与人可能的行动都是无限的。

19.3.1 与领先企业的数量竞争——斯塔克尔伯格模型

在第 8 章，我们给出了两家企业之间数量竞争的古诺模型。两家企业在同一个市场中经营，产品的需求函数为 $Q=A-P$，其中，$Q=q_1+q_2$ 是两家企业产量之和。企业 i 生产每一单位产品的投资为 c_i。在第 8 章中，我们求出了两家企业同时选择产量的纳什均衡。在忽略生产成本的特殊情况下，即 $c_1=c_2=0$ 时，我们得到每家企业在纳什均衡时的产量为：$q_1^*=q_2^*=\dfrac{A}{3}$。

然而，如果企业 1 能在企业 2 之前决定自己的产量，结果会如何呢？在这种情况下，我们就得到了两家企业的一个扩展式博弈。这在文献中称为斯塔克尔伯格模型。在这个博弈中，企业 1 有无穷多个可能的行动——它必须选择一个非负的产量 q_1。在企业 1 产量选择给定的情况下，企业 2 必须选择它会生产的产量 q_2。如图 19.8 所示。

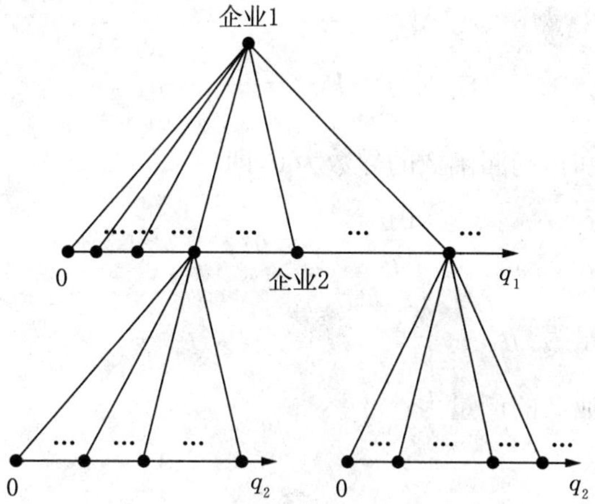

图 19.8

现在，我们用逆向归纳法来求解两家企业之间的子博弈精炼均衡。

企业 2 的行动选择会导致博弈终结，也会决定两位参与人最终的报酬。如果企业 1 已经生产 q_1 单位的产量，而企业 2 选择生产 q_2 单位的产量，那么，单位产品的市场价格就是 $P=A-q_1-q_2$，企业 2 的利润为：

$$\Pi_2(q_2;q_1)=Pq_2=(A-q_1-q_2)q_2$$

企业 2 利润最大化时，利润函数的导数为 0，即

$$\frac{\mathrm{d}\Pi_2}{\mathrm{d}q_2}=A-q_1-2q_2=0$$

所以，利润最大化的产量为：

$$q_2^*(q_1)=\frac{A-q_1}{2}$$

这就是企业 2 在子博弈纳什均衡下的策略，即如果企业 1 已经生产的产量为 q_1，企业

2 将会生产产量$\frac{A-q_1}{2}$。①在分析古诺模型时,我们已经对这个表达式非常熟悉了。这正是企业 2 的最优反应函数:

$$q_2^*(q_1)=\frac{A-q_1}{2}$$

企业 1 应该采取什么策略呢?企业 1 明白,如果它生产 q_1 单位的产量,企业 2 总会生产$\frac{A-q_1}{2}$单位的产量,因此,市场上总产量为:

$$Q=q_1+\frac{A-q_1}{2}=\frac{A+q_1}{2}$$

此时,市场价格为:

$$P=A-Q=A-\frac{A+q_1}{2}=\frac{A-q_1}{2}$$

企业 1 的利润为:

$$\Pi_1(q_1)=Pq_1=\frac{A-q_1}{2}q_1$$

企业 1 利润最大化时,利润函数的导数为 0,即

$$\frac{\mathrm{d}\Pi_1}{\mathrm{d}q_1}=\frac{A}{2}-q_1=0$$

因此,企业 1 的产量为:$q_1^*=\frac{A}{2}$。

给定这一产量,企业 2 的产量为:

$$q_2^*(q_1^*)=\frac{A-q_1^*}{2}=\frac{A-\frac{A}{2}}{2}=\frac{A}{4}$$

回顾在古诺模型中,当两家企业同时决定产量时,每家企业生产的产量为 $A/3$,所以,可以看出,当企业 1 先决定自己产量时,它会享有一定的优势,将自己的产量增加至$\frac{A}{2}$,结果利润也会增加,即从:$\Pi_1^{古诺模型}=\left(A-\frac{A}{3}-\frac{A}{3}\right)\frac{A}{3}=\frac{A^2}{9}$ 增加到:

$$\Pi_1^{斯塔克尔伯格模型}=\left(A-\frac{A}{2}-\frac{A}{4}\right)\frac{A}{2}=\frac{A^2}{8}。$$

同时,企业 2 的产量会从$\frac{A}{3}$减少到$\frac{A}{4}$,利润也会从:$\Pi_2^{古诺模型}=\left(A-\frac{A}{3}-\frac{A}{3}\right)\frac{A}{3}=\frac{A^2}{9}$ 减少到:$\Pi_2^{斯塔克尔伯格模型}=\left(A-\frac{A}{2}-\frac{A}{4}\right)\frac{A}{4}=\frac{A^2}{16}$。

---

① 如果$\frac{A-q_1}{2}<0$,企业 2 就不会生产。

这样，企业 1 的领先地位就保证了它可以获得某种优势。为什么会这样呢？先选择产量非常有利，这是因为它可以使企业 1 承诺生产产量 q_1^*，这样实际上就可以控制企业 2 所要生产的产量，即此时企业 1 明白，无论如何，企业 2 生产产量 q_2 所构成的两家企业的产量组合(q_1，q_2)，必定会位于企业 2 的反应曲线(19.1)上。但当企业 1 处于领先地位时，在斯塔克尔伯格模型中，企业 1 就会考虑："在企业 2 的反应曲线(19.1)上，怎样的产量组合才会确保我利润最大化呢？"此后他就会选择生产组合中的某个产量 q_1^*。另一方面，在古诺模型中，当企业 1 和企业 2 同时选择产量时，企业 1 的问题就会变成："对企业 2 的反应曲线(19.1)上的产量组合(q_1，q_2)而言，在我看来，在哪种产量组合下，产量 q_1 才是产量 q_2 的最优反应呢？"正如我们前面看到的，这两个问题答案是不相同的。

因此，在斯塔克尔伯格模型的子博弈精炼均衡中，企业 1 的策略并不在它自己的反应曲线上(企业 1 的反应曲线是图 19.9 中的灰线)。如果在企业 2 选择产量 $A/4$ 后，企业 1 有能力"改变自己的想法"，生产某个低于 $q_1^*=\frac{A}{2}$ 的产量，那么，企业 1 确实会放弃正在生产的产量：对企业 2 生产的产量 $\frac{A}{4}$ 来说，企业 1 的最优反应是生产 $\frac{3}{8}A$，而不是 $\frac{A}{2}$ 的数量。因此，换言之，在斯塔克伯格均衡中，企业 1 在一开始就明白，它承诺自己选择的策略并不是对企业 2 随后选择策略的最优反应。企业 1 之所以这样做，是因为在这种情况下，它从让对手生产一个较小产量 $\frac{A}{4}$ 中所得到的利润，要大于它没有选择相应的最优反应产量而遭受的损失。在下一章，我们会主要分析策略环境下的承诺问题。

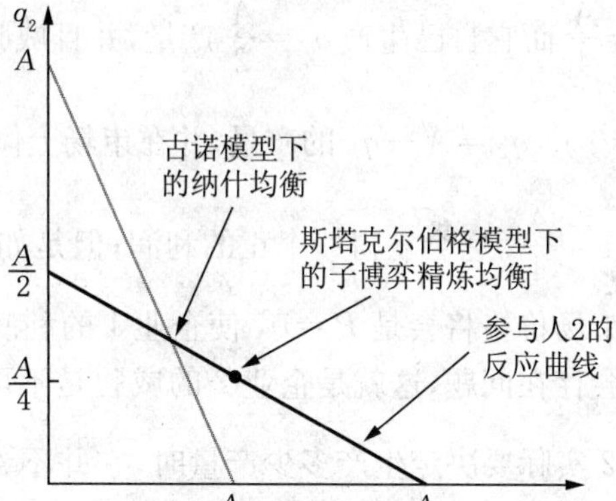

图 19.9

因此，在扩展式博弈斯塔克尔伯格模型中，我们就求解得到了一个策略组合 $q_1^*=\frac{A}{2}$，$q_2^*(q_1)=\frac{A-q_1}{2}$，这是一个子博弈精炼均衡。如果企业 1 生产产量为 q_1，且当企业 1 生产 q_1 产量时，企业 2 的策略就是生产 $\frac{A-q_1}{2}$ 单位的产量。策略 $q_2^*(q_1)=\frac{A-q_1}{2}$ 确实是企业 2 在企业 1 生产 q_1 产量时的最优反应。但如果企业 2 选择生产产量为 $\frac{A}{4}$，并和之前企业 1 生产的产量无关,那么,策略 $q_1^* = \frac{A}{2}$ 就不是企业 1 的一个最优策略。即便在子博弈精炼均衡时,企业 2 的最优反应产量 $q_2^*(q_1^*)$ 最终确实是 $\frac{A}{4}$,企业 1 仍然不会选择最优反应下的产量。这是因为在这种子博弈精炼均衡下,企业 1 的策略是选择产量 $q_1^* = \frac{A}{2}$,企业 2 的策略是选择产量 $q_2^*(q_1) = \frac{A-q_1}{2}$,但企业 2 的策略要受到企业 1 之前选择的产量 q_1 的限制。

在同一个博弈中,如果一位参与人先选择其策略,同时行动博弈的纳什均衡就会转变为子博弈精炼均衡。但这种转变并不会损害领先参与人的利益,因为领先的参与人总是可以转而选择其在同时行动博弈中的纳什均衡策略$\left(\text{此例中,选择策略 } q_1 = \frac{A}{3}\right)$,且此时,另一位参与人由于此后再做决策,也会选择在同时行动博弈下纳什均衡时的最优反应策略$\left(\text{在此例中,选择策略 } q_2 = \frac{A}{3}\right)$。但是正如我们在斯塔克尔伯格模型中看到的,领先者经常选择另外一种不同的策略$\left(\text{在此例中,选择 } q_1^* = \frac{A}{2}\right)$,这会使第二位参与人在最优反应(即选择子博弈精炼均衡的策略)时,给领先的参与人带来更高的报酬。

因此,运用逆向归纳法,我们就求出了斯塔克尔伯格模型中唯一的一个子博弈精炼均衡。注意,在这个博弈中,还存在着额外的大量纳什均衡。例如,一个纳什均衡是企业 2 坚持要求企业 1 生产 $q_1 = \frac{A}{4}$ 而它自己生产 $q_2 = \frac{A}{2}$ 产量,并且威胁企业 1,如果它生产的产量 $q_1 \neq \frac{A}{4}$,那么,它就会生产 $q_2 = A - q_1$ 的产量,并在市场上倾销。在这样的威胁下,如果企业 1 的确生产产量 $q_1 = \frac{A}{4}$,它会获得一个正的利润;但是如果它生产更多的产量,企业 2 就会兑现它的威胁,市场价格将会是 $P = 0$,使企业 1 的利润也为 0。

当然,上述纳什均衡会存在问题,这就是企业 2 的威胁是不可置信的。即使企业 1 生产产量 $q_1 \neq \frac{A}{4}$,当企业 2 实际要决定生产多少产量时,它并不希望兑现其威胁并在市场上抛售产品,因为这样会使它的利润下降至 0。当轮到企业 2 做决策时,企业 2 希望生产我们在式(19.1)中计算出来的产量 $q_2^*(q_1)$;因为这是从企业 2 角度出发的最优反应。相比之下,在子博弈精炼均衡时,这确实是企业 2 的选择,且企业 1 在决策选择产量时,也考虑到了这一点。

在这个例子中,我们也看到,尽管在这个博弈中,每位参与人的行动选择都是无限的,但逆向归纳法仍然成功求出了一个子博弈精炼均衡。但是举个例子,如果我们将企业 1 的行动集限定在 $q_1 \in \left[0, \frac{A}{2}\right)$,即如果企业 1 只能生产严格小于 $\frac{A}{2}$ 的产量,那么,企业 1 就找不到可以使它利润最大化的最优反应产量:即对于它要生产的任意产量 $q_1 < \frac{A}{2}$,企

业 1 总可以发现更好的产量 q_1'，满足：$q_1 < q_1' < \frac{A}{2}$，该产量给它带来的利润更大。

这个例子说明了一个事实，即当参与人的行动集是无穷集时，有可能导致参与人的任何行动都不是最优的。但是正如我们看到的，这种情况的前提假设是人为的——企业 1 只能生产任何严格小于$\frac{A}{2}$的产量，但不能生产$\frac{A}{2}$的产量。在实际情况下，这种人为假设是不存在的，我们通常不会碰到参与人没有最优选择的情况，特别是，即便在参与人有无穷行动选择的情况下，我们一般也会求得一个子博弈精炼均衡。

在下面的例子中，数位参与人在某些博弈阶段同时行动。通常来说，在这种博弈中，通过逆向归纳法并不能求解子博弈精炼均衡。然而，由于下面例子中收益函数的结构比较特殊，我们可以用逆向归纳法的思想，来求子博弈精炼均衡解。

19.3.2　出版商困局——随时间推移而定价

一家出版商计划为一位知名作家出版一个流行作品系列，其中包括多部著作。在新书发行的当天，忠实的读者会在书店外面排长龙求购。在前一天晚上，这些读者就蹲在人行道上，整晚睡在睡袋里，兴奋地交谈，直到天明。为了有权对新书先睹为快，当然，他们会准备付出高价。而与此同时，其他潜在的读者则在家里安稳地睡觉。在新书首发数月后，他们也会很开心地读到这本书，他们不愿意支付比其他书籍更高的费用。

不幸的是，对出版商而言，书店根本没有办法区别这两类购买者：并非所有第一类读者都会带着圆圆的眼镜，露出一副顽皮的表情。此外，因为戴着不同的眼镜，卖给他们的书的价格就不同，很可能过不了法庭陪审团这一关。如果出版商想按不同的价格将书卖给不同类型的消费者，它必须另外想一些方法来区分不同类型的读者。

其中一个解决方法就是用两种不同的装帧出版这本书——精装和平装。精装书更为经久耐用，因此出版商收取一个较高的价格是合理的，尽管事实上两种采用顶尖技术出版的精装书和平装书的生产成本非常相近。这些成本差异和在书店中所销售的书的售价相比，几乎可以忽略不计。

但是对那些在新书首发当天就蜂拥而至书店的书迷而言，情况又如何呢？和便宜的平装书相比，他们更喜欢昂贵的精装书吗？未必如此。书迷们最感兴趣的首先是其内容而非其形式。为了先睹为快，他们甚至可以为书的复印本开出一个高价。但在书店里面，一旦面临两个版本，绝大多数书迷还是愿意购买在那里可以找到的最便宜的版本。

因此，为了让这些消费者为书出一个高价，出版商必须在首发时只出精装版。精装版收取较高的价格是合理的，然而，事实上，出版商收取的实际上是第一类购买者，即为了先睹为快而愿意支付最高价格的书迷。

在所有书迷都购买了昂贵的精装书几个月后，这本书就会淹没在新闻、博客，以及其他网络媒体洪水般的批评声浪中。这就到了出版社向第二类读者推出该书的时候了。这类读者比较随意，他们不会为该书付出比同类书籍更高的价格。现在为了合理降价，出版商就会发行第二版，即平装版的书，只不过价格也更能让人接受。

这样，书店就变成了出版商和读者大众之间一个博弈的舞台。出版商必须决定每本书第一版的价格,然后给定该价格,每位读者必须决定立即购买该书,还是等待发行平装版。在发行更便宜的第二版时,出版商必须决定平装版的零售价格。然后给定这一价格,每一个还没有买书的读者必须决定是否购买这本书。

我们假设第一类购买者,即书迷的数量为 n,而第二类购买者,即消遣型读者的数量为第一类购买者的 2 倍,即为 $2n$。同样的,为了简化起见,忽略书籍的生产和配送成本,出版社一开始就印刷了 $3n$ 本精装书,书籍的每位求购者都可以立即人手一本。

第一类购买者愿意为每本精装书所支付的最高价格为 170 美元。但如果出于某种原因,他买不到一本精装书,那么,他愿意为平装书所愿意支付的最高价格是 50 美元。因为此时该书已经饱受批评,且其内容也早已铺天盖地传播开来了。第二类购买者最多愿意为精装本支付 60 美元,而愿意为平装本支付的价格不会超过 30 美元(如果他没有购买到精装版)。如果一个购买者愿意为该书的出价最多为 x 美元,且他实际购买的价格为 p,那么,购买者的净效用就是差价 $x-p$。

[例题 19.6] 第二版的销售

假设第二类读者都没有买到精装书,出版商应该为平装书定价多少,才会有利可图呢?在这个价格下,每个购买者获得的效用又是多少?

答案

出版商对书的定价可以使所有类型的读者都买到书。满足这一条件的最高价格就是每本 30 美元。①此时,出版商至少可以获得利润 $2n \times 30 = 60n$ 美元。

此外,出版商也可以把平装书仅仅定位在书迷群体,如果他们当中某些人还没有买到这本书的话。这些购买者愿意准备支付的最高价格是每本 50 美元。此时,在这一价格下,出版社最多可以获得 $n \times 50 = 50n$ 美元的利润。

因此,在第一个策略下(定价为 30 美元),出版商从销售平装书中获得最大利润(即假设第二类购买者都没有购买第一版精装书)。第二类购买者的效用会是 0,因为这是他愿意为这本书支付的最高价格。另一方面,购买平装书的书迷的效用为 $50-30=20$ 美元。这是书迷所愿意支付的最高价格(50 美元)和他们实际支付的价格(30 美元)之间的差价。上述差价被称为书迷的信息租金(informational rent):他知道自己是一个书迷,但出版商却不知道,因此对他收取的价格就不能和对其他购买者索取的价格不同。

[例题 19.7] 全面销售第一版

假设出版商希望所有潜在的购买者都购买精装书。那么,精装书的每本零售价必须是多少呢?它的利润会是多少呢?

答案

为了让第二类读者也购买精装书,精装书的价格不能超过 60 美元。这是所有的读者都购买精装书时的最高价格。此时,出版社的利润为 $3n \times 60 = 180n$ 美元。

---

① 如果定价更高,第二类读者就不会购买该书;如果每本价格降低 1 美分,定价为 \$29.99,第二类读者就会严格偏好购买该书,而不会在购买与不购买之间无差异。为了计算简便起见,我们这里和在下面的例子中都假设即使价格为每本 30 美元,第二类读者仍然会购买该书。

[例题 19.8] 销售精装本给书迷

假设像在例题 19.6 中计算的那样，出版商将平装书的价格定在每本 30 美元。那么，将精装版卖给书迷的最高价格是多少呢？每个书迷购买该书所获得的效用是多少呢？出版商从两个版本的销售中获得多少总利润呢？

答案

在例题 19.8 中，我们注意到，如果书迷等待购买平装书，他的效用(即他的信息租金)是 20。因此，为了使他购买精装书，精装书的定价必须保证书迷的效用不低于 20。因此，只有当精装书的价格不超过 150 美元时，这样的效用才能实现。(此时，书迷效用是 170－150＝20。如果每本定价为 149.99 美元，书迷就会严格偏好精装书。为了简化计算，我们假定当每本价格是 150 美元时，书迷也会购买精装书)。此时，出版商销售精装书会获得 $150n$ 美元的利润。

在例题 19.6 中，我们看到出版商销售平装书的利润是 $60n$ 美元，因此，两次出版的总利润是 $150n+60n=210n$ 美元。这个利润大于出版商仅仅把精装版书以每本 60 美元卖给所有读者时的利润，即 $180n$ 美元。

测验

根据例题 19.6 至例题 19.8 的计算过程，详细分析在这些习题中，每位参与人(出版商、书迷、消遣型读者)在子博弈精炼均衡下的策略。记住，对每位参与人，都要给出一个完整的实施计划。在实施计划中，要考虑到一旦某些其他参与人采取行动偏离了其均衡策略的情况下，参与人的行动选择。

测验

如果消遣型读者愿意为精装本支出 80 美元，重新求解。此时，出版商的最优策略是什么呢？

▶20

承诺

20.1 行动承诺

在第 19.3.1 节中，我们分析了斯塔克尔伯格模型。其中，一家企业首先决定生产的产量，而另一家企业在观察到第一家企业的产量之后，决定生产多少产量。我们看到，在这个博弈中存在唯一一个子博弈精炼均衡，领先企业会根据其竞争对手反应曲线上的各种组合，选择那些利润最大化的产量组合。但在该产量组合中，第一家企业生产的产量并不是第二家企业最终产量的一个最优反应：如果在第二家企业选择了斯塔克尔伯格均衡策略，第一家企业改变了想法，生产的产量比先前的少一些，它肯定更愿意这样做。因此，上述事实反映了领先企业的优势，即通过某些行动，它做出了承诺，限制了自己在博弈结束时选择那些未必是最优的行为。领先企业的损失是对其优势的一种补偿，因为这种“过分攻击性”的承诺会导致竞争对手“更温和”。

在单个决策者的决策问题中，如果决策者在事后证明了她现在的行动是次优的，这表明决策者并没有利用这种优势。[①]博弈论最重要的一种应用就是在策略情境下，一位参与人可以就其策略做出承诺，这保证她可以获得重要的优势。给定竞争对手的反应，这种策略可能不是最优的。

在斯塔克尔伯格模型中，领先企业选择承诺一种进攻性策略(和古诺模型下的纳什均衡策略相比而言。在古诺模型下，两家企业同时决定生产的产量)。在任何一个博弈中，领先企业是否认为选择一个更具攻击性的策略，比选择一个同时行动博弈中的均衡策略，更具有吸引力呢？现在，我们来分析一个反面的例子。

① 由于害怕难以忍受吃冰淇淋时的低温，一个人可能决定不购买大包装冰淇淋，因此宁愿每天选择那种单包装的冰淇淋。但在这个例子中，这个人实际上采取了某种“反自我的”策略：他对第二天冰箱中某个角落的大块冰淇淋有恐惧感，而这种偏好和他当前的偏好是不同的。在这种意义上，这个人面临的是一种策略情境，而非某个单一决策者的决策问题。在面对低温时，更一般来说，偏好是“动态不一致的”，这是当前博弈论研究的主题之一。

20.1.1 领先企业下的公共品投资

在第7.1节的例子中，我们分析了一种公共物品投资博弈。每个玩家 i 都必须决定把她的资源 e 中的一部分 g_i 用于公共物品投资。在两位参与人的情况下，收益函数为：

$$u_1(g_1, g_2)=(e-g_1)(1+g_1+g_2)$$
$$u_2(g_2, g_2)=(e-g_2)(1+g_1+g_2)$$

且最优反应函数为：

$$BR_1(g_2)=\frac{e-1-g_2}{2}$$
$$BR_2(g_1)=\frac{e-1-g_1}{2}$$

投资组合的一个纳什均衡为：$g_1^*=g_2^*=\frac{e-1}{3}$。

如果参与人1在参与人2投资之前先选择投资，结果会如何呢？此时，参与人1知道在投资 g_1 下，参与人2的最优反应为 $BR_2(g_1)$。因此，她选择的投资水平 g_1 就应该会最大化她的效用，即

$$\begin{aligned}u_1(g_1, BR_2(g_1))&=(e-g_1)(1+g_1+BR_2(g_1))\\&=(e-g_1)\left(1+g_1+\frac{e-1-g_1}{2}\right)\end{aligned}$$

在其整个定义域 $g_1>0$ 上，这是一个减函数(证明!)，因而当投资水平满足 $g_1^{**}=0$ 时，参与人1的效用就可以最大。这要低于当两位投资者同时选择投资水平时，纳什均衡的投资水平 $g_1^*=\frac{e-1}{3}$(见第7.1节中的例子)。

和第7.1节中同时行动博弈中纳什均衡所对应的效用水平相比，参与人1的效用水平如何变化呢？在参与人1首先选择投资水平的博弈中，她的效用水平必须等于或大于同时行动博弈下的效用水平。

原因在于，在两个博弈中，均衡策略组合要位于参与人2的最优反应曲线上。在参与人1首先选择的博弈中，从其立场出发，她选择的策略组合实际上是参与人2反应曲线上所有组合中的一个最优组合。如果在参与人2最优反应曲线上所有的策略组合中，同时行动博弈的均衡对参与人1而言确实是最优的，那么，参与人1一旦有机会首先选择其投资水平，她就会选择该策略。事实上，她选择的投资水平 $g_1^*=\frac{e-1}{3}$ 和投资水平 $g_1^{**}=0$ 是不同的，因此证明了她在首先行动的博弈中会获得的效用水平更高。

测验

分别计算在同时行动纳什均衡和参与人 1 先动的均衡中,参与人 1 的效用水平;并且表明先动博弈均衡中的效用水平确实更高。此外,计算两个博弈中参与人 2 的效用水平。哪种情况下,参与人 2 的收益更高呢?

斯塔克尔伯格模型和公共物品博弈中的区别是什么呢?为什么和同时行动博弈中的纳什均衡相比,在斯塔克尔伯格模型中,领先参与人选择承诺的是一种更富攻击性的策略,然而在公共物品投资模型中,领先参与人却反而选择一种更温和的公共物品投资策略呢?

在斯塔克尔伯格模型中,博弈具有非合作性,而在公共物品博弈中,博弈具有合作性。①参与人行为不同是由这种差异所导致的吗?现在,我们将看到,和同时行动博弈下纳什均衡的行为相比,在影响领先的参与人所选择的最优策略的攻击程度的因素中,上面提到的因素只不过是其中之一而已。

20.1.2 与领先的参与人的合作

现在再来考虑一下第 6.4.1 节中提到的博弈。在该博弈中,两个商业伙伴必须要选择工作投入的努力程度。此时,其效用是两位伙伴努力水平 x_1 和 x_2 的函数,即

$$u_1(x_1, x_2)=2x_1+2x_2+\frac{1}{2}x_1x_2-x_1^2$$

$$u_2(x_1, x_2)=2x_1+2x_2+\frac{1}{2}x_1x_2-x_2^2$$

最优反应函数为:

$$BR_1(x_2)=1+\frac{x_2}{4}$$

$$BR_2(x_1)=1+\frac{x_1}{4}$$

纳什均衡下,两个人选择同样的投入努力水平,即 $x_1^*=x_2^*=\frac{4}{3}$。

相比较而言,如果合作方 1 首先选择努力水平,她选择的努力水平将使效用最大化,即

$$u_1(x_1, BR_2(x_1))=u_1\left(x_1, 1+\frac{x_1}{4}\right)$$

$$=2x_1+2\left(1+\frac{x_1}{4}\right)+\frac{1}{2}x_1\left(1+\frac{x_1}{4}\right)-x_1^2$$

① 博弈的冲突和合作定义见第 7 章的开始部分。

当努力水平 $x_1^{**}=\frac{12}{7}>x_1^*$ 时，她的效用函数就达到了最大值(见图 20.1)。

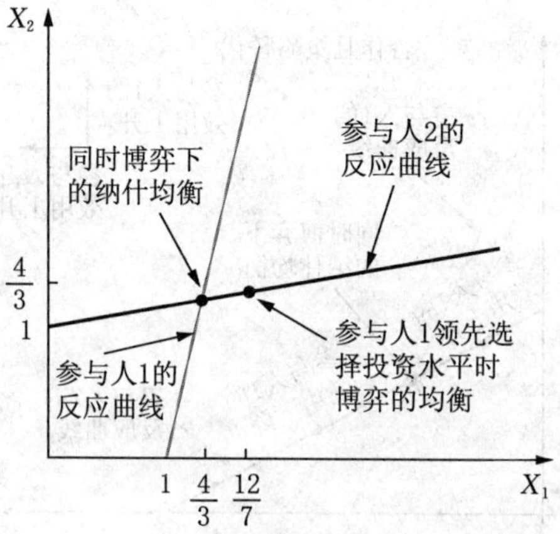

图 20.1

据此，我们注意到，在一个合作博弈(公共物品投资博弈)中，和同时行动博弈的纳什均衡相比，领先参与人采取的策略会更为温和；然而在另一种合伙博弈(partnership game)中，和同时行动博弈的纳什均衡相比，领先参与人采取的策略就更富于攻击性。这种差异的原因是什么呢？

公共物品博弈是一种策略替代型合作博弈(在该类博弈中，参与人反应曲线的斜率是负的)。①在策略替代型合作博弈中，当参与人 2 从两条反应曲线的交点沿着她的反应曲线发生一点微小的偏移时，如果参与人 1 的偏移变得更温和一些，就会增加参与人 1 的效用(参与人 2 采取的策略将更富于攻击性)。

由于参与人 1 知道参与人 2 将会选择自己心目中的最优反应，因而这种策略组合会位于参与人 2 的反应曲线上。这样，在策略替代型合作博弈中，和同时行动博弈的纳什均衡相比，参与人 1 选择的策略将更温和。

但在策略互补型合作博弈(此时反应曲线的斜率为正)中，譬如合伙博弈时，情况完全不同。在这类博弈中，在参与人 2 从两条反应曲线的交点沿着她的反应曲线发生一点微小的偏移的情况下，这时如果参与人 1 的偏移变得更具有攻击性一点，就会增加参与人 1 的效用(参与人 2 采取的策略也更富于攻击性)。

由于参与人 1 知道参与人 2 将会选择自己心目中最优的反应，因而这种策略组合会位于参与人 2 的反应曲线上。这样，在策略互补型合作博弈中，和同时行动博弈的纳什均衡相比，参与人 1 选择的策略将更富于攻击性。

当我们从合作博弈转到非合作博弈时，上述情况又会发生变化。例如，斯塔克尔伯格模型是一种策略互补型博弈：反应曲线的斜率为负。但由于这是一种非合作型博弈，如果(从两条反应曲线的交点)沿着参与人 2 反应曲线有一点微小偏移，那么，参与人 1 更具有攻击性，参与人 2 更温和就会使参与人 1 获得更多好处。这就是为什么和古诺模型纳什均

① 策略互补的定义见第 7 章开始部分。

衡相比,在斯塔克尔伯格模型中领先企业会选择更具有攻击性策略的原因。

图 20.2 至图 20.5 给出了合作/非合作和策略互补/替代所构成的四种可能组合的情况。

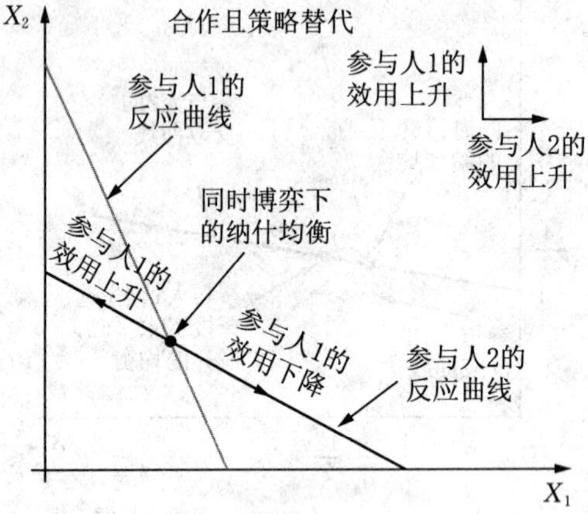

图 20.2

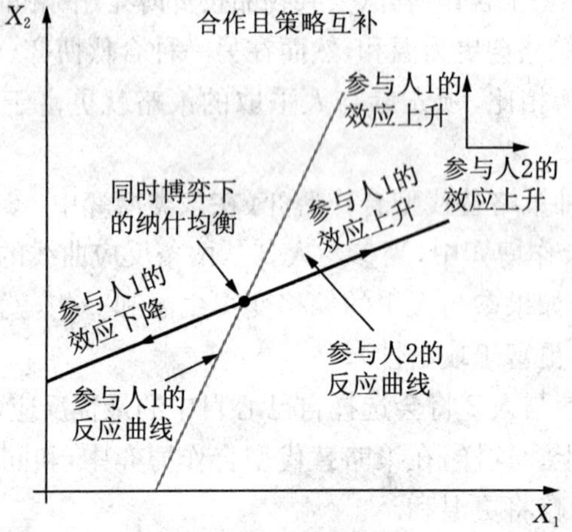

图 20.3

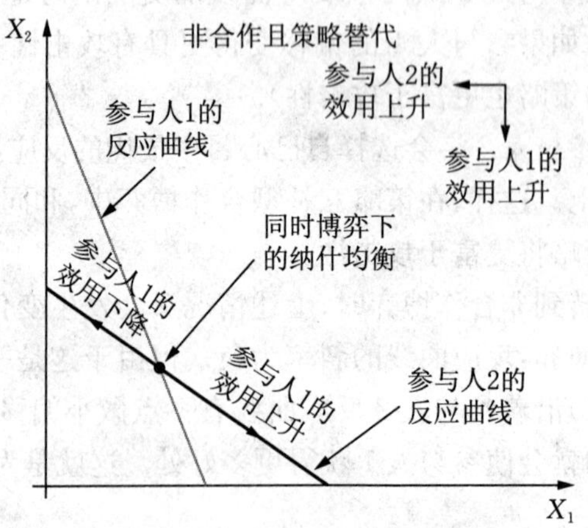

图 20.4

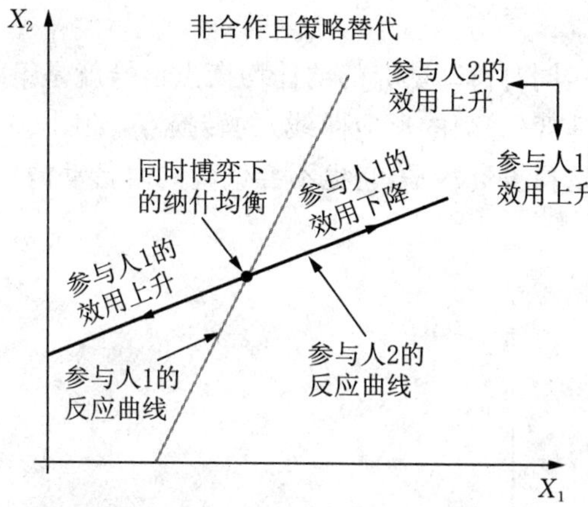

图 20.5

根据上述分析，在一些中性例子中，领先参与人选择的策略既不更温和，也不更具有攻击性，反而和同时行动博弈中的策略相同。这也就不足为奇了。下面我们来看这样一个例子。

20.1.3 领先企业下的专利竞赛

在第7.3节的例子中，我们分析了一个两家企业对专利开发进行竞争的博弈。给定专利开发的投资水平，$x_1>0$，$x_2>0$，竞争者的效用函数为：

$$u_1(x_1, x_2)=\frac{9x_1}{x_1+x_2}-x_1$$

$$u_2(x_1, x_2)=\frac{9x_2}{x_1+x_2}-x_2$$

相应地，反应函数为：

$$BR_1(x_2)=3\sqrt{x_2}-x_2$$

$$BR_2(x_1)=3\sqrt{x_1}-x_1$$

因此，纳什均衡为 $x_1^*=x_2^*=\frac{9}{4}$。

如果企业1首先选择投资水平，它在假定企业2最优反应下，选择的投资水平会使他的收益最大，即

$$u_1(x_1, BR_2(x_1))=\frac{9x_1}{x+BR_2(x_1)}-x_1$$

$$=\frac{9x_1}{x_1+(3\sqrt{x_1}-x_1)}-x_1=3\sqrt{x_1}-x_1$$

收益最大化的投资水平为：$x_1^{**}=\frac{9}{4}$。这和企业1在同时行动博弈中的投资水平是

相同的。

在这类非合作博弈下,同时行动博弈的纳什均衡点恰恰就是策略互补型博弈(递增的反应曲线)和策略替代型博弈(递减的反应曲线)的转换点,如图 20.6 所示。因此,给定上述分析,即便企业 1 首先选择投资水平,它也不会偏离同时行动博弈下纳什均衡的投资水平,这一点不足为奇。

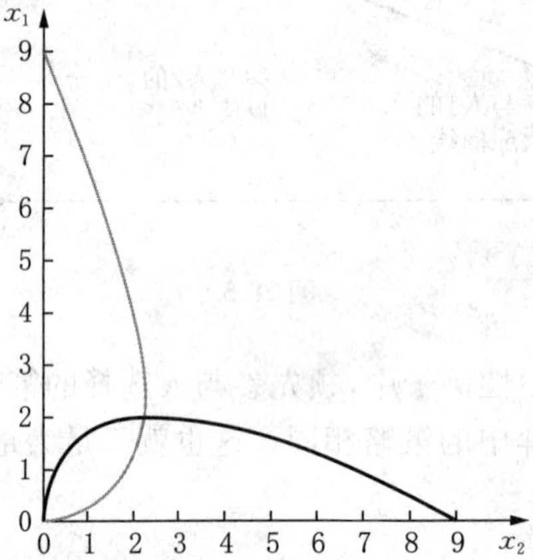

图 20.6

20.2 反应承诺

截至目前,我们已经分析了一些参与人领先其对手选择策略的博弈。这里还存在一些更为复杂的情况,其中两位参与人都在第二阶段同时行动,但在第一阶段,其中一位参与人有机会可以移动其反应曲线,而该反应曲线会在第二阶段的同时行动子博弈中用到。

第一位参与人移动其反应曲线会改变和第二位参与人反应曲线的交点,这会使得在第二阶段参与人的均衡策略组合会沿着第二位参与人的反应曲线发生偏移。因此,在这类两阶段博弈中,第一位参与人在沿着第二位参与人反应曲线选择其策略组合的移动方向时,就会使它的境况更好,尽管这间接的。我们上面已经看到,在绝大多数此类博弈中,这种(朝某种方向的)移动确实会提高第一个玩家的收益水平。

现在我们来分析此类反应承诺(commitment to reaction)的几个例子。

20.2.1 创建品牌

矿泉水市场上往往存在着许多家生产商。不同生产商在市场上销售的矿泉水质量差异往往比较小。但是,有些生产商会宣传其瓶装水质量非比寻常,因而索取比竞争对手更高的价格。在铺天盖地的广告下,这些产品就被定位为消费者心目中的知名品牌。在很多其他行业中,也存在类似现象。

为了对这种现象建立模型,现在我们考虑一个两家企业进行质量竞争的例子。我们假设企业 1 不可能在企业 2 生产之前生产,且生产会像古诺模型那样同时进行。但企业 1 可以通过某个广告代理商的服务,宣传其产品质量更好。由于大众的口碑效应,企业 1 销售每一单位产品的价格会比企业2销售的价格更高：当产量分别是 q_1，q_2 时，企业2每单位产品的价格是 $A-q_1-q_2$，而企业1销售每单位产品的价格是 $A-q_1-q_2+m$。换言之，两家企业产品存在不同的需求曲线。价格差异 $m\in[0, A/2]$ 取决于广告的强度。

没有做广告之前，企业1就需要预支给广告代理商资金，数额为 $M=mq_1^{**}$，这里 q_1^{**} 为企业1计划在均衡时生产的产量。换言之，广告代理商要求所有因广告品牌效应而带来的收益增量全都要付给他们。

在这种要求之下，此时企业1不会从广告中获得任何利润。但仔细考虑一下，就会发现事实并非如此：对企业1高档的品牌进行营销，会改变企业1和企业2数量竞争的均衡。广告宣传带来的后果导致市场中企业1的相对份额会上升，而企业2的相对份额会下降。即使支付给广告代理商报酬后，这一事实本身也可能会导致企业1利润增加。

因此在这种广告宣传下，企业1的利润（作为数量 q_1 和 q_2 函数）为：

$$\Pi_1(q_1, q_2)=(A-q_1-q_2+m)q_1-M$$

（注意到在广告宣传还没有开始之前，企业1就要支付 M 给广告代理商。数量 M 取决于企业1预期的均衡产量。但在和企业2竞争时，企业1不再影响 M 的大小，因此 M 并不取决于竞争阶段的企业1产量 q_1。）

企业2的利润为：$\Pi_2(q_1, q_2)=(A-q_1-q_2)q_2$。

博弈的最优反应函数为：

$$BR_1(q_2)=\frac{A-q_2+m}{2}$$

$$BR_2(q_1)=\frac{A-q_1}{2}$$

纳什均衡时，两家企业生产的数量分别为：

$$q_1^{**}=\frac{A+2m}{3}$$

$$q_2^{**}=\frac{A-m}{3}$$

（证明这一结论！）回忆一下，在古诺均衡时，每家企业的产量是 $A/3$。因此，创建品牌会导致企业1的市场份额增加，企业2的市场份额减少。此外，两家企业总的销售量也会增加。

均衡时，企业1的利润为：

$$\Pi_1(q_1^{**}, q_2^{**})=(A-q_1^{**}-q_2^{**}+m)q_1^{**}-M=(A-q_1^{**}-q_2^{**}+m)q_1^{**}-mq_1^{**}$$

$$=(A-q_1^{**}-q_2^{**})q_1^{**}=\left(A-\frac{A+2m}{3}-\frac{A-m}{3}\right)\frac{A+2m}{3}$$

根据逆向归纳法，现在企业1就可以通过最大化它的利润决定其品牌广告的最优数量。当 $m=A/4$ 时，利润函数 $\Pi_1(q_1^{**}, q_2^{**})$ 取得最大值。此时，有：

$$q_1^{**}=\frac{A+2\times\frac{A}{4}}{3}=\frac{A}{2}$$

$$q_2^{**}=\frac{A-\frac{A}{4}}{3}=\frac{A}{4}$$

这正好是我们在斯塔克尔伯格模型下得到的均衡结果。为什么会这样呢？

在斯塔克尔伯格模型中，企业 1 在企业 2 之前承诺某个产量；然而在现在这个模型中，企业 1 并没有直接在企业 2 之前承诺某个产量，但是它通过某个前置行动，用一种不同的方式进行承诺：即广告宣传。这使消费者更愿意付钱购买企业 1 的产品，也使企业 1 对企业 2 的任何策略的反应都更具有进取性，如图 20.7 所示。

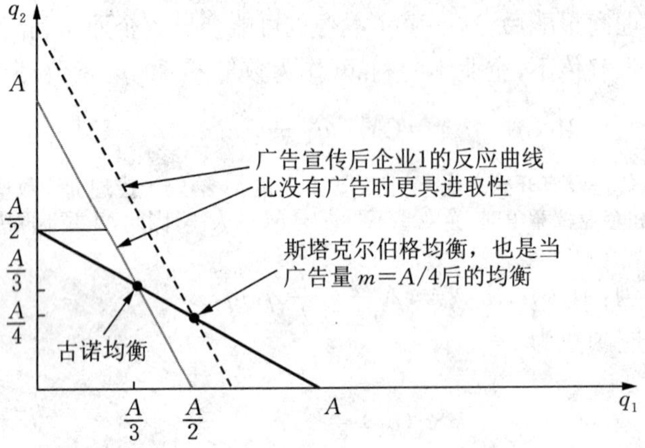

图 20.7

在广告宣传之前就提前支付给广告商报酬 M，这一事实导致在竞争中，企业 1 行为实际上会更具进取性。这会导致和在斯塔克尔伯格模型中首先提前直接承诺产量那样相同的结果。

测验

当 $m=A/4$ 时，计算企业 1 的利润 $\Pi_1(q_1^{**}, q_2^{**})$，并验证这一利润水平要高于古诺竞争时的利润水平。(此时不存在创建品牌行为，且每家企业产量为 $A/3$。)

不用计算，你是否还可以得出如下结论，即在某种水平的广告下，企业 1 的利润要高于古诺均衡时的利润(尽管广告费用 $M=mq_1^{**}$)？

提示：如果企业 1 选择 $m=0$，此时会如何？

在文献中，这种模型可以用来描述很多不同的经济现象。现在我们来看两个这样的例子。

20.2.2 进入遏制

在上述分析中，为了简化起见，我们假设企业的生产成本为零。如果企业 $i=1, 2$ 每单位产品的生产成本分别为 $c_i>0$，分析也是类似的。此时，我们可以用常数 A_i 来代替企

业 i 利润函数 Π_i 中的常数 A，即有：$A_i = A - c_i$。我们在前面第8.1节中已经进行过类似的分析。

现在，我们假设在这种环境中，在生产开始且和企业2的竞争开始之前，企业1可以投资 T 改进生产技术，这会导致其单位产品生产成本从 c_1 下降到 $c_1 - m$。此时，企业的利润函数为：

$$\Pi_1(q_1, q_2) = (A_1 - q_1 - q_2 - m)q_1 - T$$
$$\Pi_2(q_1, q_2) = (A_2 - q_1 - q_2)q_2$$

随着 m 增加，在古诺均衡时，企业1的市场份额将会上升，而企业2的市场份额将会下降（见第8.1节中对古诺模型的分析）。

测验

A. 分析上述博弈的有关细节，画出反应函数，计算古诺均衡时的产量和利润。

B. 证明：如果 $m \geqslant A + c_1 - 2c_2$，在古诺均衡时，企业2选择根本不生产。

因此，在这种情况下，企业1改进生产技术的投资实际上会遏制企业2进入生产阶段，而企业1会进行生产。其结果就是，企业1会变成一家垄断企业，其利润要大于和企业2竞争下的利润。如果这种利润增量大于一开始改进技术的投资额 T，企业1进行投资就是有利可图的。通过这种投资方式，一旦企业2也决定参与竞争，企业1承诺自己在和企业2的竞争中更富于攻击性，即企业1的反应曲线会"外移"，如图20.7所示。

在这种情况下，如果企业2一开始就不参与竞争，投资 T 就是不可取的。这完全可能发生。因为如果企业2最终退出生产，企业1改进技术的投资从事后来看，也许就是错的。但是，上述分析忽视了技术投资为企业1带来的**可信遏制效应**（credible deterrence effect）。事实在于，当企业2正在处于进入生产的时段时，企业1进行了技术改造投资。可信性正是取决于这一事实。在这样的情况下，正是技术改进投资使得企业1拥有了垄断资格。因此，根据一开始企业1确信没有竞争对手来分析技术改造投资是不合理的；尽管此时进行投资也会导致企业1的生产成本减少，生产产量增加，最终导致利润增加；而且尽管从上述角度出发，投资也是合理的（但却不能这样解释）。

换言之，给定企业1最初的投资规模，企业2的策略就是针对产量选择的一种最优决策。在这种策略下，企业1投资于技术改造的策略在子博弈精炼均衡下就是最优的。无论企业1是否改进生产技术，如果企业2都选择不生产，那么，企业1的这种策略选择就可能不是最优的。

20.2.3 政府的生产补贴

分属于两个国家的两家企业，都出口产品到第三个国家。该产品的需求函数为 $Q = A - P$。（即如果每单位产品价格为 P，那么消费者购买的总数量 Q 满足 $Q = A - P$。）因此，如果企业1和2出口的数量分别为 q_1 和 q_2，那么市场上的总产量就是 $Q = q_1 + q_2$，此时每单位产品的价格就是 $P=A-Q=A-q_1-q_2$。

现在,我们假设只有一个国家会支持出口商,对每单位出口产品的补贴额为 m。现在,企业 1 的利润函数为:

$$\Pi_1(q_1, q_2)=(A-q_1-q_2)q_1+mq_1=(A-q_1-q_2+m)q_1$$

且企业 2 的利润函数为:

$$\Pi_2(q_1, q_2)=(A-q_1-q_2)q_2$$

这些利润函数和第 20.2.1 节广告例子中的利润函数非常相似。我们前面已经看到,当企业 1 选择最优的 m 时,子博弈精炼均衡下的产量为 $q_1^{**}=\frac{A}{2}$, $q_2^{**}=\frac{A}{4}$。此时,和没有补贴下的古诺均衡时的利润相比,企业 1 的利润更高,企业 2 的利润更低。

假设进行出口补贴的政府仅仅关心本国所获得的总利润,同时出于简化起见,假设补贴来自全部国民的税收收入,因此补贴就是国民对某家企业的一种资本和资源的转移支付。这样做的一种可能原因在于,本国部分或全部国民会从该企业产量的提高(从 $q_1^*=A/3$ 上升到 $q_1^{**}=A/2$)和利润提高中间接获益,譬如创造更多的工作,或国家可以从企业中获得更多税收(比如某种不依赖于产量的不动产税)。①

同时,如果另一个国家不是非常富裕,不能利用国民税收来提供类似的补贴计划,那么,第一个国家企业 1 利润增加的代价是第二个国家企业 2 的利润减少。

富国竞争对手获得补贴对欠发达穷国中制造企业的利润带来损害,其数额甚至超过了各种国际组织,包括联合国、世界银行,或国际货币基金组织对这些贫穷国家的直接援助金额。②这样,穷国中的生产商和居民的正常生产就难以维持下去,因此它们不得不生产那些在富国非法的产品,譬如用于毒品贸易的某些农作物。

20.3 同时承诺

20.3.1 广告

现在我们来讨论第 20.2.1 节中提到的广告的例子。如果两家企业都采用某种适当的广告方式来宣传其产品品牌,结果会如何呢?两企业之间的这种两阶段博弈如下:

① 实践中,在全部人群中分配商业企业的利润增加额方面,政府的能力是非常有限的。有时,依靠政府支持带来的企业利润增加,对全体人群的福利反而是一种损害(当然,公司所有者本身除外)。发展中国家常常支持那些从事诸如石油、珍贵矿石或金属矿产等自然资源开采和出口的企业,但这往往降低了这些企业的利润。这就是众所周知的"资源诅咒"效应。鉴于国家制度结构和政客们的短期激励等因素,政府在全部人群中分配财富的能力会受到国家的制度结构、利益团体提高自我收益份额的能量等因素的限制。见 Robinson, J.A., T. Ragnar, and T.Verdier(2006), "Political foundations of the resource curse", *Journal of Development Economics*, 79(2), 447—468.

② 另外,这些国家也可以对那些从签署自由贸易协议的国家中进口的货物征收低水平关税,而对那些从穷国进口的货物征收较高水平的关税,它们没和这些穷国签署此类协议。

(1) 在第一阶段,两家企业,$i=1, 2$,同时选择各自的广告量。广告量会使消费者每单位产品愿意支付的价格提高 m_i,而不是原先的价格 $A-q_1-q_2$。每家企业给广告代理商的预付额为 $M_i=m_iq_i^{***}$,q_i^{***} 为企业预期在第二阶段生产的产量。

(2) 在第二阶段,两家企业同时决定生产产品的数量。由产品数量所决定的企业的利润函数为:

$$\Pi_1(q_1, q_2)=(A-q_1-q_2+m_1)q_1-M_1$$

$$\Pi_2(q_1, q_2)=(A-q_1-q_2+m_2)q_2-M_2$$

可以用逆向归纳法求解这个两阶段博弈的子博弈精炼均衡。

第二阶段的最优反应函数为:

$$BR_1(q_2)=\frac{A-q_2+m_1}{2}$$

$$BR_2(q_1)=\frac{A-q_1+m_2}{2}$$

在该子博弈的纳什均衡中,每家企业的产量为:

$$q_1^{***}=\frac{A+2m_1-m_2}{3}$$

$$q_2^{***}=\frac{A+2m_2-m_1}{3}$$

企业的利润分别为:

$$\Pi_1(q_1^{***}, q_2^{***})=A(A-q_1^{***}-q_2^{***}+m_1)q_1^{***}-m_1q_1^{***}$$

$$\Pi_2(q_1^{***}, q_2^{***})=A(A-q_1^{***}-q_2^{***}+m_1)q_2^{***}-m_2q_2^{***}$$

代入 q_1^{***},q_2^{***},就可以把利润函数表示为 m_1 和 m_2 的函数,即

$$\Pi_1(m_1, m_2)=(A-q_1^{***}-q_2^{***}+m_1)q_1^{***}-m_1q_1^{***}$$

$$=\left(A-\frac{A+2m_1-m_2}{3}-\frac{A+2m_2-m_1}{3}+m_1\right)\frac{A+2m_1-m_2}{3}-m_1\frac{A+2m_1-m_2}{3}$$

$$=\left(A-\frac{A+2m_1-m_2}{3}-\frac{A+2m_2-m_1}{3}\right)\frac{A+2m_1-m_2}{3}$$

$$\Pi_2(m_1, m_2)=(A-q_1^{***}-q_2^{***}+m_2)q_1^{***}-m_2q_1^{***}$$

$$=\left(A-\frac{A+2m_2-m_1}{3}-\frac{A+2m_1-m_2}{3}+m_2\right)\frac{A+2m_2-m_1}{3}-m_2\frac{A+2m_2-m_1}{3}$$

$$=\left(A-\frac{A+2m_2-m_1}{3}-\frac{A+2m_1-m_2}{3}\right)\frac{A+2m_2-m_1}{3}$$

这样,我们就可以精简后面的树干,即我们已经把每家企业的收益表示为其在第一阶

段的选择 m_1 和 m_2 的函数。

在精简之后的这个博弈中,最优反应函数为:

$$BR_1(m_2)=\frac{A-m_2}{4}$$

$$BR_2(m_1)=\frac{A-m_1}{4}$$

(证明这一结论!)且在纳什均衡时,企业选择 $m_1^{***}=m_2^{***}=\frac{A}{5}$。

因此,在第二阶段的博弈中,企业产量为:

$$q_1^{***}=\frac{A+2m_1^{***}-m_2^{***}}{3}=\frac{A+2\times\frac{A}{5}-\frac{A}{5}}{3}=\frac{2A}{5}$$

$$q_2^{***}=\frac{A+2m_2^{***}-m_1^{***}}{3}=\frac{A+2\times\frac{A}{5}-\frac{A}{5}}{3}=\frac{2A}{5}$$

这些产量要大于企业在古诺均衡下生产的产量 $q_1^*=q_2^*=A/3$。因此,它们的利润要从古诺均衡时的利润:$\Pi_i^{古诺均衡}=\left(A-\frac{A}{3}-\frac{A}{3}\right)\frac{A}{3}=\frac{A^2}{9}$ 下降到当前模型中均衡时的利润:

$$\Pi_i^{广告}=\left(A-\frac{2A}{3}-\frac{2A}{3}\right)\frac{2A}{3}=\frac{2A^2}{25}$$

为何广告竞争最终会导致企业利润降低呢?正如我们在图 20.8 中所看到的,创建品牌使得每家企业的反应更具有进取性。(相对于没有广告竞争的博弈中的反应曲线而言,每家企业的反应曲线都会"外移"。)因此,反应曲线的交点,即均衡的产出水平 $q_1^{***}=q_2^{***}=\frac{2A}{5}$,就会高于古诺均衡下的产出水平,即 $q_1^*=q_2^*=\frac{A}{3}$。根据第 8 章中的分析,即使古诺均衡下的产量组合在两家企业看来都是非有效的:如果他们可以承诺达成一个卡特尔协议,两家产出的总产量水平为 $A/2$(譬如,某种对称协议,每家产出 $A/4$),那

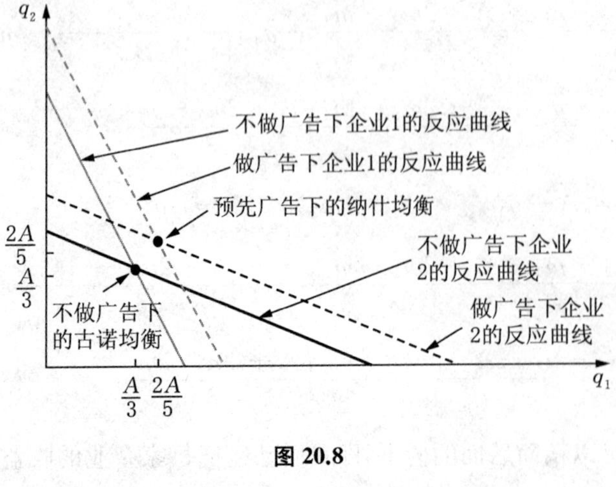

图 20.8

么，两家企业的总利润就可以达到最大。不采取上述假想的协议，转而采取这种古诺均衡式的竞争，会给企业带来损失，这会提高每家企业生产的产出水平——从 $A/3$ 到 $2A/5$，结果两家企业的竞争就会更加激烈，给它们带来更多的损失，因为现在竞争多了一个维度，即创建品牌。相应地，如果两家有能力提前约束自己，如达成某种协议不再进行广告，两家企业就都会因之获益。

20.3.2 国际贸易中的补贴和配额

在第 20.2.3 节的例子中，我们已经看到，用来描述预先的广告投资行为也可以用来分析政府的投资补贴行为。因此，如果运用这个模型来分析两家不同的政府同时补贴各自的企业，结果和两个国家都不施行这种扶持性政策相比，两家企业都会更糟糕(因此两个国家的境况也会更坏)。

正是出于这种考虑，全球范围的国家多年以来一直致力于达成各种多边协议，这样各国就可以减少这种补贴，甚至不再实施此类补贴，而且这还可以降低甚至免除从竞争对手那里进口货物征收的关税，假如这些竞争对手也是此类协议签约国的话。这些协议中有相当一部分会递交给 WTO 讨论。WTO 成立于 1995 年，它代替了原来的关贸总协定(GATT)，后者是早先成立的一个贸易协议协商机制。绝大多数国家都加入了 WTO，且在本书撰写之时(2010 年)，大约有 60 个贸易协定正约束着这个组织的成员国。正是在上述理论的支撑下，这些协议才得以签署。

本章的分析可以说明达成这类协定所固有的困难程度：如果作为协议签约方的所有国家确实免征关税，废止补贴，那么，第 20.2.3 节中的分析就可以证明，每个国家如果单方面征收关税，或提供补贴，反而更符合它的利益。因此，对那些违反协议的国家，贸易协议必须同时规定惩罚或经济制裁措施。这些惩罚措施必须足够严厉，以便实际上确实可以起到遏制这些国家破坏协议的效果。同理，对那些违反协议国家的制裁实施必须“足够方便”，这样一旦需要，其余国家就有充分的激励来实施制裁，而不是在事后放弃对它们的制裁。相应的，在协商各种不同的观点方面，WTO 也有一个仲裁机制。如果需要，这种仲裁制度也有权对那些破坏协议的国家实施制裁。

因此，毫不奇怪，这些促进国际贸易的协议进展非常缓慢，这需要旷日持久的磋商。每一份协议对协议方约束的进展相对都很小，也没有触及那些范围深远的承诺，否则就会导致协议方违约收益上升。这样，在这些合伙伙伴之间的策略互动就具有某种重复博弈的性质，每一轮磋商和前面的磋商都非常相似。我们将在第 23 章和第 24 章讨论重复博弈这一主题。

▶21

逆向归纳法:局限和难点

在第 19 章,对那些节点数量有限且每一个节点上只有唯一一位参与人的博弈,我们给出了利用逆向归纳法求解精炼均衡方法。我们看到,这种解概念会排除那些依赖于非可信威胁的均衡。在第 20 章,我们了解到利用逆向归纳法可以求解具有承诺性策略行为的子博弈精炼均衡。

但在这同时,即使逆向归纳法可以帮助我们找到一个唯一子博弈精炼均衡,仍然存在一些其他情况,其中均衡并非是由参与人实际的真实行为决定的,也不是由我们现有策略情境中参与人“合理的”或“可预期的”行为所决定的。在本章中,我们将给出两个重要的例子,“最后通牒博弈”(ultimatum game)和“蜈蚣博弈”(the centipede game),以说明这种解法所存在的局限性。我们会分析在这些博弈中上述解法的局限性出现的原因。

21.1 最后通牒博弈

这是一个非常简单的双人结构博弈。参与人 1 拥有一定数量的钱 X。她必须提供一部分钱 Y 给参与人 2。如果参与人 2 接受这种报价,两者就达成交易:参与人 1 获得收益 $X-Y$,参与人 2 获得收益 Y。但如果参与人 2 拒绝报价,两位参与人都获得收益 0。

[例题 21.1]

假设为了简化起见,把博弈中资金额除以某一货币单位,这样它就具有最小的单位价值。此时,如果美元是博弈中的货币,金额 Y 的报价必须是美分的整数倍(譬如,参与人 1 不会报半美分给参与人 2)。求这个最后通牒博弈的所有子博弈精炼均衡。

答案

在这个博弈中,存在有限的节点(因为参与人 1 可以提供的报价 Y 是数值有限的,报价必须小于以美分表示的 X),且在每一节点只有一个唯一的参与人。(参与人 1 在博弈的源头上采取行动,给出用美分整数报价的 $Y \in [0, X]$;在每一个可能的每次报价后,参与人 2 必须决定是否接受或拒绝该报价。)因此,该博弈的所有子博弈精炼均衡可以通过逆向归纳法求解。

那么,此时参与人 2 在参与人 1 下述每次报价后应该如何采取行动呢?

(1) 如果$Y>0$,参与人2发现接受此报价是可取的,因为拒绝报价,就会获得收益0。

(2) 如果$Y=0$,参与人2在接受还是拒绝此报价上,是无差异的,因为在任何一种情况下,她的收益都是0。因此,根据逆向归纳法的定义,选择上述任何一种行动都是可能的,这样我们会得到一种不同的子博弈精炼均衡。

给定B中的任何一种可能性,参与人1的最优行为是什么呢?

- 如果参与人2拒绝报价$Y=0$,参与人1的最优选择是提供报价1美分。这是参与人2同意接受的最小数量,且这可以最大化参与人1获得的$X-Y$的数量。
- 如果参与人2接受报价$Y=0$,参与人1的最优选择是提供给参与人2的报价$Y=0$。因为参与人2不会拒绝该报价,这会导致参与人1占有全部X,这是他的最优选择。

因此,我们拥有两个子博弈精炼均衡:

其一,在第一个均衡中,参与人1提供给参与人2的报价是1美分,且参与人2接受报价。

其二,在第二个均衡中,参与人1提供给参与人2的报价是零,参与人2接受报价。

上述两个均衡彼此非常类似;在两种情况下,参与人1可以获得全部金额,或几乎获得全部金额X。

你是如何来玩这个游戏呢?如果作为参与人1,你会提供给参与人2多少钱呢?如果作为参与人2,多少钱你会接受呢?多少钱你又会拒绝呢?在继续阅读之前,不妨考虑一下这些问题。

21.1.1 实验室实验中的最后通牒博弈

通过设定各种不同的环境——不同金额、不同国家、不同条件,包括一次性博弈、私下重复博弈,或玩家匿名等等,大量的实验室实验都对最后通牒博弈中参与人的行为进行了分析。尽管由于实验特征不同而导致一些差异,但所有实验的结果都和子博弈精炼均衡下的行为有很大不同。在实验中,绝大多数提出报价的参与人(玩家1)提供给另一位参与人的报价份额Y介于X的20%到50%之间,且作为回应方的参与人(玩家2)所准备接受的仅仅是那些不低于某个临界值的报价份额,该临界值确实也位于上述区间中①。

因此,似乎在上述最后通牒博弈中的货币收益仅仅反映了参与人偏好的某一种维度,该维度会受到其他维度的影响。某种"非常不平等"的分布在参与人2看来可能是很不公平的,因此她也许宁愿放弃任何货币收益,藉此表达对这种她认为歧视性不公平分配方式的不满。分布开始变得"歧视性不公平"的临界标准当然是主观的;这种主观标准要求会受到X绝对数量大小的影响,还会受到社会环境中通行规范的制约,而不同实验中的参与人往往来自不同的社会环境。

相应地,公平性考虑对参与人1也很重要,即便在实验中相遇时彼此并不认识,她可能也会受到某种对参与人2利他主义的影响。此外,即使实验中参与人1只是对货币收益感兴趣,但他也可能会认为,如果报价Y低于X的某个百分比区间,如20%—50%中的某

① 对这些实验更为详细的评论见 Camerer, C.F.(2003), *Behavioral Game Theory—Experiments in Strategic Interaction*, Princeton University Press.

一临界水平,参与人 2 更可能会拒绝该报价。这样,参与人 1 的报价 Y 实际也会位于该区间。参与人 1 对 Y 的报价越慷慨,参与人 2 接受的可能性 $P(Y)$ 也会越大;同时,参与人 1 手中的余额 $X-Y$ 也会越少。参与人 1 的期望收益为:

$$P(Y)\times(X-Y) \tag{21.1}$$

在某些实验中可以发现,当给定实验中扮演参与人 2 角色的总体所拒绝报价的概率分布 P 时,作为参与人 1 的角色给出的最常见的报价水平实际上确实可以使期望收益最大化(21.1)。

对报价方(担当参与人 1 角色的实验对象)的行为解释仍然取决于上面的问题,即绝大多数回应方(担当参与人 2 角色的实验对象)会坚定地认为某种最低份额 Y 实际上表示某种程度的"公平"。在本章附录中,我们将对这种现象用随机稳定(stochastic stability)概念给出一种理论解释。

就上述博弈论的预测和实验中参与者行为之间存在的明显不同,还存在另外一种可能的解释。这样的一次性实验在很大程度上是一种人为的实验。在现实生活中,人们会和同一群朋友、同样的家庭成员,以及工作或商业伙伴之间不断发生互动。因此,这种相遇具有某种重复性,用重复博弈模型来描述更好。我们会在第 23 章和第 24 章介绍重复博弈。如果最后通牒博弈可以重复若干次,且不加以限制,参与人 2 也许发现为自己创建某种严厉的声誉非常可取,譬如坚持要求某种临界水平,而报价一旦低于馅饼的这种最低份额,她就会拒绝。这种坚持行为在一开始博弈时很容易使参与人 2 面临损失,但同时如果参与人 1 不希望两败俱伤,任何馅饼都拿不到,参与人 1 就会了解到参与人 2 所坚持的要求,这就可以保证参与人 2 在长期中获得一个严格大于 0 的馅饼额。

另一方面,实验中参与者的行为更可能反映了她们在实际生活行为中的某些"经验法则"。这些规则是某种重复博弈均衡行为的一部分,这种重复博弈也超出了一次性相遇的博弈分析框架,它反映了很多和参与者相关的社会环境的规范和惯例。这些规则在某些特定情境下并不是最优的,譬如在我们描述的博弈中;但在某些假设下,人们确实可以利用这些经验法则,这样她们在一系列的社会遭遇中就可以更为快速地反应。在这种相遇中,人们甚至没有很多时间来彼此深入思考,这样,"坚持公平分配"就很可能是一种最优决策规则,这构成了他们所处的社会中的均衡规则的一部分。

21.1.2 人类学研究中的最后通牒博弈

就最后通牒博弈中的人类行为而言,存在数个分析性的案例。这些案例是在一些规模较小而相对封闭的部落人群中进行的一系列实验,这些部落位于非洲、蒙古、太平洋岛国和南美洲。①这些实验带来的启示特别强,因为它们分析了现实社会的思维模式,且我们

① Henrich, J., R. Boyd, S. Bowles, C. Camerer, E. Fehr, and H. Gintis (eds.) (2004), *Foundations of Human Sociality: Ethnography and Experiments in Fifteen Small-Scale Societies*, Oxford University Press.

Henrich, J., R. McElreath, A. Barr, J. Ensminger, et al. (2006), "Costly punishment across human societies", *Science*, 312, 1767—1770.

对上述现实社会相当熟悉,但与此同时,这些实验传递的某些规范和观念在西方社会的相对重要程度,要小于它们在这些小型社会中的作用。

在这些实验的研究结论中,值得介绍的主要有如下两个:

(1) 在那些封闭和隔离程度很大的社会中,如果家族是唯一的社会单位,实验人员观察到的行为非常接近于上述博弈解,即通常报价更低,且接受低报价的可能性高于社会联系高度发达的社会的情况。例如,在秘鲁 Machiguenga 有一些自给自足的小村庄,这些村庄主要以打猎、饲养和种植为生。每个小村庄都有一个唯一的大家族,且在他们的语言中,本家族之外的人是没有姓名的。这个社会中,最后通牒博弈中典型的报价水平大约为 X 的 15%(平均水平为 26%),且在 21 次报价中,只拒绝了 1 次。

(2) 在那些不同家庭成员之间合作性较强的小型社会中,譬如在同样的村庄中存在一个"劳动力市场",通过市场可以采取货币和货物的方式对劳动进行补偿,或者在共享同一语言的不同村庄之间存在贸易行为,此时就会出现两种在西方社会实验中所没有发现的现象:某些报价"超级慷慨",甚至大于 X 的 50%,且对方拒绝报价的比例相当高。譬如,在我们第 9 章提到的猎鲸者的 Lamalera 社群中,几乎所有的报价都要高于或等于 X 的一半,其报价的平均值为 56%。(在这个社群中,实验中提供的用于分配的物品是成包的香烟,这是一种高度稀缺且受到普遍欢迎的商品,它甚至具有交易等价物的功能。)在巴布亚新几内亚的 Sursurunga 社群中,报价平均值是 51%,但绝大多数超过 50%的报价都遭到了拒绝。在这些社会中,慷慨的礼物(譬如,挂钩上大块的鲸鱼肉)看起来代表的是一种恩惠和权力;而另一方一旦接受,则相当于承诺在未来要回赠同样的物质或其他物品。因此,回应方常常选择拒绝这种礼物。

这些发现说明,在交易和以物易物的文化属性与分享和公正的规范之间,存在某种程度的相关性。每一个人追逐自己的私利也会实现经济效率的假设,以及对商业世界强调物质利润的评价和讨论,都没有考虑到如下事实:即在那些自由市场经济为基础的社会中,公平竞赛是一种根深蒂固的价值观。①

21.2 蜈蚣博弈

图 21.1 给出了蜈蚣博弈(the centipede game)②的博弈树。在这个博弈中,参与人 1 和 2 轮流坐庄,且每位参与人都有权决定放弃还是继续。如果参与人决定放弃,博弈结束;如果参与人选择继续,另一方就有机会做同样的选择,即放弃还是继续。博弈可以经过预定的较大的轮数之后结束。(即在最后一轮博弈时,即便参与人那时选择继续,博弈仍然结束。)在图 21.1 给出的例子中,博弈将在第 5 轮结束,但只要我们喜欢,对于任意更大的有限的博弈轮数,都可以给出一棵类似的博弈树。在图 21.1 中,描述参与人选择"放弃"的博弈树分支都可以用一只"脚"上是数字来表示,这就是该博弈名称的由来。

① 也可见 Cohen, R.(1997), *Negotiating Across Cultures: International communication in an Interdependent World*, City: United States Institute of Peace Press.

② 此类博弈首见于 Rosenthal, R.W.(1981), "Games of perfect information, predatory pricing and the chain-store paradox", *Journal of Economic Theory*, *25*, 92—100.

如上所述,如果一位参与人选择放弃,他就会提前结束这个博弈,且可以保证她自己获得图中所对应分支上的收益。(分支上面的数字表示参与人 1 的收益,而下面的数字表示参与人 2 的收益。)如果参与人选择继续,她会获得更高的收益水平,但前提在于下一轮中她的竞争对手,也同样选择继续;但如果对手当时选择放弃,和前面她选择放弃时获得收益水平相比,参与人就会蒙受一个小小的损失。

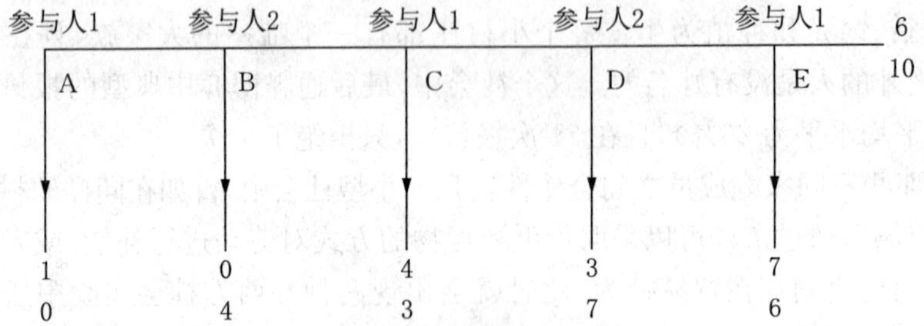

图 21.1

那么,在最后一轮时,事态发展会如下所示。如果参与人在博弈最后一轮选择继续,和她选择放弃所获得的收益相比,她就会承受损失。因此,如果我们用逆向归纳法求解此博弈,就会发现在最后一轮(图 21.1 所示博弈的节点 E)时,当时的决策参与人(图中博弈参与人 1)就会选择放弃,而不是继续。一旦博弈树遵循此选择向后不断精简,在最后通牒轮做选择的参与人(在博弈图中节点 D 处的参与人 2)显然也会选择放弃,而不是继续。类似地,我们据此就会得出结论,当用逆向归纳法来精简博弈树时,每个玩家在博弈的任一个节点选择的策略就是放弃。特别地,博弈仅仅存在一个子博弈精炼均衡,其中第一位参与人立即放弃,且博弈结束,两位参与人获得的收益都较低。

均衡和直觉截然不同。如果参与人 1 偏离均衡,在节点 A 选择继续,而不是放弃,参与人 2 会从上述行为选择中获得什么信息呢?在节点 B 的参与人 2 认为参与人 1 在节点 C 选择继续博弈的概率会很高,难道这种情况发生的可能性不是很大吗?在此种信念下,参与人 2 同样希望继续博弈。但如果这样,参与人 1 在一开始博弈的节点 A 选择继续,是非常值得的:因为这样,她就可以使参与人 2 在节点 B 也选择继续,这样和一开始选择放弃博弈相比,参与人 1 获得的收益就会更高,而一开始就选择放弃会使博弈立刻结束。

如果参与人 1 在节点 A 选择继续,这会极大强化参与人 2 的信念,认为参与人 1 很有可能在节点 C 也会选择继续,博弈至少还会进行一轮。一开始参与人 2 在节点 B 也许怀疑参与人 1 在节点 A 选择继续的动机,认为这只不过是参与人 1 所犯的一个很简单的根深蒂固的错误,而她在节点 C 将不会重复犯这样一个错误。但进一步考虑一下,参与人 2 就会发现,参与人 1 在节点 C 所面临的策略情境和她在节点 A 所面临的情境完全相同。且如果像我们先前得出的结论那样,她就会考虑用很多策略方面的因素,而不是犯错,来解释参与人 1 在节点 A 选择继续的原因。这种相同的策略上的考虑也会使参与人 1 在节点 C 选择继续。一旦假设参与人 1 的行为和某种策略考虑相一致,参与人 2 就发现在节点 B 选择继续也是值得的。这样的决策甚至更强化了参与人 1 的信念,认为她在节点 A 选择继续是值得的。

为了进一步分析上述直觉推理,现在我们假想博弈存在 100 条"腿",而不是我们上图 21.1 例子中给出的 5 条。我们进一步假设,每对"继续"行动之后,参与人的收益规模会翻倍,而不是仅仅增加一个常数。①这样,我们得到的博弈可以重新描述如下。

每位参与人面前都有一堆硬币。每位参与人轮流坐庄,可以选择取走自己的所有硬币结束博弈,此时,另一方也可以取走自己的硬币。另一方面,参与人也可以选择继续游戏。此时,她面前的硬币就会减少一枚,但共同参与博弈的另一方参与人面前硬币规模就会翻倍。博弈按照这种方式进行至少 100 轮(如果在前面,博弈没有结束的话)。在最后一轮,即便参与人当时选择"继续"(此时,她前面的硬币会被移走一枚,而共同参与方前面的硬币会翻倍,然后博弈结束,每位参与人获得她前面的所有硬币),博弈也会结束。

在这个博弈中,参与人如果选择"继续"的轮次非常多,那么在博弈结束时,她所获得的收益将像神话一样,非常高,接近于 2^{100} 数量级。在这种策略情境下,很难想象两个玩家在大量的轮次中不会选择"继续"策略:即便她们都不了解表示理论(express theory)——表示理论分析了那些可能使她的共同参与人随之继续参与的原因,如果她的共同参与方也同样选择继续,而不是考虑这样做会使自己面临损失一枚硬币的风险,那么,看上去每位参与人都可以在未来获得巨额利润的可能性就会促使参与人选择继续。此外,如果参与人 2 相信她的共同参与人也这样像她一样考虑问题,那么,她就可能期望博弈继续进行,以增加获得巨额利润的可能性,且这种对参与人 1 的信念本身足以强化参与人 1 在博弈中也选择继续策略。同样,当博弈结束之前所剩余的轮次越多,这种策略性思考显然就会更强,也更具有说服力。

但在逆向归纳法求解过程中,却剔除了这种符合直觉的策略思考套路。为什么会排除呢?在逆向归纳法程序中,是哪些根本性原因导致了我们上述直觉(尽管分析非正式!)分析中的矛盾呢?

在动态博弈中,我们假设在任意可能的博弈历史后,参与人拥有的共同知识认为所有参与人都是理性的。这些博弈历史甚至包括那些本身和上述假设不一致的博弈历史。逆向归纳法仅仅保留那些和该假设相一致的策略。这样,在博弈中,譬如在蜈蚣博弈中,逆向归纳法的定义就非常独特。此时,逆向归纳法假设如下,我们用(*)来表示:

(*) 在博弈任何阶段,在所有玩家之间都存在一种共同知识:即**如果当**参与人 i 在通往终端的节点 n 开始进行博弈时,即便后来像逆向归纳法程序所定义的那样,给定参与人 i 自身的运作计划,通往这个节点最终表明和事实不符,但参与人 i 仍然会选择在节点 n 处最优的可行策略(可以使她获得最高收益的策略)。

因此,在上述假设(*)中,表述"如果且当"是非常关键的。现实中,逆向归纳法程序给定了博弈从源头通向终端的唯一一条路径。逆向归纳法建立的基础正是上述假设(*),该假设在博弈的每一步骤都成立,且在博弈任何假想的发展过程中都成立,甚至在和逆向归纳法路径不同的博弈路径上的那些节点上,也都成立。

这种假设是有问题的。如果假设(*)本身就界定了唯一的一条博弈树路径,那么,又

① 在图 21.1 的博弈中,常数为 3:如果参与人 1 在节点 C 选择结束,和她在节点 A 选择结束相比,她的支付水平会高 3 单位;如果参与人 1 在节点 E 选择结束,参与人的支付会再提高 3 单位。

是什么因素可以验证假设(*)在其他路径上也成立呢?这非常含糊不清。如果一位参与人偏离了假设(*)所定义的某种运作路径,其他参与人为什么还继续相信在后来的博弈中,该参与人的行为还会和逆向归纳法所定义的她的运作路径相一致呢?如果参与人的行动已经证明假设(*)在博弈某阶段对她不成立,又有什么因素会使其他参与人相信在博弈的此后阶段中,上述假设(*)仍然会继续成立呢?

实验室实验中的蜈蚣博弈

正如我们已经看到的,在蜈蚣博弈中,上述假设(*)所存在的问题表现得非常明显。当然,在较长回合的蜈蚣博弈实验室实验中,相当显著的一部分参与人在博弈第一轮都选择继续。看起来,实验参与者都认为,他们的共同参与人在博弈第一轮也很可能继续。现实可以证实这种信念,也会验证在博弈开始所选择的继续策略。

为了验证上述信念,即参与人倾向于在博弈开始阶段选择继续——选择概率较大,且概率随着博弈进行而递减,研究人员提出了很多模型对此加以分析。所有模型建立的假设都偏离了对博弈任何可能历史之后共同理性知识的假设,但仍然假设两位参与人在某种程度上都是理性的。

按照其中一个模型,随机最优反应均衡(quantal response equilibrium)认为,偏离某项特定行动所获得的效用越高,参与人选择该行动的可能性就越大;但她仍然会选择其他的非最优策略,只不过概率较小;但和选择最优策略获得的收益相比,如果选择非最优策略给她带来的损失越大,她选择这些策略的可能性就越小。此外,随着错误带来的损失越大,犯错概率也会逐渐递减;所有参与人对上述概率递减模式存在某种共同知识;且参与人在计算其最优反应时,会考虑这种影响。McKelvey 和 Palfrey(1998)表明,这种模型和实验中的蜈蚣博弈,以及一些其他博弈中参与人的行为是一致的。①

测验:连锁店悖论(the chain-store paradox)②

历史悠久的Safe-Mart连锁超市在Baledonia地区的20个不同社区中都拥有分部,且每个分部的利润水平都为10。在每一个社区中,都有一个当地商人,试图开另外一家超市。开超市的成本为2。如果某个商人成功开办超市,除非Safe-Mart发动价格战进行折扣和促销活动,否则,利润就会在社区的两个超市中平分(Safe-Mart的利润为5,另一家新开超市的利润为5;扣除开办成本,商人纯利润为3)。一旦Safe-Mart宣布采取行动,新超市也会降价,这会导致社区中每家超市的利润为1(此时,扣除开办成本后,商人的利润为负,维持在-1)。

---

① McKelvey, R.D., and T.R.Palfrey(1998), "Quantal Response Equilibria for Extensive Form Games", *Experimental Economics*, *1*, 9—41.

② 上述案例来源于 Selten, R.(1978), "The Chain Store Paradox", *Theory and decision*, *9*, 127—159; Osenthal, R.W.(1981), "Games of Perfect Information, Predatory Pricing and the Chain-Store Paradox", *Journal of Economic Theory*, 25, 92—100。

(1) 给出每一个社区中 Safe-Mart 连锁超市和商人的博弈树。假设当地商人首先采取行动,决定是否在某社区中开设超市进行竞争。一旦超市开设后,Safe-Mart 必须决定是否发动一场价格战,或者和竞争者妥协,不进行价格战。运用逆向归纳法求解该博弈的子博弈精炼均衡。

(2) 假设不同社区中的商人不是同时开设新超市:社区 A 中的商人首先决定是否开设超市,社区 B 中的商人只有在了解到社区 A 的信息后才决定是否开设超市,特别是了解到社区 A 中的新超市成立后 Safe-Mart 的反应方式才进行决定;社区 C 中的商人只有在了解社区 A 和 B 中的情况后才进行决定;依此类推。给出 Safe-Mart 和商人之间的博弈树。画出只有两个(而非 20 个)社区时的博弈树,并求解子博弈精炼均衡。求解整个博弈(20 个社区)的子博弈精炼均衡。

(3) 只要社区中开办新超市,Safe-Mart 就威胁发动价格战。这种威胁可信吗?解释你的答案。

(4) 假设在前 14 家社区中开办了新超市,且 Safe-Mart 威胁在所有的社区中发动价格战。作为第 15 个社区中的商人,你如何决策呢?你会选择开办超市吗?

附录:公平分配和随机稳定

和那些严重有利于一方的分配规范相比,为什么“公平”分配规范出现的频率更高呢?Peyton Young 对上述事实给出了一种解释。①这种解释的概念基础是随机稳定(stochastic stability)。概念的完整发展超出了本书的范围,但我们这里给出一种直觉上的基础解释,来作为对上述例子正式分析的一种诠释。

这种解释是建立在下面的假设之上的,即某种分配的社会规范——提议者获得 $X-Y$,回应方获得 Y——可以具体化,这意味着事实上绝大多数提议者会给出报价 Y,且绝大多数情况下,应答者会接受 Y。一旦在某些特殊情况下,提议者难以决定提供的报价,她就会分析一小部分类似的例子;而对这些最近发生的策略环境类似的例子,她非常熟悉。她假定在这些例子中,回应方的行为分布 P 同样也描述了她所面临的特定回应方接受或拒绝不同报价的概率特征,她会从中选择一项最大化其收益的报价[上面表达式(21.1)]。同样,回应方也会分析一些少量的类似的例子,对这些近期发生的策略环境类似的例子,她也非常熟悉;她也假设提议方在这些报价中的分布给定了某个概率分布 $Q(Y)$,即该参与人面临的特定提议方会提供的某种报价数量,大于等于 Y 的概率为 $Q(Y)$。根据上述信息,回应方会提前选定某个最小报价量,以最大化其期望收益:

$$Q(Y)\times Y \tag{21.2}$$

如此,对上述报价,她会予以肯定并接受。

这样一而再,再而三,给出报价的参与人就会不断犯错,偏离之前的规范,提供给回应

① Young, P. (1998), *Individual Strategy and Social Structure—An Evolutionary Theory of Institutions*, Princetion University Press. 这里描述的模型见该书第 8 章。

方的报价也会逐渐低于回应方所期望的报价。同样,一而再,再而三,坚持索取的数量会稍微高于规范所规定的数量。一般来说,这种偏离会导致拒绝,且双方的收益水平为0。尽管数量非常罕见,但是这种类型的错误确实会发生,且不断累积。

回应方不断犯错的累积效应,会使提议方相信现在她们习惯上给出的报价 Y 在未来也会被接受的概率 $P(Y)$ 显著降低了。因此她们得出结论,认为为了最大化其期望收益[式(21.1)],稍微提高一下报价是值得的。这样社会标准就改变了。且在新情境下,报价方实际上提出的报价是 Y',这要高于以前标准盛行时所给出的报价 Y。类似地,报价方的错误累积充分大,这会导致回应方认为[为了最大化其期望收益(21.2)],此后索求一个较小的馅饼额会是值得的。

因此按照这种方式,任何分配标准最终会改变。但即便如此,由于为了改变标准所需的错误数量不同,因此标准之间也互不相同。所需的错误量越大,我们就会预计标准越稳健,且我们会预计它在社会中的存续时间会越长。

那么,哪些分配标准会更稳健,而哪些标准会更不稳健呢?为了简单起见,假设 $X=10$,且报价 Y 总是整数单位的。如果当前流行的标准为"报价 Y",但在最近提议方报价的例子中,一部分 α 的应对者不断犯错,且非常顽固,拒绝了任何小于 $Y+1$ 的报价,因此提议方就会相信:

- 如果和社会规范相符,她也报价 Y,她的期望收益将是 $(1-\alpha)(10-Y)$;
- 如果不遵守社会规范,她提供一个更慷慨的报价,如 $Y+1$,这时她的报价将肯定会被接受。此时,她的收益将是 $10-(Y+1)$。

因此,提议方会偏离当前的标准,提供报价 $Y+1$,当且仅当:$10-(Y+1)>(1-\alpha)(10-Y)$,即当且仅当:$\alpha>1/(10-Y)$。

因此,在现行分配标准下,回应方开始时索取的份额 Y 越大,为了让现行标准从"报价 Y"变到"报价 $Y+1$",所需偏离的回应方所占的比例 α 就越高。

类似的,如果常见的分配标准为"报价 Y",但在最近的一些例子中,回应方观察到 β 比例的提议方提供了错误的报价 $Y-1$,那么,回应方就会相信:

- 如果她坚持接受至少 Y 的报价,她的期望收益将是 $(1-\beta)Y$;
- 如果她同意接受报价 $Y-1$,她肯定会获得该数量的收益。

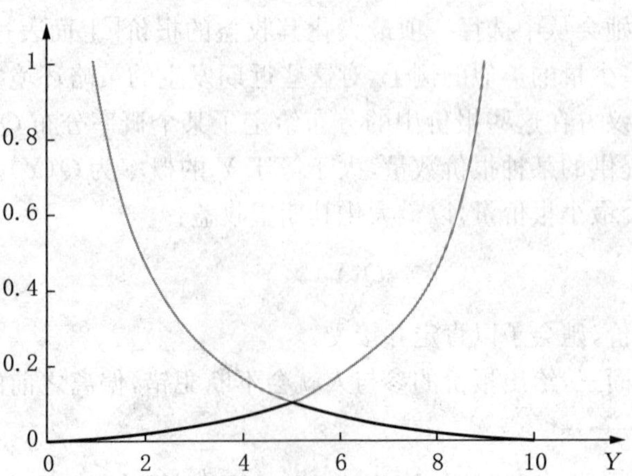

图 21.2

因此,回应方会偏离现有的标准,同意接受报价 $Y-1$,当且仅当:$(Y-1)>(1-\beta)Y$,即当且仅当:$\beta>1/Y$。因此,为了使规则改变,提议方或回应方总体中所需要犯错的最小份额就是 $1/(10-Y)$或 $1/Y$ 的最小值。上述两个表达式如图 21.2 所示,$\{1/(10-Y),\ 1/Y\}$的最小值用线段中的粗体表示。最小值越大,社会分配标准"报价 Y"就越稳定,因为要让提议方或回应方偏离该标准,所需累积的错误比例就越多。

从函数 $\min\{1/(10-Y),\ 1/Y\}$(图 21.2 中的粗体部分)的图形来看,我们注意到,分配标准 Y 越平等,它就会越稳定。最稳定的标准就是馅饼在提议方和回应方之间进行平均分配,此时每人获得的份额相同,即都是 5 单位。

▶22

自然行动

截至目前,我们已经分析了扩展式博弈。在扩展式博弈中,一旦参与人在某个特定节点采取了某个既定的行动组合,那么该行动组合所导向的下个节点也就会得到明确的界定。但是,在很多策略情景中,决定博弈发展的参与人的行动往往不是唯一的,且参与人也不能控制这种随机性,既不能单独严格控制,也不能联合控制。

通过让自然在机会节点处选择行动就可以对这种随机性建模。在博弈的一个节点处,会有一些分支;但是和那些我们迄今为止看到的节点类型不同,在这个节点处的不同分支上,所有参与人都不是必须做出选择的。在这种节点上,也可以想象存在一个假想的参与人——“自然”选择如何行动。但这里,自然选择每个分支的概率是事先给定的,这并非是一种有意识的间接的理智选择。自然“选择”和其他参与人的选择是不同的,因为自然选择是随机的,且不会受到确定选择某一分支的限制。

22.1 随机回应方类型的最后通牒博弈

在我们对前面章节(第 21.1 节)最后通牒博弈的讨论中,我们发现在这个博弈中,只存在两个子博弈精炼均衡。其中,参与人 1(“提议方”)分配给参与人 2(“回应方”)的馅饼份额为 0,或者最小的一部分,且参与人 2 确实会接受该报价。但在博弈实验中,却有相当多的回应方拒绝了这些他们看来不公平的报价,也拒绝了那些远远低于一半馅饼的报价。对这些回应方而言,货币收益并不能完全反映其偏好,且如果他们认为分配方案不公平时,他们就会“受到损害”。

假设一块馅饼分成 4 份($X=4$),在提议方给出她的馅饼分配方案后,回应方就会获得 Y,而建议方就会获得 $4-Y$。这里我们假设回应方的类型是随机选定的:回应方是“物质主义者”的概率是 1/2,这样她的偏好就可以用接受的货币收益来表示,因此只要 $Y\geqslant 0$,她就会接受;她是“理想主义者”的概率也是 1/2,此时她认为报价 Y 小于 2,她就会不满意。对于“理想主义者”的回应方而言,她的效用函数就是 $Y-2$,所以她仅仅会接受那些 $Y\geqslant 2$ 的报价。

图 22.1 给出了该博弈树。参与人 1 可以从 5 种可能报价 $Y=0, 1, 2, 3, 4$ 中任选 1 个。自然可以连续地“随机抽取”参与人 2 的类型,或者是“物质主义者”,或者是“理想主义

者”。这种类型定义了参与人 2 在此后每次行动(接受还是拒绝报价)时的收益情况。在终端是参与人的收益情况,上面的数据表示参与人 1 的收益,下面的数据表示参与人 2 的收益。

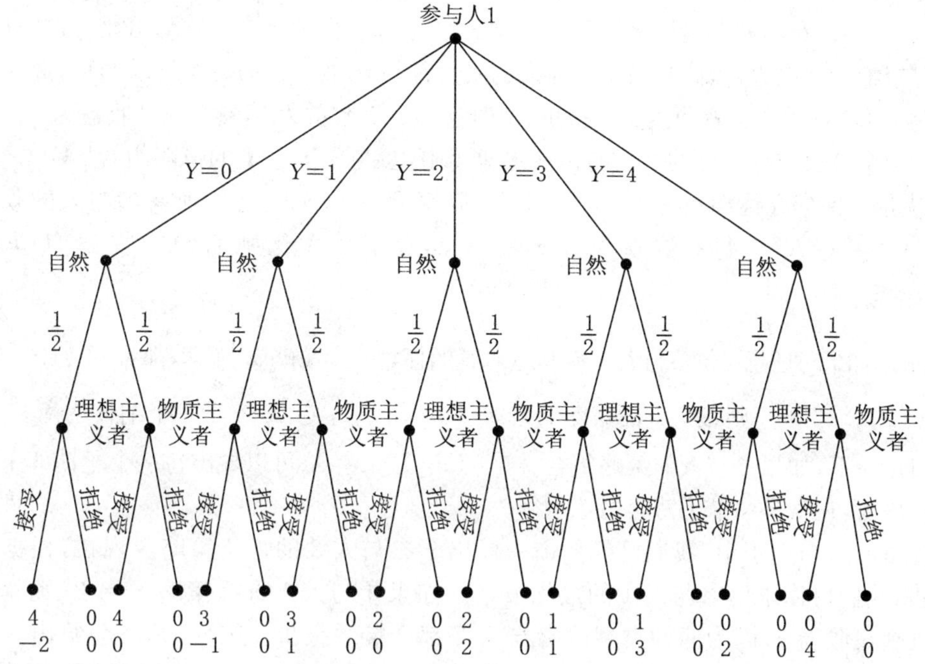

图 22.1

在图 22.2 中,箭头表示参与人 2 的最优策略。但是即使参与人 1 知道哪种一策略是参与人 2 将会采取的策略,但给定参与人 1 所有可能的策略,她仍然不会明确知道博弈将

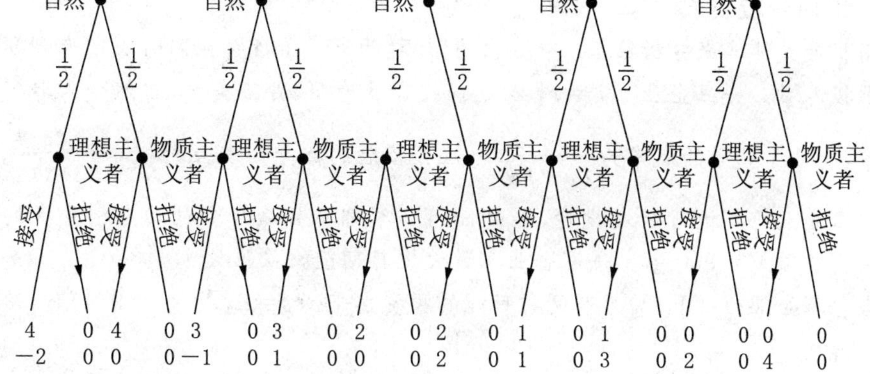

图 22.2

会在哪个终端结束。这是因为在参与人 1 选择行动(给参与人 2 的报价 Y)之后,她仍然不了解她所面对的参与人 2 的类型。对于参与人 1 所可能选择的任何报价 Y,在博弈树上有两个终端,博弈在每个终端上都可能结束,每一个终端发生的概率都是 1/2。

例如,如果参与人 1 选择报价 $Y=1$,博弈结束的终端可能是参与人 2(是一位"理想主义者")拒绝接受该报价,此时两位参与人的收益都是 0;或者在另一个终端结束,此时参与人 2(是一位"物质主义者")接受该报价,此时参与人 1 收益为 3,参与人 2 收益为 1。

在一个自然选择行动的一般的扩展式博弈中,参与人 $j \in I$ 的策略组合 $x=(x_j)_{j\in I} \in X$ 决定了博弈在终端 l 上结束的概率,此概率为 $p^l(x)$,且此时所有参与人的收益为 $\pi^l=(\pi_i^l)_{i\in I} \in R^I$。每一位参与人 $i \in I$ 都希望最大化她的期望收益:$U_i(x)=\sum_{\text{终端}l} p^l(x)\pi_i^l$。

因此,如果对任意一位参与人 $i \in I$,且对她的任意一个策略 x_i' 而言,都有 $U_i((x_j^*)_{j\in I}) \geqslant U_i((x_i', x_{-1}^*))$,则参与人的策略组合 $x^*=(x_j^*)_{j\in I} \in X$ 就是一个纳什均衡。

回忆一下,如果参与人的策略组合 $x^*=(x_j^*)_{j\in I} \in X$ 可以导出每一个子博弈上的一个纳什均衡,它就是一个子博弈精炼均衡。

在目前这个例子中,我们已经用箭头标出了参与人 2 的最优策略。现在,根据逆向归纳法,我们可以求解参与人 1 的最优策略。如果参与人 1 选择策略 $Y=2$,她就会保证自己获得收益 2,因为两种类型的参与人 2 都会接受报价。因此,她不会给出一个比 $Y>2$ 更高的报价;因为参与人 2 肯定会接受此报价,但这却使参与人 1 获得的收益更低。但是如果参与人 1 报价 $Y>2$,此时只有物质主义者的类型才会接受该报价,概率只是 1/2。

- 因此,在报价 $Y=2$ 的情况下,收益为 3 的概率就是 1/2,且此时的期望收益为 1.5,这要小于报价 $Y=2$ 可以保证获得的收益水平 2。
- 如果报价 $Y=0$,参与人 1 获得收益 4 的概率为 1/2,且该报价的期望收益为 2。这和报价 $Y=2$ 时可以保证获得的收益水平 2 相同。

因此,我们就会发现在该博弈的子博弈精炼均衡中,在其中的一个均衡下,参与人 1 报价 $Y=2$;在另一个均衡下,参与人 1 报价 $Y=0$。

测验:专利开发竞赛

用扩展式博弈来分析第 7.3 中给出的博弈:两家竞争性企业同时决定专利研发中的资源投入量。一旦企业 $i(i=1, 2)$ 选择投资量为 x_i 百万美元,自然会采取行动决定赢家:企业 1 获胜的概率为 $\frac{x_1}{x_1+x_2}$,企业 2 获胜的概率为其互补概率 $\frac{x_2}{x_1+x_2}$。(如果每一家企业都不进行研发投资,那么任何一家都不会赢得专利。)专利竞赛的胜者可以获得收益 $V=900$ 万。每家企业都最大化其期望收益函数。

当每家企业 $(i=1, 2)$ 只有两种可能的投资水平 $(x_i=0$,或 $x_i=9/4)$ 时,给出本例的博弈树。

22.2 边缘政策

在第11章中，我们讨论了术语“混合策略”的不同含义。我们注意到，在两位参与人一次性非重复策略情境下，该术语存在一些特殊问题。此时，像抽签那样的随机选择看上去是不合理的：为了让一位参与人随机抽取两种选择之一，她在抽签前必须对这些选择是无差异的。但当她处于这种情景时，到底是什么因素会影响她在抽签时实际上选择了其中一个方案，而不是另一个方案呢？此外，如果她确实不顾抽签后果，总可以随时改变主意，那为什么她还在一开始为抽签而烦恼呢？

但是如果参与人对即将进行的抽签具有某种形式的约束力，且她承诺遵循抽签结果，那么，上面的分析就会是另一种情境。如果参与人能指定某位代理人，由代理人而非参与人来进行抽签，并执行抽签结果，那么，利用这种方式就可以进行承诺。

当参与人并非是单个个人，而是某类管理组织时，可以利用某种授权机制。这里的管理组织可以是某个商业企业、某个工会、某个政党，或某个国家(地方)政府。组织管理层所采取的决策通过组织的某种执行机构实施，且很多情况下是通过某种冗长的官僚链条实施的。来自组织管理层的指令一定要具有普遍性和概括性。组织执行机构有权诠释管理层的指令，且在面临具体现实时，可以对其进行调整。在现实中，对指令的诠释和管理层的意图未必百分之百精确一致。因此，在某些情况下，执行机构的行动和管理层意图可能会南辕北辙，这样管理层就既没有充足的时间，也没有足够手段来对一系列重大事件进行控制调整。因此，管理层对执行部门的指令——特别是当它们偏离了日常的行动规程时——就有必要按照某种概率来认识组织的行动后果。这样，组织最终所采取的行动特征就具有了某种程度的随机性。

因此，把执行权委托给代理人，就像追随自然行动(move of nature)进行决策一样，参与人并不能控制其随机的后果。因此，参与人采取某种授权机制，可能会导致在运算中出现某些风险，这种风险最终会由两位参与人，特别是由竞争对手承担。如果对手不喜欢这种风险，他就会采取某种行动来预先制止或降低这种风险。对制造上述运算风险的参与人而言，这种行动也许是有利的。但是，如果竞争对手事先可以知道抽签结果，她也许会选择另外一种完全不同的(作为抽签后果的函数的)行动，而这一行动无论如何对第一位参与人都是不利的。在这种情况下，授权给代理人委托进行抽签会导致风险，而这一风险完全是人为的。恰恰是上述事实会使竞争对手的行动方式可能对制造风险的玩家更有利。

制造上述运算风险的代理人在抽签结果上并非是无差异的。如果风险转化为现实，不仅仅包括竞争对手，甚至包括参与人本身，都会承受严重损失。因此，我们将有意制造此类运算风险的策略称为边缘政策(brinkmanship)。因为如果不制造风险，对手采取的行动可能对参与人更不利；所以此时即使参与人自己也非常不喜欢最终实现这些风险，她也许仍然宁愿制造某种运算风险。

古巴导弹危机就是一个经典的边缘政策案例。

22.2.1 古巴导弹危机[①]

1962年夏秋,原苏联开始在古巴建造可以发射40枚中程核导弹的发射场,这些导弹可以击中美国的绝大多数大型人口中心和军事设施。这是原苏联首次将核导弹部署在其本土外。当时,原苏联部署在其本土的可以打击美国的洲际弹道导弹还不到20枚,其中也许只有2枚或3枚处于战备状态。因此,在古巴部署导弹,当时尽管对于打破核平衡下美国霸主地位无济于事,但也意味着原苏联增强了其威胁能力。相应地,在古巴部署导弹还可以遏制来自美国的任何潜在的入侵行为。在世界范围争取地区影响力的内部争斗中,这对原苏联而言是一种重要的领先优势,特别有利。

美国U-2间谍飞机在1962年10月14至15日对古巴进行了突击侦察飞行。正是通过解读在此次侦察飞行中所拍摄的航空照片,才发现了在古巴建造的发射场。10月16日,肯尼迪总统就看到了这些照片。肯尼迪立刻成立了一个特别顾问委员会,这就是后来著名的执行委员会(ExComm)。该执行委员会陪伴肯尼迪总统渡过了整个危机的决策过程。

一开始委员会考虑了两个主要的选择方案:对古巴进行军事打击,或者不进行军事打击。不进行军事打击可以防止军事升级,但这样原苏联可能会巩固其在古巴新设的核威慑圈,委员会成员注定不会接受这一结果。对古巴进行军事打击会直接摧毁其已经到位的导弹设施,但明显却会在两个核大国之间埋下核爆炸的隐患。中央情报局的情报评估显示,古巴的某些导弹已经处于战备状态。这是支持采取冒险行动进行军事打击的一个原因。即便如此,委员会还考虑了数种军事打击范围不同的选择方案——从仅仅攻击导弹发射场,到一场涉及面更广的地区军事冲突,包括打击驻扎在古巴的古巴和原苏联的战机,到对古巴进行全面的地面入侵。

经过第一天的审慎评估后,执行委员会初步递交了另外一套可能的行动方案,这就是对古巴实施海上封锁,同时要求原苏联拆除并撤走他们部署的导弹。虽然封锁本身当然会妨碍古巴完成导弹部署,但却不会影响已经部署在那里的处于战备状态的导弹。因此看上去,不采取军事打击的策略和实施海上封锁的策略之间并没有什么明显的不同。但正是这套替代方案逐渐获得了委员会多数成员的支持。10月20日,共有11位委员会成员支持该方案,而支持对古巴实施军事打击的只有6位成员。肯尼迪总统采纳了大多数委员的看法,在他22日的电视讲话中,宣布开始强制实施海上封锁。

封锁实际上在10月24日开始生效,但在执行上却仍留有余地:仍然允许载有民用物资的船只平安驶向古巴;如果扣押,也不过只有数天之久。原苏联寻求的是和平解决此次

① 本案例中事件发展过程和某些基本思想来自Dixit, A. and S.Skeath(1999), Games of Strategy, New York: W.W.Norton & Company,第13章。该内容本身也是根据大量的一手和二手资料撰写的。但是,我们这里用博弈论方法的分析与Dixit和Skeath的分析有所不同。他们的专著会引导对该主题感兴趣的读者进行一场非常有吸引力的讨论。这些讨论针对当时的历史情况,分析了几种不同的模型。当然,古巴导弹危机在国际关系文献中也有大量研究,有的也运用了博弈论分析工具,有的利用了其他领域的分析方法。

危机。在这种温和的封锁措施下，它也有足够的时间从危机中为自己谋取利益。

执行委员会和总统认识到时间并不站在美国一边，决定升级反应。10 月 27 日，美国空军递交了一份全面作战计划，该计划准备在当月 29—30 日对古巴发动一场大规模的局部军事打击。同时，肯尼迪总统给原苏联总统赫鲁晓夫写了一封措辞强硬的信，并呈交给原苏联驻华盛顿大使。在信中，肯尼迪建议如果从古巴撤走原苏联的导弹（和原苏联的轰炸机），美国就不会发动军事打击；而且数月后，美国会撤走先前部署在土耳其的美国的导弹。前提是原苏联不得谈论古巴危机和美国撤走导弹之间的关系。①肯尼迪在信中要求他的原苏联同伴在 12—24 小时内给出答复，不然就会面临“意想不到的后果”。

第二天，原苏联电台播出了赫鲁晓夫对肯尼迪的口头回应，宣布立刻中止在古巴的导弹部署工作，且会拆除已经部署在那里的导弹，并运回原苏联。肯尼迪立刻答复，称欢迎对方的决定，并通过美国之音电台播送了上述声明。

但这场导弹危机并没有完全结束。美国参谋长联席会议仍然怀疑原苏联是否会信守承诺，并继续扬言支持进行空中打击。事实上，古巴导弹发射场的建设工作确实还持续了数天，撤走导弹实际上是从 11 月 20 日才开始。

根据博弈论的分析工具，我们如何来理解实施海上封锁的策略呢？在实施这种封锁和不进行军事打击（同时仅仅依靠要求和威胁）之间，其根本区别是什么呢？这样做的成功秘诀何在呢？

实施封锁并不会使已经部署在古巴的导弹威胁消失。但当政治领导人把命令传达给军队，要求改变当前现状的时候，就会产生某种导致军备升级的风险，而且政治领导人也不能完全控制这种军事风险的发展。

实际上，在实施封锁后，原苏联命令他在古巴军队的指挥官调集军队，利用他可以动员的除核武器之外的一切手段，抵抗来自美国的军事打击。事实上，原苏联曾经两次准备下达命令给古巴军队指挥官，一旦美国入侵，允许指挥官可以动用战术核武器。但在下达前最终还是取消了这一命令。10 月 27 日，原苏联军队击落了一架正在对古巴执行航空照相任务的美国 U-2 侦察机，并对其他美国侦察机开火。在解释从莫斯科收到的命令时，古巴当地指挥官显然认为允许他拥有更多自由行动的权力。但这并非是原苏联领导层的本意，苏联领导层并不希望军事冲突升级。

美国方面，在政治和军事层面也存在大量的通信短路情况。美国海军早已拟定了一份海上封锁的备战计划。为了让原苏联有更多的时间来考虑如何行动，政治高层要求美国海军给出的计划不要太过于激进，特别针对那些封锁圈过于靠近古巴的计划。尽管下达了很多指令，但实际上封锁形成后却大致非常接近海军一开始的计划。同时，美国空军也没有像政治高层要求的那样，表示出最大程度的克制。一架 U-2 侦察机“错误地”进入了原苏联的防空区；勒梅（Curtis Lemay）将军在肯尼迪总统不知情也没允许的情况下，命令美国核轰炸机不同寻常地飞近原苏联防空区，它们很可能被苏联雷达探测到。幸运的是，原苏联军队一直非常冷静，也对他们总统赫鲁晓夫正式抗议肯尼迪总统的做法表示满

① 美国实际上很久之前就准备撤走它部署在土耳其的导弹，该导弹型号已经过期了。

意,没有进一步的过激行动。①

因此,美国实施的海军封锁行为可以被理解为一种自然的行动。在这种抽签自然行动中,封锁会使美国军事打击古巴不发生的概率较高,不妨为 p,但仍然存在较小的互补概率,$1-p$,会导致事态失控:临场军事指挥官之间的相互误解和发生的局部冲突,都可能会导致军事行动升级。这最终会迫使美国对核导弹实施军事打击,并可能最后演变成一场两大集团之间的核战争。

在第二种可能的情况下,两大对手都不会捞到任何好处。但是,当美国总统决定实施封锁时,他就承诺自己要承担自然行动所带来的风险。从一开始他就不能完全控制所有事态的发展,因此也不能完全防止核冲突的可能。

肯尼迪总统所指望的是,给定自然的行动,赫鲁晓夫总统会选择从古巴撤走导弹,这样就可以解除核威胁。事实上,肯尼迪的行动是在逐渐且小心翼翼地增加挑起战争的风险 $1-p$,而赫鲁晓夫则担心这种战争风险。当 10 月 22 日宣布海上封锁时,风险非常小。当 10 月 24 日正式实施(尽管是温和的)海上封锁时,风险增加了一些。最后,当 10 月 27 日,肯尼迪传递给赫鲁晓夫一个措辞强硬的截止日期非常迫近的最后通牒,并同时准备了一份详尽的局部进攻计划时,风险 $1-p$ 上升了更多。在这一阶段,风险 $1-p$ 看起来如此严重,以至于赫鲁晓夫宁愿撤回其咄咄逼人的攻击性计划。见图 22.3。

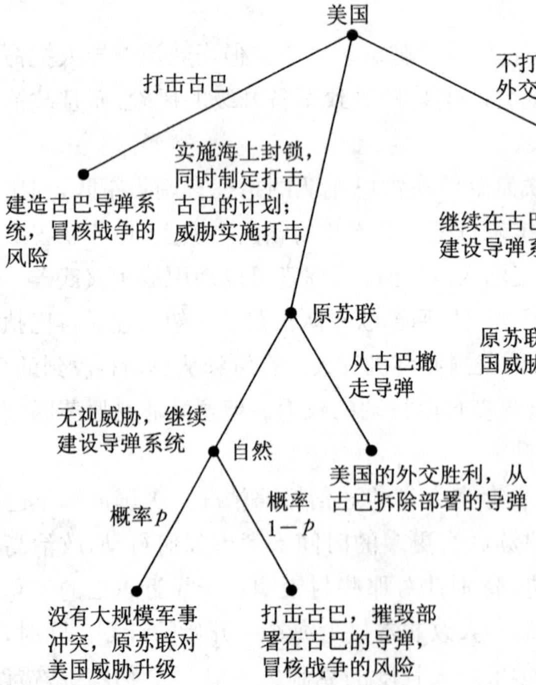

图 22.3

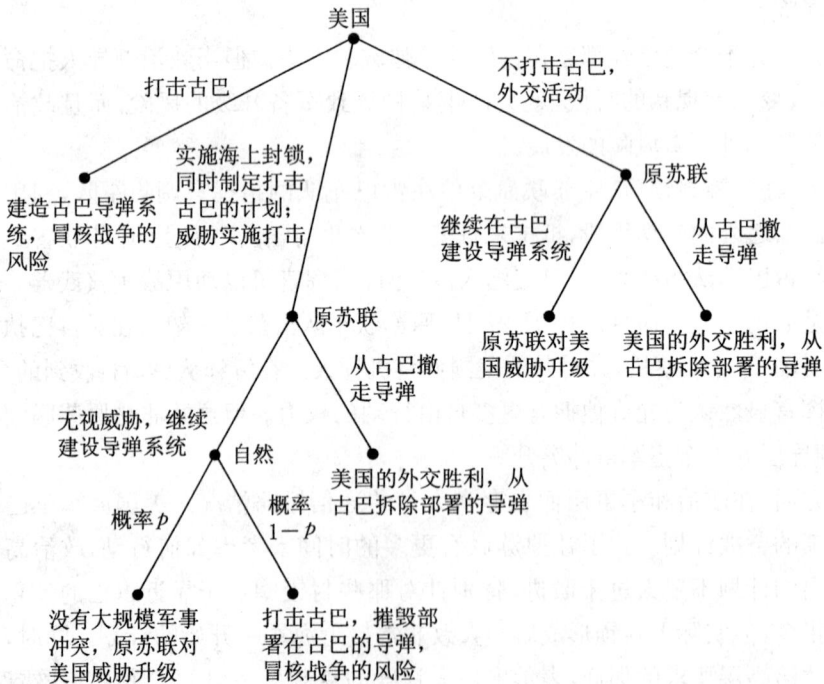

① 勒梅将军由于其激进的看法和冲动的个性而闻名,很可能是导演 Stanley Kubrick 的电影 *Dr. Strangelove* 中 Jack D.Ripper 将军角色的原型。在这部辛辣的讽刺作品中,这位将军扔掉了他的帽子,命令一个核轰炸机编队对原苏联发动攻击。

22.3 相邻侵害诉讼

在法律和经济学领域，博弈论的应用越来越广泛。在法律领域，原告和被告通过其代理律师进行策略攻防，因此，在对这种策略互动行为建立模型方面，博弈论就是一种很自然的工具。

这种针锋相对的辩论的后果由法官（或陪审团）来决定，但它当然也会受到各方行为的影响，尽管这种影响并非具有明确的决定性。不同的法官由于其经验、判断和观念不同，他们对法律和判例的解释也不同，因此判案规则也不同。因而，从诉讼的角度出发，到法院进行诉讼就像抽签一样，尽管或许可以提前估计其前景，但不能准确预测其结果。因此，在诉讼不确定时，双方就会企图进行庭外和解和谈判。如果且当这种努力失败之后，就会付诸诉讼。当然，对双方而言，诉讼会涉及到巨额成本，包括律师费、专家证人费，等等。

但人们有时也会利用这一事实，来实施相邻侵害诉讼（nuisance suit）。即使原告了解到他在法庭上获胜的机会微乎其微，他也可能提出起诉，要求获得补偿。他期望被告同意庭外和解，以获得一定数额的补偿。这一数额虽然小于诉状中诉求的金额，但仍然非常可观。这是因为他知道，即便被告会最终获胜，被告也不得不在法庭审案中支付某一数量的预期金额；而只要他在和解中要求的金额比诉讼预期金额低，被告就会同意支付。

现在，我们用一个简单的模型来分析这种策略情境。①当然，本例中的数据和姓名仅仅是为了说明。

Adam 起诉 Eve，要求获得补偿 10 万美元，同时邀请他参加庭外和解，要求付款 5 000 美元作为补偿。如果该案递交到法院进行判决，诉讼各方都需要承担成本 1 万美元。Adam 胜诉的概率只有 1%，且双方都了解这一事实。此外，为了起诉，Adam 必须支付诉讼费 1 000 美元。因此，双方之间的策略互动情况可以用图 22.4 中的博弈树来描述。

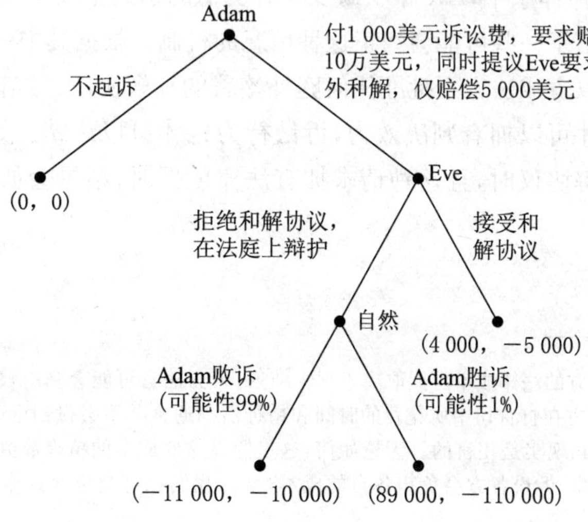

图 22.4

① 基于 Rosenberg, D. and S. Shavell (1985), "A Model in which Suits are Brought for their Nuisance Value", *International Review of Law and Economics*, 5, 3—13.

如果 Eve 妥协,同意上述提议,她会损失 5 000 美元,而 Adam 会获得 4 000 美元利润(5 000 美元减去 1 000 美元诉讼费)。如果她拒绝这份和解协议且输掉官司,Adam 就会获利 8.9 万美元(10 万美元减 1 000 美元诉讼费再减 1 万美元诉讼成本);但如果 Adam 输掉官司,他会损失 1.1 万美元(诉讼费加诉讼成本),此时 Eve 会损失 1 万美元(诉讼成本)。①

[例题 22.1]

假设 Adam 和 Eve 都最大化其期望收益,求解上述博弈的一个子博弈精炼均衡。

答案

如果事态发展到上法院,Adam 的期望收益为:$99\% \times (-11\,000) + 1\% \times (89\,000) = -10\,000$。

(补偿的期望值是 1 000 美元 $= 1\% \times 100\,000$ 时,这一金额可以弥补诉讼费;此外,他还必须完全承担诉讼成本 1 万美元。)

Eve 的期望收益为:$99\% \times (-10\,000) + 1\% \times (-110\,000) = -11\,000$。

因此,如果 Adam 采取行动,Eve 将选择和解且支付庭外和解补偿 5 000 美元。此时,Adam 获得收益 4 000 美元,这要大于他不采取行动时获得的收益水平 0。因此,在子博弈精炼均衡时,Adam 会起诉 Eve,且 Eve 会接受和解协议。

在和解协议中,Adam 要求的补偿额大于一旦进入审判程序时 Eve 愿意支付的期望补偿额。那么,Adam 是如何得以敲诈 Eve 获得更多补偿的呢?答案在于,起诉行动是 Adam 的一种承诺手段(commitment device)。Adam 承诺他会发起一种无效率且不可取的诉讼案,且一旦 Eve 不同意他的和解提议,诉讼的(期望)结果对 Eve 和他自己都更不利。②在当前采用的法律体系中,Eve 手头缺少一种类似的承诺手段。

司法文献已经提出了一些可能会纠正这种情况的机制。根据其中一种方案,③补偿诉讼案中的被告一方可以责成法庭不批准任何庭外签署的和解协议。这种和解协议确实通常需要经过法院批准才可以拥有判决效力,诉讼行为也才可以终结。如果且当被告有权禁止法庭批准这类和解协议时,且这种请求拥有法律依据时,结果会如何呢?这时,博弈树如图 22.5 所示。

---

① 根据英国法律,各方的法律成本可能取决于判决结果,因为法官可能会判决败诉方支付胜诉方的诉讼成本。但即便这样,胜诉方在打官司中所花费的时间和精神活动通常并不会得到全部赔偿。因此,这里对诉讼中原告和被告的假设和现实是相符的。无论如何,这里假设这些成本的精确数值并不会影响该案例中的精神实质。根据美国法律,诉讼各方会负担各自的成本,就像我们在这个包含具体数据的例子中假设的那样。

② 在该博弈的分析中,存在一个假设,即一旦 Adam 采取起诉行动,如果 Eve 不同意和解提议,宁愿选择应诉,Adam 必须进入审判阶段且承担其成本。

③ Rosenberg, D.and S.Shavell(2006), "A Solution to the Problem of Nuisance Suits: The Option to Have the Court Bar Settlement", *International Review of Law and Economics*, 26, 42—51.

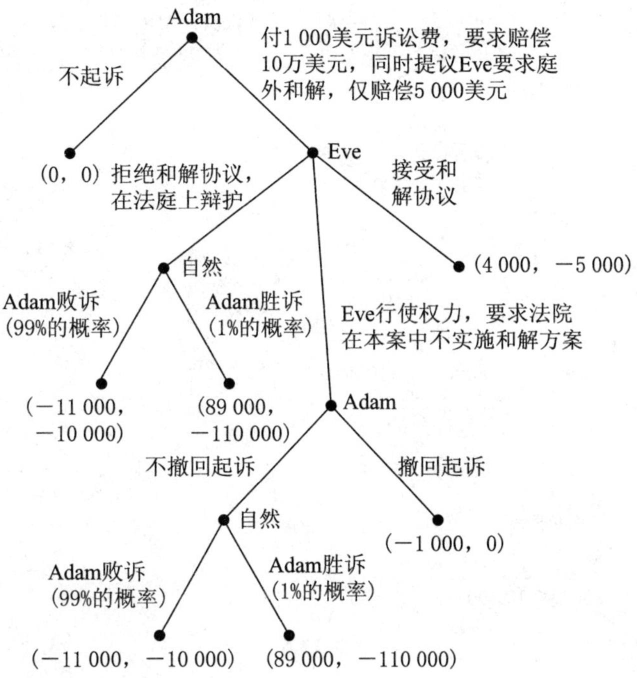

图 22.5

[例题 22.2]

求解该博弈的一个子博弈精炼均衡。

答案

如果 Eve 行使禁止权，要求法庭不批准庭外和解协议，Adam 将会选择退出诉讼，且承担所要付的 1 000 美元诉讼费。这是因为一旦继续起诉，他面临的期望损失将是 1 万美元。见例题 22.1 中我们计算的结果。

如果 Adam 退出诉讼，Eve 就不会有任何损失。因此，由于预计到 Adam 会采取这样的行动，Eve 事实上会选择禁止法庭批准和解协议。这是因为无论她选择其他任何可行的选项，都会给她带来损失：妥协使她损失 5 000 美元，而应诉并上法庭审判会带来期望损失 11 000 美元。见上面例题中的计算结果。

由于一开始就注意到这种情况，Adam 就会在博弈开始时退出，而不采取诉讼行动。这是因为他意识到，诉讼行动会使 Eve 禁止法院批准和解协议，这样在支付上述费用之后，结果还是他不得不退出诉讼。

我们求解得到的子博弈精炼均衡用箭头标记在图 22.6 中。

因此，如果原告从诉讼活动中获得的期望利润为负，上面提出的制度确实可以使原告退出行动。在这种制度下，被告有权“破釜沉舟”，可以不采取妥协的解决方式，并且承诺为了立场，她会不惜诉诸法院审判。当然，从被告角度来看，这是不值得的，但这种可信的“破釜沉舟”威胁却导致原告提前放弃其不合理的举动。

但是当原告从诉讼中获得的期望利润为正时，这种制度还可以制止原告起诉被告要求补偿吗？

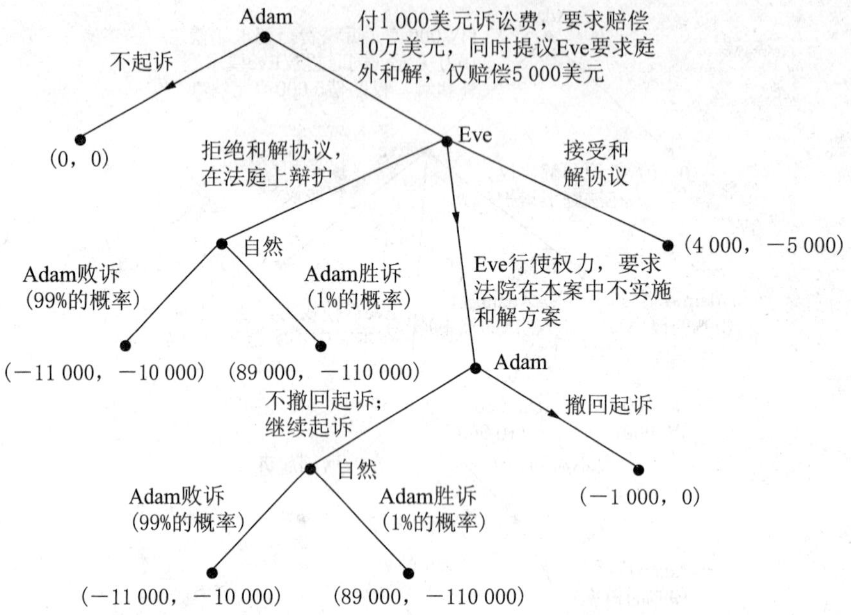

图 22.6

[例题 22.3]

现在假设 Adam 胜诉的概率是 50%，且他提议在庭外和解中，Eve 须赔偿 3 万美元。再求解例题 22.2。

答案

如果进入审判程序，Eve 的期望损失是 6 万美元（期望补偿 5 万美元 ＝50% × 100 000 加诉讼成本 1 万美元），Adam 的期望利润是 3.9 万美元（期望补偿 5 万美元 ＝50% × 100 000 减诉讼费和诉讼成本，共计 1.1 万美元）。因此，Eve 明白，即使她要求法院禁止批准和解协议，Adam 也不会放弃行动①，这样她最好一开始就同意和解协议。根据和解协议，她仅仅支付 3 万美元，这避免了当审判时她可能会承受的更高的期望损失 6 万美元。子博弈精炼均衡如图 22.7 中的箭头所示。因此，根据上述所建议的制度，原告将不会放弃他认为合理的诉讼行为，譬如那些在审判中会获得正的期望利润的诉讼案。②

上述制度的特征非常重要：在这种制度下，法院不需要投入任何资源调查案件细节，各方行为通过相互交锋，就可以得到有效的结果。在对胜诉概率的估计上，各方所拥有的信息都是最优的；而一开始，执法当局却不拥有任何一方所掌握的信息。在这种制度下，各方都有激励依靠自己的自由意愿来进行处置，这和执法者的意图是完全一致的。

因此，均衡时，上述各方无论如何都不会进入审判程序，且他们都会决定妥协，这对他们都是合理的选择。上述结论之所以成立，是因为前提假设认为，他们对审批中各方胜诉概率的认识是一致的。当他们的胜诉预期不一致，且至少有一方对胜诉前景过度乐观时，

① 事实上，只要 Adam 的期望利润大于－1 000 美元，他将不会放弃行动，而这是诉讼费的数额。

② 正如在前一个脚注中所分析的，在这种制度下，原告将不会放弃那些“稍微不合理”的诉讼行动。这些行动如果进入审判，其期望利润会大于因支付诉讼费而带来的损失。

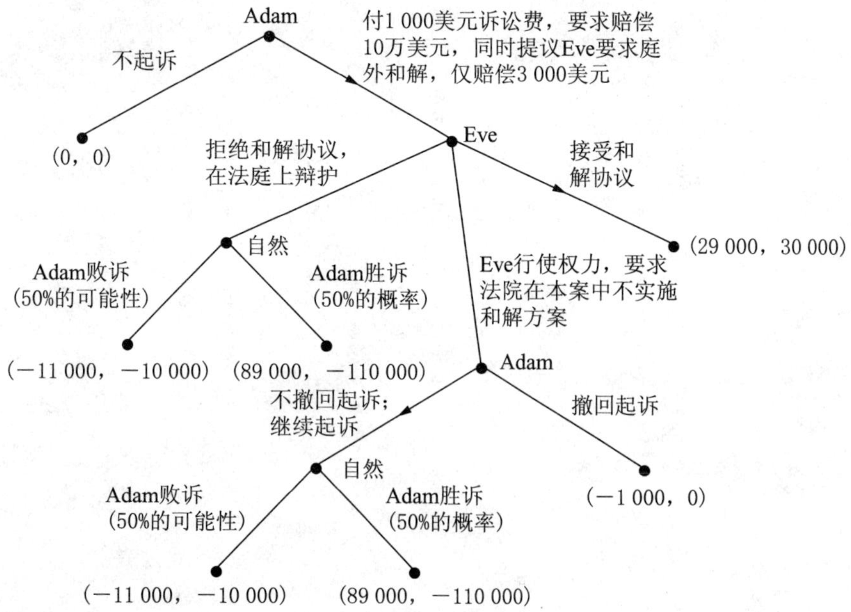

图 22.7

那么很有可能两者最终会进入审判程序。实际上，司法和经济学文献已经对此问题进行了广泛的讨论。这些文献分析了当参与人信念不同时的各种情况。但是，在对这种事态发展的分析中，我们需要一些可以处理两玩家私人信息非对称时的策略互动行为模型，而这些模型超出了本书的主题范围。

第Ⅶ部分　重复博弈

引言

一个重复博弈就是一个无限期扩展式博弈，其中不断重复进行同样的标准式博弈，直至无穷。尽管博弈在重复时和博弈的历史无关，但参与人的策略却很可能取决于博弈的历史。在博弈无限重复的历史中，每位参与人的总收益是每期收益的贴现和，贴现因子介于0和1之间。贴现解释如下：(1)和未来收益相比，参与人宁愿在现在拥有收益的急迫程度；或(2)博弈在某期没有终止，在未来实际持续发生的概率；(3)当把累积收益储蓄，或用未来收益来归还贷款时，货币利率的影响。

在第23章中，我们分析了无限期囚徒困境的情况。尽管事实上在一次性博弈中，背叛是一个占优策略，但在无限期重复囚徒困境博弈中，我们证明存在子博弈精炼均衡策略，其中参与人会全程或部分合作。在这类策略下，参与人会合作，而且如果确实有某些意料之外的背叛，且当这些背叛出现时，因此而受害的参与人就会威胁在某些回合中实施“惩罚”。为了达成均衡，惩罚期要足够长，以便使背叛方通过突然袭击对手获得的短期收益不能弥补其长期损失，因此在均衡路径上，实际不会背叛。贴现率越高，达成均衡合作所需的惩罚期(此时，进行惩罚的一方也可能受到损失)就会越短。

一般来说，“无名氏定理”表明，一位参与人在重复博弈的子博弈精炼均衡中获得的平均收益需要满足两个条件，即可行性(即这是他们在每回合博弈收益矩阵的某个加权平均)和个人理性(即要大于或等于参与人通过采取安全策略而获得的收益水平)。在囚徒困境和在很多其他重复博弈中，无名氏定理意味着存在大量的子博弈精炼均衡，但其合作程度有所不同。因此，和有限期博弈相比，无限期重复博弈子博弈精炼均衡概念的预测力较弱，但它和囚徒困境中的合作倾向是吻合的。在一次性或有限期囚徒困境博弈中，这种合作均衡并不存在；但在重复囚徒困境的实验室试验中，实际上是可以观察到这种均衡的。

无限期重复博弈中存在大量均衡，这自然就会出现一个问题，即是否存在某些精炼法则可以精简均衡集，以便得到的预测集更小呢？一种精炼方法就是所谓的再协商试验，该方法要求在均衡时，在博弈历史开始之前，参与各方就一致同意，愿意就既定的连续策略“再协商”，并且在不同的历史后，确实会像他们的均衡策略描述的那样进行博弈。我们证明了，再协商试验确实可以排除无限期重复囚徒困境博弈中的某些均衡策略组合，从而会得到一个均衡集的严格子集，该子集满足上述额外准则。

第24章进一步给出了重复博弈的一些具体应用。效率工资通常高于行业标准，这是为了激励工人额外努力工作。背后的逻辑源于如下事实：即偷懒会带来一种负面效应，导致更有可能失业。通过在短期收益和长期损失之间权衡，就可以得到效率工资的最低水平，这种效率工资水平可以诱导工人努力工作。对上述例子稍加修改，就可以用来分析在12世纪的地中海地区的两种不同贸易制度下，不同的商人们是如何付给代理人酬金的历史故事。

在重复寡头模型中,为了维持一个稳定的卡特尔需要采取一些策略,第二个例子对上述问题进行了分析。如果竞争企业的贴现值相对较低(即如果它们非常看重当期和近期的利润),它们就不可能维持最有效率的合作行为,即使这种有效的合作可以使它们像一家大型垄断企业那样生产,并且在卡特尔成员之间瓜分垄断利润。分析表明,在用贴现因子表示的不耐心程度,和在重复博弈子博弈精炼均衡可以带来的最大利润之间,存在某种关系。

该章最后讨论了轮流报价的讨价还价模型,其中各方就馅饼的分配轮流出价和还价,但馅饼价值会随贴现而不断减少。在博弈唯一的子博弈精炼均衡时,第一个分配方案会立刻被接受,且在分配中,方案提出方拥有少许优势。如果方案提出方越有耐心,方案回应方越没有耐心,提出方在分配中的优势就越大。但事实上,在现实生活中,讨价还价会立即达成协议的情况并不是很常见,反而相当少见。这表明存在一些其他因素会影响讨价还价博弈的均衡,譬如非对称信息或判断偏误。

▶23

重复的囚徒困境

截至目前,我们所讨论的扩展式博弈的所有路径长度都是有限的。但是,回忆一下我们在第 18 章曾经定义过拥有无限路径的博弈树。在每一个终端上,都会确定参与人的一个收益结果,但在任何终端,路径都不会结束。确实,每一位参与人的收益都是在一条完整的无限路径上确定的。

尽管存在这种无限路径,仍然可以很好定义策略概念:一位参与人的策略就是她的策略计划,描述了如果且当她位于每一个活跃节点上时,她会采取什么行动。也可以很好定义纳什均衡概念:参与人的一个策略组合是一个纳什均衡,如果每一位参与人从她自己的观点来看,其策略都是其他参与人策略的一个最优反应。

和前面一样,始于某一特定节点的子博弈定义为一个子博弈树,该节点为子博弈树的源头。因此,子博弈精炼均衡的概念可以定义为:参与人的策略组合是一个子博弈精炼均衡,如果它们导出的每一个子博弈的策略都是该子博弈中的纳什均衡。但是,和有限路径博弈不同,当博弈树存在无限路径时,不能用逆向归纳法求解子博弈精炼均衡。这是因为一个无限路径不能向后"精简",即不能从终端向源头倒推,因为在无限路径上找不到一个可以开始"倒推"的终端。因此,我们必须用其他方法求解拥有无限路径博弈的子博弈精炼均衡。

23.1 重复博弈*

重复博弈是非常重要的一类无限期博弈。在一个**重复博弈**(repeated game)中,参与人不断重复进行某种策略式博弈。譬如,在不断重复的囚徒困境中,参与人不断进行囚徒困境博弈。

当然,参与人在不同的博弈回合可以采取不同的策略:在某些博弈回合,他们可以合作,而在另外一些回合,他们的行为又可以非常自私。特别是,在一个重复博弈中,每一位参与人的策略可以取决于此前阶段的博弈历史:在博弈的第 n 回合,一位参与人的策略决

---

* 此章所涉英语单词"round"(参原版书)在重复博弈中较为常见,运用灵活,中文无统一译法,多译为时期、轮、回合等,视情况而定,不必整齐划一。——译者注

定了她选择的行动,这取决于对手选择的行动以及她在此前博弈 $n-1$ 回合中自己的行动。例如,在重复的囚徒困境博弈中,一位参与人可能采取如下策略:

"在第一回合选择合作;在此后的每一回合中,当且仅当对手此前合作的次数为偶数,而自己合作的次数为奇数时,才选择合作。"

为了区别重复博弈和一次性博弈中的策略概念,此后我们将称参与人 $i \in I$ 在一次性博弈中的策略 $x_i \in X_i$ 为一项**行动**(action),而在整个重复博弈中使用**策略**(strategy)这个术语。

定义

在重复博弈中,参与人策略就是参与人在博弈每一回合 $n(n=1, 2, \cdots)$ 所采取的行动,它是所有参与人在此前所有博弈回合中所采取行动的一个函数。

正式地,长度为 n 的历史 h_n 是由参与人的 n 个行动组合构成的,即对博弈回合 $k=1, \cdots, n$ 而言,行动组合分别为 $(x_i^k)_{i\in I}$。

我们用 H_n 表示长度为 n 的历史所构成的集合 $(n=1, 2, \cdots)$:

$$H_n = X^n = (\Pi_{i\in I} X_i)^n$$

这里,$X = \Pi_{i\in I} X_i$ 是参与人在一次性博弈中行动组合的集合。

当 $n=0$ 时,只存在一个(空的)历史 h_0,此时没有采取任何行动,因此长度为 0 的历史集仅仅由一个历史元素构成,即 $H_0 = X^0 = \{h_0\}$。

我们用 $H = \bigcup_{n=0}^{\infty} H_n$ 表示长度分别为 $n=0, 1, 2\cdots$ 时所对应的所有历史集。

定义参与人 $i \in I$ 的一个策略 σ_i 为一个函数: $\sigma_i: H \to X_i$, 该函数给出了在每一个历史之后参与人将采取的行动。

为了更好地描述此类博弈,我们必须分析作为参与人策略函数的收益情况。换言之,对每一个具有无穷历史的博弈而言,我们必须定义如何在不同的博弈期加总参与人的收益。

为此,我们必须对一个无穷收益序列进行求和,因为在每一博弈回合都有一个收益。几种不同的方法都可以定义这类渐近求和。我们主要分析贴现求和法(discounted sum)。

- 我们首先用 δ^{n-1} 乘以第 n 回合的收益,这里 $\delta \in (0, 1)$ 为给定的贴现因子:如果参与人 i 在第 n 回合的收益为 $\pi_{i,n}$,则贴现后的收益为 $\delta^{n-1}\pi_{i,n}$。
- 对所有贴现后的收益进行加总:在无限重复博弈中,参与人 i 的收益为: $\pi_i = \sum_{n=1}^{\infty} \delta^{n-1}\pi_{i,n}$。

贴现求和法有不同的解释,具体如下:

(1) 参与人具有某种时间偏好,她对第一期收益的重视程度最大(这相当于乘以 $\delta^0 = 1$);她对第二期收益重视程度次之,因此该收益要乘以因子 $\delta < 1$;对第三期的收益乘以 δ^2,她的重视程度更低;依此类推。博弈期越远,和该期收益相乘的因子就越小。

(2) 在第一期博弈之后,策略互动者可能会结束博弈的概率为 $1-\delta$,这样之后的博弈就不会进行。类似地,如果博弈已经进行了 n 期,那么第 n 期博弈是最后一轮博弈的概率

就是 $1-\delta$。因此：

- 第一期博弈发生的概率为 $p_1=1$；
- 第二期博弈发生的概率仅仅为 $p_2=\delta$；
- 第三期博弈发生的概率为 $p_3=\delta^2$，这是因为只有当第一期博弈发生后策略互动者不结束博弈(概率为 δ)，且同时第二期博弈发生后策略互动者也不结束博弈(概率为 δ)时，第三期博弈才会发生。

续行此法，第 n 期博弈发生的概率为 $p_n=\delta^{n-1}$。因此，参与人的期望收益为 $\pi_i=\sum_{n=1}^{\infty}\delta^{n-1}\pi_{i,n}$。假设她最大化期望收益，那么，这一收益就反映了参与人的偏好。

(3) 在不同博弈回合中的收益都是货币。参与人可以把货币存到银行直到下一期，或者从银行借钱，再用未来获得的收益还款。假设不同期之间的储蓄和贷款利率 $r>0$：对1美元货币而言，如果参与人在某一期博弈时存到银行，那么下一期她就会收入 $1+r$ 美元，存两期就会收入 $(1+r)^2$ 美元，依此类推，k 期之后会收到 $(1+r)^k$ 美元。类似地，如果在某期参与人从银行借了1美元，k 期之后她必须向银行支付 $(1+r)^k$ 美元。

因此，如果参与人准备在第二期还款1美元，那么在第一期她从银行的贷款数量应该为 $1/(1+r)$ 美元；如果她准备在第三期还款1美元，那么在第一期，她只能借款 $\frac{1}{(1+r)^2}$ 美元。依此类推，如果她在第 n 期同样还款1美元，那么在第一期她只能借款 $\frac{1}{(1+r)^{n-1}}$。

这样，如果我们记 $\delta=1/(1+r)$，求和 $\pi_i=\sum_{n=1}^{\infty}\delta^{n-1}\pi_{i,n}$ 就表示参与人所获得的收益在第一期的净现值(NPV)。如果她准备用此后各期博弈中获得的收益来归还贷款，那么，上述净现值这是她在第一回合从银行可能借得的最大数额的款项。

通常，我们发现分析参与人的平均收益 $\bar{\pi}_i$ 会更方便。如果参与人在博弈各期 $n=1, 2, \cdots$ 收到的收益为 $\pi_{i,n}$，这样她的收益总额为 $\pi_i=\sum_{n=1}^{\infty}\delta^{n-1}\pi_{i,n}$，那么，参与人的平均收益 $\bar{\pi}_i$ 就是她在各期收到的相同的收益，这些收益总和要等于 π_i。

总收益和平均收益之间的关系非常简单：如果参与人在博弈各期收到的收益为 $\bar{\pi}_i$，那么她的总收益将为：①

$$\sum_{n=1}^{\infty}\delta^{n-1}\bar{\pi}_i=\frac{\bar{\pi}_i}{1-\delta}$$

因此，为了使总收益等于 π_i，即 $\frac{\bar{\pi}_i}{1-\delta}=\pi_i$，必须有：

$$\bar{\pi}_i=(1-\delta)\pi_i=(1-\delta)\sum_{n=1}^{\infty}\delta^{n-1}\pi_{i,n}$$

---

① 可以回忆一下，m 项几何级数的求和公式为：$\sum_{n-1}^{m}\delta^{n-1}=\frac{1-\delta^m}{1-\delta}$，当 $n\to\infty$ 时，就可以得到一个无穷的几何级数，其和为：$\sum_{n-1}^{\infty}\delta^{n-1}=\frac{1}{1-\delta}$。这里假设 $0<\delta<1$。

23.2 重复的囚徒困境博弈

[例题 23.1]

两位参与人不断进行囚徒困境博弈,收益矩阵为表 23.1:

表 23.1

		参与人 2 C	参与人 2 D
参与人 1	C	2, 2	0, 3
	D	3, 0	1, 1

求下面各种情况下参与人的平均收益:

(1) 在各期博弈中,两位参与人都合作(选择 C);

(2) 在前 10 期博弈中,选择合作,然后不再合作(选择 D);

(3) 在所有偶数期博弈中,选择合作,而在所有奇数期博弈中,选择不合作;

(4) 第一位参与人仅仅在第一期博弈合作,而第二位参与人根本不合作。

答案

(1) 每位参与人在每一期博弈中获得收益 $\pi_{i,n}=2$,因此每位参与人的平均收益为:

$$\bar{\pi}_i=(1-\delta)\sum_{n=1}^{\infty}\delta^{n-1}\pi_{i,n}=2(1-\delta)\sum_{n=1}^{\infty}\delta^{n-1}=2(1-\delta)\times\frac{1}{1-\delta}=2$$

(2) 在前 10 期博弈中,每位参与人收益为 2,在其他回合博弈中,每位参与人收益为 1。因此,每位参与人的平均收益为:

$$\begin{aligned}\bar{\pi}_i&=2(1-\delta)\sum_{n=1}^{10}\delta^{n-1}+(1-\delta)\sum_{n=11}^{10}\delta^{n-1}\\&=2(1-\delta)\frac{1-\delta^{10}}{1-\delta}+(1-\delta)\frac{\delta^{10}}{1-\delta}=2-\delta^{10}\end{aligned}$$

(3) 在偶数期博弈时,$n=2k(k=1, 2, \cdots)$,每位参与人的收益为 2;在奇数期博弈时,$n=2k-1\ (k=1, 2, \cdots)$,每位参与人的收益为 1。平均来说,有

$$\begin{aligned}\bar{\pi}_i&=2(1-\delta)\sum_{k=1}^{\infty}\delta^{2k-1}+(1-\delta)\sum_{k=1}^{\infty}\delta^{(2k-1)-1}\\&=2(1-\delta)\frac{\delta}{1-\delta^2}+(1-\delta)\frac{1}{1-\delta^2}=\frac{2\delta+1}{1+\delta}\end{aligned}$$

(4) 第一位参与人在第一期博弈的收益为 0,在其他各期博弈的收益为 1。因此,其平均收益为:

$$\bar{\pi}_i=0+(1+\delta)\sum_{n=2}^{\infty}\delta^{n-1}=(1-\delta)\frac{\delta}{1-\delta}=\delta$$

第二位参与人在第一期博弈的收益为3，在其他各期博弈的收益为1。因此其平均收益为：

$$\bar{\pi}_2 = 3(1-\delta) + (1-\delta)\sum_{n=2}^{\infty}\delta^{n-1} = 3(1-\delta) + (1-\delta)\frac{\delta}{1-\delta} = 3-2\delta$$

为什么无限期重复博弈特别有意思呢？难道在无限期重复发生的策略情境下，会存在某些参与人更偏爱的均衡，他们在此时获得的平均收益会高于一次性博弈时的情况吗？

确实如此，这就是重复博弈中特别吸引人的地方，下面我们对此加以说明。

［例题 23.2］　严酷触发策略

在重复的囚徒困境博弈中，"严酷触发策略"定义如下：

(1) 在第一期博弈中选择合作(C)；

(2) 在此后每期博弈中：如果两位参与人在之前各期博弈中都选择合作，在当期也选择合作(C)；否则，选择背叛(D)。

证明当参与人非常有耐心时，即当 δ 较大，且充分接近1时，两位参与人采取严酷触发策略就构成了一个子博弈精炼均衡。

答案

当两位参与人都采取严酷触发策略时，他们在博弈各期都合作。因此，每位参与人的平均收益为：$\bar{\pi}_i = (1-\delta)\sum_{n=1}^{\infty}2\delta^{n-1} = 2$。

如果参与人1偏离该策略，不妨在第一期博弈时选择D，而参与人2仍然采取严酷触发策略，这时会如何呢？在第一期时，由于参与人2选择C，参与人1会获得收益3。但由于参与人1选择D，在第二期及以后各期，参与人2都将选择D。参与人1的最优反应同样也是在第二期及以后各期选择D，因此，其在此后各期博弈中所获得的收益将为1。相比之下，如果她不偏离严酷触发策略，她在各期博弈中都获得收益2。

换言之，只要参与人2确实选择严酷触发策略，如果参与人1在第一期选择D，在此后各期博弈中她也选择D，因为这是最优的。因此，在第一期中，参与人1偏离严酷触发策略，转而采取某种不同的策略 σ_i。只有当策略"总是选择D"更有利可图时，参与人1的上述偏离行为才是可取的。和严酷触发策略相比，采取策略"总是选择D"，参与人1可以在第一期博弈获得一个更高的收益(3，而不是2)，但其代价却是在此后各期博弈中，获得一个更低的收益(1，而不是2)。

这种偏离对参与人1更有利可图吗？这种更高的当期收益能够补偿随后各期的损失吗？当然，答案取决于参与人的耐心程度，即为了保护自己免于承受长期损失，她在多大程度上愿意推迟获得当前的收益。贴现因子 δ 是对这种耐心程度的刻画：当 δ 上升且趋近于1时，参与人也会越有耐心。

形式上，当参与人2采取严酷触发策略时，策略"总是选择D"给参与人1带来的平均收益为：$\bar{\pi}'_1 = 3(1-\delta) + (1-\delta)\sum_{n=2}^{\infty}\delta^{n-1} = 3(1-\delta) + (1-\delta)\frac{\delta}{1-\delta} = 3-2\delta$。

这一收益和严酷触发策略下参与人 1 获得的平均收益 $\bar{\pi}_1=2(1-\delta)\sum_{n=1}^{\infty}\delta^{n-1}=2$ 相比，前者的平均收益值会更高吗？答案是：当且仅当 $\delta<\frac{1}{2}$，$\bar{\pi}'_1=3-2\delta>2=\pi_1$。

因此，只有在参与人 1 越没有耐心，且为了当期多获得收益 1/2，而愿意放弃未来各期中多获得收益 1 的情况下，即便参与人 2 确实选择严酷触发策略，在参与人 1 看来，严酷触发策略也不是她的最优反应。另一方面，如果 $\delta\geqslant 1/2$，我们就会发现，参与人 1 在第一期博弈中偏离触发策略并不是有利可图的。

现在如果假设所有的参与人都很有耐心，$\delta\geqslant 1/2$，那么，参与人 1 不是在第一期博弈，而是在此后某期博弈中，偏离严酷触发策略可取吗？也就是说，参与人 1 在某些有限的博弈期中（$l=1, 2, \cdots, k-1$）采取同样的严酷触发策略，而在第 k 期博弈（也还可能在其他回合博弈）中，采用不同于严酷触发的策略可取吗？

该题的答案显然是否定的。假设参与人 1 正在考虑是否在第 k 期偏离严酷触发策略。换言之，在 $k-1$ 期博弈中，两位参与人一致合作。此时，参与人 1 正在考虑是否在第 k 期选择 D，而不是 C。在第 k 期开始的子博弈中，参与人 2 的策略是严酷触发策略：只要两位参与人合作，她就继续选择合作。因此，正如我们看到的，参与人 1 背离严酷触发策略将会降低在该子博弈中的平均收益水平，从 2 降到 $3-2\delta$。因此，假设参与人 1 在第 k 期偏离严酷触发策略，相当于假设参与人 1 从第 k 期开始并在以后各期中，总是选择行动 D，因为选择 D 确实是参与人 1 的一种最优的偏离行为。因此，参与人 1 在整个重复博弈中获得的平均收益将会减少，参与人 1 从前 $k-1$ 期中获得的收益总额为：

$$2\times\sum_{n=1}^{k-1}\delta^{n-1}=2\times\frac{1-\delta^{k-1}}{1-\delta}$$

但在第 k 期开始的子博弈中，她获得的平均收益水平将下降。

这样，我们就证明了，当 $\delta\geqslant 1/2$ 时，只要参与人 2 采取严酷触发策略，严酷触发策略就是参与人 1 的最优反应。类似地，当参与人 1 选择严酷触发策略时，严酷触发策略也是参与人 2 的最优反应。因此，严酷触发策略就是该重复博弈中的一个纳什均衡。

严酷触发策略组合也是一个子博弈精炼均衡吗？为了证明这一结论，我们必须验证，当某位参与人采取严酷触发策略时，在那些参与人永远不会进行的子博弈中，即在严酷触发策略组合本身所不包含的博弈历史的子博弈中，另一位参与人的最优选择也是该策略。

如果两位参与人都选择严酷触发策略，他们在所有各期博弈中就都会选择 C。我们已经验证了，在每一个有限期的博弈中，如果两位参与人都只选择 C（即在那些实际发生的博弈中），那么，严酷触发策略就是对竞争对手采取严酷触发策略的一种最优反应。但就那些参与人实际上不会进行的博弈历史而言，又会如何呢？在这些博弈历史路径（有限次博弈）中，至少有一位参与人至少选择一次 D。

在这样的博弈历史中，严酷触发策略会控制参与人在此后各期博弈中都选择 D。在这种博弈模式下，其他参与人的最优反应同样也是在此后各期博弈中选择 D。因此，一旦某位参与人选择严酷触发策略，且在子博弈的所有各期中选择 D，那么，另一位参与人选择严酷触发策略确实是最优的，因为它保证她也会持续选择 D。

在例题 23.2 中，我们求得了一个子博弈精炼均衡。其中，在重复囚徒困境的各期博弈中，如果参与人越有耐心($\delta \geqslant 1/2$)，那么在均衡时会选择合作(C)，尽管在任意某期，背叛(选择 D)确实是占优行动。在每一期，参与人都选择合作，不会选择背叛而偷偷赚取利润(通过偏离 C，选择 D，就会偷窃利润)。他们之所以这样做，是为了避免损害未来的合作，以及由此带来的利润损失。

尽管例题 23.2 中的严酷触发策略会导致合作均衡，但对手由于一次"不小心失误"而选择 D 后，如果参与人实施威胁，且当参与人确实进行威胁，永远选择 D 时，就会导致"严酷触发者"的参与人蒙受巨大损失。在现实生活中，这种"不小心失误"通常是由于失误而非有意为之而导致的。此时，这种行为必然会对"犯错"的参与人和对手都实施严厉的惩罚吗？难道不存在某种其他的子博弈精炼均衡策略，其偏离均衡策略时的惩罚不至于如此严厉吗？

[例题 23.3]　有限报复

在重复的囚徒困境博弈中，有限报复策略定义为：

(1) 在第一期博弈选择合作(C)。

(2) 在第 $n+1$ 期的策略：

A. 如果在第 n 期两位参与人都选择 C，在第 $n+1$ 期也选择 C；

B. 如果在第 n 期至少有一位参与人选择 D，那么在第 $n+1$, …, $n+k$ 期都选择 D，且在第 $n+k+1$ 期选择 C。再一次在接下来的 $n+k+2$ 期中实施规则 2。①

如果参与人根据规则 2B 采取行动，且当参与人根据规则 2B 采取行动时，我们称博弈处于"惩罚期"。对惩罚期中规则 2B 所界定的每一个数字 k，求贴现因子 δ_k 最小值为多大时，才使两位参与人采取有限报复策略构成一个子博弈精炼均衡。

答案

当两位参与人都采取有限报复策略时，他们在各期博弈中都选择 C，此时平均收益为 2。

如果在第一期博弈时，参与人 1 偏离该策略，选择 D，这时结果会如何呢？根据规则 2B，参与人将在此后第 2, 3, …, $k+1$ 期中选择 D，且此后她的行为将不再取决于参与人 1 在这 k 期博弈中的行为。②因此，在第 2, 3, …, $k+1$ 期博弈中，在参与人 1 看来，其最优选择是 D：在这些回合中，D 是一个占优行动，且不会影响参与人 2 此后的行为。

因此，即使参与人 1 在第一期没有遵守有限报复策略，选择了行动 D，而不是 C。这样，参与人 1 第一期的收益实际会从 2 提高到 3，但在接下来的 k 期中，第 2, 3, …, $k+1$ 期，她获得的收益水平却不会超过 1。这是在这些回合博弈中选择 D 时的收益水

① 这意味着，即使在第 $n+1$, $n+2$, …, $n+k$ 期博弈中，至少也会有某位参与人选择策略 D(确实应该这样做！)，在这些博弈回合中也不遵循规则 2B，也不重新开始 k 回合的博弈以选择 D。同样地，即使在第 $n+1$, $n+2$, …, $n+k$ 期中的某些回合中，你有些迷惑，选择了 C，那么，继续选择该计划，在剩余的回合中选择 D，且直到第 $n+k$ 期，而在第 $n+k+1$ 期选择 C。(特别地，即便在头脑不清楚的情况下，两位参与人在第 $n+1$, …, $n+k$ 期中的某期同时选择 C，在接下来的回合中，也不遵循规则 2A。)

② 在第 $k+2$ 期博弈中，参与人 2 又会选择 C，且从第 $k+3$ 期开始，她此后的行为将仅仅(根据规则 2)取决于参与人 1 在第 $k+1$ 期及以后的行为。

平。因此，一旦偏离，她在前 $k+1$ 期中的收益将从：$\pi_{1,k+1}=\sum_{n=1}^{k+1}2\delta^{n-1}=\frac{2-2\delta^{k+1}}{1-\delta}$ 变为：$\pi'_{1,k+1}=3+\sum_{n=2}^{k+1}\delta^{n-1}=3+\frac{\delta(1-\delta^{k})}{1-\delta}=\frac{3-2\delta-\delta^{k+1}}{1-\delta}$。

因此，从前 $k+1$ 期的博弈结果来看，偏离是次优的，当且仅当：$\pi_{1,k+1}\geqslant\pi'_{k+1}$。即当且仅当：$2\delta\geqslant 1+\delta^{k+1}$。

(证明这一结论!)如果 $k=1$，即惩罚仅仅持续一期，那么对任意的 $\delta<1$，上述不等式都不会成立；如果 $k=2$，即惩罚持续两期，那么，对任意的 $\delta\geqslant\delta_2=0.618$，上述不等式都会成立。如果 $k=3$，即惩罚持续三期，那么，对任意的 $\delta\geqslant\delta_3=0.544$，上述不等式都会成立。

惩罚期持续的时间 k 越长，使得上述不等式成立的 δ 的取值范围就会越大，这时 δ_k 的临界值会慢慢减少，趋近于 1/2。

因此，如果惩罚期长度为 k，且 $\delta\geqslant\delta_k$，参与人 1 如果在第一期偏离有限报复策略，那么她在前 $k+1$ 期就不能提高其收益水平。类似地，如果她在任意参与人 2 选择 C 时的第 n 期偏离该策略，那么，在接下来的 $k+1$ 期中，第 n, $n+1$, …, $n+k+1$ 期，她获得的收益水平也会减少；但是，如果当参与人 2 惩罚参与人 1 时，参与人 1 偏离有限报复策略，即如果在第 n 期，参与人 2 为了惩罚参与人 1，选择了 D，且参与人 1 选择的是 C，而不是 D，那么，参与人 1 就会在第 n 期蒙受损失，且在未来也不会获利，因为在惩罚阶段，参与人 1 行为对参与人 2 的未来行为不会产生任何影响。

因此，在第 n 期之前的 k 期中，无论参与人 1 或参与人 2 是否已经偏离有限报复策略，参与人 1 都不能通过在第 n 期偏离有限报复策略而获利。这需要假设参与人 2 会选择该策略，且 $\delta\geqslant\delta_k$。

这就证明了如下事实：当 $\delta\geqslant\delta_k$ 时，为期 k 回合的有限报复策略是任何子博弈中 k 期报复策略的最优反应，因此这些策略组合就是一个子博弈精炼均衡。

因此，我们已经看到，当参与人较具耐心($\delta>0.618$)时，即使惩罚威胁阶段的期限较短($k=2$)，也足以使得参与人在整个博弈过程中都采取合作策略。①参与人越有耐心(δ 越小，更趋近于 1/2)，为了达成参与人持续合作的子博弈精炼均衡，所需惩罚期的持续时间就越长。当 $\delta=1/2$ 时，只有无限期的惩罚，即参与人采取严酷触发策略时，持续合作才构成一个均衡。如果参与人越没有耐心，且 $\delta<1/2$，就不存在整个博弈期参与人都合作的均衡。

[例题 23.4] 无限重复的囚徒困境博弈

如果在囚徒困境博弈中博弈期限是有限的，且该信息是提前公开的，是否存在一个均衡，其中参与人在所有的博弈期或部分博弈期，选择合作策略呢?

答案

答案是否定的。如果博弈期有限(不妨设为 n)，通过逆向归纳法可以求解。在最后一

① 但如果惩罚期再短，如 $k=1$，即使 δ 非常接近于(但却严格小于)1，即此时参与人的耐心非常大，是否还可以达到上述目的呢?

轮博弈时，行动 D 就是一个占优行动。无论参与人在前 $n-1$ 期中全部还是部分选择合作，他们都认识到，在博弈最后一轮，他们都不得不选择 D：因为此后将不会有任何后续博弈，他们也不能因为伤害竞争对手的行为而受到惩罚。因此，在最后一期博弈时，两位参与人都选择 D 就是一个子博弈精炼均衡。

在最后通牒期，即倒数第二轮，参与人如何选择行动呢？两位参与人都意识到，在博弈的最后阶段，他们会选择 D，无论前面博弈历史为何。譬如，如果参与人 2 在最后通牒期选择 C，那么，参与人 1 就不能保证对手在未来可以获得补偿，这是因为两位参与人都了解这种"保证"是不可信的：因为我们已经看到，在最后一轮中参与人 1 总是选择 D。因此，一旦发现"奖励"或"惩罚"不能获得保证，在最后通牒期，每位参与人都会选择其占优策略，即选择 D。

同样，运用归纳法，即如果参与人在结束前第 k 期博弈中选择 D，那么，在结束前第 $k+1$ 期博弈中，参与人将不会有任何能力保证另一方在未来获得补偿或者受到惩罚。因此通过逆向归纳法，我们就证明了，在博弈所有各期中，参与人都选择 D。

为了保证在博弈每一阶段参与人都可以有不同的反应选择，即可以"奖励"或"惩罚"，进而达成一个在整个博弈期参与人都选择合作的均衡，例题 23.4 表明，重复博弈的无限期是达成上述均衡的最根本原因。

但如果博弈的回合有限，尽管该数字非常大，我们发现唯一的子博弈精炼均衡仍然是两位参与人放弃合作。这看上去似乎和直觉特别不一致。现实中，在博弈开始阶段，一位参与人有可能多次选择 C，这也许是发送信号给对手，表明自己非常在意合作。这种信号发送并没有精确告知该参与人希望合作的时间长短。因此，如果对手对这种"邀请"做出反应，双方参与人就可以从合作果实中长期获得一种收益。这种合作可能持续到博弈临近结束。此时，某位参与人会逐渐理解并日益重视逆向归纳法背后的逻辑基础，最终对这种逻辑理解的关注超过了对参与人心照不宣合作的理解。但另一方面，如果对手一开始对参与人的"信号"没有做出反应，那么，参与人不久就会停止发送信号，此时她仅仅在短期的数个回合中承受损失。

同样，如果事实上确实出现了长期合作，且某位参与人试图"欺骗"，通过选择 D 获得一次性收益；尽管确实可以如此，但另一位参与人为了"惩罚"她，可以在有限期的博弈中选择 D，而非在整个博弈期都选择 D。

23.2.1 实验室实验中的重复囚徒困境博弈

实际上，可以通过实验室实验对一个回合有限但轮次较多博弈中的参与人行为实际进行观察。在一个这样的囚徒困境实验中，两位参与人进行了 100 轮博弈。[①]在后 89 次博弈中，他们合作了 60 次；一旦一位参与人突然停止合作，绝大多数情况下，他的对手选择 D 惩罚他的时间长度不超过 4 期。

① Flood, M.M.(1958—1959), "Some Experimental Games", *Management Science*, 5, 5—26.

这偏离了上面的唯一子博弈精炼均衡,因此这种偏离本身应该拥有某种内在逻辑。特别值得一提的是,我们在第 21 章蜈蚣博弈中所讨论的问题,和当前例子也非常相关。如果某位参与人相信她的对手在整个博弈中都选择 D,但恰恰相反,对手在博弈一开始选择的却是 C,那么,对手在整个博弈期中到底会采取什么行为,该参与人必须构想某种不同的理论来进行预测。一旦在博弈开始时,对手就表明其行为和逆向归纳法结果不一样,那么,假设对手会随着博弈进行仍然采用逆向归纳法来决策,就是不合理的。

此时,就对手在博弈中进一步所采取的行动而言,有很多合理的理论可以进行预测,譬如我们在上面已经讨论了其中一种。面对如此多样的不同的行为,是否存在某些简单的行为规则,可以保证获得更高的收益呢? Robert Axelrod 研究了这个问题。①他邀请经济学家、数学家、哲学家和社会学家对一个 200 回合的囚徒困境博弈设计一种软件程序,该博弈每一回合的收益矩阵为(表 23.2):

表 23.2

		参与人 2	
		C	D
参与人 1	C	3, 3	0, 5
	D	5, 0	1, 1

Axelrod 一共收到了 14 个不同的策略。他把所有策略依次配对,让每一对策略博弈 5 次(每次重复博弈 200 回合)。此外,他还把这些策略和一个随机策略进行博弈,在这个随机策略中,每次都是随机选取 C 或 D(概率相同),且在不同回合间随机选择行动 C 或 D 时都是独立的。

在 Axelrod 的竞争中,获得最高收益的策略是一种报报相还(tit-for-tat)策略,其定义如下:

(1) 在第一轮博弈中选择 C。

(2) 从第二轮开始,选择竞争对手在上一轮博弈中选择的行动。

在这种策略中,参与人通过选择行动 C"发送信号",表示她愿意合作。只要对手不合作,参与人就会选择 D 以"惩罚"对手。在"惩罚"时,对手会"低头屈服",且通过选择行动 C 而"付出了代价"。只有在经过这种"惩罚"后,策略就转会到合作模式。

在 Axelrod 公布第一次竞赛结果后,他又公开征集更多的策略。但这一次,每一对策略竞赛的期数取决于相遇的进展,是随机决定的。在第二次竞赛中,他又增加了 62 个策略,但这次还是报报相还策略获胜,它获得的平均收益最高。

23.3 部分合作

现在,我们再来分析无限次重复囚徒困境博弈。目前我们已经讨论的是在博弈中参与人相互之间的合作策略。但是否所有的均衡策略都会导致合作呢?

① Axelrod, R.(1984), *The Evolution of Cooperation*, New York: Basic Books.

显然并非如此。如果一位参与人选择"总是D"的策略，那么她的对手发现选择相同的策略是最可取的。这样，对任意$\delta \in (0, 1)$，策略组合"总是D"就是一个子博弈精炼均衡。在这个均衡中，参与人每期获得的收益为1，因此这也是他们获得的平均收益。

这个博弈还存在更多的均衡。譬如，考虑下面规则所定义的策略：

(1) 在奇数轮选择C，在偶数轮选择D。

(2) 如果一位参与人偏离规则A，在随后各轮都选择D。

在这个策略中，规则B定义了"惩罚期"，这和严酷触发策略中的非常类似，惩罚时间都是无限的。但和严酷触发策略不同的是，这里参与人仅仅选择在某些博弈轮进行合作。

如果参与人2采取这个策略，参与人1选择这个策略是否值得呢？这个策略是否是参与人1的最优反应呢？或者她有足够理由偏离该策略呢？显然，在偶数轮，参与人1偏离该策略是次优的，因为她此时会蒙受损失(收益是0，而不是1)，且会使参与人2在此后所有各轮中都放弃合作。

在第一轮博弈中，参与人1偏离该策略，是否值得呢？如果她没有偏离该策略，她的平均收益为：

$$(1-\delta)\sum_{k=1}^{\infty}2\delta^{(2k-1)-1}+(1-\delta)\sum_{k=1}^{\infty}\delta^{2k-1}$$
$$=\frac{2(1-\delta)}{1-\delta^2}+\frac{\delta(1-\delta)}{1-\delta^2}=\frac{2+\delta}{1+\delta}$$

但如果她在第一轮偏离该策略，选择C而不是D，那么在这一轮博弈中，她获得的收益就是3，而不是2；但这次偏离会导致参与人2从第2轮选择D，且以后永远如此。此时，参与人1在这些回合中可以保证自己获得的最高收益仅仅为1，因为在这些回合中，参与人2实际上选择的是D。此时，她的平均收益就是：

$$3(1-\delta)+(1-\delta)\sum_{n=2}^{\infty}\delta^{n-1}=3-2\delta$$

因此，参与人1的偏离是次优的，当且仅当$\frac{2+\delta}{1+\delta}\geqslant 3-2\delta$，即当且仅当$\delta \geqslant \frac{\sqrt{2}}{2}=0.707$。

测验

证明：当$\delta \geqslant \frac{\sqrt{2}}{2}$时，"部分合作"策略组合是一个子博弈精炼均衡。(提示：利用求解题23.2类似的观点加以证明。)

[例题 23.5]

在贴现因子取值区间$\delta \geqslant \frac{\sqrt{2}}{2}$上，"部分合作"策略组合是一个子博弈精炼均衡；而当贴现因子取值区间更大,即 $\delta \geqslant 1/2$ 时,严酷触发策略组合(例题 23.2)是一个子博弈精炼均衡。从逻辑上加以解释。

答案

贴现因子衡量了参与人的耐心程度,即为了保证在将来获得更高的收益,他们在多大程度上可以牺牲当前部分的收益。贴现因子越高,参与人也越有耐心。

策略组合"部分合作"(partial cooperation)保证未来获得的收益要小于严酷触发策略组合保证未来获得的收益水平。这是因为严酷触发策略组合可以保证在未来所有各期博弈中都合作,而"部分合作"策略组合只能保证在奇数轮博弈时合作。因此,当耐心平均程度为 $\frac{1}{2} \leqslant \delta < \frac{\sqrt{2}}{2}$ 时,收益水平可以从 2 提高到 3。(在当期,参与人选择 D,而不是 C,就可以获得这种收益增加量。)作为上述变化的一种回报,她愿意放弃那些相对较小的未来收益增加量——两位参与人都遵循"部分合作"策略时她获得的收益增加量(这是高出收益水平 1 的部分,因为她通过总是选择 D 可以保证自己获得收益 1);但不愿意放弃那些相对较高的未来收益增加量,这种收益增加量是在严酷触发策略组合下,两位参与人持续合作可以保证获得的。

另一方面,如果参与人越有耐心,即 $\delta \geqslant \frac{\sqrt{2}}{2}$,那么,她也不愿意放弃那些由部分合作(即这里我们定义的策略)而带来的未来收益的增加。此时,上述任何一种策略组合都是一个子博弈精炼均衡。

23.4 重复博弈的单偏离原则

在上面的例子中,当我们分析(给定竞争对手策略的情况下)一位参与人是否愿意偏离某一特定历史下的策略时,我们发现在上述偏离下,求解此后参与人的最优策略非常容易。但在更为复杂的情况中,却未必如此。一旦某位参与人偏离其策略后,随着博弈进展,在未来无数轮的博弈中,甚至在未来无限轮博弈中,她也许都愿意选择偏离。分析这些所有可能的情况是非常复杂的,这甚至会妨碍我们验证开始的第一次偏离是否有利可图。

利用重复博弈中的单偏离原则(one-deviation principle),可以帮助我们解决上述问题。

定理 23.1

如果在任何子博弈开始时,通过偏离其策略,参与人都不能严格改善其收益情况,那么,在任何子博弈中,任何更为复杂的偏离——无论是有限回合的偏离,还是无限回合的偏离,也都不能改善参与人的收益。

证明:

反证法。现在假设定理结论不成立,即存在某个第 n' 期开始的子博弈,其特定的博弈

历史为 $h^{n'}$；这时(在给定其他参与人选择的策略组合 σ_{-i} 的条件下)，参与人 i 通过偏离其最初策略 σ_i，转而采取某个策略 σ_i'，就可以改善她在该子博弈中的收益情况。现在我们将证明从中可以推出和前提相矛盾的情况，即我们可以找到另一种偏离策略 σ_i''，这一策略和策略 σ_i 的区别仅仅在另一个始于第 $n''\geqslant n'$ 期的子博弈开始时，有所不同；但这一策略会改善参与人在此子博弈中的收益情况。偏离策略 σ_i'' 的存在性和我们定理前提相矛盾。我们定理的前提认为，在任何子博弈中，如果仅仅是在开始时偏离策略 σ_i，那么参与人都不能提高其收益水平。

我们可以通过下面的两个步骤来构造这样一个背离策略 σ_i''：

(1) 参与人 i 在历史 $h^{n'}$ 之后开始的子博弈中，从策略 σ_i 偏离到策略 σ_i'，其收益会上升。我们把收益增加量记为 $g>0$。

同样，假设 $M\geqslant 0$ 是参与人 i 在每一期博弈中最大可能的收益增加量(M 是参与人在收益矩阵中最高收益和最低收益之间的差)。

由于未来收益需要贴现，所以参与人在更远的未来博弈中所获得的收益提高对全部的收益提高程度 g 的贡献较小。在子博弈开始第 t 期之后的博弈中，从策略 σ_i 偏离到策略 σ_i' 所带来的收益增加程度对该子博弈中总体收益增加的贡献较小，这种增加不会超过：

$$\sum_{k=t}^{\infty} M\delta^{k-1}=\frac{M\delta^{t-1}}{1-\delta}\xrightarrow[t\to\infty]{}0$$

特别地，存在一个充分远的博弈期 t_0，有：

$$\sum_{k=t_0}^{\infty} M\delta^{k-1}=\frac{M\delta^{t_0-1}}{1-\delta}<\frac{g}{2}$$

因此，如果我们从第 t_0 期开始，用最初的策略 σ_i 代替策略 σ_i'，我们就会得到一个策略 $\hat{\sigma}_i'$，该策略和最初策略 σ_i 仅仅在第 1, 2, …, t_0-1 期不同，但该策略会提高参与人 i 在历史 $h^{n'}$ 后开始的子博弈中所获得的收益水平(至少提高 $g/2$)。

(2) 前面证明，在历史 $h^{n'}$ 后开始的子博弈中，用策略 $\hat{\sigma}_i'$ 代替策略 σ_i，就可以提高参与人 i 的收益水平。①我们用 $n''<t_0$ 表示满足上述条件的最远的那期博弈，同时我们用 $h^{n''}$ 表示长度为 n'' 的历史。在该历史后，我们用策略 $\hat{\sigma}_i'$ 代替策略 σ_i，就会提升参与人的收益水平。如果我们从第 $n''+1$ 期开始，用原来的策略 σ_i 来代替策略 $\hat{\sigma}_i'$，我们就会得到一个策略 σ_i''。它和 σ_i 的区别仅仅在于前 n'' 期的策略不同，且在第 n'' 期博弈中，会从策略 σ_i 转到偏离策略 σ_i''，同时该策略会提高参与人 i 在历史 $h^{n''}$ 后开始的子博弈中获得的收益水平。在该子博弈中，仅仅在子博弈开始时，才从策略 σ_i 转到背叛策略 σ_i''；这和定理前提在任何子博弈中，参与人通过在开始时偏离策略 σ_i 都不能获得更高收益相矛盾。

证毕

如上所述，在证明某一既定策略组合是否是子博弈精炼均衡时，单偏离原则使我们的验证更容易：为此，我们只需充分检验在每一个子博弈上，参与人在博弈开始时的偏离都

① 此时其他参与人仍然遵循原来的策略 σ_{-i}。

不会改善她在此子博弈中的收益情况即可,而不必检验参与人如果在子博弈中采取更复杂的偏离策略是否可以提高其收益。这些偏离包括在各种不同的博弈期中改变策略。

23.5 均衡收益

截至目前,我们已经得到了很多参与人在所有博弈期都合作的子博弈精炼均衡,包括严酷触发策略均衡、惩罚期各不相同的有限惩罚策略均衡。所有这些均衡都可以保证参与人获得同样的平均收益 2。同样,我们也得到了一些非合作均衡,这些均衡的平均收益水平为 1,和前面相比要低很多。此外,我们还得到了一些部分合作均衡,每位参与人的平均收益为 $\frac{2+\delta}{1+\delta}$,介于上述两种极端情况之间。

在重复囚徒困境博弈的子博弈精炼均衡中,还存在其他的平均收益吗?显然,这种均衡的平均收益必须满足两个条件:

(1) 个人理性(individual rationality):如果一位参与人在博弈轮都采取 D,她就可以保证自己在每一轮博弈时至少可以获得收益 1,因此在整个博弈期,他可以获得的平均收益 $\bar{\pi}_i$ 至少为 1。因此,就任意子博弈精炼均衡而言,任何参与人获得的平均收益至少等于 1:如果在某个特定的策略组合下,参与人获得的平均收益低于 1,通过偏离该策略而选择策略"总是选择 D",就会提高其收益水平,因此最初的策略组合就不是一个纳什均衡(也不是一个子博弈精炼均衡),如图 23.1 所示。

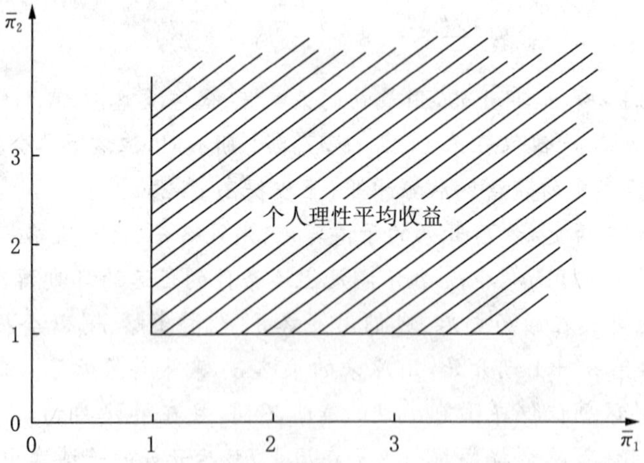

图 23.1

注意,条件 1 实际上是一位参与人可以保证自己在博弈中所获得的最高平均收益水平:如果在某一特定博弈期,参与人选择 C,而不是 D,然而其对手在所有博弈轮次选择 D,参与人的平均收益就会小于 1。①

① 换言之,"总是选择 D"就是参与人的一种安全策略(一种最小最大策略,见第 12 章)。只要假设竞争对手在选择策略时总最小化该收益,那么,在这种策略下,参与人就会获得最高的收益水平。(在囚徒困境中,对手在每一轮博弈中选择 D 就可以这样。)

(2) 可行性(feasibility):参与人的平均收益组合必须来自他们所采取的策略组合。就囚徒困境而言,这些平均收益组合位于某个平行四边形内,该平行四边形的端点为收益矩阵中四个收益数字,如图 23.2 所示。

这是为什么呢?

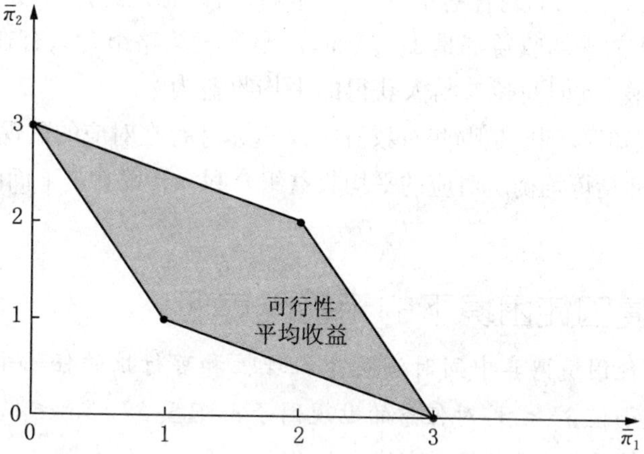

图 23.2

- 如果参与人在整个博弈中都选择组合(C, C),其平均收益将是(2, 2)。
- 如果参与人在整个博弈中都选择组合(C, D),其平均收益将是(0, 3)。
- 如果参与人在整个博弈中都选择组合(D, C),其平均收益将是(3, 0)。
- 如果参与人在整个博弈中都选择组合(D, D),其平均收益将是(1, 1)。

参与人选择的任何策略组合(包括均衡时的策略组合)实际上都界定了博弈的进行方式:在哪些博弈轮次中会选择(C, C),同样在哪些博弈轮次中会选择组合(C, D),(D, C)和(D, D)。每一种组合发生的频率和时间安排都会得到相应收益(2, 2)、(0, 3)、(3, 0)和(1, 1)的一个加权平均。

上述两个条件——个人理性和可行性合在一起,即同时成立时,就定义了一个区域,从中可以找到所有重复囚徒困境博弈中均衡的平均收益水平。在图 23.3 中,个人理性平

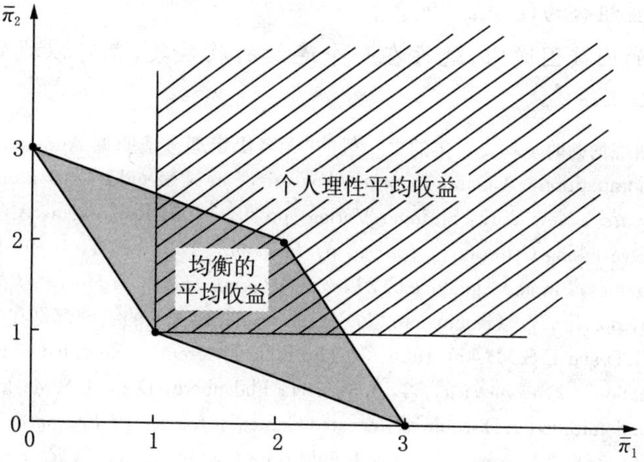

图 23.3

均收益组合区域用斜线表示,可行的平均收益组合区域用灰色表示。因此,上述两个区域的交集就表示均衡的平均收益区域。

反之也成立吗?也就是说,同时满足个人理性和可行性的任意平均收益组合是否可以通过囚徒困境的某个子博弈精炼均衡达到呢?正如我们已经看到的,答案还要取决于贴现因子δ。我们已经看到,对任意的$\delta > 0$,策略组合"总是选择D"是一个子博弈精炼均衡,此时每位参与人的平均收益都是1。然而,严酷触发策略组合只有在$\delta \geqslant 1/2$时,才是一个子博弈精炼均衡,此时每位参与人获得的平均收益为2。

因此,我们希望知道,到底是哪些对数值(π_1, π_2),才存在对应的贴现因子δ,使得上述成对数值是某个子博弈精炼均衡所对应的平均收益组合呢?答案就是下面的重要定理。

定理23.2:重复囚徒困境下的无名氏定理

对于在重复囚徒困境博弈中同时满足个人理性和可行性的任意平均收益组合,存在一个贴现因子的最小值$\delta^* < 1$,对任意的贴现因子δ,只要$\delta^* \leqslant \delta < 1$,都存在一个对应的囚徒困境子博弈精炼均衡,可以获得上述平均收益组合。

"无名氏定理"名称来源可以追溯到如下事实,即众多的博弈理论家从研究重复博弈开始,就认为这种定理是成立的,尽管其正式证明后来才出现。

由于(D, D)是一个囚徒困境纳什均衡,因此,定理23.2就是下述"无名氏定理"的一个推论。①

定理23.3:弗里德曼的无名氏定理(1971)②

考虑如下博弈,其中每位参与人$i \in I$的行动数量是有限的,用$(a_i^*)_{i \in I}$表示一个纳什均衡,其中参与人的收益为$(r_i^*)_{i \in I}$。如果对任意的$i \in I$,有$q_i \geqslant r_i^*$,且$(q_i)_{i \in I}$是该博弈的一个可行收益组合(即博弈矩阵中收益集的一个加权平均),那么存在一个贴现因子最小值$\delta^* < 1$,对于任意的贴现因子δ,只要$\delta^* \leqslant \delta < 1$,都存在一个重复博弈的子博弈精炼均衡,其平均收益组合为$(q_i)_{i \in I}$。

这样,在重复的囚徒困境中,就存在一个连续的收益集,都可以找到对应的子博弈精

① 关于子博弈精炼均衡时平均支付集的更一般的"无名氏定理",证明见Aumann, R.J. and L.S.Shapley(1994), "Long-term Competition—A Game-theoretic Analysis," in N.Megiddo(ed.) *Essays in Game Theory in Honor of Michael Maschler*, New York: Springer-Verlag, pp.395—409; Rubinstein, A.(1979), "Equilibrium in Supergames with the Overtaking Criterion", *Journal of Economic Theory*, 21, 1—9; Rubinstein, A.(1994), "Equilibrium in Supergames," in N.Megiddo(ed.), *Essays in Game Theory in Honor of Michael Maschler*, New York: Springer-Verlag, pp.17—27。(Rubinstein以及Aumann和Shapley的结论都是在20世纪70年代中期同时证明的。)Fudenberg, D. and E.S.Maskin(1986), "The Folk Theorem in Repeated Games with Discounting or with Incomplete Information", *Econometrica*, 54, 533—554; Fudenberg, D. and E.S.Maskin(1991), "On the Dispensability of Public Randomization in Discounted Repeated Games", *Journal of Economic Theory*, 53, 428—438.

② Friedman, J.(1971), "A Non-cooperative Equilibrium for Supergames", *Review of Economic Studies*, 38, 1—12.

炼均衡。因此,在这种解概念之下,对理性参与人的行为的任何预测都是对称的。持续合作和这种理性行为是一致的,但很多其他行为组合同样也是理性的。

23.6 再协商试验

是否可以对上述解概念加以限制,以缩小重复博弈可能结果的范围呢?基于这种思想,有研究人员提出了一种方案,这就是所谓的再协商试验(renegotiation proofness)。①方案本质上来源于下述思想。一方面,重复博弈具有某种递归结构,即每个子博弈都是一种自身重复行为:在每个初始历史之后,博弈整体结构是完全相同的。但是,在参与人不同策略的影响下,参与人在每个子博弈中的行为却有所不同,因为它要根据此前历史决策。可以把这些不同的行为理解为惯例或行为规范。在每个子博弈开始时,参与人都有机会反思这些行为规范。在此后的博弈中,他们可以根据这些规范来选择策略。

在一个子博弈精炼均衡时,每一位参与人都希望遵循那些博弈历史制定的行为规范,其假设是其他参与人也会同样做。可以想象存在这样一个场景,所有参与人都聚在一起,反思某种行为规范事实上是否可取。如果他们发现在他们熟悉的规范集合中,所有人都会想到还存在另外一种不同的行为规范,且该规范优于当前他们将要采取的规范,他们就会转而采用这种不同的惯例。

形式上,假设博弈中参与人的全部策略是$(\sigma_i)_{i\in I}$。根据博弈历史$h'_{n'}$,参与人自己会思考,他们是否愿意选择博弈历史为h_n,而不是$h'_{n'}$下他们所使用的策略组合呢?替代策略组合是什么呢?在历史h_n之后开始的子博弈中,参与人的策略组合$(\sigma_i)_{i\in I}$在他们选择策略$(\sigma_i^{h_n})_{i\in I}$时起着决定性作用。策略组合的定义为:$\sigma_i^{h_n}(h_k)=\sigma_i(h_n\circ h_k)$。

换言之,在h_n之后开始的子博弈中,策略$\sigma_i^{h_n}$决定了参与人i在历史h_k之后选择的行动,而这一行动也是博弈整体策略σ_i决定的她在历史$h_n\circ h_k$之后选择的行动,历史$h_n\circ h_k$开始于h_n,且通联到历史h_k。②

定义

我们称参与人在重复博弈中的策略组合$(\sigma_i)_{i\in I}$是(弱)再协商试验的,如果满足下面两个条件:

(1) 策略组合σ_i是一个子博弈精炼均衡。

(2) 不存在满足下述条件的某个历史h'_n。即在该历史h'_n之后开始的子博弈中,所有参与人都愿意选择策略组合$(\sigma_i^{h_n})_{i\in I}$,且该策略组合可以由其策略$\sigma_i$在某个其他历史$h_n$之后开始的某个子博弈推出。

上述解概念所定义的再协商试验实际上是"弱的",因为在该解概念下,参与人在每一

① Farrell, J.and E.Maskin(1989), "Renegotiation in Repeated Games", *Games and Economic Behavior*, 1, 327—360.

② 特别是,历史h_k也可以是空集h_0,此时有$h_n\circ h_0=h_n$。

个子博弈开始时所"讨论的"策略组合都是那些他们所"知晓的"策略组合,也就是那些在给定他们在整个重复博弈中(因此,特别地,在每一个子博弈中)最初界定策略的条件下,他们在某些子博弈中会选择的策略组合。这一解概念并不允许参与人讨论其他的策略组合,譬如那些并不属于他们行为档案中的"行为规范",尽管这些行为规范可能会受到参与人的一致认同,且这些行为规范会在不同的子博弈中出现。①

[例题 23.6]

截至目前我们所讨论的重复囚徒困境博弈中的所有均衡,都是再协商试验吗?

答案

每位参与人"总选择 D"策略下的均衡确实是再协商试验:在每一个子博弈中,即根据博弈中的任何可能的历史,即使在某些回合中,一位或两位参与人"错误地"选择合作,参与人的策略也会控制他们选择同样的习惯性行为:"永远选择 D"。因此,参与人并不知道任何其他行为规范,根据弱再协商试验解的概念,在他们的行为规范仓库中,对两个人来说,不存在任何其他的行为准则比他们将要采取的准则更优。因此,策略"总选择 D"下的均衡确实是(弱)再协商试验。

但对那些参与人全部或部分合作的均衡而言,结果如何呢?截至目前,我们所分析的所有这类均衡都包含一个长期或短期的"惩罚期"。此时,即便只有一位参与人偏离以前认同的合作模式,两位参与人也都会承受损失。因此,如果参与人到达这一阶段,且当他们到达这一阶段时,在数轮博弈中,他们都将选择行动 D;如果他们可以选择"重新考虑"是否确实要进入惩罚阶段,或者另外选择立刻返回合作模式,那么,他们当然会偏好第二个选项。因此,这些均衡就不是(弱)再协商试验。

在重复囚徒困境博弈中,是否存在一个所有参与人在所有博弈期都选择合作的均衡,该均衡同时也是再协商试验呢?在这样一种均衡下,不仅偏离的参与人要受到惩罚,且进行惩罚的参与人本身在进行惩罚时要没有任何损失。如果被惩罚的参与人选择 C,而进行惩罚的参与人选择 D,才可能出现这种情况,因为只有这样,在惩罚期进行惩罚的参与人的收益才会特别高(其值为 3)。因此,如果进行惩罚的参与人可以从惩罚中获利,即使参与人会在惩罚期前"重新考虑"博弈的持续性,她也将不会满足于放弃这一策略,并立刻转回到合作模式。

现在,我们将分析下面重复囚徒困境博弈中的补偿策略(make-up strategy):

(1) 在第一轮选择 C。

(2) 在此后每一轮:

A. 如果在前一轮选择 C,而对手选择 D,只要对手继续选择 D,你就选择 D;只有当某轮她选择 C 且你选择 D 后,你才转而选择 C(之后重新根据规则 2 采取行动)。

B. 否则,选择 C。

---

① 有关博弈历史方面的文献还提出了再协商试验的一些其他定义,从而"允许"参与人可以考虑哪些在整体博弈策略组合的任何子博弈中都不会出现的策略组合。譬如见 Abrea, D., D. Pearce, and E. Stacchetti (1993), "Renegotiation and Symmetry in Repeated Games", *Journal of Economic Theory*, 60:217—240。

[例题 23.7]

证明当 $\delta \geqslant 1/2$ 时，补偿策略组合是(弱)再协商试验均衡。①(提示：根据单偏离原则。)

答案

在补偿策略组合下，存在三类子博弈：

(1) 在该子博弈中，两位参与人都会选择合作。(在博弈开始时，经过一轮合作后的子博弈，或在两位参与人都选择 D，但却不是属于惩罚阶段 2A 的某轮后的子博弈)。

(2) 在该子博弈开始时，参与人 1 会“惩罚”参与人 2(此时，在一轮或数轮之前，参与人 2 选择 D，且从此之后，没有选择 C)。在该子博弈开始时，参与人 1 会选择 D，而参与人 2 准备选择 C。

(3) 在该子博弈开始时，参与人 2 会“惩罚”参与人 1。在该子博弈开始时，参与人 2 准备选择 D，而参与人 1 准备选择 C。

在任一个类型(1)的子博弈中，两位参与人开始都会合作，因此，当采取补偿策略时，两位参与人将会继续合作。因此，每位参与人的平均收益为 2，且子博弈的总收益为 $\frac{2}{1-\delta}$。

假设任一位参与人只在第 n 轮博弈时，偏离补偿策略中的规则(1)，或者偏离规则 2B。当偏离时，会选择 D，而不是 C，获得的收益是 3，而不是 2。但在后来的博弈中，返回到补偿策略：在第 $n+1$ 轮时，她“低头屈服”，持续时间为一期，此时对手选择 D，而她选择 C，获得收益 0；且在第 $n+2$ 轮及以后，两位参与人回到合作模式，每位获得收益 2。在此子博弈中，第 n 轮偏离的参与人所获得的收益为：$3+0+\sum_{k=3}^{\infty}2\delta^{k-1}=3+\frac{2\delta^2}{1-\delta}=\frac{3-3\delta+2\delta^2}{1-\delta}$。

当 $\delta \geqslant 1/2$ 时，这一收益要小于或等于在子博弈中不偏离时获得的收益 $\frac{2}{1-\delta}$。

这种偏离之后开始的子博弈(从第 $n+1$ 轮开始)就是类型(2)或(3)的子博弈，这取决于“实施惩罚”的参与人的身份。实施惩罚参与人的收益是：$3+\sum_{k=2}^{\infty}2\delta^{k-1}=3+\frac{2\delta}{1-\delta}=\frac{3-\delta}{1-\delta}$。这要高于她不实施惩罚时所获得的收益 $\frac{2}{1-\delta}$。

对被惩罚的参与人而言，在子博弈开始时“低头屈服”并选择 C，确实是有利可图的。在子博弈中，她的收益为：$0+\sum_{k=2}^{\infty}2\delta^{k-1}=\frac{2\delta}{1-\delta}$。

如果她“坚持”选择 D，但在下一轮，转而采取补偿策略，那么在下一轮她就会“低头屈服”(即尽管对手选择 D，她仍然会选择 C)，且只有在这种情况发生后，参与人才转回到合作模式。在子博弈中，此时她的收益为：$1+0+\sum_{k=3}^{\infty}2\delta^{k-1}=1+\frac{2\delta^2}{1-\delta}=\frac{1-\delta+2\delta^2}{1-\delta}$。

当 $\delta \geqslant 1/2$ 时，这一收益不会大于在子博弈中她不偏离时获得的收益 $\frac{2\delta}{1-\delta}$。

① 该例题来源于 Van Damme, E.(1989), “Renegotiation-proof equilibria in repeated prisoners' dilemma”, *Journal of Economic Theory*, 47, 206—217.

总结一下,当 $\delta \geqslant 1/2$ 时,在补偿策略组合下,我们有:

● 在第一类子博弈中,即两位参与人都会合作,子博弈中每位参与人的收益是 $\frac{2}{1-\delta}$,此时,如果参与人在子博弈开始时偏离,选择 D,而不是 C,她获得的收益将不会增加。

● 在第二类子博弈中,开始时参与人 1 会惩罚参与人 2,即在子博弈开始时,参与人 1 将采取 D,而参与人 2 则采取 C。在子博弈中,参与人 1 获得的收益为 $\frac{3-\delta}{1-\delta}$,而参与人 2 获得的收益为 $\frac{2\delta}{1-\delta}$。通过在子博弈开始时偏离补偿策略,没有任何一位参与人可以改善其在子博弈中的收益情况。

● 在第三类子博弈中,开始时参与人 2 会惩罚参与人 1,即在子博弈开始时,参与人 2 准备采取 D,而参与人 1 准备采取 C。在子博弈中,参与人 2 获得的收益为 $\frac{3-\delta}{1-\delta}$,而参与人 1 获得的收益为 $\frac{2\delta}{1-\delta}$。通过在子博弈开始时偏离补偿策略,没有任何一位参与人可以改善其在子博弈中的收益情况。

因此,可以得出两个结论:

一是根据单偏离原则,补偿策略组合是一个子博弈精炼均衡。

二是由于 $\frac{2\delta}{1-\delta}<\frac{2}{1-\delta}<\frac{3-\delta}{1-\delta}$,所以在任何子博弈开始时,他们都不希望用其他子博弈中的均衡策略组合来代替该子博弈中他们将采取的均衡策略组合。

● 如果在(1)类子博弈中,他们转而采取(2)类子博弈中的均衡策略,那么就会给参与人 2 带来损失;如果他们转而采取子博弈(3)中的均衡策略,就会给参与人 1 带来损失。

● 如果在(2)类子博弈中,他们转而采取(1)类子博弈中的均衡策略或(3)类子博弈中的均衡策略,就会给参与人 1 带来损失。

● 如果在(3)类子博弈中,他们转而采取(1)类子博弈中的均衡策略或(2)类子博弈中的均衡策略,就会给参与人 2 带来损失。

因此,我们可以推出补偿策略组合是一种(弱)再协商试验均衡。

在重复囚徒困境博弈中,我们成功求解得到了一个(弱)再协商试验均衡,其中当贴现因子也取同样范围,即 $\delta \geqslant \frac{1}{2}$ 时,参与人在所有博弈期都持续合作。而在上述贴现因子取值范围下,我们还得到了一个合作的子博弈精炼均衡(严酷触发策略下的均衡)。在本例中,再协商试验定义中所附加的额外条件并没有使持续合作均衡下的贴现因子取值范围变得更小。但 Farrell 和 Maskin(1989)表明,还存在很多其他博弈,再协商试验的成立条件会严格限制参与人在重复博弈中所获得的收益函数的取值范围。

▶24

其他无限期博弈模型和结论

在上一章中，我们讨论了重复囚徒困境。在这个博弈中，一位参与人在任一轮“惩罚”或“奖励”对手的严重程度是固定的，也是事先决定的。在重复博弈中，如果“惩罚”或“奖励”程度改变，结果会如何呢？这会影响博弈中的均衡集吗？在下面的几个例子中，我们来思考这个问题。

24.1　效率工资

根据经济学的竞争理论，在一个完美且无摩擦的市场中，不应该存在失业：如果劳动供给大于雇主的劳动需求，工人在较低工资下也会愿意工作，因为此时雇主发现雇用更多的人手是有利可图的。上述过程会拉低工资水平，且一直持续到对雇工的需求等于劳动供给为止。

但是，在现实中，即使在诸如美国之类的竞争市场中，失业水平一般也不会低于4%—5%。上述失业之所以存在的一个原因可能在于失业人员的工作搜寻过程，以及潜在雇主雇用工人的搜寻过程。我们在第9章讨论了这种工作搜寻和失业模型。

现在，我们转而分析最低失业率存在的另一种可能的原因，这和不断且重复发生的雇主和雇员之间的互动行为有关。①

如果一个雇员在工作之中努力程度不够，这就会损害雇主的利益，因为雇主在解雇他之前不得不付给雇员一份工资；而且雇主对雇员培训的投资也没有回报。因此，如果雇主和雇员之间的合作期限非常短，那么，在委托人（雇主）和代理人（为她工作的雇员）之间就会出现严重的激励问题：雇主认为，即便对雇员进行在职培训，他也不会努力完成工作。此时，最好雇主一开始就不雇用雇员，这样生意就不能持续发展。在经济学文献中，这就是所谓的委托人和代理人之间的套牢问题。如何处理这类问题是经济学中的激励理论研究的内容。

---

① 该模型的思想来自 Shapiro, C.and J.E.Sltiglitz(1984), “Equilibrium Unemployment as a Worker Discipline Device”, *The American Economic1 Review*, 74, 433—444。论文构建的是连续时间下的模型，而我们的例子则通过一个离散时间的重复博弈模型，分析了原始模型中策略互动下的一些思想。

当雇主和雇员之间的关系可存在时期较长时,就有机会解决这一问题。一旦被解雇,雇员可以确保自己立刻找到新工作,他就没有了为了防止被解雇,在工作中加倍努力的激励。[①]但如果雇员意识到一旦他被解雇,他会加入失业大军中,且如果不掏钱的话,为了找到新工作必须要等待数月之久,这样,他在工作中就有更努力的激励。

如果雇员收到的工资不仅可以补偿他在工作中直接的努力付出,而且还获得一部分足够高的工资增量,使雇员不愿意被解雇——因为一旦解雇,他就不能获得这部分增量工资:这样出现了某种工资激励制度。我们称这种包括上述增量薪水的工资为效率工资。该术语来自如下事实,即工资增量的作用是让雇员自我督促,工作更为有效。

这样,我们可以假设雇员的贴现因子$\delta < 1$,且e为他"努力的成本":在任意特定的某月,如果工资小于e,雇员在工作中就不会自我督促;如果工资大于等于e,雇员就愿意更为努力。在努力工作和赚取工资e之间,雇员是无差异的,此时不会额外努力,也不会放弃工作。

如果雇员的月工资为w,那么两者之差$w-e$就是雇员在该月努力工作时获得的净效用。如果他不努力工作,且也可以获得工资w,他的效用就是w。如果他不努力工作,且没有得到任何工资,他的效用就是0。

因此,当他督促自己努力工作时,(贴现后的)效用V_1就是:

$$V_1 = (w-e)\sum_{k=1}^{\infty}\delta^{k-1} = \frac{w-e}{1-\delta}$$

相比之下,对那些为雇主工作时从来不努力的雇员而言,他在仅仅工作1个月后就会被解雇,之后他会失业m个月,这些雇员的效用V_0是什么呢?这些雇员在$m+1$个月中只会被雇用一次,也只获得一次薪水,但在他工作的每个月中,他的效用都是w,因为此时他并没有努力工作。这样综合一下,他的效用为:

$$V_0 = w\sum_{k=0}^{\infty}\delta^{(m+1)k} = \frac{w}{1-\delta^{m+1}}$$

为了让雇员在工作中可以更为努力,必须有:

$$V_1 = \frac{w-e}{1-\delta} \geqslant V_0 = \frac{w}{1-\delta^{m+1}}$$

即有:

$$w \geqslant e\,\frac{1-\delta^{m+1}}{\delta-\delta^{m+1}}$$

正如我们估计的,为了让雇员愿意努力工作,雇主支付的最低工资满足:

$$w_1 = e\,\frac{1-\delta^{m+1}}{\delta-\delta^{m+1}} > e$$

从中可以看出,上述最低工资必须大于为了让雇员在某个月中努力工作所需的最低

① 当然,还存在其他因素影响雇员努力工作的意愿,诸如希望迎接工作挑战、获得经验,等等。这里的模型忽视了这些其他影响因素。

补偿 e。此外，尽管会面临下个月解雇的威胁，在当月她可能愿意赚取 w_1 的效用，而放弃 w_1-e；所以上述工资水平要让雇员足以克服这种诱惑。雇员越没有耐心，即 δ 越小，最低工资 w_1 也就越高，因为当前(不需努力工作)获得 w_1 的诱惑会越大。另一方面，预计的失业期限 m 越大，解雇威胁带来的痛苦就越高，使雇员努力工作的最低工资 w_1 就会越低(根据上述等式证明这些观点)。

假设即使雇主支付每位雇员工资 w_1，每位雇员都努力工作，每位雇主仍然会获得正的利润；但如果雇员不努力工作，雇主却因为不得不支付雇员工资而亏损，即使他支付给雇员的工资非常少也会如此。现在，我们证明此时存在一个子博弈精炼均衡：此时每一位雇员只有在工资水平至少为 w_1 时，才会愿意努力工作；同时每位寻找雇员的雇主提供给失业工人的月工资水平为 w_1，且只要他们努力工作，就不会解雇他们。①

在月初时，任何雇主都可能偏离其策略。这种偏离也许是提供的月工资报价高于或低于 w_1。在上述假设下，这种偏离策略是次优的：因为雇员在工资 w_1 时会努力工作，因此雇主提供的工资水平如果高于 w_1，利润就会降低；如果雇主雇用员工的工资水平低于 w_1，雇员就不会努力工作，此时雇主雇用员工的每个月都会亏损。

雇员会偏离其策略吗？只有当他被雇用时，雇员才可以偏离其策略。在每一期开始的子博弈和整个博弈的结构完全相同。因此，根据单偏离原则，足以认定雇员：

- 将不会逃避责任，如果他的月工资 w 至少是 w_1，且
- 将不会努力工作，如果他的月工资 w 低于 w_1。

根据假设，在未来，他将转而选择其最初的策略(只要月工资至少为 w_1，在任何月份，他都会努力工作)，且他在未来获得的任何工资报价都是月工资 w_1。

现在，我们来分析上述两种可能的偏离情况。

(1) 如果尽管确实有 $w\geqslant w_1$，但是雇员却推卸责任，他贴现后的收益将是：

$$w+(w_1-e)\sum_{k=m+2}^{\infty}\delta^{k-1}=w+\delta^{m+1}\frac{w_1-e}{1-\delta}$$

为什么？在第一个月，他即便不努力工作，其工资也是 w，但这样他就会被解雇，且会失业 m 个月；在第 $m+2$ 个月时，一个子博弈会开始。此时，一位雇主会雇用他，工资水平为 w_1。雇员开始持续努力工作，这样就不会被解雇。但是，如果他一开始受雇于第一位雇主时，就采取最初策略，努力工作，他就不会被解雇，且贴现后的收益为：$(w-e)\sum_{k=1}^{\infty}\delta^{k-1}=\frac{w-e}{1-\delta}$。该收益实际会更高，这是因为：

① 在均衡时，不会解雇雇员，这里，我们隐含假设经济中的失业工人都是年轻人，他们刚刚加入求职市场，且每一个人在 m 个月工作后，都会找到工作。他们或者受雇于一个现有的雇主，其扩大了生产经营规模；或者受雇于一个新的雇主，其刚刚在市场开始经营。在 Shapiro 和 Stiglitz(1984)最初的文章中，他们假设雇主有时因为经营规模减小，或者由于他们只能观察到产出，而不能直接监督每位雇员的努力水平，也不得不裁掉那些努力工作的员工；甚至当由雇员不能控制的因素导致较低产出时，也会使雇主解雇低产出的雇员。在这些假设下，即使经济中雇主和雇员的数量不变，雇员也会被解雇，且经过一定时间也会被其他雇主雇用。

$$(w-e)\sum_{k=1}^{\infty}\delta^{k-1}=(w-e)\sum_{k=1}^{m+1}\delta^{k-1}+(w-e)\sum_{k=m+2}^{\infty}\delta^{k-1}$$

$$=(1-\delta^{m+1})\frac{w-e}{1-\delta}+\delta^{m+1}\frac{w-e}{1-\delta}\geqslant(1-\delta^{m+1})\frac{w-e}{1-\delta}+\delta^{m+1}\frac{w_1-e}{1-\delta}$$

$$=(1-\delta^{m+1})\frac{w-w_1\dfrac{\delta-\delta^{m+1}}{1-\delta^{m+1}}}{1-\delta}+\delta^{m+1}\frac{w_1-e}{1-\delta}$$

$$\geqslant(1-\delta^{m+1})\frac{w-w\dfrac{\delta-\delta^{m+1}}{1-\delta^{m+1}}}{1-\delta}+\delta^{m+1}\frac{w_1-e}{1-\delta}=w+\delta^{m+1}\frac{w_1-e}{1-\delta}$$

(2) 如果即使工资收益 w 低于 w_1 时,雇员也会努力工作,他就不会被裁员。根据假设,任何雇主或雇员在后来都不会偏离最初策略,雇主会在下个月开始时为雇员提供一个 w_1 的月工资,且雇员会持续努力工作。因此,雇员的总收益将是:

$$w-e+(w_1-e)\sum_{k=2}^{\infty}\delta^{k-1}=w-e+\frac{\delta(w_1-e)}{1-\delta}$$

相比之下,如果雇员仍然采取最初策略,即当 $w<w_1$ 时,他偷懒,那么1个月之后,他就会被解雇。在失业 m 个月之后,他就会找到一个新工作,月工资为 w_1。在该工资水平下,他会持续努力工作。因此,他的总收益就是:

$$w+(w_1-e)\sum_{k=m+2}^{\infty}\delta^{k-1}=w+\frac{\delta^{m+1}(w_1-e)}{1-\delta}$$

上述两种收益是相等的,即

$$w+\frac{\delta^{m+1}(w_1-e)}{1-\delta}=\left[w-e+\frac{\delta(w_1-e)}{1-\delta}\right]+e-\frac{(\delta-\delta^{m+1})(w_1-e)}{1-\delta}$$

$$=\left[w-e+\frac{\delta(w_1-e)}{1-\delta}\right]+e-\frac{(\delta-\delta^{m+1})\left(e\dfrac{1-\delta^{m+1}}{\delta-\delta^{m+1}}-e\right)}{1-\delta}$$

$$=\left[w-e+\frac{\delta(w_1-e)}{1-\delta}\right]+e-e=w-e+\frac{\delta(w_1-e)}{1-\delta}$$

因此,如果雇员偏离其策略,即当他的工资 w 小于 w_1 时,他不努力,那么他是不会获利的。

[例题 24.1] 11 和 12 世纪的马格里布商人和热那亚商人[1]

在 11 和 12 世纪的地中海地区,有两群不同的商人。其中一群来自意大利的热那亚地

---

① 本题中的模型经过了高度简化,原模型来自 Greif, A.(1994), "Cultural Beliefs and the Organization of Society: A Historical and Theoretical Reflection on Collectivist and Individualist Societies." *Journal of political economy*, 102, 912—950。

在将博弈论分析工具运用到经济史的研究方面,上述文章是一篇非常具有开拓性的文献。此后,对经济史的这类分析通常称为"分析性叙述法(Analytic Narratives)"。也可见综述性文献 Greif, A.(2002), "Economic History and Game Theory," in R.J. Aumann and S. Hart (eds.), *Handbook of Game Theory with Economic Applications*, Vol.3, Amsterdam: North-Holland. pp.1989—2024。

区(Genoa),另一群来自北非的马格里布(Maghreb)。马格里布商人是犹太人,他们是从伊拉克移民到北非的,相互之间的联系靠家族纽带。当一位马格里布商人需要一位海外代理人帮他销售和配送他用船运过去的货物时,他通常联络另一位马格里布商人做代理人。如果他对该代理人的工作满意,只要有货物运到目的地,他就会连续雇用同一位代理人。但是如果代理人违反信托协议,商人不但不再雇用该人,而且会在马格里布商人圈子中散布有关此人违约的信息。因此,其他马格里布商人也不会雇用这个违约代理人。

热那亚商人的做法完全不同。当一位热那亚商人对他雇用的海外代理人的服务非常满意时,他会继续雇用。但是,如果代理人违反信托协议,商人也会停止其服务资格,却不会费力地在其热那亚商人同伙中散布相关言论。因此,这位代理人由于名声没有受到损害,仍然有很多热那亚商人愿意雇用他做潜在的代理人。

为了简化起见,假设代理人的报酬 w 是船运到该地待售货物价值 W 的一个百分比,同时假设不诚实的代理人会窃取整个货物的价值 W,而不是满足于获得协议的收益额 w。如果雇用该人的商人是热那亚人,代理人不得不等待 m 个交易期,直到自己被来自热那亚的某个商人再次雇用。如果雇用违约代理人的是一位马格里布商人,代理人就会永远找不到工作。

(1) 求解马格里布商人及其代理人之间,以及热那亚商人及其代理人之间重复博弈的一个子博弈精炼均衡。在每一个此类博弈中,商人必须为代理人提供的报酬 $w>0$,且当货物交付给代理人时,他必须决定是否侵占该批货物。假设贴现因子是 δ。哪一组商人给出的代理人报酬 w 更高呢?解释为什么。

(2) 在12世纪,地中海的贸易得到了很大发展。马格里布商人们把他们的家族成员大量移民到那些具有贸易潜力的地区,并且继续雇用他们做代理人。热那亚商人们并没有往这些贸易地区移民;他们也碰到了一些机会,雇用那些他们以前没有交往过的代理人,特别是,他们有机会雇用马格里布商人做代理人。

马格里布商人雇用非马格里布人为其提供代理服务有利可图吗?热那亚商人雇用马格里布商人为其提供代理服务有利可图吗?根据(1)中的模型回答这些问题。在你看来,哪种贸易方式的生存时间会更长久,是热那亚商人的,还是马格里布商人的?解释你的观点。

答案

(1) 如果热那亚商人或马格里布商人的代理人不违约中饱私囊,他就可以持续被雇用,且其总收益为:

$$w\sum_{k=1}^{\infty}\delta^{k-1}=\frac{w}{1-\delta}$$

如果热那亚商人的代理人在被雇用时不诚实守信,他就会发现在 $m+1$ 个贸易期中,他只会被雇用一次:在每次不诚实后,他就会被商人解雇,只有在 m 个贸易期后,才会被另一个商人重新聘用。由于他在不诚实时可以获得利润 W,因此他贴现后的总收益为:

$$W\sum_{k=0}^{\infty}\delta^{(m+1)k}=\frac{W}{1-\delta^{m+1}}$$

马格里布商人的代理人不诚实的后果会更糟:在开始时会获得收益 W,但此后却永远不会有马格里布商人聘用他。因此,W 就是全部收益。

因此,诚实的热那亚商人代理人获得的收益至少要等于不诚实的代理人所获得的收益,当且仅当:$\frac{w}{1-\delta}\geqslant\frac{W}{1-\delta^{m+1}}$,即当且仅当:$w\geqslant w_G\equiv\frac{1-\delta}{1-\delta^{m+1}}W$。

因此,在热那亚商人及其代理人的博弈中会存在一个子博弈精炼均衡,其中商人提供给每位代理人的收益为 W_G,代理人则不会选择中饱私囊。(根据我们在效率工资模型中给出的论点,特别要根据单偏离原则,进行证明。)

另一方面,为马格里布商人提供服务的诚实马格里布代理人所获得的收益至少要和不诚实代理人同样多,当且仅当 $\frac{w}{1-\delta}\geqslant W$,即当且仅当 $w\geqslant w_M\equiv(1-\delta)W$。

因此,这时存在一个子博弈精炼均衡,其中马格里布商人提供给其代理人的收益为 w_M,且后者也不会中饱私囊(证明这一结论!)。

我们注意到,有 $w_G>w_M$:为了让热那亚商人的代理人诚实守信,支付给他的薪水必须高于付给马格里布代理人的薪水。这是因为对热那亚商人代理人不诚信的"惩罚"更轻。惩罚包括失业持续的时间,对热那亚商人的代理人而言,是 m 个交易期;而对马格里布代理人而言,则是永久失业。换言之,马格里布代理人如果不诚实守信,损失会更大,因此当收益 w_m 更低时,也足以保证他不会犯错。

(2) 当贸易量上升时,马格里布代理人也许愿意成为热那亚商人的代理人,此时薪水会是 w_G,这要高于他们从马格里布商人那里获得的薪水。但为马格里布商人工作的代理人很可能不再满足于马格里布商人过去支付的薪水 w_m。因此,马格里布商人很可能只会继续聘用马格里布代理人。现实情况确实如此。但如果热那亚商人也开始聘用马格里布代理人为其服务,后者最终可能要主要转而为热那亚商人提供服务。在长期内,事态发展很可能会颠覆马格里布商人的贸易方式。

在历史上,马格里布商人群体的消逝原因却另有不同:在 12 世纪晚期,埃及统治者规定马格里布商人的贸易是非法的,因此,他们被同居在一起的犹太社群同化了。

上面引用的两个例子说明,当博弈中的参与人存在两种可能的行动时,在均衡的惩罚阶段持续时间和参与人的惩罚强度之间存在一定的联系。在博弈中可能的惩罚强度越低,均衡所需惩罚阶段的持续期就越长。

在重复博弈中,如果每位参与人在每次博弈期中的可能行动大于两种时,结果会如何呢?在这类博弈中,在惩罚阶段持续时间和惩罚强度之间可能存在某种替代关系,在同一博弈的不同均衡中都可以发现这种替代关系存在。为了保证不断合作,当惩罚强度较低时,参与人必须威胁对手的惩罚期会较长;但如果参与人威胁将采取行动惩罚对手,而该行动却可能使对手面临最严重的损失,这时即便威胁惩罚期较短,对手也会愿意选择继续合作。现在,我们将证明这一结论。

24.2 稳定的卡特尔[①]

在第 8 章，我们分析了数量竞争的古诺模型，其中两家竞争的生产商必须同时决定他们生产产品的产量。如果生产的总产量为 $Q=q_1+q_2$，为了保证所生产的 Q 单位产品的需求，生产商销售每单位产品的价格一定是 $P=A-Q$。[②]假设生产成本忽略不计，生产商的利润则为：

$$\Pi_1(q_1, q_2)=Pq_1=(A-q_1-q_2)q_1$$

$$\Pi_2(q_1, q_2)=Pq_2=(A-q_1-q_2)q_2$$

在古诺模型的纳什均衡中，每家生产商的产量是：$q^C=\frac{A}{3}$，且每家生产商的利润为：

$$\Pi^C\equiv\Pi_1(q^C, q^C)=\Pi_2(q^C, q^C)=\left(A-\frac{A}{3}-\frac{A}{3}\right)\frac{A}{3}=\frac{A^2}{9}$$

如果要使他们的总利润 $PQ=(A-Q)Q$ 最大化，生产商必须联合起来，且生产产量 $Q^M=\frac{A}{2}$。（这是在垄断情况下，一家生产商所生产的产量，即如果在市场中只有一家生产商生产该产品时的情况。）为了平均分配利润，每家企业不得不只生产 $q^M=\frac{A}{4}$，此时每家利润将会增加到：

$$\Pi^M\equiv\Pi_1(q^M, q^M)=\Pi_2(q^M, q^M)=\left(A-\frac{A}{4}-\frac{A}{4}\right)\frac{A}{4}=\frac{A^2}{8}$$

将这一类的联盟协议称为卡特尔(cartel)。根据我们在第 8 章的分析，一个卡特尔协议并不是一个可以保证自我实施的稳定协议；它并非是该博弈的一个纳什均衡。这是因为，企业 1 如果生产产量为 q^M，企业 2 的最优反应就是生产：$q'\equiv BR_2(q^M)=\frac{A-q^M}{2}=\frac{A-\frac{A}{4}}{2}=\frac{3A}{8}$。在这种产量组合下，参与人 2 的利润为：

$$\Pi'\equiv\Pi_2\left(\frac{A}{4}, \frac{3A}{8}\right)=\left(A-\frac{A}{4}-\frac{3A}{8}\right)\frac{3A}{8}=\frac{9A^2}{64}>\Pi^M$$

但如果两家生产商重复进行多次博弈，结果会如何呢？譬如，考虑某家生产商采取下面的重复博弈策略，我们不妨称为古诺—卡特尔策略(Cournot-cartel strategy)：

---

① 该例子来源于 Gibbons, R.(1992), Game Theory for Applied Economists, Princeton University Press, Sec.2.3.C。

② A 是该市场中需求函数的一个参数。

(1) 在第一期生产 q^M。

(2) 在此后每一期:

A. 如果你或对手在前一期生产的产量大于 q^M,在接下来的 l 期中,生产产量 q^C,且在第 $l+1$ 期时,重新生产 q^M。在下一期博弈中,遵循规则(2)。

B. 否则,生产产量 q^M。

[例题 24.2]

如果两家生产商都采用古诺—卡特尔策略,贴现因子为 δ,最小惩罚阶段 l 多长时,才会存在一个子博弈精炼均衡?

答案

根据单偏离原则,为了验证古诺—卡特尔策略组合是一个子博弈精炼均衡,只要证明在一期博弈中,一家生产商的偏离并不会提高其平均收益即可。

可以导致生产商偏离其策略的历史一共有两类:

(1) 在该历史之后,两家生产商都会生产产量 q^M。(如果在某段历史中,每家生产商生产产量为 q^M,或更少,那么该期博弈结束时的历史都满足上述要求;同样,"惩罚阶段"结束的历史也满足上述要求。)

(2) 在该历史之后,两家生产商都会生产产量 q^C(即那些通往"惩罚阶段"的历史)。

因此,我们需要分析在每一类历史下,需要什么条件,生产商偏离才是次优的。

显然,在第(2)类历史之后,生产商背离是无利可图的:在惩罚阶段的每一期,对手会选择 q^C,因此此时 q^C 就是最优反应。此外,在对手"实施惩罚"阶段时生产商所采取的行为并不影响惩罚阶段结束后对手的行为选择。因此,在对手"实施惩罚"期,如果被惩罚的生产商偏离其策略,它不会获利。

如果在第(1)类历史之后,一家生产商偏离,结果会如何呢?如果偏离,在某期博弈中,可以获得的最大利润为 Π';而在接下来的 l 期博弈中,每期都可以获得 Π^C;但从第 $l+2$ 期开始,两家生产商生产的产量都将是 q^M,所以生产商每期都会获得利润 Π^M。如果不偏离,所有各期生产商的产量都将是 q^M,所以每一家生产商获得的利润都是 Π^M。因此,这样的偏离仅仅会影响子博弈中前 $l+1$ 期的利润,故偏离是次优的,当且仅当:

$$\Pi' + \Pi^C \sum_{k=2}^{l+1} \delta^{k-1} \leqslant \Pi^M \sum_{k=1}^{l+1} \delta^{k-1}$$

即当且仅当:

$$\frac{9A^2}{64} + \frac{A^2}{9} \frac{\delta - \delta^{l+1}}{1-\delta} \leqslant \frac{A^2}{8} \frac{1-\delta^{l+1}}{1-\delta}$$

即 $l \geqslant l^* \equiv \dfrac{\ln \dfrac{17\delta - 9}{8\delta}}{\ln \delta}$。(作为 δ 函数的)l^* 的图形如图 24.1 所示。

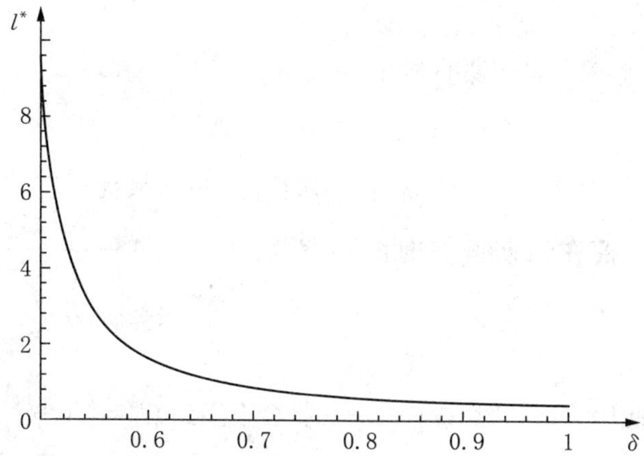

图 24.1

仅仅当 $\delta > 9/17$ 时，l^* 才有定义。也就是说，只有当 $\delta > 9/17$ 时，才会存在一个有限惩罚期 l，此时，古诺—卡特尔策略组合是一个子博弈精炼均衡。当 $\delta = 9/17$ 时，必要惩罚阶段将会持续到无穷，即一旦某家生产商偏离其策略(即生产的产量大于 q^M)，生产商在每一期产量永远都是均衡的产量集(q^C, q^C)。

在定义域 $\delta > 9/17$ 上，函数表达式为 $l^* = \dfrac{\ln \dfrac{17\delta - 9}{8\delta}}{\ln \delta}$，图形如图 24.1 所示。这是 δ 的一个减函数：当 δ 取值给定时，最低的惩罚期数为 $[l^*]$，即不小于 l^* 的最小整数。

如果一家生产商更有耐心，且 $\delta < 9/17$，①那么，两家企业同时生产联合利润最大化时的产量 $q^M = \dfrac{A}{4}$，就不是一个均衡；即使此时偏离上述产量会使他们永远生产 $q^C = \dfrac{A}{3}$，从而两家企业获得的利润都更小，也是如此。这是因为当 $\delta < \dfrac{9}{17}$ 时，生产商不能抵制诱惑，而且失去未来合作所获的利润也不足以制止他们牺牲对手并赚取一次性利润，这时他们的产量是 $q' = \dfrac{3A}{8}$，而不是 q^M。之所以如此，是因为如下事实，即这种偏离所带来的贴现利润在 $\delta < \dfrac{9}{17}$ 时更大。

但是，如果一开始两家生产商就相互约束，屡次的生产产量为 q^*，该产量大于产量 q^M(但小于 q^C)，那么，每家生产商从偏离 q^* 中获得的利润(生产更多的产量，这是当对手生产 q^* 时的最优反应)就可能减少。q^* 越大，偏离该产量的诱惑就越少，因此每家企业从偏离中获得一次性利润的动机就越弱，抵制未来合作机会的动力也越小。

当每家生产商生产的产量 q^* 最小为多少时，两家处于均衡的生产商偏离 q^* 时的“惩罚”才会使他们永远都生产产量 q^C 呢？换言之，从生产商的角度出发，最有效率的这类

① 在这种情况下，如果每家生产企业的经理不是特别在意长期任职，这样他们就会对企业的短期利润更为重视。除了工资之外，这种短期利润还会提升他们获得的红利。

(对称)均衡是什么呢?

均衡时,每家生产商在每一期的利润是:

$$\Pi^* = (A - q^* - q^*)q^* = (A - 2q^*)q^*$$

但是,当对手产量为 q^* 时,生产商(在一次博弈中)的最优反应就是生产 $BR(q^*) = \frac{A-q^*}{2}$,此时,生产商在该期偏离时的利润为:$\Pi'' = \left(A - \frac{A-q^*}{2} - q^*\right)\frac{A-q^*}{2} = \frac{(A-q^*)^2}{4}$。

但这会导致在此后的每一期中,它的利润将会下降到 $\Pi^C = \left(A - \frac{A}{3} - \frac{A}{3}\right)\frac{A}{3} = \frac{A^2}{9}$(这是两家生产商生产古诺产量 $q^C = \frac{A}{3}$ 时的利润)。

因此,这种偏离是无利可图的,当且仅当:

$$\Pi'' + \Pi^C \sum_{k=2}^{\infty} \delta^{k-1} \leqslant \Pi^* \sum_{k=1}^{\infty} \delta^{k-1}$$

即当且仅当:

$$\frac{(A-q^*)^2}{4} + \frac{A^2}{9}\frac{\delta}{1-\delta} \leqslant \frac{(A-q^*)q^*}{1-\delta}。$$

因此,使上述不等式成立的 q^* 的最大值为:$q^* = \frac{9-5\delta}{3(9-\delta)}A$。

在区间 $\delta \in \left[0, \frac{9}{17}\right]$,$q^*$ 是 δ 的减函数,如图 24.2 所示。

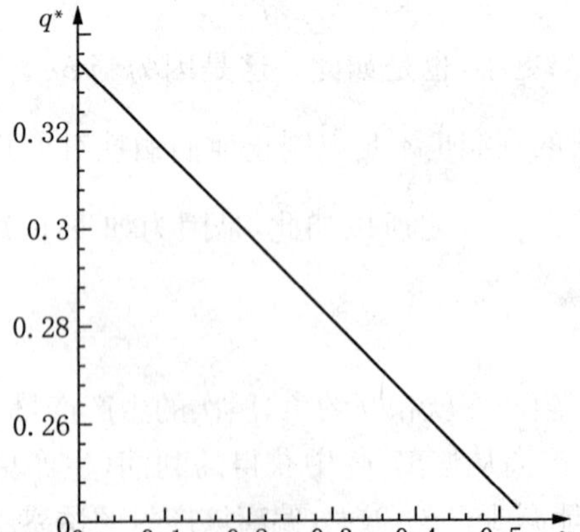

图 24.2

当 $\delta \to 0$ 时,q^* 不断趋近于 $q^C = \frac{A}{3}$:实际上,当生产商仅仅看重当期时,任何未来的惩罚都不能阻止他们,他们会达到古诺均衡。另一方面,当 $\delta \to 9/17$ 时,q^* 趋近于 $q^M = \frac{A}{4}$,

即这时生产商趋近于完全合作。

总结一下，当 $\delta < \frac{9}{17}$ 时，生产商在均衡时重复生产的产量 q^* 要大于 q^M，后者是联合利润最大时每家企业的产量。因此，当生产商的耐心程度有限时，他们之间一定程度的竞争会在这种均衡下持续存在下去，这时竞争程度要小于古诺均衡，但大于有效卡特尔时的竞争水平。尽管两家企业存在互动行为，上述均衡仍然会实现：其互动行为的无限性并不足以让他们达成完全的合作。

这种均衡和很多市场上的竞争性质是完全一致的。当多年来只有唯一一家企业的特定市场开放，并引入竞争时，该市场上总产出数量将会上升，同时价格会下降。换言之，市场上的竞争者自身并不能创造并维持一个完美的卡特尔，因为这需要他们的联合产量维持在同样的低水平，而在过去市场上一家企业生产的产量就会达到这种水平。因此，这种协议本来可以最大化生产商的利润。但正如我们看到的，由于竞争者的耐心程度有限（即此时 δ 非常接近于 1），他们在重复博弈的均衡也许就是仅仅维持部分的合作，其产出数量更高，价格更低，生产商的总利润也同样更低。①

24.3 序贯讨价还价

讨价还价这一类策略互动行为既涉及同时合作，又涉及同时竞争。当一位买者为某种特殊产品愿意支付的最大价格 b 大于卖者愿意索取的最小价格 s，且双方在销售交易中达成的协议价格 p 介于 s 和 b 之间时，双方就会同时获利。当 $s < p < b$ 时，双方都愿意按照价格 p 达成交易，而不会选择不进行交易。另一方面，买方自然希望价格 p 越低越好，而卖方自然希望价格 p 越高越好。

然而，此时价格如何决定呢？这需要区别具体情况。有时当一方提出报价 p 时，另一方可以选择同意以价格 p 达成交易，也可以拒绝达成交易。譬如，当我们到超市时，就是这种情况：每种商品都有一个价格标签，我们必须决定是否愿意以这种特定的价格来购买该产品。在这种情况下，超市实际上提供了一种要么接受要么放弃，不容讨价还价的报价方式。

而在一个集市或市场中，情况却完全不同。我们询问卖者商品的销售价格，如果价格看上去太高，我们就去另外一个摊位，或者与卖者砍价，报一个更低的价格。这次是卖者

① 当然，价格下降对生产商不利，但对消费者有利，因此可以认为，开放市场引入竞争会符合社会总体利益目标：作为高度竞争的结果，市场上的产品数量会增加，其生产成本也要低于消费者愿意为它们支付的最大价格。（在上面的例子中，为了简化起见，我们假设生产成本忽略不计。譬如，就电信服务的生产成本而言，当实际通话量低于电信网络设施所设计的总通话量时，这种假设是成立的。此时，只要市场中的消费者认为通话有好处，且她愿意为通话支付一个正的价格，这种额外的通话就是值得的。一般来说，从社会总体观点出发，只要在经济中存在一位消费者，她愿意为额外一单位产品支付的价格大于该产品的生产成本，额外生产一单位产品就是有利可图的。）如果额外购买该单位产品的消费者也是这家生产企业的股东，这时她从消费产品中获得的效用在补偿她所拥有的企业利润的减少而有余，因此，这种关于“效率”或社会总剩余（overall social surplus）的观点实际上确实名副其实。但一般而言，由于消费者并不是该生产企业的股东，因此我们例子中的“效率”增加会使某些代理人获益（消费者），而使其他一些人受损（生产商）。如果经济中不存在获益一方补贴受损一方的制度安排，那么，总社会剩余的改进只不过仅仅在有限的程度上反映了其字面意思。

或者拒绝我们的报价,或者给出他自己的报价(通常会低于其最初的报价,但却高于我们提供的报价),依此类推。

这种讨价还价称为**序贯讨价还价**(sequential bargaining)或**轮流报价式讨价还价**(alternative-offers bargaining)。这种方式不仅在市场中非常流行,也大量存在于劳动争议、法律辩护,以及国际贸易冲突中。在这类争端中,当一方提供一个争端解决方案,而另一方面给出一种回应方案时,双方立场上的差异通常会缩小。如果还有差异,双方就不得不继续忍受这种冗长的争端。譬如,在罢工时,工人拿不到薪水,而雇主也因为工人袖手不干而承受损失;而在战争争端时,只要争端存在,双方都不得不忍受战备的煎熬;诸如此类。因此,如果存在某种可以预见的协议,双方都愿意选择这种协议,而非继续维持争议,那么,双方迟早会将该协议付诸实施。

为了对这类讨价还价问题进行建模,我们分析下面的博弈。①Jane 和 John 正在就一块"馅饼"的分配进行讨价还价,而这块"馅饼"表示他们当时达成协议时可以获得的总剩余。例如,在我们前面讨论的买卖双方的例子中,"馅饼"就是差额 $b-s$,即买方愿意支付的最高价格 b 和卖方愿意销售的最低价格 s 之间的差额。任意价格 $p\in[s, b]$都定义了某种"馅饼"分配方式,其中买方获得份额 $b-p$(他愿意支付的最高价格 p 和实际支付的价格之间的差额),而卖方获得份额 $p-s$(他实际获得的报酬 p 和他愿意销售的最低价格之间的差额)。这样,"馅饼"差额本身就满足:$b-s=(b-p)+(p-s)$。这是买卖双方从交易中获得的总利润,即贸易获利。双方就价格 p 进行讨价还价实际上决定了这些利益在两者之间的分配方式。

为了简化起见,假设馅饼总额为 1。这意味着如果双方的馅饼分配方式是$(x, 1-x)$,参与人 1 Jane 获得的馅饼额为 x,而参与人 2 John 获得剩余部分,即 $1-x$。这种讨价还价如何进行呢?参与人 1 首先出场。她必须提供给参与人 2 一个馅饼额,即一对数据$(x, 1-x)$,其中她自己获得馅饼 x,第二位参与人获得份额 $1-x$。如果参与人 2 接受该报价,他们就根据上述分配方案分享馅饼,分别获得收益$(x, 1-x)$。

如果参与人 2 不接受上述报价,在经历时间 Δ 后,就轮到他报价。参与人 2 提供给参与人 1 的报价是$(y, 1-y)$:即对方获得馅饼额 y,而他自己获得馅饼额$(1-y)$。如果参与人 1 同意,馅饼就根据该报价分配。如果参与人 1 拒绝,那么又经历时间 Δ,会轮到参与人 1 向参与人 2 提出新的报价$(z, 1-z)$。这种轮流报价和还价的博弈不断持续下去,直到其中一方参与人接受另一方的报价为止;而如果双方始终达不成协议,则每位参与人获得的收益为 0。

假设两位参与人都有时间偏好,即对任一分配协议,一旦某方获得正的馅饼额,他就愿意更早,而不是更晚,实现该协议。参与人的这种期限偏好用贴现因子 δ 来反映:如果参与人仅仅在第二期才达成分配协议$(y, 1-y)$(此时经历时间长度为 Δ),他们获得的收益就是$\left(\delta y, \delta(1-y)\right)$;如果他们是在第三期达成了协议$\left(z, (1-z)\right)$(经历时间长度为 2Δ),他们的收益就将是$\left(\delta^2 y, \delta^2(1-y)\right)$;依此类推,如果他们在第 n 期达成了分配协议

① 该模型最早见于 Stahl, I.(1971),"Bargaining Theory, Stockholm School of Economics",对该博弈均衡的分析见 Rubinstein, A.(1982),"Perfect Equilibrium in a Bargaining Model", Econometrica, 50, 97—109.

$(q,(1-q))$,则其收益为$(\delta^{n-1}q,\delta^{n-1}(1-q))$。

因此,博弈树如图24.3所示。该博弈的子博弈精炼均衡是什么呢?博弈是无限期的:参与人达不成协议(从而每位参与人获得0收益)的路径是无限的,也不会在某个终端结束。因此,不能使用逆向归纳法求解此博弈的子博弈精炼均衡,这样为了求解这种均衡是否存在,必须采取一种不同的方法。

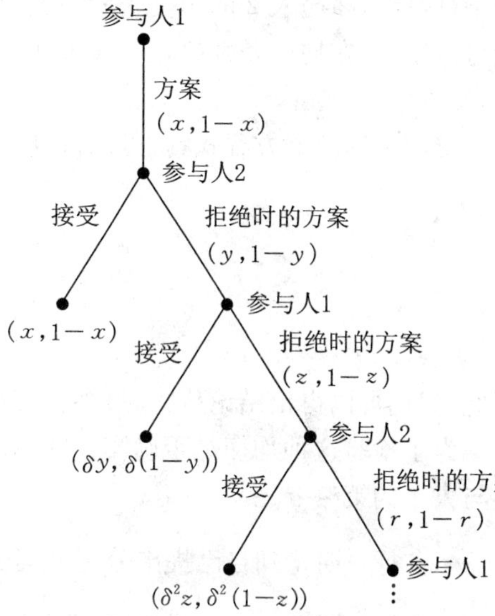

图24.3

博弈拥有一种自身会不断重复发生的递归结构:在(在第一期和第二期博弈中的报价被拒绝后)第三期开始的子博弈和整个博弈的结构完全相同,也和每一个奇数期开始的子博弈结构完全相同,此时提出分配方案方是参与人1①。类似地,所有在偶数期开始的子博弈——此时报价方是参与人2,在结构上也彼此相同。相应地,我们可以猜测博弈的子博弈精炼均衡应该满足:

(1)(在每一个子博弈中的)每一个报价总可以被接受。

(2)如果在博弈中轮到某位参与人提议分配馅饼,那么,该参与人在每一期博弈中总是采取相同的策略,这和提出(并拒绝②)报价时前面所发生的历史无关:参与人提出的分配方案总是$(x^*, 1-x^*)$,参与人2提出的分配方案总是$(y^*, 1-y^*)$。

如果存在某个子博弈精炼均衡满足上述两个条件,参与人1就会了解到,如果在博弈一开始参与人2会拒绝她提出的报价,那么,第二位参与人在第二期开始的子博弈中所获得的收益就将是$\delta(1-y^*)$。因此,在均衡条件(1)时,如果参与人2早在第一期就接受了参与人1的报价方案,那么,提供给参与人2的馅饼额$1-x^*$至少要和他在第二期获得的收益相等,即$1-x^*\geqslant\delta(1-y^*)$。

由于参与人2准备在第一期就接受任何不低于$\delta(1-y^*)$的方案,因此从参与人1的角度来看,提供更大馅饼额的报价就不是最优的。因此,我们可以推出在均衡时,必须有等式成立,即$1-x^*=\delta(1-y^*)$。

类似地,在第二期,参与人2知道如果他提供给参与人1的报价小于δx^*,参与人1就会拒绝该报价。(因为在下一期开始的子博弈中,轮到参与人1报价时,她会报价x^*,且

① 每位参与人在第三轮开始的子博弈中获得的支付和在整个博弈中相应的支付,除了少一个乘子δ^2之外,其余完全相同。类似地,在一个第$2n+1$期开始的子博弈中——此时参与人1为方案提议方,其支付和整个博弈对应的支付,除了少一个乘子δ^{2n}之外,其余也完全相同。因此,子博弈中参与人的偏好和他们在整个博弈中的偏好完全相同。

② 和过去一样,即使在均衡时,所有报价方案都被接受(且特别地,如果在第一期参与人1的分配方案被接受,且参与人当时就对馅饼进行了分配),每位参与人的策略也是由一个包罗一切的行动方案组成的,即详细规定了在所有可能的博弈历史后,如果且当轮到他/她报价时,他/她应该怎样行动。这些可能的博弈历史要包括那些被他们的策略或其对手的策略排除在外的那些历史。

报价会被接受。）但是，当分配给参与人 1 的馅饼额至少为 δx^* 时，她就没有理由在第二期拒绝，因此从参与人 2 的角度来看，提供的报价如果严格大于 δx^*，将是次优的。因此我们可以推出，在均衡条件(1)下，如果在第二期接受参与人 2 的报价，必须有下面的等式成立，即 $y^*=\delta x$。

求解上述两个方程式，就可以得到：

$$x^*=\frac{1}{1+\delta}$$

$$y^*=\frac{\delta}{1+\delta}$$

因此，我们可以得出结论认为，最多存在一个子博弈精炼均衡满足条件(1)和(2)。

为了检验这种均衡是否确实存在，我们必须首先描述参与人的策略：

参与人 1 的策略 $\boldsymbol{\sigma}_1^*$：

- 在每一期轮到自己提出分配方案的博弈中，给出的分配方案是 $x^*=\frac{1}{1+\delta}$。
- 在每一期参与人 2 提出分配方案的博弈中，接受每一个自己馅饼额至少是 $y^*=\delta x^*=\frac{\delta}{1+\delta}$ 的分配方案。

参与人 2 的策略 $\boldsymbol{\sigma}_2^*$：

- 在每一期轮到自己提出分配方案的博弈中，给出的分配方案是 $y^*=\frac{\delta}{1+\delta}$。
- 在每一期参与人 1 提出分配方案的博弈中，接受每一个自己获得的馅饼额至少是 $1-x^*=\delta(1-y^*)=\frac{\delta}{1+\delta}$ 的分配方案。

命题 24.1

策略组合(σ_1^*,σ_2^*)是一个子博弈精炼均衡。

证明

我们前面提到，因为博弈树拥有无限路径，这些路径不存在可以结束的终端（在这些路径上，每位参与人一次次拒绝对手的分配方案，因此每位参与人的收益是 0），所以不能用逆向归纳法来证明该命题。

那么，我们如何证明呢？注意到我们在前一章中证明的重复博弈的单偏离原则，在这个博弈中仍然成立：如果在任何子博弈中，参与人通过在某步博弈时偏离其策略都不能改善其收益，那么在更多回合的博弈中——无论是在有限回合的博弈中，还是在无限回合的博弈中，参与人采取上述偏离方式也不能改善其在子博弈中的收益情况。

为了证明该博弈中的单偏离原则，我们必须证明，在任何子博弈中（给定其他参与人的策略 σ_j 时，$j\neq i$），如果某位参与人$(i=1,2)$在策略 σ_i'下的收益大于或等于策略 σ_i 下的收益，并严格大于某些子博弈 G 中的收益，那么参与人 i 也可以找到另外一个策略 σ_i''，在任意子博弈中，他获得的收益要大于等于策略 σ_i 下的收益，且该策略 σ_i''和策略 σ_i 仅仅在另一个特定子博弈G''开始时有所不同;同时,在该子博弈G''中,从策略σ_i偏离到策略σ_i''会严格提升其收益水平。

在这个博弈中构造σ_i''的方法,实际上和我们在前一章证明重复博弈的单偏离原则时构造σ_i''的方法完全相同。假设存在步骤n,且存在从第n步开始的子博弈G,此时,和参与人i在策略σ_i下的收益相比,策略σ_i'会严格提升i的收益,提升幅度为$g>0$。在子博弈G中:

(1)(根据上述假设)存在步骤$n'>n$,构造策略$\hat{\sigma}_i'$满足下述条件:它在第$n'-1$步之前和策略σ_i'相同,而在第n'步及之后,和策略σ_i相同。在子博弈G中,和策略σ_i相比,策略$\hat{\sigma}_i'$至少可以把参与人i的收益提高$g/2>0$。这是因为,从第n'步开始,参与人的收益要小于$\delta^{n'}$,因此只要n'足够大(满足$\delta^{n'}<g/2$),这些收益就要小于$g/2$。因此,从第n'步及之后,任何从策略σ_i转到策略σ_i'的行为——无论转变策略是发生在有限期,还是在无限期,参与人i在子博弈G中的收益提高幅度都不会大于$g/2$。

(2)由于策略$\hat{\sigma}_i'$和σ_i仅仅在有限步骤上有所不同,因此存在一个最远的博弈回合n'',此时存在某个通往n''的博弈历史$h^{n''}$;且在此之后,参与人i在子博弈G中采取策略$\hat{\sigma}_i'$得到的收益,会严格大于参与人i采取最初策略σ_i获得的收益水平。此时,构造策略σ_i'',其在第n''步之前,和策略$\hat{\sigma}_i'$相同;从第$n''+1$步开始及以后,和策略σ_i相同。这时,在历史$h^{n''}$之后开始的子博弈中,参与人i所获得的收益水平严格更大;且在这个子博弈中,策略σ_i''和σ_i'仅仅在子博弈开始时有所不同。

现在我们已经证明了该博弈中的单偏离原则,我们将用它来证明,我们定义的策略组合(σ_1^*, σ_2^*)是一个子博弈精炼均衡。根据单偏离原则,为了证明(σ_1^*, σ_2^*)确实是一个子博弈精炼均衡,必须证明在任何博弈步骤上,某位参与人偏离其策略都不会严格改善其在该步开始的子博弈中的收益。而且,确实如此:在奇数(即第$2n+1$)步($n=0, 1, 2, \cdots\cdots$)采取策略σ_1^*时,参与人1给参与人2的报价份额是$1-x^*=\dfrac{\delta}{1+\delta}$。如果她提供给对方的份额更大,对方将很愿意接受,但参与人1自己获得的份额将会减少,故会面临损失。如果她提供给参与人2的份额更少,对方将会拒绝。因此,参与人1的收益将会从$\delta^{2n}x^*=\dfrac{\delta^{2n}}{1+\sigma}$减少到$\delta^{2n+1}y^*=\delta^{2n+1}\dfrac{\delta}{1+\delta}=\dfrac{\delta^{2n+2}}{1+\delta}$,这正好是下一步,她乐于接受参与人2提出的分配份额y^*时她将获得的收益(前提假设是她在下一步中将不会偏离策略σ_1^*)。①

如果参与人2在奇数轮(第$2n+1$轮)偏离其策略σ_2^*,也不会改善其收益情况。如果他拒绝参与人1提供的份额$1-x^*$——此时他可以获得收益$\delta^{2n}(1-x^*)=\dfrac{\delta^{2n+1}}{1+\delta}$,那么,他在下一轮博弈中会得到同样的收益,即$\delta^{2n+1}(1-y^*)=\delta^{2n+1}\left(1-\dfrac{\delta}{1+\delta}\right)=\dfrac{\delta^{2n+1}}{1+\delta}$,而此时参与人1获得的份额为他的报价$y^*$。

类似地,在偶数(即$2n$)轮($n=1, 2, \cdots\cdots$)采取策略σ_2^*时,参与人2提供给参与人1的份额为$y^*=\dfrac{\delta}{1+\delta}$。如果他提供给对方的分配份额更大,对方将很乐于接受,但这时参

① 值得注意的是,根据单偏离原则,我们分析的是每一位参与人仅仅在一个回合中的偏离情况。

与人 2 剩余的份额就更少,因此他会承受损失。如果他提供给参与人 1 的份额更少,对方就会拒绝。结果,参与人 2 的收益将会从 $\delta^{2n-1}(1-y^*)=\dfrac{\delta^{2n}}{1+\delta}$ 减少到 $\delta^{2n}(1-x^*)=\dfrac{\delta^{2n+2}}{1+\delta}$,这是在下一轮博弈中,他乐于接受参与人 1 提供的分配份额 $1-x^*$ 时获得的收益情况(前提假设是参与人 2 在下一轮博弈中不会再次偏离策略 σ_2^*)。

参与人 1 在偶数($2n$)轮博弈中,偏离策略 σ_2^* 也不会改善其收益。如果她拒绝参与人 2 提供的分配份额 y^*——该份额带给她的收益是 $\delta^{2n-1}y^*=\dfrac{\delta^{2n}}{1+\delta}$,那么在下一轮博弈中,她获得的收益水平仍然为 $\delta^{2n}x^*=\dfrac{\delta^{2n}}{1+\delta}$,此时参与人 2 将会接受参与人 1 提供的份额 $1-x^*$。

证毕

在我们求解得到的均衡(σ_1^*, σ_2^*)中,参与人 1 的收益 $x^*=\dfrac{1}{1+\delta}$ 要大于参与人 2 的收益 $1-x^*=\dfrac{\delta}{1+\delta}$。因此,在均衡时,在博弈开始时提议方具有一定的先动优势。但是,如果参与人更有耐心,且 $\delta\to 1$,这种优势会逐渐消失:参与人 2 的份额 $\dfrac{\delta}{1+\delta}$ 会越来越接近于参与人 1 的份额 $\dfrac{1}{1+\delta}$,且馅饼在讨价还价双方的分配情况也越来越接近于平均分配方案,即$\left(\dfrac{1}{2},\dfrac{1}{2}\right)$。

如果参与人 1 的耐心程度和参与人 2 的耐心程度不一致,结果会如何呢?

[例题 24.3]

当参与人 1 的贴现因子是 δ_1,参与人 2 的贴现因子是 δ_2 时,求上述序贯讨价还价博弈案例中的一个子博弈精炼均衡。

答案

这里,我们仍然求一个满足两个条件的子博弈精炼均衡,即在均衡时,所有的报价方案都会被接受,且当轮到某位参与人报价时,该参与人提出的分配方案都是相同的。参与人 2 在第一轮所接受的最低份额 $1-x^*$ 是:$1-x^*=\delta_2(1-y^*)$。

假设 y^* 是参与人 2 在第二阶段提供给参与人 1 的份额,且参与人 1 会乐于接受此份额;因此,在第一阶段,如果参与人 1 提供给参与人 2 的份额大于 $\delta_2(1-y^*)$,那么对参与人 1 而言,这个份额是次优的。类似地,参与人 1 在第二阶段乐于接受的最低份额 y^* 为:$y^*=\delta_1 x^*$,这里,$1-x^*$ 是在下一轮博弈中参与人 1 提供给参与人 2 的馅饼份额。

求解上述等式,我们有:

$$x^*=\frac{1-\delta_2}{1-\delta_1\delta_2}$$

$$y^*=\frac{\delta_1(1-\delta_2)}{1-\delta_1\delta_2}$$

(验证在特殊情况下,当 $\delta_1=\delta_2$ 时,上述等式就是我们在前面例子中求得的解。)因此,上述策略组合就有可能是一个子博弈精炼均衡。此时,每位参与人($i=1, 2$)采取下述策略 σ_i^*:当轮到自己报价时,为对手 j 提供的馅饼份额为 $1-\frac{1-\delta_j}{1-\delta_i\delta_j}$;而当对手报价时,只接受不低于 $\frac{\delta_i(1-\delta_j)}{1-\delta_i\delta_j}$ 的份额分配方案。

证明上述策略组合是一个子博弈精炼均衡。(即证明即使 $\delta_1\neq\delta_2$,单偏离原则在该博弈中仍然成立,因此对任何子博弈 G 而言,某位参与人($i=1, 2$)在子博弈 G 的第一阶段博弈时偏离策略 δ_i^* 是无利可图的。)

在此均衡时,如果参与人 2 更有耐心,即 δ_2 越大,参与人 1 获得的收益份额 $x^*=\frac{1-\delta_2}{1-\delta_1\delta_2}$ 就会逐渐减少。(证明这一结论!)同样,如果参与人 1 更有耐心,即 δ_1 越大,她获得的收益份额就会增加(同样证明这一结论)。无论怎样,参与人 1 的收益总是大于参与人 2 的收益。

背后到底是什么原因在起作用呢?参与人 1 的优势来自如下事实:这就是即便参与人 2 可以在第二期有权提出分配方案,并获得一个较大的馅饼额,他也宁愿在当前获得一个较小的馅饼额。参与人 2 越有耐心,为了提前获得他的馅饼,他就越不愿意接受“剥削”或“不公平的方案”。类似地,参与人 1 越有耐心,她在第二阶段愿意忍受的“剥削”也就越少,因此,当第二阶段轮到参与人 2 提出分配方案时,他可以增加自己收益的能力也就越少。即便参与人 2 更有耐心(δ_2 较高),但参与人 1 同样也很有耐心(δ_1 较高),当参与人 2 在第一阶段拒绝参与人 1 的提议,并等待在第二阶段有权提出分配方案时,他也不能赚很多馅饼额。因此,δ_1 越高,参与人 2 早在第一回合就愿意接受的馅饼额 $1-x^*$ 就越小,而参与人 1 所获得的剩余馅饼额就会越大。

[例题 24.4]

证明在例题 24.3 中求得的均衡是该博弈的唯一子博弈精炼均衡。

答案①

正如我们已经看到的,博弈拥有某种递归结构:所有在奇数阶段开始的子博弈,除了参与人的偏好相同之外,在结构上也是相同的,此时都是参与人 1 负责提出分配方案;但是在第 $2n+1$ 阶段开始的子博弈中,所有的收益都要乘以 δ^{2n}。类似地,所有在偶数阶段开始的子博弈,除了参与人的偏好相同之外,结构上也彼此相同,此时都是参与人 2 提出分配方案;但在第 $2n$ 阶段开始的子博弈中,所有的收益都要乘以 δ^{2n-1}。

---

① 来源于 Shaked, A. and J. Sutton(1984),“Involuntary Unemployment as a Perfect Equilibrium in a Bargaining Model”, *Econometrica*, *52*:1351—1364.这些公式同样源自 Fudenberg, D. and J. Tirole(1991), *Game Theory*, The MIT Press, Sec.4.4.2。

因此,为了让不同子博弈中参与人的偏好数值表示的分母都相同,我们把一个始于 k 阶段的子博弈中博弈树上的收益都乘以 $\delta^{-(k-1)}$,并把该收益称为参与人在此子博弈中的连续收益(continuation payoffs)。①

现在,我们记:

$\bar{v}_i$ 为在博弈中的所有子博弈精炼均衡中,当参与人 i 是分配方案提出方时所获得的所有连续收益的上确界(supremum)②。

$\underline{v}_i$ 为在博弈中的所有子博弈精炼均衡中,当参与人 i 是分配方案提出方时所获得的所有连续收益的下确界(infimum)。

$\bar{w}_i$ 为在博弈中的所有子博弈精炼均衡中,当参与人 i 的对手是分配方案提出方时所获得的所有连续收益的上确界。

$\underline{w}_i$ 为在博弈中的所有子博弈精炼均衡中,当参与人 i 的对手是分配方案提出方时所获得的所有连续收益的下确界。

上述这些项之间存在什么关系呢?

显然有:

$$\underline{v}_1 \geqslant 1-\delta_2\bar{v}_2 \tag{24.1}$$

这是因为参与人 2 知道,如果他在任何子博弈中拒绝参与人 1 的分配方案,在此后阶段开始的子博弈中,他获得的收益水平将不会大于 $\bar{v}_2$。因此,在子博弈精炼均衡时,如果参与人 1 方案中的馅饼份额大于等于 $\delta_2\bar{v}_2$,他就不会拒绝;因此,我们会推导得出参与人 1 的收益将不会小于 $1-\delta_2\bar{v}_2$。

类似地,根据参与人角色互换的关系,我们有:

$$\underline{v}_2 \geqslant 1-\delta_1\bar{v}_1 \tag{24.2}$$

同样,显然在子博弈精炼均衡时,参与人 2 提供给参与人 1 的馅饼额将不会超过 $\delta_1\bar{v}_1$,因此有:

$$\bar{w} \leqslant \delta_1\bar{v}_1 \tag{24.3}$$

此外,我们注意到在子博弈精炼均衡时,参与人 2 总是拒绝任何份额低于 $\delta_2\underline{v}_2$ 的分配方案(这时参与人 1 的份额会大于 $1-\delta_2\bar{v}_2$),这是因为在此后的博弈中,他可以获得的收益水平至少是 $\bar{v}_2$。因此,参与人 1 获得的最高收益水平 $\bar{v}_1$ 就必须满足:

$$\bar{v}_1 \leqslant \max\{1-\delta_2\underline{v}_2,\ \delta_1\bar{w}_1\} \leqslant \max\{1-\delta_2\underline{v}_2,\ \delta_1^2\bar{v}_1\} \tag{24.4}$$

$\bar{v}_1=\delta_1^2\bar{v}_1$ 可能成立吗?只有当 $\bar{v}_1=0$ 时,上式才会成立;但显然这是不可能的,因为在我们求解得到的子博弈精炼均衡中,参与人 1 的收益大于 0。因此根据式(24.4),我们可以推出:

① 在下面的讨论中,"参与人在子博弈中的收益"也可以指他在子博弈中的连续收益。

② 数集的上确界是大于等于数集中任一数值的最小数值;数集的下确界是小于等于数集中任一数值的最大数值。例如,对于开区间(0, 1)中的数值而言,上确界是 1,下确界是 0。同样,对闭区间[0, 1]中的数值来说,上确界是 1,下确界是 0。

$$\bar{v}_1 \leqslant 1-\delta_2 \underline{v}_2 \tag{24.5}$$

类似地,根据参与人之间的角色互换关系,我们得到:

$$\bar{v}_2 \leqslant 1-\delta_1 \underline{v}_1 \tag{24.6}$$

根据不等式(24.1)和(24.6),得到:

$$\underline{v}_1 \geqslant 1-\delta_2 \bar{v}_2 \geqslant 1-\delta_2(1-\delta_1 \underline{v}_1) \tag{24.7}$$

因此:

$$\underline{v}_1 \geqslant \frac{1-\delta_2}{1-\delta_1\delta_2} \tag{24.8}$$

根据不等式(24.5)和不等式(24.2),得到:

$$\bar{v}_1 \leqslant 1-\delta_2 \underline{v}_2 \leqslant 1-\delta_2(1-\delta_1 \bar{v}_1) \tag{24.9}$$

因此:

$$\bar{v}_1 \leqslant \frac{1-\delta_2}{1-\delta_1\delta_2} \tag{24.10}$$

由于 $\underline{v}_1 \leqslant \bar{v}_1$,根据式(24.8)和式(24.10),我们得到:

$$\underline{v}_1 = \bar{v}_1 = \frac{1-\delta_2}{1-\delta_1\delta_2} \equiv v_1^* \tag{24.11}$$

同样地,根据参与人角色的相互关系,我们得到

$$\underline{v}_2 = \bar{v}_2 = \frac{1-\delta_1}{1-\delta_1\delta_2} \equiv v_2^* \tag{24.12}$$

因此,我们证明了,在每一个子博弈精炼均衡时,每位参与人在自己作为方案提出方的子博弈中获得的连续收益都是相同的,该收益和我们在例题 24.3 中求解得到的均衡连续收益相同。

是否还存在另外一个子博弈精炼均衡(和我们在例题 24.3 中求得的不同),其拥有不同的策略,但在每个子博弈中却分别可以获得相同的连续收益 v_1^*, v_2^* 呢?答案是否定的。为了证明这一结论,我们注意到:首先,在这类均衡下,每位参与人的方案一定都会被接受。为什么呢?如果在某些步骤上,某位参与人的方案没有被接受,不妨是参与人 1,那么,参与人 2 在此后回合中开始的子博弈中所获得的连续收益将会是 v_2^*。因此,参与人 1 在其方案被拒绝的子博弈中的收益将会是:$\delta_1(1-v_2^*)=\delta_1\left(1-\frac{1-\delta_1}{1-\delta_1\delta_2}\right)=\delta_1^2 v_1^* < v_1^*$ 这和参与人获得收益 v_1^* 的事实相矛盾。同样,参与人 2 提出的方案也同样总是被接受。

在这种均衡(每个子博弈中的连续收益分别是 v_1^*, v_2^*)下,参与人 i 给出的收益是否会和馅饼份额 v_i^* 不相同呢?答案也是否定的:如果她的报价和 v_i^* 不同,为了在子博弈获得收益 v_i^*,就不得不拒绝她给出的方案,这和我们在上面得到的结论相矛盾。

在这种均衡(每个子博弈中的连续收益分别是 v_1^*, v_2^*)下,回应方参与人 j 的策略是

否和我们给出的均衡策略有所不同呢?我们的均衡策略是“拒绝任何份额小于 $1-v_i^*$ 的分配方案,接受任何份额大于等于 $1-v_i^*$ 的分配方案”。答案同样也是否定的:参与人 j 不可能拒绝均衡时参与人 i 提供的 $1-v_i^*$ 的馅饼分配额,这是因为我们已经注意到在这种均衡下,不会有任何分配方案被拒绝。同样,参与人 j 的策略也不可能允许他自己接受并满足于任何馅饼额小于 $1-v_i^*$ 的分配方案,因为在参与人 j 的这种策略下,从参与人 i 的观点来看,为参与人 j 提供 $1-v_i^*$ 份额的分配方案不是最优的。

这样,我们就证明了我们在例题 24.3 中求得的子博弈精炼均衡就是该博弈中唯一的子博弈均衡。

证毕

因此,在这个序贯讨价还价博弈的唯一(子博弈精炼)均衡时,讨价还价双方会即时达成协议,不会拖延。他们的耐心程度对馅饼分配结果的影响,只是在假设他们偏离均衡策略时,其行为可能会怎样而体现出来。但在实际中,均衡路径会导致他们达成一种有效协议,其中每一方都不会因长期谈判过程而受到损失。

相比之下,在现实中,迅速且高效的谈判过程实际上是一种例外,而非一种常态。罢工和战争就是这样的两个例子,其中谈判双方都同时采取一些伤害措施折磨对方。这就是战争理论家卡尔·冯·克劳塞维茨(Carl Von Clausewitz)在其著名格言“战争无非是政治的延续”中所论述的。

那么,这种无效率的根源是什么呢?为什么在生活中,绝大多数讨价还价都不会像我们在模型中分析的那样,很快结束呢?为什么讨价还价双方不会理解双方在议程中的利益所在,也不明白这种利益分配在均衡时,会有其自身的内在稳定性呢?

主要有如下两种答案:

一是**非对称信息**(asymmetric information)。在模型中,通常假设讨价还价双方对馅饼的大小拥有完美的信息。但在现实中,每一方的利益也许只有自己才知道,且每一方对竞争对手利益的了解非常有限。

例如,买方也许仅仅了解自己对某种特定商品所愿意付出的最高价格,但不会完全知晓卖方愿意销售的最低价格。同样,卖方也许了解他自己愿意销售的商品的最低价格,却不能完全了解买方愿意支付的最高价格。卖方或许仅仅知晓买方最高支付价格的变动区间,或者也许知道买方最大支付价格在某区间的概率分布,但这种部分知识却和我们在模型中分析时假设的全部知识有很大区别。

在博弈论中,大量模型分析了非对称信息下的讨价还价问题。在某些模型中,均衡会不可避免地推迟和延期实现。特别地,这类文献中的一个重要结论①认为,在很一般的条件下,当任一方对竞争对手的利益信息了解不完全,且双方的共同知识都认为未必存在某种可以同时满足双方利益的协议时,均衡不会存在。此时,尽管确实存在某种对双方都有利的方案,但双方却总是选择放弃立刻达成协议。

① Myerson, R. and M. Satterthwaite (1983), “Efficient Mechanisms for Bilateral Trading”, *Journal of Economic Theory*, 29, 265—281.

二是**判断偏误**(biases in judgment)。有大量文献分析了人类判断中的偏误问题，偏误会使人们选择次优行为。在讨价还价环境中，如果任一方认为他获得的馅饼额应该大于实际的馅饼额，就会出现相关偏误。这些偏误可能源自过度自信，这会使参与方认为整个馅饼要比实际的馅饼更大；也可能是由于即便对手比自己远远更有耐心，但参与人却坚持认为，如果馅饼公平分配、平等分配会更合适；①或者源自**禀赋效应**(endowment effect)类偏误，②此时卖方对他手中物品的"依附性"很强，因此只有在报价高于其经济价值时才愿意出售；或者是所谓的自私型偏误(self-serving bias)，③此时双方都会认为，他们讨价还价的依据比实际情况更强，也更牢固。所有这些偏误都很可能使双方的谈判立场更强硬，从而使讨价还价持续更长时间。

将这种心理学观点整合到博弈论模型中，这就诞生了博弈论的一个分支，即所谓的**行为博弈理论**(behavioral game theory)。这是博弈论在21世纪中另外一个非常迷人的发展领域。

① Babcock, L., G.Loewenstein, S.Issacharoff, and C.Camerer(1995), "Biased Judgments of Fairness in Bargaining", *American Economic Review*, 85, 1337—1343.

② Kahneman, D., J.Knetch, and R.Thaler(1990), "Experimental Tests of the Endowment Effect and the Coase Theorem", *Journal of Political Economy*, 98, 1325—1348.

③ Babcock, L. and G. Loewenstein (1997), "Explaining Bargaining Impasse: The Role of Self-serving Biases", *Journal of Economic Perspectives*, 11, 109—126.

图书在版编目(CIP)数据

博弈论:经济管理互动策略/(以)海菲兹著;刘勇译.—上海:格致出版社:上海人民出版社,2015

(当代经济学系列丛书/陈昕主编.当代经济学教学参考书系)

ISBN 978-7-5432-2259-5

Ⅰ.①博… Ⅱ.①海… ②刘… Ⅲ.①经济管理-研究 Ⅳ.①F2

中国版本图书馆 CIP 数据核字(2015)第 064574 号

责任编辑 彭 琳

装帧设计 敬人设计工作室

吕敬人

博弈论:经济管理互动策略

[以]阿维亚德·海菲兹 著 刘 勇 译

出 版 格致出版社·上海三联书店·上海人民出版社 (200001 上海福建中路193号 www.ewen.co) 编辑部热线 021-63914988 市场部热线 021-63914081 www.hibooks.cn	**印 刷** 浙江临安曙光印务有限公司
	开 本 787×1092 1/16
	印 张 22
	插 页 3
	字 数 490,000
	版 次 2015年5月第1版
发 行 上海世纪出版股份有限公司发行中心	**印 次** 2015年5月第1次印刷

ISBN 978-7-5432-2259-5/F·816 定价:58.00 元

上海市版权局著作权合同登记号:图字 09-2013-195

当代经济学教学参考书系

博弈论:经济管理互动策略/阿维亚德·海菲兹著
产业组织:市场和策略/保罗·贝拉弗雷姆等著
数量金融导论:数学工具箱/罗伯特·R.雷伊塔诺著
微观经济学:现代观点(第九版)/H.范里安著
《微观经济学:现代观点》练习册(第九版)/H.范里安等著
现代宏观经济学高级教程:分析与应用/马克斯·吉尔曼著
政府采购与规制中的激励理论/让-雅克·拉丰、让·梯若尔著
集体选择经济学/乔·B.史蒂文斯著
市场、博弈和策略行为/查尔斯·A.霍尔特著
公共政策导论/查尔斯·韦兰著
宏观经济学:现代原理/泰勒·考恩等著
微观经济学:现代原理/泰勒·考恩等著
微观经济理论与应用:数理分析(第二版)/杰弗里·M.佩洛夫著
国际经济学(第七版)/西奥·S.艾彻等著
金融学原理(第五版)/彭兴韵著
新动态财政学/纳拉亚纳·R.科彻拉科塔著
货币理论与政策(第三版)/卡尔·瓦什著
全球视角的宏观经济学/杰弗里·萨克斯著
《微观经济学》学习指南(第三版)/周惠中著
《宏观经济学》学习指南/大卫·吉立特著
法和经济学(第六版)/罗伯特·考特等著
宏观经济理论/让-帕斯卡·贝纳西著
国际经济学(第五版)/詹姆斯·吉尔伯著
博弈论与信息经济学/张维迎著
计量经济学(第三版)/詹姆斯·H.斯托克等著
微观经济学(第三版)/周惠中著
基本无害的计量经济学:实证研究者指南/乔舒亚·安格里斯特等著
中级公共经济学/吉恩·希瑞克斯等著
应用微观经济学读本/克莱格·M.纽马克编
理性的边界/赫伯特·金迪斯著
合作的微观经济学/何维·莫林著
宏观经济学数理模型基础/王弟海著
策略:博弈论导论/乔尔·沃森著
博弈论教程/肯·宾默尔著
经济增长(第二版)/罗伯特·J.巴罗著
宏观经济学/查尔斯·琼斯著
经济社会的起源(第十三版)/罗伯特·L.海尔布罗纳著
信息与激励经济学(第二版)/陈钊编著
政治博弈论/诺兰·麦卡蒂等著
发展经济学/斯图亚特·R.林恩著
宏观经济学:现代观点/罗伯特·J.巴罗著
合同理论/帕特里克·博尔顿等著
高级微观经济学/黄有光等著
货币、银行与经济(第六版)/托马斯·梅耶等著
鲁宾斯坦微观经济学讲义/阿里尔·鲁宾斯坦著
全球市场中的企业与政府(第六版)/默里·L.韦登鲍姆著
经济理论中的最优化方法(第二版)/阿维纳什·K.迪克西特著